《江西省数字经济发展报告（2023）》

江西省数字经济研究课题组

顾　问：卢福财　徐　斌

组　长：陈雁云

副组长：陈洪章

成　员：雍　旻　欧阳建勇　王海巍　姜宝华

江西省数字经济发展报告

（2023）

江西省数字经济研究课题组　著

江西人民出版社
Jiangxi People's Publishing House
全国百佳出版社

图书在版编目（CIP）数据

江西省数字经济发展报告. 2023／江西省数字经济
研究课题组著. -- 南昌：江西人民出版社，2023.10

ISBN 978-7-210-14907-1

I. ①江… II. ①江… III. ①信息经济 – 经济发展 –
研究报告 – 江西 – 2023 IV. ①F492

中国国家版本馆 CIP 数据核字（2023）第 198267 号

江西省数字经济发展报告（2023）
JIANGXISHENG SHUZI JINGJI FAZHAN BAOGAO(2023)
　　　　　　　　　　　　　　　江西省数字经济研究课题组　著

责 任 编 辑：万莲花
封 面 设 计：章　雷

 出版发行

地　　　　址：江西省南昌市三经路 47 号附 1 号（330006）
网　　　　址：www.jxpph.com
电 子 邮 箱：64114527@qq.com
编辑部电话：0791-86898650
发行部电话：0791-86898815
承　印　厂：长沙超峰印刷有限公司
经　　　销：各地新华书店

开　　　本：787 毫米 ×1092 毫米　1/16
印　　　张：27
字　　　数：380 千字
版　　　次：2023 年 10 月第 1 版
印　　　次：2023 年 10 月第 1 次印刷
书　　　号：ISBN 978-7-210-14907-1
定　　　价：99.00 元
赣版权登字-01-2023-473

前　言

　　党的二十大报告提出："加快建设制造强国、质量强国、航天强国、交通强国、网络强国、数字中国。"2022 年 3 月,江西省委、省政府发布了《关于深入推进数字经济做优做强"一号发展工程"的意见》。同年 6 月,省政府又印发了《江西省"十四五"数字经济发展规划》。该文件为江西省数字经济的发展提供了全面的战略部署和系统的规划。基于此,江西财经大学课题组组织相关专家进行了持续半年的深度研究,并编写了《江西省数字经济发展报告(2023)》。该报告由综合篇和融合篇两部分构成,其中综合篇发布了江西省数字经济发展的相关指数,而融合篇致力于解析江西省 20 个重点产业与数字经济如何实现融合发展。

　　综合篇的核心内容是对数字经济进行指数分析。根据本报告连续四年对 31 个省份的数字经济总指数的测算,江西省的总指数排名在逐年上升。从 2019 年的 18 位,提升至 2020 年的 16 位,再进一步攀升至 2021 年和 2022 年的 15 位,呈现出一个明显的稳步提升趋势。江西省已逐渐与陕西、辽宁等省份并驾齐驱,且正不断接近全国数字经济的平均水平。对于江西省内各设区市的数字经济发展水平,经详细测算:南昌市作为全省电子信息产业的高地,连续四年位于省内城市榜首;赣州市发展势头强劲,2022 年上升至省内第 2 位;上饶市大力发展大数据产业,位列江西省第 3 位。此外,九江从 2021 年低于全省平均水平到 2022 年超过平均水平,体现出九江数字经济发

1

展的巨大潜力。萍乡、鹰潭、景德镇和新余由于城市规模和人口数量的限制，其总指数水平连续四年处在较低水平。但是，萍乡的传统产业数字化转型、鹰潭的物联网产业集聚区建设、景德镇的智慧文化旅游示范区建设以及新余的大数据与智能制造产业园建设都呈现出强劲的发展势头，构成了江西省数字经济发展的重要支撑。

融合篇是围绕《江西省工业和信息化发展报告》中所列举的20个重点产业进行深入探讨，逐一分析这些产业与数字经济的融合进程。针对每个产业，从现状、与数字经济融合发展面临的问题或挑战、发展路径、国内其他省份的成功经验以及政策建议等方面进行了全方位的剖析。这20个重点产业包括有色金属、电子信息、装备制造、石化、建材、纺织、食品、汽车、航空、中医药、移动物联网、半导体、VR、节能环保、船舶、钢铁、锂电和光伏、软件、轻工业、民爆等。在其中一些产业如软件、移动物联网、VR等的深化发展方面，所提出的观点和政策建议具有一定的参考价值。

《江西省数字经济发展报告（2023）》的编纂和发布，既是课题组成员共同努力和精诚协作的结果，也是一个展现研究生培养成果的重要平台。在这里，我们要特别感谢叶利莹、陈雨欣、郭琴、刘翔宇、徐文奇、曾为华、王欣、王小晖、胡灵芝、李文燕、吕波等研究生，他们在课题组老师的详细指导下，成功完成了研究的前期调查和报告的初稿撰写等一系列工作。本研究成果受到江西省管理科学科技计划决策咨询类项目"加快建设数字江西的推进机制研究"（20232BAA10024）、国家自然科学基金项目"'互联网＋'驱动制造业转型升级的机制及多元效应研究"（71963016）和江西省高校人文社会科学重点研究基地项目"提升产业链现代化水平和供应链安全研究"（JD21048）的支持。

需要说明的是，报告中引用了部分内参报告，由于形式限制而未能在参考文献中列举，在此我们向各位专家学者表示感谢。由于时间仓促且研究水平有限，本报告中的一些观点和政策建议可能还不够成熟，谨为您提供参考。

目　录

综 合 篇

融合篇

综 合 篇

第一章 数字经济内涵及测算指标体系

摘 要:现代科技和产业在移动互联网背景下正迎来发展和转型的较好时机,数字技术逐渐成为激发经济发展潜力的重要因素,大数据、互联网、人工智能等新兴领域开始快速发展,且不断向传统领域进行渗透。加快推进数字经济的发展有助于江西省传统产业的转型升级,通过机械化、电气化、自动化、网络化、信息化、数据化和智能化,一步一步向数字化转型迈进,进而加快实现江西省高质量跨越式发展。数字经济创新发展是构建新发展格局的重要途径,是提高经济价值创造能力的必然要求。若要比较数字经济的发展情况,则需要构建数字经济发展指标体系来对数字经济进行量化。本章通过查阅相关国内外文献,构建省级的指标体系,并给出了指标的构建原则和具体解释,还阐明了指数对比法对数字经济发展进行测算和评价的合理性。

关键词:数字经济;指标体系;数字产业化;产业数字化;数字化治理

一、数字经济的发展及测度需求

数字经济的出现正在加速变革传统经济模式（陈晓红，2018）[1]。20世纪90年代是数字经济诞生并引起学术界热议的时期，这一概念由OECD（Organization for Economic Co-operation and Development，经济合作组织）首先提出。而Tapscott Don（1996）[2]是学术界最早提出"数字经济"概念的一位学者，他在《数字经济：网络智能时代的承诺与危机》一书中认为数字经济是一个广泛运用信息通信技术（ICT）的经济系统，同时也是通过技术建立和发展出的人与人之间的网络，并且会给全球带来经济增长和挑战。此后，各国陆续开始对数字经济展开研究。Margherio等（1998）[3]最早界定数字经济的边界，将数字经济界定为通过网络连接而进行货物与服务的交易。Kling & Lamb（1999）[4]将数字经济看成是一个紧密依靠数字化技术的经济部门，它主要包括信息通信技术产品、服务及电信。而1998年以来，美国商务部连续7年发布研究报告《新兴的数字经济》。美国商务部（2004）[5]认为，数字经济的经济形态较为独立，其经济活动主要依靠信息和通信技术，它包括计算机、电子商务、数字交付服务、软件和通信服务等相关经济活动。康铁祥（2008）[6]则将数字产业归为电信和其他信息传输服务业、计算机服务和软件业、通信设备制造业等八大类。随着信息通信技术的快速进步，学界对数字产业的分类有了更加清晰的认识。何枭吟（2011）[7]认为，数字经济是数字化技术渗透整个经济领域，是经济发展到一定程度的必然结果。2016年在杭州举办G20峰会，《G20数字经济发展与合作倡议》首次将"数字经济"列为G20创新发展的重要目标。并将数字经济的概念阐述为在现代网络背景下利用数字化的信息和知识，利用现代化的信息技术和网络手段来提高经济效率和优化经济结构的广泛经济活动。

数字经济的内涵可以分为狭义和广义两个方面。从狭义角度来看，数字经济被认为是数字化服务或货物的生产、消费与分配活动。刘军等

（2020）[8]认为,数字经济是以数字化信息为核心要素,以信息化和互联网的发展为支撑,通过数字化技术提供产品或服务,生产者与消费者进行数字交易的新型经济形态。从广义角度来看,数字经济被认为是一种以信息化网络作为载体,促进效率提升和宏观经济结构优化的经济活动。张雪玲和焦月霞（2017）[9]从广义角度出发认为:它利用数字化信息和通信技术,将其与传统各个行业相结合,从而改变各个行业的交易方式、流程管理方式和经济结构等,并创造更多的价值。许宪春和张美慧（2020）[10]认为数字经济代表着以数字化技术为基础、以数字化平台为主要媒介、以数字化赋权基础设施为重要支撑进行的一系列经济活动。而中国信通院认为,数字经济是以数据为生产要素,数字技术和网络通信为支撑力量,实现数字技术与实体经济交融发展的新经济形态。根据数字经济活动的具体形态,中国信通院将数字经济分为数字产业化、产业数字化、数字化治理、数据价值化四大类,并建立了数字经济的核算体系和方法,从而展开对数字经济的量化工作。

目前,国际上对数字经济还没有一个统一的定义,综合国内外文献,我们认为数字经济是以数字化信息和知识为主的一种新经济形态,以现代信息网络为主要载体,同时以信息通信技术融合应用、全要素数字化转型为重要推动力[11],是在农业经济和工业经济发展之后的一种更高级的经济阶段。

习近平总书记在二十大报告中就明确指出,“数字经济事关国家发展大局”“发展数字经济意义重大,是把握新一轮科技革命和产业变革新机遇的战略选择”。党的二十大报告提出加快建设数字中国并作出战略部署,有助于数字经济的快速发展。当前,数字经济高速发展,仅采用传统的国民经济核算方式来对数字经济进行测算已经无法满足当下需求,因此,必须加快构建一个全新的数字经济评价与计算体系。

近年来,江西省委、省政府高度重视数字经济发展,2020 年 10 月出台《关于加快推进数字经济创新发展的若干措施》,将数字经济作为推动全省高质量跨越式发展的重要抓手。2022 年出台实施《江西省信息通信业促进数字经济发展三年行动计划》，助力江西打造成为全国数字经济发展新高地，为了客观、准确地发现江西省数字经济运行的规律、特征，更好地实时检测我省数字经济发展状况，本报告吸收国内外先进理论，挖掘数字经济的内在特征，构建科学合理的综合评价指标体系，准确地测算出江西省不同层次的数字经济发展水平，为政府相关部门提供科学决策依据。

二、数字经济测算指标体系

数字经济测算指标体系是测算数字经济的基础和关键。目前，学界和政府部门对数字经济的测度方法大体可以划分为三类：一是增加值法，即基于数字经济行业范围的界定，直接测度行业增加值以衡量数字经济规模。目前，中国信通院和中国社科院已从数字产业化和产业数字化对我国数字经济规模进行了测算。二是指数对比法，即通过构建多个维度的指标，将各个指标进行加权融合，从而可以对比出不同地区间的数字经济发展情况，比如，中国电子信息产业研究院、前瞻产业研究院和新华三集团等机构发布的研究报告。三是卫星账户测算法，即通过编制数字经济卫星账户，以灵活的账户结构来展现数字经济发展规模及其对宏观经济的贡献，到目前为止，我国官方暂未编制过数字经济卫星账户。从现有公开发布的测算结果来看，采用增加值法估算出的数字经济规模不同机构存在很大差异，在总体规模占比上，根据社科院数技经所测算，2019年我国数字经济增加值规模占GDP的17.2%，而信通院是36.2%。在组成结构上，社科院数技经所测算数字产业化和产业数字化规模之比约为1:1，而信通院则约为1:4[12]。而卫星账户测算目前处于探索阶段，还不够成熟。由此可见，相比其他两种方法，以指数对比法评价江西数字经济发展水平更为合理。

（一）指标体系

数字经济是一种新经济形态，正在世界范围内蓬勃兴起，关键生产要素是数字化信息和知识，载体则是现代信息网络。本报告结合数字经济的产生、内涵和发展特征,依据科学的原则,构建数字经济发展指标体系。

1.指标体系的构建原则

本报告认为,构建数字经济发展指标体系要遵循以下三个原则:

①科学性与可比性原则。该指标体系要求能够保持公平、公正和公开的原则,具有严谨的科学性,综合反映地区的数字经济发展水平,并且要求不同地区能够形成鲜明对比,进而有利于产生应用推广价值。

②系统性与层次性原则。数字经济指标体系要求能够全面反映数字经济领域的实际情况,不仅仅局限在数字产业相关的领域,同时应当能够反映不同的子系统与各子系统的要素指标之间的层次性,以及指标之间的逻辑性。

③针对性和可操作性原则。数字经济指标不能够只停留在理论层面,更不能凭空编造,而是需要有实际的可操作性,设计的指标尽可能来源于公开的权威部门统计数据,保证数据的可得性。

2.指标体系的构建案例

欧盟委员会发布的 *Digital economy & society in the EU* 报告中编制了数字经济和社会指数(Digital Economy and Society Index,简称 DESI)[13],DESI是刻画欧盟各国数字经济发展程度的合成指数,指标体系包含 5 个一级指标和 12 个二级指标,其中,一级指标为:各国宽带接入、人力资本、互联网应用、数字技术应用和数字化公共服务程度。经济合作与发展组织(OECD)构建包括 4 个一级指标和 38 个二级指标,一级指标为投资智能化基础设施、创新能力、赋权社会、ICT 促进经济增长与增加就业岗位。2017 年 7 月,中国信息通信研究院发布的《中国数字经济发展白皮书(2017)》中用对比法提出数字经济指数(DEI)。其中包括先行指数、一致指数和滞后指数 3 类。同年,我国新三华集团发布的《中国城市数字经济指数白皮书(2017)》,该书中构建了中国城市数字经济发展水平的评估体,设计了 4 项一级指标和 12 项二级指标,其中一级指标包括城市信息基础、城市服务、城市治理和产业融合等四个方面。

3. 指标体系的构建框架

本报告结合实际情况,构建了数字经济发展指数的指标体系,该指标体系由数字产业化、产业数字化和数字化治理 3 个一级指标组成,一级指标细化可以分为 7 个二级指标和 29 个三级指标,我们用这些指标来对 31 个省、自治区和直辖市(不包括港澳台地区,以下简称"各省区市")的数字经济发展水平进行评价,如表 1-1 所示。

表 1-1 省级层面数字经济指标体系结构

综合指标	一级指标	二级指标	三级指标
省级层面 数字经济 指标体系	数字产业化	信息基础 设施	光缆线路长度
			长途光缆线路长度
			固定电话普及率
			移动电话交换机容量
			移动电话普及率
		互联网 发展情况	域名数
			网站数
			互联网宽带接入用户
			互联网宽带接入端口
			移动互联网用户
			移动互联网接入流量
			软件产品收入
	产业数字化	工业数字化	每百人使用计算机台数
			开展产品或工艺创新活动企业在全部 企业中占比
			规模以上工业企业新产品销售收入
			每百家企业拥有网站数

续表

综合指标	一级指标	二级指标	三级指标
省级层面数字经济指标体系	产业数字化	农业农村数字化	农村宽带接入用户
			农村有线广播电视实际用户数占家庭总户数的比重
			农村居民平均每百户年末移动电话拥有量
			农村居民平均每百户年末计算机拥有量
		服务业数字化	网上零售额
			电子商务销售额
			电子商务采购额
			有电子商务交易活动的企业数比重
			有电子商务交易活动的企业数
	数字化治理	数字治理架构	组织机构
			制度体系
		数字治理效果	治理能力
			治理效果

①数字产业化指标。数字产业化是数字经济的基础,是数字技术带来的产品和服务,例如电子信息制造业、信息通信业、软件服务业、互联网业等都是新兴产业[14],这些产业的发展情况则反映了该地区数字技术的经济价值创造能力。本报告数字产业化指标由信息基础设施、互联网发展情况2个二级指标、12个三级指标构成。

②产业数字化指标。产业数字化是指传统部门在新一代数字科技支撑和引领下,以数据为关键要素,以价值释放为核心,以数据赋能为主线,对产业链上下游进行全要素数字化升级、转型和再造的过程[15]。在这一过程中企业所创造的价值则构成了数字经济的组成部分。本报告产业数字化指标包括工业数字化、农业农村数字化和服务业数字化3个二级指标、13个三级

9

指标构成,以反映出一个地区传统行业企业利用数字技术的经济规模。

③数字化治理指标。数字化治理通常指依托互联网、大数据、人工智能等技术和应用,创新社会治理方法手段,优化社会治理模式,推进社会治理的科学化、精细化、高效化,助力社会治理现代化,是政府治理的一个发展趋势。由于数据可得性,本报告设计的数字化治理指标由数字治理架构和数字治理效果 2 个二级指标、4 个三级指标构成,以反映出一个地区利用数字技术治理社会的水平和进程情况。

4.具体指标解释

（1）基础设施

光缆线路长度:是指一个地区所有铺设的光缆线路长度总和。

长途光缆线路长度:是指一个地区以各种方式敷设的长度一、二级线路的光缆长度总和。

固定电话普及率:是指一个地区的固定电话机总数与该地区的人口总数之比,计量单位是"部/百人",即平均每百人拥有的固定电话机数量。

移动电话交换机容量:是指一个地区的移动电话交换机根据一定话务模型和交换机处理能力计算出来的最大同时服务用户的数量,按报告期末已割接入网正式投入使用的设备实际容量统计。

移动电话普及率:是指一个地区的移动电话机总数与该地区的人口总数之比,计量单位是"部/百人",即平均每百人拥有的移动电话机数量。

（2）互联网及软件发展情况

域名数:是指一个地区中由一串用点分隔的名字组成的 Internet 上计算机的数量。

网站数:是指一个地区建立的各种网站的数量总和。

互联网宽带接入用户:是指一个地区的接入互联网的用户数量。

互联网宽带接入端口:是指一个地区用于接入互联网用户的各类实际安装运行的接入端口的数量,包括 xDSL 用户接入端口、LAN 接入端口、其他类型接入端口等,不包括窄带拨号接入端口[16]。

移动互联网用户:是指一个地区通过移动设备接入互联网的用户数量。

移动互联网接入流量:是指一个地区通过移动设备接入互联网产生的流量。

软件产品收入:是指一个地区的软件销售总额。

(3)工业数字化

每百家企业拥有的网站数:是指一个地区拥有的网站总数除以该地区的企业数量。

每百人使用计算机台数:是指一个地区在一定周期内每100人使用计算机的数量。

开展产品或工艺创新活动企业在全部企业中占比:是指一个地区进行产品升级或更新工艺手段的企业数占全部企业数的比重。

规模以上工业企业新产品销售收入:是指一个地区每年主营业务收入在2000万元以上的工业企业的新产品销售收入。

(4)农业农村数字化

农村宽带接入用户:是指一个地区的农村办理了互联网宽带服务的用户数。

农村有线广播电视实际用户数占家庭总户数的比重:是指一个地区的农村开通了有线广播电视的用户数与农村总的家庭户数之比。

农村居民平均每百户年末移动电话拥有量:是指一个地区的农村在年末的时候,平均100户农民家庭拥有的移动电话数量。

农村居民平均每百户年末计算机拥有量:是指一个地区的农村在年末的时候,平均100户农民家庭拥有的计算机数量。

(5)服务业数字化

网上零售额:是指一个地区利用互联网进行的交易额。

电子商务销售额:是指一个地区利用电子商务进行销售产生的交易额。

电子商务采购额：是指一个地区利用电子商务进行采购产生的交易额。

有电子商务交易活动的企业数比重：是指一个地区服务业中能通过电子商务进行交易的企业数占服务业企业总数的比值。

有电子商务交易活动的企业数：是指一个地区服务业中能通过电子商务进行交易的企业数。

（6）数字治理架构

组织机构：是指一个地区的政府或社会组织参与数字技术的组织部门情况。

制度体系：是指一个地区的政府设计有关数字技术及经济的制度性文件情况。

（7）数字治理效果

治理能力：是指一个地区的政府利用数字化平台为百姓提供公共服务、开展政府与百姓对话的能力。

治理效果：是指一个地区的政府利用数字技术治理社会的人民满意度或者获得感。

三、指标测算方法

1. 指标无量纲化

我们设计的指标体系中的各个指标单位不尽相同，为了更好地进行比较，需要对它们进行无量纲化处理，我们按照不同指标数据类型来选择不同的无量纲方式。首先，我们假设 $X_{i,j}$（i 为指标对象，j 为省份编号）是需要评估指标的原始值，$Z_{i,j}$ 则是进行无量纲化后的数值，其中，$\overline{X_i}$ 是指标 i 的计算基值。

（1）基值的计算

我们选取 31 个省区市的平均值作为指标体系的基值。

$$X_i = \sum_j^{31} X_{i,j} / n \tag{1}$$

（2）数值指标的处理

指标体系中的各个指标的原始值之间差异较大,很难区分指标的贡献大小,因此,我们采用对数的方法对指标进行无量纲化。

$$Z_{i,j} = \ln 1 + X_{i,j} X_i * 50 \tag{2}$$

（3）指数指标的处理

这种情况,由于该类指标已经是指数,因此只需将数据归一化处理即可。

$$Z_{i,j} = X_{i,j} X_i * 50 \tag{3}$$

2. 指标权重的确定

指标权重的确定一般有德尔菲法和熵值法两种,其中德尔菲法由专家来打分赋予权重,属于主观赋值法,受到较大的人为因素影响;熵值法主要是根据指标变异性的大小来确定指标的客观权重,它能够剔除人为的干扰因素。因此,我们采用熵值法来计算各指标权重,具体步骤如下:

（1）计算各指标无量纲化后 $Z_{i,j}$ 的信息熵

$$k = 1 \ln \ (n) = 1 \ln 31 \tag{4}$$

$$p_{i,j} = \frac{Z_{i,j}}{\sum_{j=1}^{31} Z_{i,j}} \tag{5}$$

$$H_i = -kj = 131 p_{i,j} \ln p_{i,j} \tag{6}$$

其中,$p_{i,j}$ 表示第 i 个指标在第 j 个省份中的数值在该指标总值中所占比重,H_i 表示第 i 指标的信息熵。

（2）计算各指标的权重

$$g_i = 1 - H_i \tag{7}$$

$$w_i = g_{ii} = 129 g_i \tag{8}$$

其中,g_i 为第 i 指标的差异系数,w_i 表示第 i 指标的熵权。

3. 指数的计算

数字经济发展指数就是通过将以上计算得到的权重与对应指标进行加

权求和得到综合指数。根据分级情况,可以得到总指标、一级指标和二级指标的综合评价指数值。设无量纲化后的指标值为 $Z_{i,j}$,权重为 w_i,指数值为 Y_i,指数的计算方法如下公式:

$$Y_j = i = 129w_i Z_{i,j} \tag{9}$$

同理,本报告第三章市级数字经济测算同样使用上述方法。

参考文献:

[1]陈晓红.数字经济时代的技术融合与应用创新趋势分析[J].中南大学学报(社会科学版),2018,24(05):1-8.

[2]Tapscott D. The Digital Economy:Promise and Peril In The Age of Networked Intelligence [M]. New York:McGraw Hill,1996.

[3]Margherio L.,Cooke S.,Monks S.,1998,Hughes K.,The Emerging Digital Economy[R]. U. S. Department of Commerce,Washington D. C.

[4]Kling R,Lamb R. IT and organizational change in digital economies:a socio-technical approach[J]. Acm Sigcas Computers & Society,1999,29(3):17-25.

[5]美国商务部经济与统计管理局.再度崛起的数字经济[M].北京:企业管理出版社,2004.

[6]康铁祥.中国数字经济规模测算研究[J].当代财经,2008(03):118-121.

[7]何枭吟.数字经济与信息经济、网络经济和知识经济的内涵比较[J].时代金融,2011,(29):47.

[8]刘军,杨渊鋆,张三峰.中国数字经济测度与驱动因素研究[J].上海经济研究,2020(06):81-96.

[9]张雪玲,焦月霞.中国数字经济发展指数及其应用初探[J].浙江社会科学,2017(4):32-40.

[10]许宪春,张美慧.中国数字经济规模测算研究——基于国际比较的视角[J].中国工业经济,2020(05):23-41.

[11]光明网.跨境电商与数字经济的关系[EB/OL].(2022-11-15)[2022-12-03].https://m.gmw.cn/baijia/2022-11/15/36159507.html.

[12]闫德利.我国数字经济规模并没有那么大——基于国际比较视角[EB/OL].(2020-12-06)[2022-12-03].

[13]网易订阅.浙江省数字经济发展综合评价研究[EB/OL].(2019-07-30)[2022-12-03].https://www.163.com/dy/article/ELBNJ6080518KCLG.html.

[14]跨境电商与创业文摘.数字经济何以助力"双循环"新发展格局[EB/OL].(2021-09-02)[2022-12-03].https://www.shangyexinzhi.com/article/4165741.html.

[15]祝合良,王春娟.数字经济引领产业高质量发展:理论、机理与路径[J].财经理论与实践,2020,41(05):2-10.

[16]罗裕梅,凌鸿.我国网络信息消费中信息鸿沟的数字化解读[J].社会科学,2014,No.401(01):53-63.

第二章　江西省数字经济发展指数：省级层面

摘　要:本报告采用了指数对比法对各省区市数字经济发展进行了测算与评价,得出了 29 个指标所占的权重,并分别从总指数、数字产业化指数、产业数字化指数和数字化治理指数四个方面分析了江西省数字经济发展的优势和不足,同时,报告还将江西省数字经济发展指数纳入中部地区进行比较分析。

关键词:数字经济;总指数;数字产业化指数;产业数字化指数;数字化治理指数

一、数据来源及处理

本报告中的数据大部分来源于国家统计局发布的《中国统计年鉴2022》,开展产品或工艺创新活动企业在全部企业中占比数据来自《中国科技统计年鉴 2022》,数字行政服务指标中的 4 个指标来源于清华大学社会科学学院数据治理研究中心出版的《2022 中国数字政府发展指数报告》。我们计算了 2022 年 31 个省区市的数字经济指数。对于 2022 年个别指标缺失的情况,我们采用该指标往年历史数据进行线性插值的方法进行补全。对 2022 年各省区市的 29 个指标原始数据值(个别空值进行了插值补全)数据进行无量纲化处理后,运用熵值法计算出 29 个指标的权重值,表 2 - 1 展示了对应的权重值,其中,网站数的权重为 0.1266,软件产品收入的权重为 0.1301,是所有权重值中最高的两个指标,说明这两项指标在整个数字经济评估中占据最重要的作用。

表 2 - 1　2022 年各省区市 29 个指标对应的权重

综合指标	二级指标	三级指标	单位	变量符号	权重 ω
省级数字经济发展指标	基础设施	光缆线路长度	公里	X_1	0.0239
		长途光缆线路长度	十公里	X_2	0.0255
		固定电话普及率	部/百人	X_3	0.0175
		移动电话交换机容量	万户	X_4	0.0219
		移动电话普及率	部/百人	X_5	0.0021
	互联网发展情况	域名数	万个	X_6	0.0656
		网站数	万个	X_7	0.1266
		互联网宽带接入用户	万户	X_8	0.0263
		互联网宽带接入端口	万个	X_9	0.0236
		移动互联网用户	万户	X_{10}	0.0249
		移动互联网接入流量	万 GB	X_{11}	0.0231
		软件产品收入	万元	X_{12}	0.1301
	工业数字化	每百人使用计算机台数	台	X_{13}	0.0038
		开展产品或工艺创新活动企业在全部企业中占比	%	X_{14}	0.0083
		规模以上工业企业新产品销售收入	万元	X_{15}	0.0776
		每百家企业拥有网站数	个/百家	X_{16}	0.0018

续表

综合指标	二级指标	三级指标	单位	变量符号	权重 ω
省级数字经济发展指标	农业农村数字化	农村宽带接入用户	户	X_{17}	0.0469
		农村有线广播电视实际用户数占家庭总户数的比重	%	X_{18}	0.0629
		农村居民平均每百户年末移动电话拥有量	部/百户	X_{19}	0.0005
		农村居民平均每百户年末计算机拥有量	部/百户	X_{20}	0.0086
	服务业数字化	网上零售额	亿元	X_{21}	0.0806
		电子商务销售额	亿元	X_{22}	0.0653
		电子商务采购额	亿元	X_{23}	0.0640
		有电子商务交易活动的企业数比重	%	X_{24}	0.0097
		有电子商务交易活动的企业数	个	X_{25}	0.0547
	数字化治理	组织机构	分数	X_{26}	0.0015
		制度体系	分数	X_{27}	0.0010
		治理能力	分数	X_{28}	0.0003
		治理效果	分数	X_{29}	0.0015

二、总体情况

2022 年,江西省数字经济发展总体水平处于全国中游位置,各分指标差异明显。如图 2－1 所示,水平线是全国数字经济发展平均水平,具体指数为 29.82,广东省以总指数 79.91 位居全国榜首,其中 12 个省区市总指数在平均值之上,湖南省总指数由上年高于平均值降低到平均值之下,江西省数字经济发展综合指数为 25.82,位于全国第 15 名,与上年持平,比平均指数值低了 4 个指数。整体来看,江西省数字经济发展水平在全国范围内处于稳定发展阶段,发展速度仍需提升,力争高于全国平均水平。

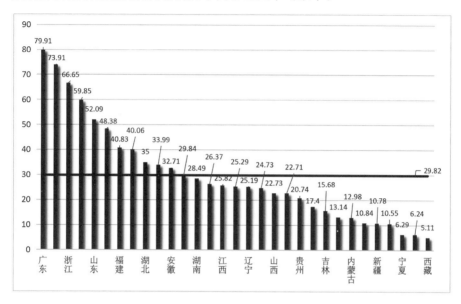

图 2 - 1　各省区市数字经济发展总指数

江西省数字经济还有很大的进步空间,若江西抢抓数字经济发展风口,将产业赛道、应用场景、集聚区建设作为发展的切入口,则江西有可能实现弯道超车,成为江西经济高质量发展新引擎。图 2 - 2 展示了 2022 年各省区市数字经济发展指数与 GDP 的关系,可以看出,各省区市数字经济指数与GDP 分布趋势大体相同,但并非完全的正相关关系。如北京数字经济总指数 73.91,居全国第 2 位,但 2022 年北京 GDP 实现 40.27 千亿元,排全国第 13 位,数字经济与 GDP 排名差异较大。2022 年江西省 GDP 实现 29.62 千亿元,排全国 15 位,同时数字经济总指数 25.82,也位居全国第 15 位,数字经济与 GDP 发展相协调。图 2 - 3 展示了 2022 年江西省数字经济发展在中部六省排名第 5 位,处于中下水平,与第 4 名的湖南省低了近 3 个指数,相比上年的差距缩小,这是由湖南省数字经济总指数出现下降导致,所以总体而言,江西省数字经济发展速度仍旧偏慢,发展速度过于平缓。

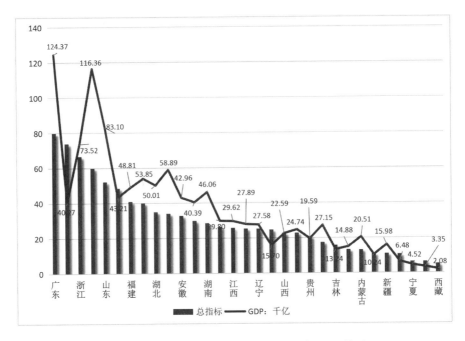

图2-2　各省区市数字经济发展总指数与GDP关系

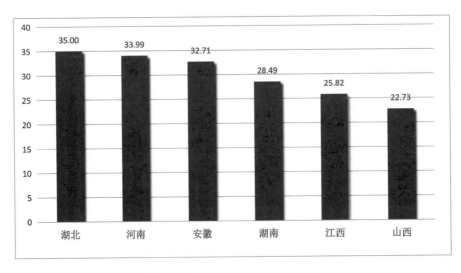

图2-3　中部六省数字经济总指数

三、数字产业化指数

江西省在数字产业化二级指数处于全国中下游水平。如图 2 - 4 所示,水平线是全国数字产业指数平均水平,具体指数为 14.28,北京以指数 40.61 位居全国榜首,其中 11 个省市总指数在平均值之上,江西省数字产业指数为 9.96,不及北京的四分之一,相比 2021 年,江西省数字产业指数有所下降,与北京的差距逐渐拉大,位于全国第 18 名,比指数平均值低了 4 个指数。整体来看,江西省数字产业化水平较低,与其他数字经济发展大省存在较大差距,在全国范围内属于中下游水平。图 2 - 5 展示了江西省数字产业化发展指数在中部六省排名第 5 位,为河南省的一半,说明江西省将数字化的知识和信息转化为生产要素存在转化壁垒,未能高效率地将信息技术创新和管理创新、商业模式创新融合,数字产业链和产业集群发展不成熟。

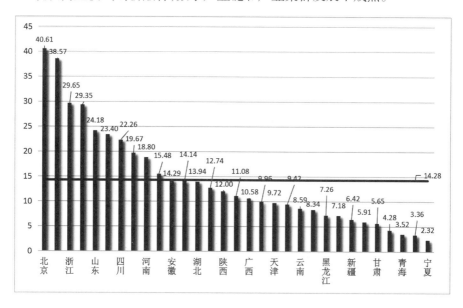

图 2 - 4　数字产业化指数

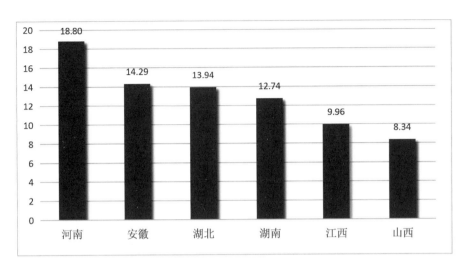

图2-5 中部六省数字产业化指数

（一）基础设施指数

江西省在数字经济基础设施指数方面处于中下游水平,反映后发优势将逐渐凸显。图2-6是全国数字经济基础指数情况,水平线是全国数字经济基础设施平均水平,基础指数为3.29。四川以基础设施指数5.98位居全国榜首,其中15个省市基础设施指数在平均值之上,且大部分省的指数值相差不大,说明我国数字经济基础设施建设较为均衡。江西省数字经济发展基础设施指数为3.21,略低于平均指数,全国排名第17位,与排名第5位的山东仅相差0.6个指数。图2-7展示了江西省数字经济基础设施指数在中部六省的情况,江西省排名第4位,与第3名的安徽较接近,仅比第1名的河南低了0.28。无论从全国范围还是中部地区范围来看,江西数字经济基础设施指数均与其他大部分省区市基础设施建设水平差距不大,但仍需提高基础设施建设力度。

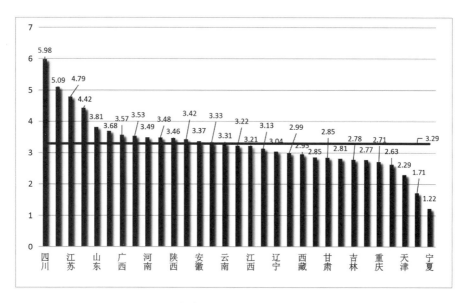

图 2-6　各省区市数字经济基础设施指数

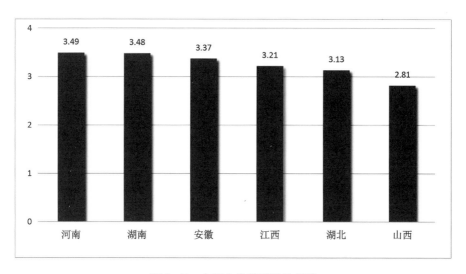

图 2-7　中部六省基础设施指数

　　江西省在数字经济基础设施指数各分指标发展中呈差异化趋势。图 2-8 展示了各省区市数字经济基础设施中 5 个指标无量纲化后的对比情况。可以看出,各指标值在无量纲化后走势一致,江西省的光缆线路长度指标数值较高,在全国范围属于中等以上水平,所以其对基础设施指数影响最大,而长途光缆线路长度、固定电话普及率和移动电话普及率指标数值均处于中等偏下水平,移动电话交换机容量无量纲化后的指标数值最低,为28.13。

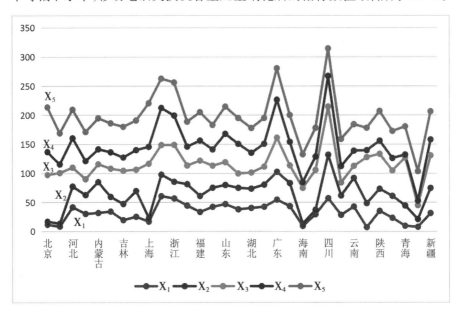

图2-8 各省区市基础设施5个指标无量纲化后的对比图

（二）互联网发展情况指数

江西省在数字经济互联网指数方面发展不充分,反映"互联网+"具有很大的提升空间。图2-9是全国数字经济互联网发展情况指数,水平线是指数的平均水平,具体指数为10.99。北京以37.76位居全国榜首,其中11个省市发展情况指数在平均值之上,江西省的指数值为6.75,位于平均指数之下,全国排名第20位,比上年下降了一位,需要警惕。图2-10展示了中部六省互联网发展情况指数,江西省在中部六省中排名第5位,与第4名的湖南差了3个指数,与第1名的河南差了接近9个指数。无论从全国范围还是中部地区范围来看,江西数字经济互联网发展情况指数处于下游,反映江西省互联网发展仍处于发力阶段。目前,省内有影响力的互联网+产业优质企业较为匮乏。

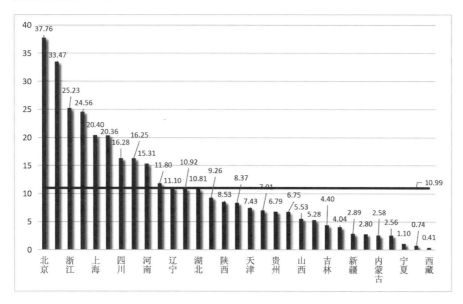

图 2 - 9　各省区市数字经济互联网发展情况指数

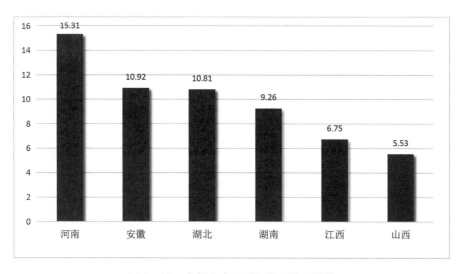

图 2 - 10　中部六省互联网发展情况指数

　　江西省在数字经济互联网发展情况指数方面,各分指标发展平均分布在不同水平。图 2 - 11 展示了各省区市数字经济中互联网发展中 7 个指标无量纲化后的对比情况,可以看出,江西省互联网宽带接入用户和移动互联网用户两个指标数值在互联网发展指标中较高,所有指标在全国范围内属于中等水平。

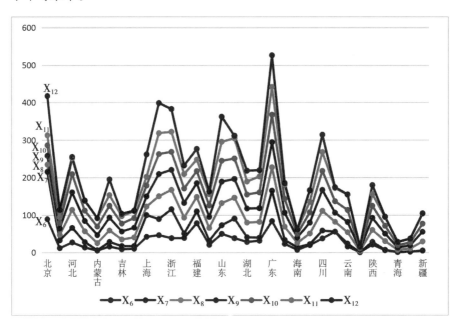

图 2 - 11　各省区市互联网发展情况 7 个指标无量纲化后的对比图

四、产业数字化指数

江西省产业数字化指数发展水平处于中等偏上水平。图 2 - 12 是全国产业数字化指数情况,水平线是全国产业数字化平均水平,具体指数为15.39,广东省以产业数字化指数 41.17 位居全国榜首,其中 12 个省区市产业数字化指数在平均值之上,江西省产业数字化指数为 15.72,高于平均水平 0.33 个指数,位于全国第 11 名,相比上年上升了 3 位,发展速度较快。图2 - 13展示了中部六省产业数字化指数情况,江西省排名第 3 位,相比上年上升了 2 位,超过湖南省和河南省,但与第 2 名的安徽相差不到 3 个指数,仍有较大差距。综合来看,江西产业数字化指数处于中上游,反映出江西省产业数字化发展较好,能善于将数字技术利用到传统产业转型上来。

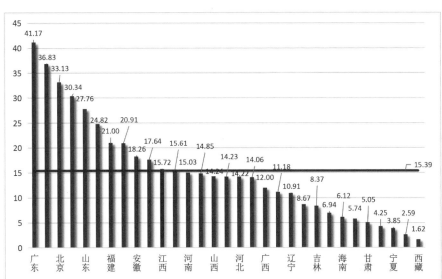

图 2-12　各省区市产业数字化指数

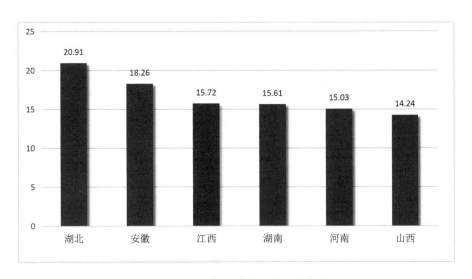

图 2-13　中部六省产业数字化指数

（一）工业数字化指数

江西省工业数字化指数发展水平持续向好,整体处于全国上游水平。

图2-14是全国工业数字化指数情况，水平线是全国工业数字化平均水平，具体指数为2.73，全国总体平均水平相比上年有略微下降趋势，广东省以工业数字化指数7.88位居全国榜首，其中14个省区市工业数字化指数在平均值之上，江西省工业数字化指数为3.36，位于全国第9名，比平均值高了0.63个指数。图2-15展示了中部六省工业数字化指数情况，江西省排名第4位。综合来看，江西工业数字化指数在中部六省处于中等偏下水平，也反映出中部六省工业数字化发展水平均位于全国前列。要使得江西省数字经济发展水平能够出现弯道超车，就亟须保持工业数字化发展的先进优势，这对江西省经济发展水平也具有巨大的促进作用。

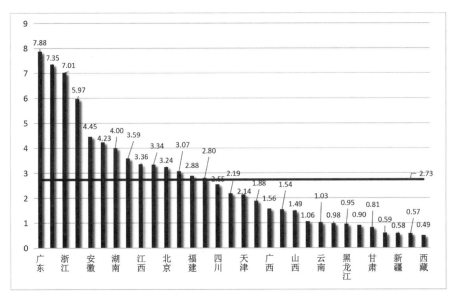

图2-14　各省区市工业数字化指数

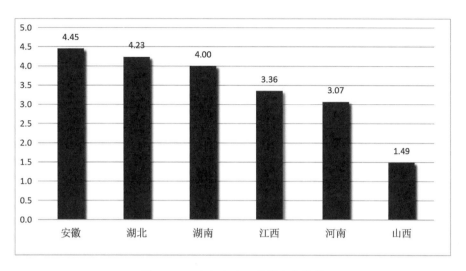

图 2 – 15　中部六省工业数字化指数

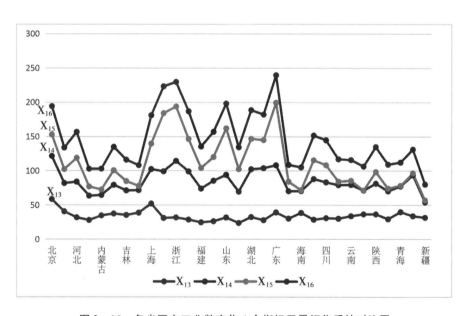

图 2 – 16　各省区市工业数字化 4 个指标无量纲化后的对比图

　　江西省在工业数字化指数方面,各分指标发展较好。图 2 – 16 展示了各省区市数字经济中工业数字化 4 个指标无量纲化后的对比情况,可以看出,江西省每百家企业拥有网站数、规模以上工业企业新产品销售收入和开展产品或工艺创新活动企业在全部企业中占比在全国处于较高水平,位列前十。但是每百人使用计算机台数为26.39,在全国范围处于最低水平,位列倒数第三,所以计算机使用情况还有较大发展空间,亟须受到重视。

（二）农业农村数字化指数

江西省农业农村数字化指数发展水平较好,整体处于全国中上游水平。图2-17是全国农业农村数字化指数情况,水平线是全国农业农村数字化平均水平,具体指数为4.88。浙江以农业农村数字化指数12.60位居全国榜首,其中14个省区市农业农村数字化指数在平均值之上,江西省农业农村数字化指数为5.88,位于全国第13名,相比上年下降了5位,但仍旧位于平均值之上,比平均值高了1个指数。图2-18展示了中部六省农业农村数字化指数情况,江西省排名第三,比上年下降了2位,说明江西省农业农村数字化发展需要警惕,需要加大政策的支持力度。综合来看,江西农业农村数字化指数处于全国中上游,反映农业农村数字化程度符合经济发展水平。

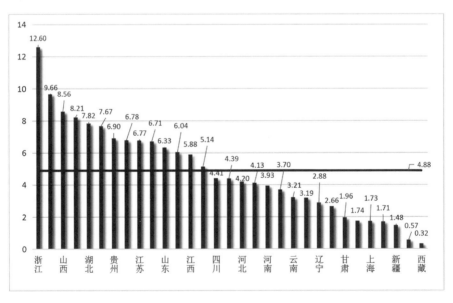

图2-17　各省区市农业农村数字化指数

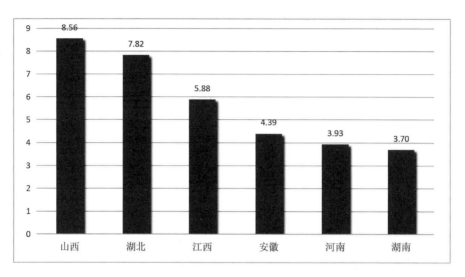

图 2 – 18　中部六省农业农村数字化指数

江西省在农业农村数字化指数方面,各分指标发展较好。图 2 – 19 展示了各省区市数字经济中农业农村数字化 4 个指标无量纲化后的对比情况。可以看出,4 个指标均在全国处于中等偏上的位置,农村居民平均每百户年末计算机拥有量指标相比上年有了较大进步。

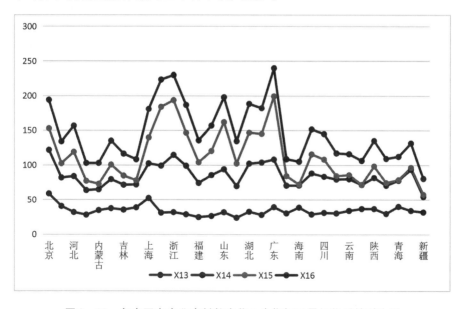

图 2 – 19　各省区市农业农村数字化 4 个指标无量纲化后的对比图

（三）服务业数字化指数

江西省服务业数字化指数整体处于全国中等水平,反映服务业融合数字技术仍具有较大发展空间。图2-20是全国服务业数字化指数情况,水平线是全国服务业数字化平均水平,具体指数为7.79。广东以服务业数字化指数25.08位居全国榜首,其中12个省区市服务业数字化指数在平均值之上,江西省服务业数字化指数为6.48,位于全国第15名,比上年上升了1位,但仍低于平均值1.31个指数。江西省正积极推动南昌向塘20亿元菜鸟网络江西中心、20亿元京东亚洲一号智慧物流等一批重大数字化商贸物流项目落地,加快服务业数字化发展,为商贸物流注入活力。图2-21展示了中部六省服务业数字化指数情况,江西省排名第5位。综合来看,江西服务业数字化指数处于全国中游,反映服务业数字化程度仍然有提升的空间。

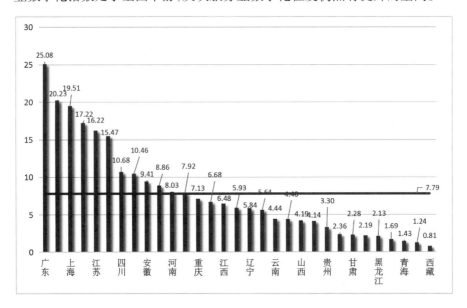

图2-20   各省区市服务业数字化指数

江西省在服务业数字化指数方面,各分指标发展水平不均衡。图2-22展示了各省区市数字经济中服务业数字化5个指标无量纲化后的对比情况,可以看出,网上零售额和有电子商务交易活动的企业数位于全国中上游水

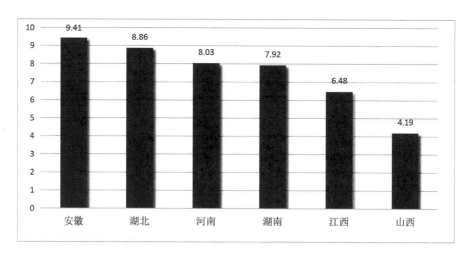

图 2-21 中部六省服务业数字化指数

平,而电子商务销售额、电子商务采购额总量和有电子商务交易活动的企业数比重位于中下游水平。

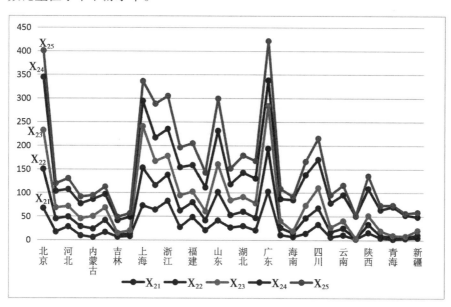

图 2-22 各省区市服务业数字化 5 个指标无量纲化后的对比图

五、数字化治理指数

江西省数字化治理指数相对于上年具有明显的下降趋势，整体处于全国中下游水平，但全国数字化治理水平差距较小，反映江西省各级政府利用数字化技术治理社会的能力与其他排名靠前的各省区市差距不大。图2－23是全国数字化治理指数情况，水平线是全国数字化治理平均水平，具体指数为0.147。广东、江苏、上海、四川和浙江数字化治理指数较高，其中14个省区市数字化治理指数在平均值之上，江西省数字化治理指数为0.142，位于全国第20名，但与全国其他各省区市指数值差距较小。图2－24展示了中部六省数字化治理指数情况，江西省位于第4，与第1位的安徽仅相差0.019。可以看出，江西省各级政府利用数字化技术服务社会百姓的能力与其他中部六省差距不大。

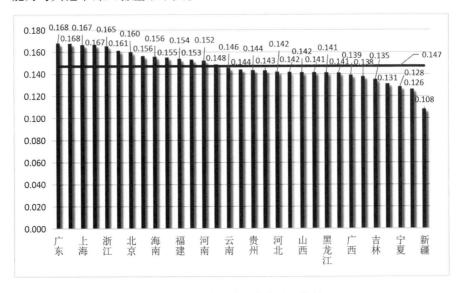

图2－23　各省区市数字化治理指数

江西省在数字化治理指数方面，各分指标发展有一定的差异。图2－25展示了各省区市数字经济中数字化治理4个指标无量纲化后的对比情况，可

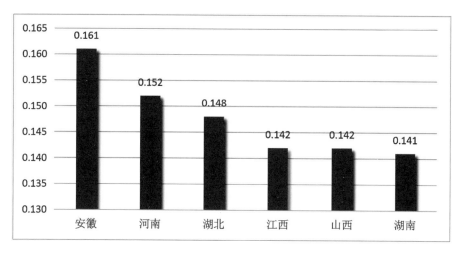

图 2 - 24　中部六省数字化治理指数

以看出,江西省治理能力和治理效果处于全国平均水平状态,而组织机构和制度体系发展较慢,位于全国下游水平。

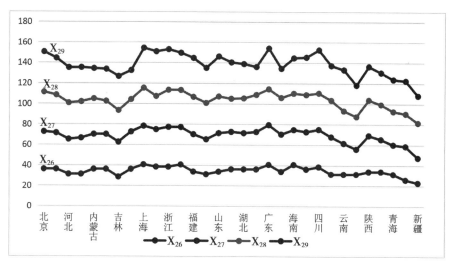

图 2 - 25　各省区市数字化治理 4 个指标无量纲化后的对比图

六、总指数对比

（一）纵向对比

本报告已连续第四年测算各省区市数字经济总指数，通过比较可得，江西省总指数排名从 2019 年的 18 位，上升至 2020 年的 16 位，再上升至 2021 年的 15 位，有显著的进步趋势，而 2022 年继续维持在 15 位，逐渐与陕西、重庆、辽宁等省份持平，且逐步靠近全国数字经济平均水平。这是由全省各设区市定位准确、发挥自身优势产业决定的，从《江西省"十四五"数字经济发展规划》中可以看出全省各设区市均具有独特的定位。但是从整体而言，江西省数字经济总指数与全国平均总指数仍有一定距离，若要将数字经济作为江西省高质量发展的"新名片"，还有较大的发展空间（如图 2 – 1、图 2 – 26、图 2 – 27、图 2 – 28）。

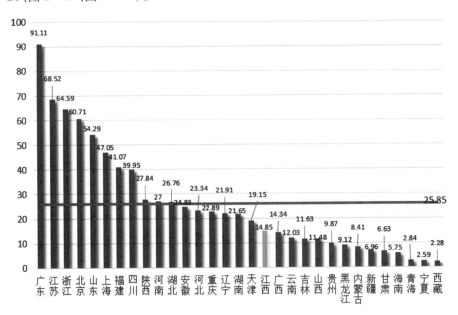

图 2 – 26　2019 年各省区市数字经济发展总指数

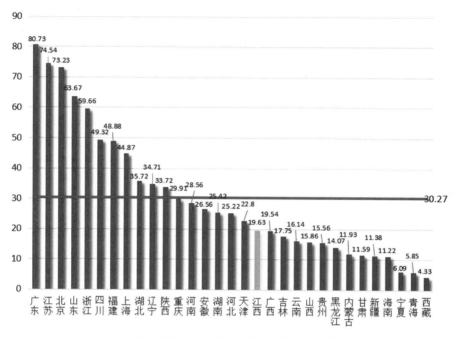

图 2 - 27　2020 年各省区市数字经济发展总指数

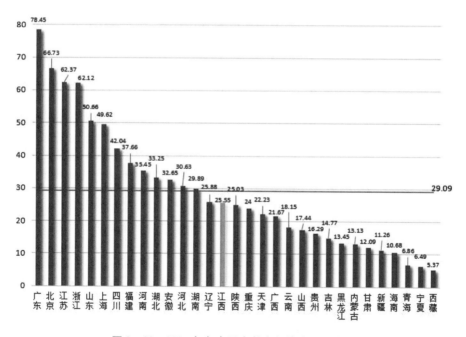

图 2 - 28　2021 年各省区市数字经济发展总指数

（二）横向对比

江西省数字经济进入发展的关键时期，随着各级政府和部门的引导和政策出台，发展水平正稳步提升。随着各省区市数字经济的发展，各大研究机构开始展开数字经济测算，不同研究报告具有不同的测算方法和分析思路，通过比较，本报告测算结果相较于其他报告具有相同之处，但也具有自身特点。

在测算指标上，中国信通院将数字经济分为数字产业化、产业数字化、数字化治理和数据价值化四个部分，但在实际测算中，中国信通院并未将数字化治理和数据价值化纳入测算体系。本报告在测算中，加入了数字化治理部分，充分肯定政府在数字经济建设过程的重要作用，完善了数字经济指标体系。

在测算过程中，信通院多采用增加值法，但采用增加值法估算出的数字经济规模差异较大。本报告则更加偏重于学术研究方法，采用经济学中认可度高的熵值法进行测算，能够很好地解决主观赋值的缺陷。信通院和江西省发展改革委的测算报告多基于现实情况和统计数据展开新型技术分析，如数字经济的产业空间模式、数字治理、数据要素和算力发展等方面，并相继提出未来数字技术发展的政策建议，而本报告则在测算总体数字经济指数后，基于传统数字经济角度展开二级指标和三级指标的具体分析。

在测算结果上，2022年江西省数字经济发展水平与上年持平，依旧位于全国第15位，与14位的陕西仅仅相差0.55个指数，而和13位的湖南也相差不到3个指数，这说明目前江西省数字经济发展处于稳定发展阶段。但若想实现江西省数字经济"双一号工程"，为打造数字江西的名片，亟须找到突破发展瓶颈的重要方法。

第三章 江西省数字经济发展指数：市级层面

摘 要:本报告在第二章构建的全国数字经济指标体系基础上,结合江西省实际情况,构建了全省市级数字经济发展指标体系。同样采用指数对比法对全省各设区市数字经济发展进行了测算与评价,分析江西省各设区市数字经济发展的优势和不足,最后提出江西数字经济高质量发展的应对策略,为推进全省经济高质量跨越式发展提供参考。

关键词:数字经济;数字产业化;产业数字化;策略

本报告在全国省级数字经济指标体系的基础上结合江西省实际情况,构建了全省市级层面数字经济指标体系(见表3-1)。但由于江西省市级层面的数据有限,该指标体系的一级指标由数字产业化和产业数字化2个指标构成,二级指标有基础设施、互联网发展情况、软件和信息技术服务、工业数字化、农业农村数字化和服务业数字化6个指标构成,三级指标则共有19个指标组成。这2项一级指标6项二级指标19项三级指标从不同方面进行刻画,整体能够反映出一个城市的数字经济发展情况。

一、指标体系结构

城市数字经济指标体系由数字产业化、产业数字化2个一级指标组成,一级指标细化可以分为6个二级指标和19个三级指标。考虑到数据的可获得性以及指标的准确性,在上年的基础上,将已备案网站数量替换为企业拥有网站数指标,这是因为企业拥有网站数更能代表互联网的发展和应用范围。我们用一些指标来对全省11个设区市的数字经济发展水平进行评价,如表3-1所示。其中数字产业化指标由基础设施、互联网发展情况、软件和信息技术服务3个二级指标、12个三级指标构成。而产业数字化指标由工业数字化、农业农村数字化和服务业数字化3个二级指标、8个三级指标构成。

表3-1 市级层面数字经济指标体系结构

综合指标	一级指标	二级指标	三级指标
市级层面数字经济指标体系	数字产业化	基础设施	固定电话用户数
			移动电话用户数
			电信业务总量
		互联网发展情况	互联网宽带用户数
			5G基站开通数
			企业拥有网站数
			产业集群数
		软件和信息技术服务	企业单位数
			资产总额
			营业收入
			利润总额
	产业数字化	工业数字化	工业园区智慧云平台数量
			智慧园区营业收入

续表：

综合指标	一级指标	二级指标	三级指标
		农业农村数字化	农业物联网示范基地
			益农社建成数
			农产品电商运营中心数量
		服务业数字化	电子商务示范基地
			邮政业务总量
			年末邮局数

二、数据来源及处理

本报告中工业数字化中的 2 个指标数据来源于江西省工信厅,农业物联网示范基地和电子商务示范基地指标来源于江西省人民政府,益农社建成数和农产品电商运营中心数量来源于江西省农业农村厅。而其他 13 个指标数据均来自《江西统计年鉴(2022)》。

表 3－2 展示了采用熵值法计算所得的 19 个指标对应的权重值。其中,软件和信息技术服务的资产总额权重为 0.1822,是所有权重值中最高的,说明这项指标在整个数字经济评估中占用最重要的作用;权重紧随其后的指标是软件和信息技术服务的利润总额(权重为 0.0979)、软件和信息技术服务的营业收入(权重为 0.0692)。而权重排名靠后的几项指标分别是产业集群数(权重为 0.0220)、农业物联网示范基地(权重为 0.0214)和电子商务示范基地(权重为 0.0315)。

表3-2　江西省各设区市数字经济19个指标对应的权重

综合指标	二级指标	三级指标	单位	变量符号	权重ω
市级数字经济发展	基础设施	固定电话用户数	万户	Y_1	0.0540
		移动电话用户数	万户	Y_2	0.0410
		电信业务总量	亿元	Y_3	0.0430
	互联网和相关服务	互联网宽带用户数	万户	Y_4	0.0366
		5G基站开通数	个	Y_5	0.0371
		企业拥有网站数	个	Y_6	0.0430
		产业集群数	个	Y_7	0.0220
	软件和信息技术服务	企业单位数	个	Y_8	0.0419
		资产总额	万元	Y_9	0.1822
		营业收入	万元	Y_{10}	0.0692
		利润总额	万元	Y_{11}	0.0979
	工业数字化	工业园区智慧云平台数量	个	Y_{12}	0.0339
		智慧园区营业收入	亿元	Y_{13}	0.0409
	农业农村数字化	农业物联网示范基地	个	Y_14	0.0214
		益农社建成数	个	Y_{15}	0.0500
		农产品电商运营中心数量	个	Y_{16}	0.0531
	服务业数字化	电子商务示范基地	个	Y_{17}	0.0315
		邮政业务总量	亿元	Y_{18}	0.0569
		年末邮局数	所	Y_{19}	0.0445

三、总体情况

从全省市级数字经济发展总指数测算结果来看,全省各设区市数字经济发展呈现三级梯队发展态势,全省数字经济发展平均指数为30.33(如图3

-1 水平线所示)。其中南昌以总指数 63.49 位居全省榜首,为第一梯队(发展指数大于 60);赣州、上饶、宜春、九江、吉安高于全省平均水平,为第二梯队(发展指数为 31—60);抚州、萍乡、鹰潭、景德镇和新余低于全省平均水平,为第三梯队(发展指数小于全省平均水平)。上饶上年超过了赣州,2022年赣州抢抓机遇又反超上饶,位于全省第 2 位,逐渐靠近省会南昌,九江从2021 年低于全省平均水平到今年超过平均水平的 6.35 个指数,体现出九江数字经济发展的巨大潜力。

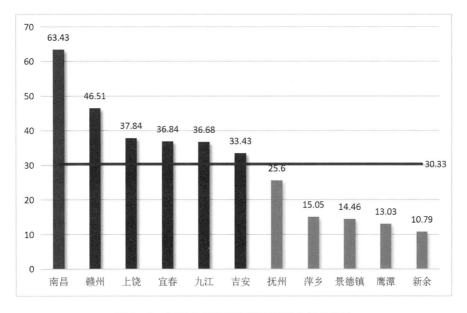

图 3 - 1　江西省各设区市数字经济发展总指数

考虑到数字经济发展水平可能会受各设区市经济发展水平的影响,我们比较分析了全省各设区市数字经济发展指数与 GDP 的关系(见图 3 - 2)。从图 3 - 2 可以看出各设区市数字经济发展指数与 GDP 呈现不简单的正相关关系,数字经济发展水平与经济发展水平趋势基本保持一致。其中,南昌、赣州、吉安、宜春、抚州 5 个设区市的数字经济发展指数排名与其 GDP 排名完全吻合,上饶、萍乡和景德镇的数字经济发展指数排名超越了其 GDP 排名,而新余、鹰潭和九江的数字经济发展指数排名则逊色于其 GDP 排名。

值得一提的是,从测算结果来看,处于第一梯队的南昌,其数字经济发展水平遥遥领先,其发展指数是赣州(排名第 2 位)的 1.36 倍,是新余(排名第 11 位)的 8 倍;而同期南昌的 GDP 是上饶的 2.2 倍,是新余的 5.88 倍。可见,即便考虑经济总量的影响,南昌在数字经济发展水平上依然表现突出,充分彰显了作为省会城市在数字经济发展中的担当。

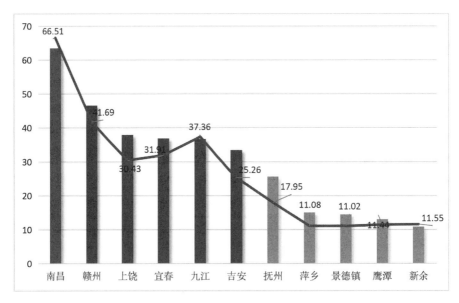

图 3 - 2 江西省各设区市数字经济发展总指数与 GDP 关系

四、数字产业化指数

从市级数字产业化指数测算结果来看,全省各设区市数字产业化发展呈现三级梯队发展态势,全省数字产业发展平均指数为 19.61(如图 3 - 3 水平线所示)。其中南昌以指数 49.98 位居全省榜首,为第一梯队(发展指数大于 40);赣州、宜春、上饶、九江和吉安高于全省平均水平,为第二梯队(发展指数为 19—30);抚州、鹰潭、萍乡、景德镇和新余低于全省平均水平,为第三梯队(发展指数小于 15)。

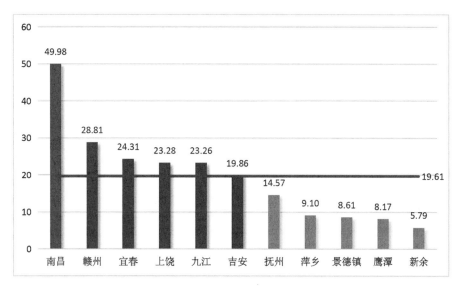

图 3 – 3　江西省各设区市数字产业化指数

（一）基础设施指数

基础设施指数反映的是江西省各设区市数字基础设施建设水平、普及程度等外部发展环境，它体现了数字经济基础支撑能力。从测算结果可以看出（见图 3 –4），全省数字经济基础设施平均水平为 4.44，位于第一梯队和第二梯队的城市基础设施均高于平均水平。其中，赣州和南昌得分一致，以 7.74 共同位居全省榜首，相比上年，赣州由第 2 位上升至与南昌持平，说明具有合理的基础设施布局以及高效的使用情况。第三梯队的城市则在全省平均值之下。在未达到平均水平的几个城市中，有些城市的数字经济做得非常有特色，但它们在该指标上的得分较低，一个重要的原因是这些城市的土地面积和人口都相对较小，基础设施指数偏低是必然的。

从图 3 –5 可以看出，全省各设区市数字经济基础设施中 3 个指标无量纲化后的对比情况，可以看出，由于鹰潭、新余、萍乡和景德镇四个城市的人口和面积相对较少，所以这 3 项指标必定落后于其他城市，在全省均处于偏下水平，南昌作为省会城市，以数字经济发展为重要目标，极其重视基础设施的建设。而赣州是一个接近千万人口的城市，所以它的该 3 项指标均较

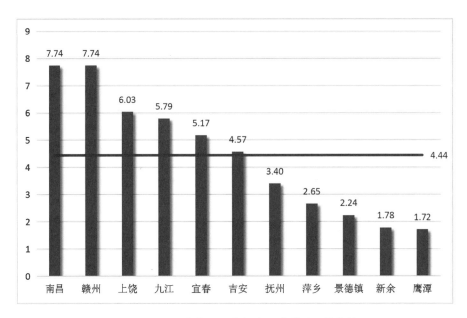

图 3－4　江西省各设区市数字经济基础设施指数

高,赣州的电信业务总量要低于南昌,但固定电话用户数和移动电话用户数均高于省会南昌。

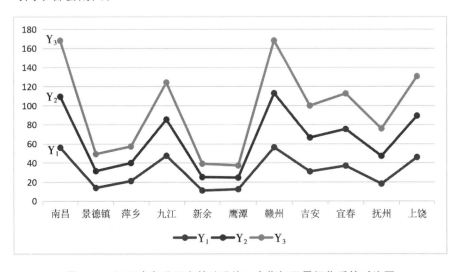

图 3－5　江西省各设区市基础设施 3 个指标无量纲化后的对比图

（二）互联网和相关服务指数

从测算结果来看（见图3-6），江西省各设区市在互联网和相关服务发展水平上梯度明显，但排名与上年相比变动不大，居于榜首的南昌在该指标上得分高达7.70。全省互联网和相关服务指数的平均值为4.53，其中，南昌、赣州、九江、上饶、宜春、吉安6个设区市在该指标上的得分超过平均水平，而抚州、鹰潭、萍乡、景德镇和新余5个设区市在互联网和相关服务水平上低于全省平均水平，且鹰潭、景德镇和新余等3个设区市该指标的得分不及全省平均水平的二分之一。这是因为在发展水平低于平均水平的城市中，人口都相对较少，经济体量总体较小是导致互联网指数偏低的一个主要因素。

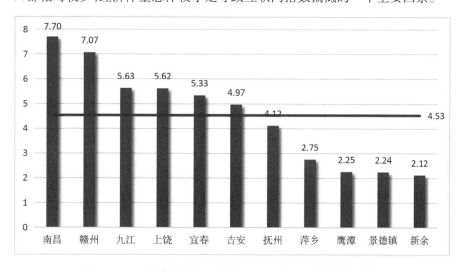

图3-6 江西省各设区市数字经济互联网和相关服务指数

换个角度来看，从全省各城市数字经济中互联网和相关服务中5个指标无量纲化后的对比情况可以看出（见图3-7），由于萍乡、景德镇、鹰潭和新余人口数量和面积相对全省来说均较少，使得它们在互联网用户数量、5G基站开通数、企业拥有网站数、产业集群数4项指标上低于其他城市。但在"十四五"期间，新余建设的京东数字经济产业园，园内企业实现营收达5亿元，依托京东（新余）数字经济产业园，开展了"互联网＋工业""互联网＋农业""互联网＋旅游"等多个项目的对接活动，充分发挥了数字技术对经济发展的引领作用。而同时鹰潭市具有发展物联网和5G技术的潜力,尽管如此,仍需加大发展力度。萍乡和景德镇应致力于提升传统产业和旅游业的发展优势,加快互联网等数字化技术在这些领域中的应用,赋能文化旅游产业的转型升级。

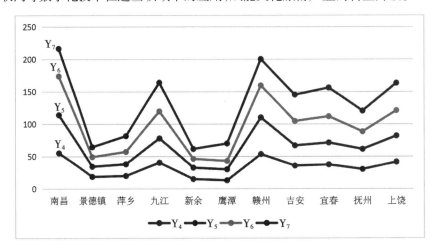

图3-7 江西省各设区市互联网和相关服务4个指标无量纲化后的对比图

（三）软件和信息技术服务指数

根据测算结果(见图3-8),江西省各设区市在软件和信息技术服务指数上的差异非常大。居于榜首的南昌在该指标上的得分达34.54,领先于其他城市,是上饶(排名第2位)的2.47倍,是新余(排名第11位)的18.28倍。全省互联网和相关服务指数的平均值为10.65,其中,南昌、赣州、宜春、九江、上饶的软件和信息技术服务指数在平均值之上,而抚州、鹰潭、萍乡、景德镇和新余在互联网和相关服务水平上均低于全省平均水平,且鹰潭、萍乡、景德镇和新余该指标的得分不及全省平均水平的一半。相比上年,赣州由第7位上升至第2位,上饶由第2位下降至第5位。九江由第6位上升至第4位,抚州由第5位下降至第7位,萍乡由第9位下降至第10位,变化幅度较大。结合全省各设区市数字经济中软件和信息技术服务中4个指标无量纲化后的对比情况可以看出,上饶的企业拥有网站数无量纲化后的指标数值和赣州的产业集群数无量纲化后的指标数值较低,均处于全省中等水平,拉低了上饶和赣州的软件和信息技术服务指数水平(详见图3-9)。

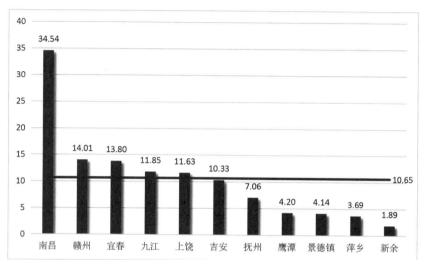

图3-8 江西省各设区市数字经济软件和信息技术服务指数

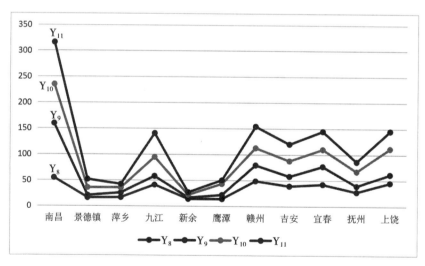

图3-9 江西省各设区市软件和信息技术服务4个指标无量纲化后的对比图

五、产业数字化指数

从全省市级产业数字化指数测算结果来看,各设区市产业数字化发展呈现三级梯队发展态势，全省产业数字发展平均指数为 10.72（如图 3 – 10 水平线所示）。其中抚州从上年的第 3 位上升全省榜首，发展迅速，产业数字化指数高达 17.7，为第一梯队（发展指数大于 15）；新余、萍乡、南昌、上饶、景德镇、鹰潭的指数均高于平均指数，为第二梯队（发展指数为 10—15），其中新余、景德镇、鹰潭发展势头猛，从上年的低于平均值上升至全省前列，说明这几个城市在不断抢抓发展机遇，创新传统产业发展，致力于对传统产业进行数字化转型；宜春、赣州、九江、吉安低于全省平均水平，为第三梯队（发展指数小于 10）。相比上年，赣州由榜首下降至第 9 位，九江由第 4 位下降至第 10 位，吉安由第 6 位下降至第 11 位，宜春由第 5 位下降至第 8 位，各设区市需要提高警惕，应积极促进传统产业和数字化融合发展。

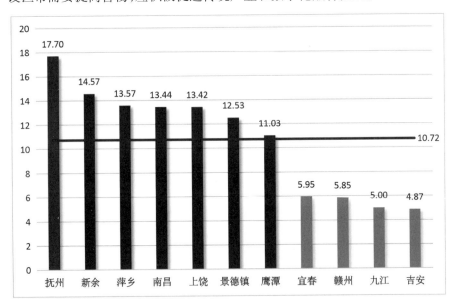

图 3 – 10　江西省各设区市产业数字化指数

（一）工业数字化指数

从测算结果可以看出（见图 3 – 11），全省数字经济工业数字化平均水平为 2.44，有一半城市的工业数字化指数在平均水平以上，它们分别是赣州、九江、南昌、上饶、吉安和宜春，近一半城市的工业数字化指数在平均水平以下,它们分别是抚州、鹰潭、新余、景德镇和萍乡。相比上年,吉安由第6位上升至第5位,抚州由第8位上升至第7位,景德镇由第11位上升至第9位,而萍乡则从第9位下降至第11位,相关政府部门应该引起重视。图3-12为江西省各设区市工业数字化2个指标无量纲化后的对比图。

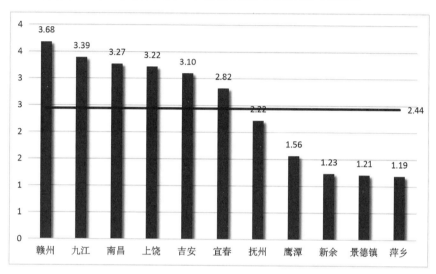

图3-11 江西省各设区市工业数字化指数

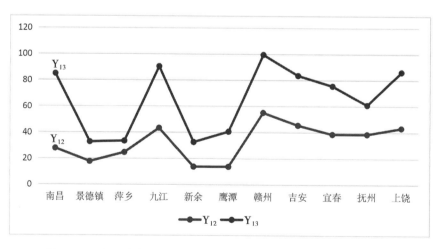

图3-12 江西省各设区市工业数字化2个指标无量纲化后的对比图

（二）农业农村数字化指数

从测算结果可以看出（见图3－13），全省数字经济农业农村数字化平均水平为4.03，大部分城市的农业农村数字化指数在平均水平以上，赣州以7.18位居全省第一，与去年相比，南昌农业农村化指数平均值的差距拉大，而萍乡、景德镇、新余和鹰潭的农业农村数字化指数仍旧低于平均水平。图3－14为江西省各设区市农业农村数字化3个指标无量纲化后的对比图。

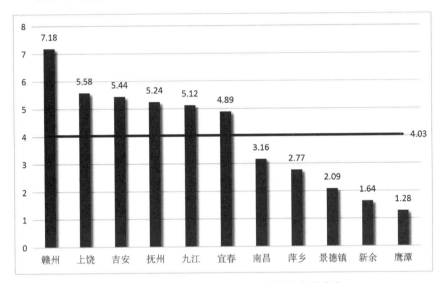

图3－13　江西省各设区市农业农村数字化指数

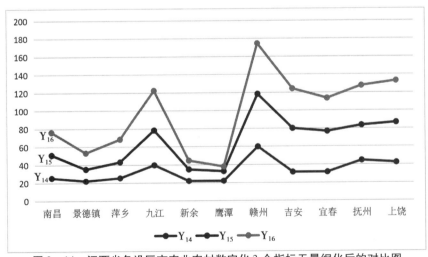

图3－14　江西省各设区市农业农村数字化3个指标无量纲化后的对比图

（三）服务业数字化指数

如图 3-15 所示,根据测算结果,江西省各设区市服务业数字化指数的平均值为 4.24,南昌以服务业数字化指数 7.01 位居全省榜首,除此之外赣州、上饶、吉安、九江和宜春的服务业数字化指数超过了全省的平均水平,而抚州、景德镇等 5 市的服务业数字化指数均低于全省的平均水平。南昌在服务业数字化水平上比赣州仅高出 0.17 个指数,相比上年差距缩小;而萍乡和鹰潭的服务业数字化指数相比同类城市较低,处于落后地位。结合全省各设区市服务业数字化指数的 3 个指标无量纲化后的对比情况可以看出(见图 3-16),南昌市邮政业务总量最高,超过了 70 亿元,总额相比上年有较大下降幅度,而电子商务示范基地数量和年末邮局数无量纲化后的数值位于全省中等偏下的位置,拉低了南昌市服务业数字化水平。鹰潭市邮政业务总量和邮局数均较低,使得该市的服务业数字化指数较低。

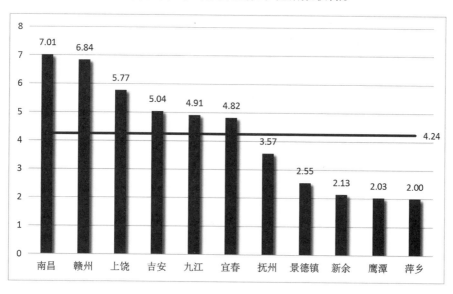

图 3-15　江西省各设区市服务业数字化指数

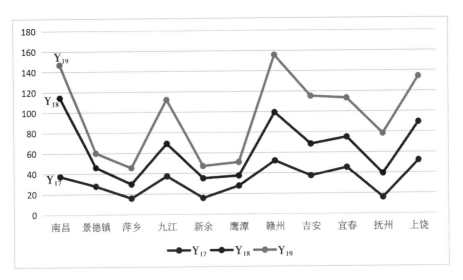

图 3 - 16　江西省各设区市服务业数字化 3 个指标无量纲化后的对比图

六、提升江西省数字经济发展水平的策略

上述通过对江西省数字经济指数的测算和分析,得出江西省数字经济发展指数整体处于中等发展水平的结果,这与上年全省数字经济水平的全国排名一致,整体来看保持稳定,要想实现"弯道超车",应加大重视力度。同时还对省内各设区市的数字经济发展水平进行测算,发展情况出现部分变动。本报告根据《江西省"十四五"数字经济发展规划》的相关要求,结合省级和市级两个层面的数字经济发展指数测算分析结果,对江西省数字经济发展提出如下应对策略,推进数字经济做优做强"一号发展工程"。

（一）优化数字经济基础设施,为智能化发展环境赋能

网络基础设施是发展数字经济的基础和动力,有助于数字经济新动能潜力的持续释放。江西省网络基础设施建设在全国范围位于中等偏下水平,仍有发展进步的空间。为符合"十四五"规划要求,应加快推进移动宽带和固定宽带家庭的普及率,加快高速光纤网、物联网和 5G 基站的建设,以全面提升全省数字经济增加值。

一是缩小城乡数字基础设施建设鸿沟。数字经济是立足当下、顺应未来的新型经济,而基础设施是数字经济发展的重要支撑。目前,江西省已经有9个设区市建成千兆城市,基础设施建设取得明显成效。但目前基础设施建设仍然在不断演进升级,农村地区的信息化网络建设仍旧存在较大差距。《江西省"十四五"农业农村信息化发展规划》强调农业农村信息化是建设数字江西的重要内容,所以要持续发挥南昌、赣州等在网络基础设施建设的表率作用,有序推进千兆光纤网络和5G网络建设,缩小城乡数字鸿沟。

二是加快推进算网融合发展。业界人士表示,算网融合是大势所趋。"东数西算"工程要实现算力全国调度,就需要算网融合的支撑。目前在贵州、内蒙古、甘肃、宁夏等地区都布局有全国一体化算力网络国家枢纽节点,建设有数据中心集群。但目前江西省算力仍旧以基础算力为主,南昌应先行承担算力、算法的大数据中心建设重任。应积极融入"东数西算"战略布局,提升全省数据中心跨网络、跨地域数据交互能力。

三是有序推进融合高效的智能基础设施。应加快数字技术与传统基础设施的结合,稳步构建智能化的融合基础设施,以提升资源利用效率和服务水平。全省应提升支撑"智能+"发展的行业赋能能力。推动农林牧渔业基础设施的改造升级,推进新型科学技术的应用。加快推进能源、交通运输、水利、物流、环保等领域基础设施的数字化改造,促进绿色江西的建设。同时促进生活服务数字化的建设,充分满足不同人群的需要,打造智慧型的数字化生活环境。

(二)加快互联网产业发展,抢占数字经济新赛道

全省互联网发展差异悬殊,应加大互联网发展薄弱地区的建设力度。深化"5G+工业互联网",建设运营标识解析二级节点和递归节点。加快互联网技术的普及和应用,鼓励企业将互联网技术与传统生产领域进行融合,激发新型数字化、智能化生产新动能。目前,全省已衍生出一些新兴产业集聚区,如抚州和上饶的大数据中心、鹰潭物联网产业基地、南昌VR产业基地

等,这些新兴产业极度依赖互联网技术的发展,而要维持产业发展优势,就需要高度重视互联网技术的融合发展。

一是促进物联网产业发展。以现有的鹰潭物联网产业基地为基础,不断加快推进物联网技术研发,发展产业集群,推动建设物联网特色化产业基地,打造智能化的物联网产业园和物联网公共技术平台。通过提供相关基础设施和支持,吸引物联网企业入驻,加快建设国家网络安全"高精尖"技术试点示范区。

二是推动人工智能产业发展。要实现高质量跨越式发展,就需要加快建设以实体经济为支撑的现代化产业体系,而人工智能能够催生万亿规模的新机遇,对赋能实体经济具有重要支撑作用。为此,江西省应加强对人工智能产业的支持,鼓励企业在数据中心建设、人工智能技术研发和应用方面的投资。通过政策引导和资金扶持,来推动人工智能技术与传统产业的深度融合。

三是加强大数据与云计算产业建设。2023年上半年,上饶高铁经济试验区获评国家新型工业化产业示范基地,是江西省首个大数据方向国家级示范基地。为此,要持续推进上饶大数据产业园建设,加大对数据产业园建设的投入力度,以发挥上饶大数据产业的引领带头作用。要始终以省会南昌为核心,以京九和沪昆高铁线为纽带,着力培育建设八大大数据产业基地。鼓励企业在数据采集、存储、分析和应用等方面进行创新,大数据与云计算产业发展活力。

四是提升虚拟现实产业发展水平。江西省应培育虚拟现实产业链,支持虚拟现实技术在教育、文化娱乐、旅游等领域的应用和创新。鼓励企业进行虚拟现实技术研发,建设虚拟现实产业园区,为企业提供创业孵化、技术支持和市场拓展等服务。目前,南昌已经率先开启VR产业研究基地的建设,有关部门应该继续引进和培养VR企业,以打造产业集群。

五是推动元宇宙数字产业创新发展。江西省应充分发挥人工智能、虚拟现实、增强现实和区块链等前沿技术的优势,为元宇宙建设提供全面支持。同时,加大投入并建设元宇宙试验区,打造成为数字经济创新引领的核心引擎。为了实现这一目标,相关部门应注重"政、产、学、研、用、金"各方面的整体协调发展,充分利用先进技术,推动元宇宙数字产业的创新和应用,为全省数字经济的发展注入新的活力。

(三)提升软件和信息技术服务能力,打造数字化产业基地

软件和信息技术服务行业是新经济时代的代名词,即高度依赖信息技术与高新技术的创新与使用,同时面向物联网、虚拟现实、5G、大数据、人工智能等新兴应用领域的企业群。全省以南昌为领头羊,统筹推进数字技术、数字内容产业与制造业的融合发展,依托南昌高新技术产业开发区、南昌经济技术开发区、小蓝经济技术开发区在软件和信息技术产业上的特色优势,进一步打造智能制造产业基地。

一是培育高质量的软件和信息技术服务业企业。江西省应加大对软件和信息技术服务业的培育和支持力度。政府和企业应与高校建立紧密合作关系,推动产学研结合。可以建立联合实验室、技术研发中心等合作机制,鼓励高校教师和学生参与软件和信息技术服务业的创新研究和项目开发。同时,政府要支持科研院所和企业合作,加强科技成果的转移转化,推动科研成果转化为具体的软件产品和解决方案,以推动软件和信息技术服务业企业进行有效实践。

二是搭建产业载体平台。借鉴发达省份的经验,江西省应激励企业获得软件类建设基地,建设软件和信息化产业平台。可以通过政府出资、土地资源供应等方式,为企业提供建设基地,并提供相关的配套设施和服务。这些基地可以提供办公场所、研发设施、创新资源等支持,为企业的软件开发、测试、运营等提供良好的条件。同时,鼓励各设区市建设软件类产业园区和科技创新中心。这些园区和中心可以提供集聚效应和协同发展的环境,为企业提供合作交流的机会。

三是加大资金和政策支持力度。江西省政府应引导政府投资基金,增加对软件和信息技术服务业的资金支持。可以设立专项资金,用于支持软件和信息技术服务业的企业发展、创新研究和人才培养。此外,还可以加强与金融机构的合作,为软件企业提供贷款和融资支持,降低其创新和发展的成本。在税收政策方面,江西省可以制定更加优惠的税收政策,减免软件企业的税负。特别是对于科技型企业和创新型企业,可以给予税收优惠和减免。此外,还可以推出奖励政策,鼓励企业进行技术创新和产品研发,提高其市场竞争力。

（四）加强行业信息化建设,促进数字化融合发展

传统行业的转型升级离不开数字技术的应用,应加快各行业与数字技术的融合,让数字技术落到实处,真正发挥出其真实价值。逐步将数字技术与工业、农业和服务业进行融合,能够提高行业的信息化水平,并且实现企业的数字化转型,最终提高行业的生产效率。

一是促进工业互联网产业发展。加强工业互联网的建设,需统筹规划全省工业互联网的布局,加强企业内网改造。其中,应加快制造业数字化转型,进一步深化工业互联网在行业领域的融合应用,发展新型智能产品,打造工业云平台。实施融通应用深化行动,推进工业互联网融通应用工程,持续深化"5G＋工业互联网"融合应用。

二是推进数字农业发展。江西省应加强农业信息化建设,建设农业物联网平台,整合农业数据资源,推动数字农业的发展。通过智能化农业设备、精准农业管理和农产品溯源等技术手段,提升农业生产效率和产品质量,促进农业可持续发展。大力提升农业数字化水平,加快智慧农业"123＋N"平台建设,建设农业物联网示范基地,实施"互联网＋"农产品出村进城工程,提升农业生产、加工、销售、物流等各环节数字化水平。

三是促进数字医疗健康产业发展。江西省应推动医疗信息化建设,建立健全的医疗数据互联互通平台,推进医疗服务的智能化升级。支持医疗

机构推广电子病历、远程医疗、健康监测等数字化医疗服务,促进医疗资源的优化配置和医疗服务的便捷化。

四是推动数字教育发展。江西省应加强学校信息化建设,提升教育资源的数字化程度。鼓励学校推广在线教育和远程教育模式,提供优质的教育资源和个性化的学习体验,促进教育均衡发展。

五是强化金融科技建设。江西省应推动金融机构的数字化转型,加强金融科技的应用和创新。建立健全的金融信息安全保障体系,加强对金融数据的管理和保护,促进普惠金融的发展和金融服务的便捷化。

融　合　篇

第四章 江西省有色金属产业与数字经济的融合发展研究

摘　要:我国矿产资源种类丰富,但大多数矿产资源呈现"贫、细、杂"的特征,开发难度较高且综合利用率不足50%,亟须深度挖掘开发利用。江西省作为全国有色产业的重要基地,其有色金属产业规模居全国同行业前列,尤其在铜、钨和稀土产业方面处于全球领先地位。江西省高度重视有色产业发展,并将其确定为"2+6+N"计划中的突破方向,旨在推动有色产业规模超过万亿元。随着数字技术的迅速发展,如大数据分析、物联网和人工智能等,为有色金属产业提供了创新发展的新机遇,能够提升产业质量、降低成本,并促进可持续发展。在当前数字经济快速发展的背景下,有色金属产业作为江西省的重要支柱产业,正面临与数字经济融合发展的重要机遇。本报告旨在深入分析江西省有色金属产业与数字经济融合的现状和趋势,为促进有色金属产业的可持续发展提供决策参考。

关键词:有色金属产业;数字化转型;产业融合

一、江西省有色金属产业发展现状

（一）江西是中国重要的有色金属生产基地

近年来，随着"智能制造"和"两化融合"概念的兴起，中国实施了制造强国战略的第一个十年行动纲领——"中国制造2025"。随即工业和信息化部、国家发展和改革委员会、自然资源部联合发布了《有色金属行业智能工厂（矿山）建设指南》，推动数字化与有色金属行业的融合，充分利用大数据、5G、人工智能、云计算、物联网等数字技术在有色金属领域的应用。由于中国有色金属行业正面临着一系列挑战和压力，如品位下降、资源枯竭、安全环保等，在矿山生产运营模式的变革中，采矿工艺正朝着规模化、集约化和协同化的方向发展。采矿过程正在实现自动化、智能化甚至无人化，而选冶矿过程也逐步实现自动化和智能化，生产管理以数据驱动为核心理念，建立从勘探数据到储量数据、从产量数据到运营数据的矿山大数据集成系统，有效提升生产效率。江西作为中国重要的有色金属生产基地，拥有丰富的矿产资源和雄厚的产业基础。

（二）龙头领航企业和产业园区成绩亮眼

目前，江西省的有色金属行业已经初步形成了一批具有龙头实力的领航企业。已有7家有色金属行业上市公司，并建立了主要的产业园区，包括鹰潭（贵溪）铜产业循环经济基地和赣州经济开发区。这些企业在业内具有重要地位和影响力。截至2022年3月，江西省有色金属行业上市公司的营收规模达到4104.57亿元，远超北京、福建、浙江等地。这表明，江西省在有色金属企业的经营状况良好，势头强劲，这些龙头企业不仅在产业规模上初具规模，还在技术创新、管理水平和市场竞争力等方面取得了显著进展。它们通过引进先进技术、改造设备、优化生产工艺，实现了资源的高效利用和循环经济的发展，不仅提高了产能和产品质量，还有效减少了能源消耗和环境污染，为江西省有色金属产业的可持续发展奠定了坚实基础。

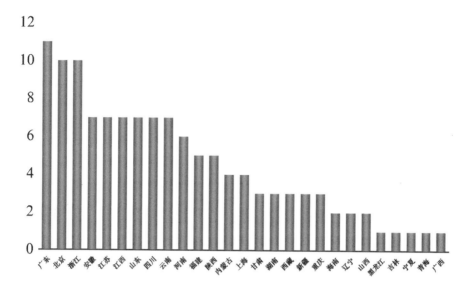

图 4 - 1   2022 年中证行业分类中国有色金属上市公司区域分布统计(单位: 家)

数据来源: Chioce 前瞻产业研究院。

二、江西省有色金属产业与数字经济融合发展态势

数字经济的快速崛起为传统产业带来了全新的发展机遇。在数字化浪潮的推动下, 江西有色金属产业与数字经济的融合发展前景广阔。

（一）数字化有色企业转型初见成效

江西省作为拥有丰富有色资源的地区, 在 139 种查明有资源储量的矿产中, 有 83 种位列全国前十。江西省将有色金属产业确定为重点培育的两个"万亿级"产业之一, 旨在实施工业强省战略和深化供给侧结构性改革。为了赋予江西的有色金属产业更多特色和竞争优势, 创新被视为关键。近年来, 江西省积极鼓励和引导有色金属生产企业采用新技术、新工艺, 以加快转型升级。在数字化转型方面, 江西省特别注重在 5G、大数据、人工智能和工业互联网等领域推动数字化技术的应用。通过数字化技术的应用, 江西

省的有色金属产业实现了生产过程的智能化和自动化,提高了生产效率和产品质量。同时,数字化转型还有助于打破原有的组织边界,促进供应链的协同和物流的优化,进一步提升了产业的整体竞争力。

江西省有色金属数字化转型取得一定成效,宜春市钽铌矿山以总体规划、分步实施的原则,依托5G/4G专网无线通讯网络,建设了数据中心、数字化采矿单元、智能选矿单元、信息化管理系统和安全环保在线监测系统等。该项目被江西省工信厅评为首批"5G+工业互联网"示范企业和江西省"03专项"示范项目。围绕有色金属产业链的重点领域和关键环节,鹰潭市推进数字化转型,加快数字化智能化在有色金属行业的集成创新和融合应用,全市规模以上铜工业企业达到209家,共建成智能车间63个,应用智能化设备1800余台,加快推动有色金属行业的数字化智能化应用,推动工业技改,建设智能化设备和工业互联网基础设施,提升生产效率和智能化水平。

(二)数字化人才链与产业链深度融合

2023年4月,江西省委、江西省工信厅主办江西省有色金属产业链创新型领军人才高级研修班,旨在促进数字化有色金属产业人才链与产业链的深度融合。为解决有色金属产业链前端规模偏大、产品附加值不高、核心竞争力不强等问题,人才链是关键因素,尤其是高层次的领军人才,研修班邀请了一流的师资力量和专家学者进行授课,旨在培养创新型的领军人才,引领和服务产业的高质量发展,为江西打造世界级有色金属产业重要基地提供人才支撑。2022年抚州市临川区有色金属行业年总产值突破150亿元,市场竞争力不断增强,临川区围绕有色金属加工产业集群,招大引强,不断延伸产业链,扶持龙头骨干企业,鼓励企业实施科研开发,运用先进技术和设备,降低生产成本,并对产业给予财政扶持。

(三)瞄准"智慧工厂"数字化项目

江西省赣州市兴邦公司稀土绿色萃取智慧工厂的数字化与自动化实践,广晟有色金属股份有限公司在致力于建设智慧工厂,并在稀土绿色萃取领域全面推动数字化项目。通过综合运用大数据、云平台、远程控制和可视化等高新技术,兴邦公司加快了智能、高效、安全的萃取智慧工厂的建设,实现了人机联合和智能化操作,从依靠经验到依靠数据的智能转变。这不仅提升了产能,降低了能耗,保障了产品质量,还有效提升了企业的综合竞争力。在数字化方面,兴邦公司的智慧中心稀土绿色萃取智能管理系统通过在生产线各个环节安装先进的传感器和控制器等信息化技术,实现了生产参数的精准测量、实时显示和远程控制。此外,兴邦公司还迭代了新型稀土萃取专用计量设备,实现了精确计量,提高了生产稳定性,降低了酸碱消耗量。智慧工厂的建设也带来了安全环保方面的提升。兴邦公司引进了新型伺服电机,降低了设备的耗电量和噪音。采用新工艺和系统,改善了生产环境,防止了槽体废气外溢和交叉污染。通过作业风险预警系统,实现了安全可视化和快速感知,提前预警和联动处置,显著提升了生产风险的防范水平。兴邦公司稀土绿色萃取智慧工厂的数字化和自动化应用,取得了显著成效。酸碱消耗降低了5%以上,电量降低了30%,生产效率明显提升。

三、江西省有色金属产业与数字经济融合发展面临的挑战

(一)数字化、业务管理信息化基础薄弱

首先,数字化和业务管理信息化基础薄弱。尽管在部分企业中应用了信息化技术,但整体来说,数字化水平还相对较低。许多企业的信息化系统应用仍偏少,没有全面覆盖到各个业务环节。此外,不同系统之间存在相互孤立的情况,缺乏有效的集成和共享机制,导致数据流通不畅,信息无法实现无缝连接和高效传递。这给企业的生产销售和管理带来了许多不便和效率低下的问题。其次,数据安全保障能力不足。随着数字化转型的推进,企业面临着越来越多的数据储存和处理需求。然而,由于缺乏健全的信息安全管理机制和技术手段,企业的数据安全性无法得到有效保障。数据泄露、信息被篡改或被盗用的风险增加,不仅对企业的经营活动造成潜在威胁,还

可能损害企业的声誉和客户的信任。另外,对产业数字化的认知仍需进一步提高。尽管企业逐渐认识到数字化转型的重要性,但仍有一部分企业和从业人员对于数字化技术和相关管理模式的理解不足。缺乏对数字化转型的全面认知和战略规划,使得企业在转型过程中面临更多的困难和挑战。缺乏清晰的目标和规划,可能导致企业在数字化转型中盲目跟风,缺乏长远的发展战略。最后,数字化转型对企业管理模式和员工习惯带来了颠覆性的影响,使得员工很难适应新的模式。数字化转型引入了新的管理模式和透明化的生产经营模式,颠覆了传统的企业管理和生产方式。然而,企业员工多年形成的管理和生产习惯往往难以适应这种新模式。

（二）信息化、智能化协同创新能力不足

大部分企业两化融合整体水平基本都处于单项覆盖向综合集成阶段迈进阶段,信息化建设缺乏标准规范,各业务场景建设水平参差不齐。信息化建设缺乏顶层设计及统筹规划,系统性不强。孤立的信息系统难以支撑跨部门、跨系统的协同运作,不同的信息系统之间数据很难实现兼容和共享,各类数据不能形成更高价值的信息,以致不能有效地支持企业的经营管理决策。企业缺乏统一的标准和规范,导致企业各个业务场景的建设水平存在较大差异,缺乏统一的规范使得不同系统之间数据格式存在差异,兼容性不足,难以实现数据的无缝对接和交流。这导致了许多"信息孤岛"的存在,各个信息系统之间的数据难以实现集成共享。此外,信息化建设缺乏顶层设计和统筹规划,系统性不强,业务覆盖不全面。在数字化转型过程中,企业往往缺乏整体的顶层设计和统筹规划,导致信息化建设缺乏系统性。企业的业务覆盖范围不全面,一些关键业务环节可能被忽视或滞后,无法实现全面的数字化转型。同时,不同系统之间的数据格式差异大,兼容性不足,使得数据集成和共享变得困难,进一步影响了协同创新能力的发挥。

（三）全产业链转型协同能力不强

江西有色金属企业在数字化转型过程中还面临全产业链转型协同能力

不足的挑战。为了高效推进转型工作,企业需要充分调动人力、财力、物力等资源,在关键节点和关键方案上做出重要决策,提升决策效率,缩短建设周期。然而,目前很多企业的协同能力相对薄弱。部门之间缺乏有效的沟通和协调机制,信息流、物流和价值流的协同不够紧密,导致转型过程中存在信息断层、资源浪费和效率低下的问题。与此同时,数字化转型还需要依赖优秀的智能制造供应商提供先进的技术支持。如果企业缺乏合适的外部合作伙伴,就容易陷入闭门造车的困境,难以获取最新的技术和解决方案。为了提升全产业链转型协同能力,企业可以建立跨部门协作的工作机制,促进信息共享和沟通,加强内外部合作伙伴关系,与供应商、客户、科研机构等建立紧密合作关系,共同推动数字化转型,加强人才培养与引进,培养具备数字化转型能力的专业人才,引进相关领域的专家顾问,为企业提供指导和支持。

(四)产业结构失衡,高端产业比重低

江西省有色金属产业面临着产业结构不合理的问题。目前,该产业主要集中在资源开采、冶炼及初级加工等中低端环节,而高端产品比重较低,整体层次和水平与先进省份和发达国家存在较大差距。特别是在新材料产业方面的占比不高,深加工环节相对较少。江西省有色金属产业规模以上企业数量较多,但其户均规模较小,高附加值产品的生产比例较低,发展韧性相对较弱。产业结构的不合理性导致了江西省有色金属产业在市场竞争中的劣势,高端产品比重低和缺乏深加工环节限制了产业附加值的提升和竞争力的增强。产品附加值和创新能力的提升,关键在于加强科技创新能力。长期以来,发达国家在有色金属工业方面拥有许多高端技术,具备在关键材料和核心技术方面的优势,为高端产业提供强大的支撑。

(五)产业绿色化发展水平不高

在全球绿色经济快速发展的背景下,中国出台《有色金属行业碳达峰实施方案》,并提出了 2025 年前和 2030 年前的阶段性目标。在这一背景下,有色金属产业的绿色转型势在必行。《方案》围绕低效产能退出、强化节能降碳绿色技术、建设绿色制造体系、调整产业规模等重要部署，目前江西省有色金属高耗能、高污染问题仍然存在，绿色低碳发展任重道远。主要体现在以下几个方面：一是有色金属的循环利用率不高，目前美国等西方发达国家有色金属的循环利用率已超过60%，而中国与之相比还有很大差距。二是碳达峰、碳中和目标对有色金属行业发起挑战，有色金属冶炼过程往往伴随着高能耗和大量排放，受环保政策能耗、排放限制，已经显露出发展动力不足的问题。三是生态修复压力大，由于技术缺乏、粗暴开采、长期加工等生产行为对江西省生态环境造成恶劣影响，多年累积的环境问题再加上新的环保要求的叠加，环境治理压力急剧增加，因此迫切需要进行绿色矿山建设。

（六）产学研合作成果转化内生动力不足

随着江西省有色金属产业数字化、低碳化转型持续推进，专业化人才培育和产学研成果转化必不可少。当前江西理工大学先进铜产业学院入选国家级现代产业学院，同时引进一批博士、硕士等专业稀土研究员，但在产学研合作中，仍然存在着成果转化内生动力不足的问题。一是缺乏有效的成果转化机制，尽管有一些产学研合作项目，但缺乏完善的转化机制和流程，导致成果无法及时有效地转化为商业化产品或服务。缺乏明确的权益分配机制和激励机制，也限制了产学研合作的动力和积极性。二是技术市场化能力不足，产学研合作中的科研人员在技术研究方面具有专业知识和技能，但对市场需求和商业化运作的了解和能力相对较弱。缺乏市场导向的思维和商业化能力，使得成果的转化和商业化过程面临困难。三是企业合作意愿和需求不强烈：部分企业对于与高校和科研机构的合作存在一定的保守态度，对于成果的转化和商业化的需求不强烈。缺乏对于科技创新和成果转化的战略意识和长远规划，也限制了产学研合作的动力和成果转化的推进。

四、数字经济背景下江西省有色金属产业发展路径分析

江西省有色金属产业数字化转型行动计划(2023—2025 年)指出要促进有色产业与新一代信息技术深度融合,全面落实省委、省政府深入推进数字经济做优做强"一号发展工程"决策部署,围绕有色金属产业转型升级,着力推进数字技术与产业深度融合,通过数字赋能提升全要素生产效率,提高行业智能化生产、网络化协同、规模化定制、服务化延伸水平,助力实现有色金属产业高质量跨越式发展。

（一）推进行业数字化、智能化、绿色化发展

当今世界已经进入了数字化时代,数字化转型已成为推动中国制造业高质量发展的重要手段,加快数字技术与实体经济的融合发展已成为共识。到 2025 年,全省有色金属行业数字化、智能化、绿色化发展水平大幅提升,重点品种单位产品能耗和碳排放强度明显下降,重点领域重点企业智能制造达到国内先进水平。力争规模以上企业"上云上平台"达到 80% 以上,铜、钨、稀土等重点领域企业数字化生产设备联网率达到 50% 以上,建成 100 个数字化矿山车间和智能工厂,打造 5 个以上全国领先的智能化矿山和冶炼样板工程,建设一批全国领先的"5G + 工业互联网"工厂,主导制定一批国家标准和行业标准,培育 3—5 家具有国内领先水平的行业数字化转型服务商,建成 3 个省级以上行业数字化转型促进中心,集聚一批数字化创新创业人才。

（二）推进企业生产管理数字化

江西省有色金属企业数字化转型取得了一定成果,数字化转型在提升产能、降低成本和提高产品质量方面取得了显著成果。此外,鼓励企业广泛应用 ERP 系统、建立供应链管理及采购平台、采用 DCS 和 MES 系统、应用 MIS、OAS 和 DDS 系统,为有色金属企业的生产管理实现数字化转型提供技术基础。数字化矿山建设和应用的成功案例更进一步证明了数字化转型的潜力。这些举措将为企业提供高效的资源管理、生产优化和决策支持,为企

业的可持续发展奠定坚实基础。以宜春钽铌矿为例，采取基于5G/4G矿山通信网络的数字化矿山建设，通过现场操作无人化技术，安全风险得到降低，安全生产得到保障。采、运、选设备的完好率均达到了98.61%及以上，采、运、选设备的运转率分别达到了93%、95%和91.51%。在经济效益方面，数字化转型带来了明显的增益。产品增量实现了月增收达300万元，采运选生产成本下降了3%。同时，钽铌精矿（实物量）产量提高了10.8%，锂云母精矿（5%）产量提高了8%，粗细长石粉产量提高了10.4%。

（三）推进仓储物流管理数字化

随着中国数字经济与实体经济的深度融合，以数字技术赋能传统行业转型正驶入快车道。当前矿山行业呈现智能化、绿色化的发展趋势。根据国家相关"机械化换人、自动化减人、智能化无人"的政策要求，发展智能化乃至无人化采矿技术，革新矿山开采模式，减少危险作业场景工作人员，提高作业安全和生产效率，是中国矿产资源开发的必然选择和必经之路。鼓励有色金属企业采用物联网、智能传感、数字孪生等智慧管理技术，依托先进物流搬运机器人（AGV）、自动立体仓库、自动输送机系统和电控系统等智能设备和仓储管理系统（WMS），加快推进危化品原材料、中间品和最终产品仓库的数字化、智能化建设。围绕"智能工厂""智慧物流"等建设要求，建设智慧物流数字化协同平台，强化冶炼原辅料及中间物料、加工产品的分拣、配送路径等全流程的智能监控，构建全流程、全场景与全生态的物流价值链，提升企业物流管理精细化、智能化、科学化水平。鼓励中小企业与供应商、制造商、服务商共建供应链管理系统（SRM），合作运营有色金属智能仓库、智慧物流园区。

五、相关案例

（一）山西省推动有色产业绿色化转型

为推动绿色低碳转型，有色金属产业高质量发展，山西省印发《山西省有色金属行业转型升级 2023 年行动计划》,培育和壮大铜基新材料产业链条,打造"补链、延链、强链",形成特色产业发展模式,将工作重点放在培育产业链上,打通上游、中游、下游发展障碍,加强上下游企业的协同创新,构建高端铜材上下游深度融合的机制,实施全产业链培育工程。推动铝镁精深加工产业链高质量发展,通过数字化智能化绿色化改造,促进产学研用协同发展,引领中小企业融入产业链分工体系。

大力发展再生有色金属,鼓励有色金属冶炼和加工企业提高废料回收利用水平,布局再生有色金属项目,形成原生产和再生产的协同发展格局。同时重点推动绿色低碳转型,推广应用先进节能工艺技术装备,推进绿色工厂创建和环保绩效升级,利用闲置土地开展光伏发电项目,优化用能结构,降低碳排放。积极推进资源综合利用:提高矿产资源利用效率,鼓励氧化铝企业提高回收率,推动固废减量化、资源化、高值化利用。

(二)甘肃省金昌市产业链重点培育机制

甘肃省金昌市以产业链培育提升为抓手,通过市企融合一体的方式,致力于推动有色金属新材料产业链的发展。通过实施一系列措施,如落实培育提升机制、推动重大项目实施、创新企业服务模式以及促进产学研合作等,金昌市持续调整产业结构,延伸产业链、提升价值链和融通供应链,旨在将有色金属新材料产业链推向千亿级的规模。目前,金昌市已经成功培育了 5 条细分产业链,并形成了由 3 家链主企业引领、10 余家规模较大的企业协同发展的产业格局。这些产业链涵盖了有色金属新材料的不同领域和环节,为金昌市的产业发展提供了坚实的基础。

截至 2022 年 11 月,金昌市有色金属新材料产业链的产值已经达到了594 亿元,同比增长了 54.7%。这一成就得益于金昌市在产业链培育方面的努力和推动力度,以及企业间的协同发展和合作创新。金昌市积极引进和培育高端企业,推动产业链的整合和升级,为有色金属新材料产业的发展注入了新的活力。金昌市在推动产业链发展的同时,也重视数字经济产业的融合。通过数字化技术的应用,金昌市的有色金属新材料企业能够提高生产效率、优化管理模式,并拓展新的市场机会。数字经济的发展为金昌市的产业链提供了新的增长点和创新动力,有助于推动产业链向更高规模和更高质量的发展目标迈进。数字经济的融合为产业链注入了新的活力和竞争力,推动金昌市有色金属新材料产业链不断向千亿级迈进,为地方经济的可持续发展做出了积极贡献。

(三)云南省数字化转型的创新实践

云南锡业股份公司以其独特的资源禀赋在全球锡、铟产业链供应链中扮演着重要角色。截至2022年底,锡业股份拥有锡金属量68.02万吨、铟金属量5134吨,锡、铟资源储量均居全球第一。面对数字经济快速发展的背景,锡业股份积极推动数字经济与有色金属产业的融合,以提升竞争力和创新能力。在数字经济浪潮下,锡业股份通过数字技术的应用,将产业链上的各个环节进行智能化改造。利用大数据分析,物联网技术和人工智能等创新工具,公司实现了生产过程的数字化监控和智能化管理。通过实时数据采集和分析,锡业股份能够更加精确地掌握生产状况,提高生产效率和产品质量。此外,锡业股份还注重数字经济与供应链的深度融合。通过建立数字化供应链管理系统,公司实现了与上下游企业的信息共享和协同,优化了物流和库存管理,提高了供应链的灵活性和响应速度。同时,锡业股份还积极探索电子商务平台和在线交易模式,拓展销售渠道,提升市场竞争力。锡业股份充分抓住数字经济发展带来的机遇,将数字技术与有色金属产业紧密结合,实现了数字经济与产业的融合发展。通过数字化转型,锡业股份提高了生产效率、优化了供应链管理,并加强了技术创新能力,为公司的可持续发展奠定了坚实基础。

六、政策建议

(一)加快行业数字化平台建设

为应对数字化转型面临的挑战,鼓励江西有色金属企业搭建战略性金属矿产资源、稀有金属资源等行业大数据平台和数据中台,推广运用大数据经营和决策系统。这样的平台和系统将为企业提供数据收集、分析和应用的能力,有助于加快数字化转型进程。采用"大企业共建、小企业共享"的模式,打造具有特色的专业型平台,重点关注有色金属行业的需求。这样的平台将聚集大量行业相关的数据和资源,为企业提供共享和交流的平台,促进行业内企业间的合作和协同发展。同时,加快工业互联网综合服务平台的推广应用,提升行业生产设备接入和工业软件部署应用开发的支持能力,为企业提供更全面、高效的数字化解决方案。

此外,还应积极推动企业两化融合管理体系的贯标和数据管理能力的成熟度评估模型(DCMM)的贯标达标。通过引导企业将研发设计、生产制造、运营管理等核心业务系统和生产设备上云上平台,实现数据的集中管理和共享。这将提升企业的数字化转型水平,加强对数据的管理和分析,为企业的经营决策提供更有力的支持。通过搭建行业大数据平台、推广大数据经营和决策系统,以及加强工业互联网平台的应用,江西有色金属企业可以提升信息化、智能化协同创新能力。此外,推动企业两化融合管理体系的贯标和数据管理能力的成熟度评估模型的贯标达标,将进一步推动企业的数字化转型。这些举措将促进企业间的合作共赢,推动江西有色金属业实现更高水平的数字化转型。

(二)推进数字化转型试点示范

为推进江西有色金属产业的数字化转型,可以采取推进数字化转型试点示范的策略。发挥龙头企业的示范引领作用,由点及面推动全业务全流程的数字化转型,实现业务流程的再造和管理创新,打造一批数字化转型的示范样本。首先,重点关注龙头骨干企业,利用其示范引领作用,推进数字化转型的延伸和拓展。通过在龙头企业中进行数字化转型试点,涵盖全业务全流程,探索最佳实践和经验。这些示范样本将成为其他企业借鉴和学习的对象,推动整个行业的数字化转型进程。其次,针对中小企业的迫切需求,以提质增效、节能降本等为导向,开展一批"小而精""模块化""组合式"应用场景的试点项目。这些试点项目可以集中在中小企业中,以满足其具体需求和资源限制为目标。例如,建设数字化车间、智能工厂（矿山）等项目,通过数字化技术和智能化设备的应用,提升生产效率和管理水平。

同时,根据"成熟一个样本、推广一个细分领域"的原则,加快数字化转型系统解决方案的复制和推广。在试点示范项目中,总结经验和教训,形成可复制的解决方案,并将其推广到其他细分行业和领域。特别是与"5G＋工业互联网"相结合的领域,加强融合发展,打造全产业链的数字化转型典型应用场景。通过推进数字化转型试点示范,江西有色金属产业可以借鉴成功经验,加速数字化转型的进程。这将为企业提供实践指南和技术支持,推动整个行业向数字化转型迈进,实现全产业链的数字化升级。同时,还将增强企业的竞争力和创新能力,推动江西有色金属业在数字化时代的持续发展。

（三）提升产业链供应链数字化水平

为提升江西有色金属产业的数字化转型水平,需要着重提升产业链和供应链的数字化水平。可以通过建设有色金属数字化产业链供应链平台来实现,推动产业链上下游企业之间的资源整合、数据共享以及订单、产能、物流渠道等信息的交流。首先,建设数字化产业链供应链平台可以促进企业间的合作与协同。通过平台,各企业可以整合订单、产能、物流渠道等资源,实现信息共享和协同配合。特别关注有色工业品的原材料、产能、产成品、库存、贸易、回收等行业信息对接和共享,从而提高产业链上各环节的运作效率。其次,重点监测产业链供应链的关键环节、部位和节点信息,建立风险预警机制和防控机制。通过数字化平台,及时监测和识别潜在风险,加强风险管理和应对能力。这有助于提前发现和处理供应链中可能出现的问题,保障生产和运营的稳定性。

同时,引导龙头企业在全供应链场景下积极拓展产业互联网应用,以实现全供应链的数字化、网络化和智能化。龙头企业在数字化转型方面发挥示范引领作用，推动上下游中小企业加快数字化转型进程。重点关注采购、销售、生产仓管等关键环节的数字化、网络化和智能化，提升全供应链的运营效率。打造全供应链主体敏捷响应、大中小企业融通发展的价值共创网络。通过数字化产业链供应链平台的建设，不仅促进了企业间的合作与协同，还为大中小企业之间的合作提供了便利。各类企业可以更好地融通发展，实现价值的共同创造。通过提升产业链和供应链的数字化水平，江西有色金属业将实现更高效的资源整合、更精准的信息共享和更灵活的供应链运营。这将提升企业的竞争力和市场适应能力，推动整个行业的数字化转型和可持续发展。

（四）促进有色产业结构提质升级

数字化融合是实现有色产业结构升级的重要路径之一，它可以提升生产效率、降低成本、改善产品质量，推动产业迈向高端生产环节。江西省有色产业可以通过积极推动数字化融合在产业中的广泛应用，应对结构转型的挑战，实现可持续发展和竞争优势。首先，加强科技创新能力，建立更紧密的产学研合作机制，促进科研机构、高校和企业之间的深度合作，提升科研成果的转化率和产业化水平。鼓励企业增加研发投入，培养高层次的科研人才，加强技术创新和关键技术攻关，提升产品的技术含量和附加值。其次，需要加大对新材料产业的支持和发展，提高高端产品在产业中的比重，增强产业的附加值和竞争力，加强对新材料产业和深加工环节的扶持，鼓励企业向高端产品领域转型升级。提供优惠政策和资金支持，引导企业增加高附加值产品的研发和生产，提升产业的竞争力和附加值水平。此外，加强产业园区建设，提供完善的基础设施和服务支持，吸引优质企业集聚，形成产业集群效应。加强区域间的协调发展，促进产业链的完整和优化，提升整体产业的竞争力和综合实力。实现产业结构的升级需要政府的支持和引导，包括提供政策扶持和资金支持，加强产学研合作，企业也需要积极转变经营理念,加强管理能力和技术创新,不断提升产品质量和竞争力。

（五）推动有色产业迈向绿色化发展

要推动有色金属产业绿色高质量发展,首先,要提升现代产业链质量,建立以有色金属资源和绿色能源为核心的现代产业链,加强产业链前端和价值链高端的延伸,注重精深加工和高纯产品的开发,减少中低端产能过剩。推进绿色能源的应用和转换,加强清洁能源的开发和利用,减少对传统能源的依赖。推动有色金属产业实现用能体系的绿色转型,提高能源利用效率,降低碳排放和环境影响。全产业链绿色环保理念的融入,推动绿色理念贯穿于整个产业链,包括原材料开采、生产过程、产品使用和废弃物处理等环节。加强资源循环利用和废弃物的有效处理,促进绿色新材料和绿色工艺的应用,实现产业的可持续发展。其次,坚持创新驱动绿色发展,加快关键技术的突破和推广,特别是低碳、零碳、负碳等技术的应用,以降低能耗、减少碳排放为目标。建立绿色技术研发与示范基地。加大绿色技术的研发投入,推广应用具有环保效益和经济效益的新技术、新工艺,展示和推广绿色技术和创新成果,引领行业的绿色发展方向。最后,加强人才培养和引进,培养适应绿色发展需求的专业人才,提高企业的技术创新能力和绿色管理水平,同时,积极引进国内外优秀人才,促进人才的交流与合作,推动有色金属产业的创新发展。

（六）营造良好的产学研成果转化环境

为了营造良好的产学研成果转化环境,促进内生动力的提升,首先,出台相关政策支持和激励措施,为产学研合作和成果转化提供支持和激励,包括资金支持、税收优惠、知识产权保护等降低企业成果转化过程的成本。鼓励企业和高校积极参与产学研合作,共同开展前沿技术研究和创新项目,提升企业的技术创新能力和研发水平,推动科技成果向市场转化,建立健全知识产权保护体系,加强知识产权的申请、审批和保护工作。其次,加强产学研合作机制建设,建立长效的产学研合作机制,促进企业、高校和科研机构之间的深度合作。设立联合实验室、共享研发平台,加强交流与协作,提高成果转化的效率和质量,建立定期沟通和项目评估机制,确保产学研合作的顺利进行。最后,培养专业化的产学研人才,提供相关培训和交流机会,增强他们的创新能力和市场意识,加强市场导向和需求引导,深入了解行业和市场的发展趋势,指导产学研合作的方向和重点,确保科研成果与市场需求相匹配。鼓励企业参与产学研合作项目,提供需求反馈和支持,促进成果转化的顺利进行,鼓励高校教师和科研人员与企业开展国际交流、合作,学习国内外前沿技术。

参考文献:

[1]李金锋,于骞翔.江西宜春钽铌矿数字化智能矿山建设与成果[J].有色金属(矿山部分),2021,73(06):42 - 45 + 53.

[2]李玉炜.有色金属行业数字化转型路径分析[J].有色冶金节能,2021,37(06):74 - 77.

[3]扈玲,王练.数字化时代下有色金属生产过程智能优化控制探究[J].有色金属工程,2022,12(05):158.

[4]刘艳彬.有色企业数字化转型浅论[J].中国金属通报,2022(05):124 - 126.

[5]王雅琪.矿山地质测绘中数字化测量技术的应用探讨[J].内蒙古石油化工,2022,48(11):80 - 83.

[6]郭朝先."双碳"目标下我国有色金属工业转型发展研究[J].广西社会科学,2022(01):135 - 143.

[7]阳春华,刘一顺,黄科科,等.有色金属工业智能模型库构建方法及应用[J].中国工程科学,2022,24(04):188 - 201.

[8]黄麟淇,陈江湛,周健,等.未来有色金属采矿可持续发展实践与思考[J].中国有色金属学报,2021,31(11):3436 - 3449.

[9]潘建成,李兰,彭泗清,等.企业经营者对宏观形势及企业经营状况的判断、问题和建议——2013·中国企业经营者问卷跟踪调查报告[J].管理世界,2013(12):5-21.

[10]袁小锋,桂卫华,陈晓方,等.人工智能助力有色金属工业转型升级[J].中国工程科学,2018,20(04):59-65.

第五章　江西省电子信息产业与数字经济的融合发展

摘　要:电子信息产业是中国经济的战略性、基础性、先导性、支柱性产业,渗透性强、带动作用大,在推进数字经济发展、加快强国建设中具有重要的地位和作用。发展数字经济包含"数字产业化"和"产业数字化"两方面。电子信息产业是数字产业化中的先导、核心产业,也为产业数字化提供强有力支撑,助力其他产业转型升级。江西省电子信息产业昂扬的发展态势为数字经济的发展奠定基础;在数字经济发展的促进下该产业也在稳步提升竞争力,二者正形成双螺旋跃升的融合发展格局。研究发现,江西省电子信息产业虽呈现良好发展态势,但仍存在与数字经济融合发展效率不高、为数字经济提供产业支撑不强、数字化人才缺乏、数字应用水平不深、智能制造水平不高、产业现代化水平较低等不足。继而提出持续发展靠创新、数字化转型升级及新技术促现代化的发展路径,并以珠三角地区发展经验为借鉴,凝练总结出抢抓政策市场机遇、坚持产业发展原则、重视人才引进培育、营造公平竞争环境、加强技术沟通交流、适时适度选用举措等政策建议。

关键词:电子信息产业;数字经济;融合发展;数字化

一、江西省电子信息产业现状

电子信息产业是国民经济的战略性、基础性、先导性、支柱性产业，是全球研发投入最集中、创新最活跃、应用最广泛、辐射带动作用最大的产业领域之一，《京九（江西）电子信息产业带三年行动计划（2023—2025 年）》[1]的出台，凸显了江西省加快推动电子信息产业高质量跨越式发展的信心和决心。

电子信息产业是江西省基础性、先导性、支柱性产业，是江西省两个万亿重点产业之一，是江西重要的优势产业。据工信部数据，2022 年，全省电子信息制造业完成营业收入首破万亿大关，达 10112.2 亿元，同比增长 32.2%，实现利润 900.7 亿元，同比增长 78.2%，营业收入和利润排名均跃居全国第四、稳居中部第一。[2]目前，江西省电子信息产业已基本建成全产业链生态体系，发展现状呈现以下特征：

（一）产业规模和市场影响力扩大

江西省电子信息产业规模稳步提升，市场份额不断扩大，成为本省经济发展的重要引擎。

产业规模稳步扩大。2019 年，江西省电子信息产业规模突破 4000 亿元，为 4580 亿元；2020 年突破 5000 亿元，为 5253.5 亿元；2021 年突破 6000 亿元，为 6688 亿元；2022 年首次突破万亿元，达 10112.2 亿元（见图 5 - 1），江西省电子信息产业规模稳步扩大。①

市场份额不断扩大。重点企业市场份额优势明显，例如联创电子公司在全球高清广角镜头的市场占有率超 70%，菱光科技公司的接触式影像传感器产品在全球市场的占有率为 40%，晶能光电公司的手机闪光灯出货量

---

① 数据来源于江西省工信厅。

在全球的市场占有率为 25%,江西沃德尔的汽车传感器的国内市场占有率超过八成、晶创公司的滤光片的市场份额占有率超过七成。[3]

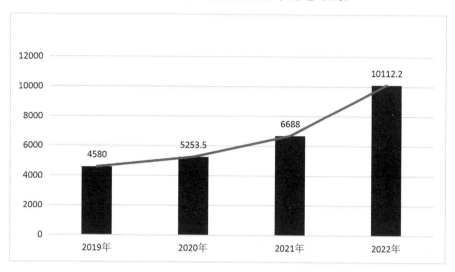

图 5 - 1　2019—2022 年江西省电子信息产业营业收入情况(单位:亿元)

数据来源:江西省工信厅。

（二）技术创新与产业链持续发展

技术产品不断进步,创新能力持续提升,推动了江西省电子信息产业链的延伸和优化。

技术产品不断进步。一大批电子信息技术和产品在全国乃至全球占有一席之地,以手机产量为例,从 2009 年的 150 万部增长到 2021 年的 1.23 亿部,而 2022 年稍有回落,为 9300 万部。① 尽管如此,江西省的智能手机产量仍然在全国排名第六。此外,江西省的电子电路板产量占据全国总产量的25%。在硅衬底黄光 LED 方面,其电光转换率已达到 27.9%,远远超过国外最高水平 9.6%,在全球范围内实现了"局部领跑"的地位。

创新能力不断提升。江西省获批组建了国家硅基 LED 技术工程研究中

① 数据来源于江西省工信厅。

心,同时还建立了数字融合、发光材料和信息安全三个省级科技创新联合体。此外,还设立了通讯终端产业技术研究院、华为南昌研究所、微软 AI + VR 创新基地以及北航江西研究院等一系列创新平台和研发机构。在硅衬底 LED 领域,江西省在该领域拥有 130 多项发明专利,打破了美日的垄断,开创了全球的第三条技术路线。晶能光电公司的"硅衬底高光效 GaN 基蓝色发光二极管"技术以及联创光电公司的"高光效长寿命半导体照明关键技术与产业化"项目分别荣获国家技术发明一等奖和国家科技进步奖一等奖。

产业链条不断延伸。半导体照明产业拥有从硅衬底材料、外延片和芯片制造、器件封装到照明灯具的完整产业链。而在移动智能终端领域,涵盖了整机制造、触控屏、摄像头、生物识别模组、印制电路板以及各种配套材料等方面,本地的配套率超过 90%。

（三）产业集聚和区域发展

产业吸引力不断增强,产业集聚效应逐渐显现,为区域发展和经济增长提供了重要支撑。

产业吸引力不断增强。目前,江西省的电子信息产业重点企业整体保持平稳增长的态势。规模以上企业的数量已经达到 2214 户,相较上年净增 427 户,增长了 23.9%。其中,华勤电子、立讯智造等 16 家企业的主营业务收入超过百亿元,赣州同兴达、欧菲光电等 24 家企业的营收超过 50 亿元,盛泰精密光学、兆驰光电、深联电路等 44 家企业的营收超过 20 亿元。[①] 这种格局基本形成了大中小企业梯度培育和融通发展的模式,使江西成为吸引电子信息产业转移的"强磁场"。

产业集聚效应逐渐显现。全省着力打造万亿级京九（江西）电子信息产业带,重点在南昌培育了半导体照明和智能终端产业集聚区;在吉安培育了通讯终端及传输设备和电子元器件产业集聚区,吉安市电子信息产业持续

---

① 数据来源于江西省工信厅。

领跑全省;在九江、赣州培育了新型电子器材及印制电路板产业集聚区。成功创建了 5 个国家新型工业化(电子信息)产业示范基地,培育形成了 23 个特色鲜明、实力突出的省级电子信息产业集群,建设南昌、吉安电子信息产业集群写入国家《关于新时代推动中部地区高质量发展的意见》。随着产业规模的扩大和吸引力的增强,产业集聚效应逐渐显现。相关企业和机构在同一地区聚集,形成产业集群,促进了技术创新、经验共享和合作发展。这种产业集聚对于提升整个地区的经济发展和竞争力具有重要意义。

综上所述,江西省电子信息产业在不断壮大,产业结构和产业链得到优化升级,重点领域得到快速发展,产业集聚效应逐渐显现,将为江西省经济高质量发展提供强有力的支撑。多年来,京九(江西)电子信息产业带凭借毗邻长三角、珠三角、海峡西岸三大经济区的独特区位优势、京九高铁带来的交通优势,以及江西矿产丰富、环境优美的资源优势,筑巢引凤、建链引链,产业发展迎来精彩蝶变。

二、数字经济背景下江西省电子信息产业发展态势

随着数字经济的发展,江西省电子信息产业也呈现出良好的发展态势。

(一)产业发展迅猛

电子信息产业是江西省基础性、先导性、支柱性产业,是江西省着力打造的两个万亿级重点产业之一,在全省具有举足轻重的地位。"十三五"以来,江西已成为全国重要的电子信息产业基地之一。全省电子信息产业的营业收入在 2017 年突破 2000 亿元,2019 年突破 4000 亿元,2020 年突破 5000 亿元,2021 年达到新高峰,突破 6000 亿元,达到 6688 亿元。而在 2022 年,全省电子信息产业继续保持快速增长,产业营收达到 10112.2 亿元,实现了江西省电子信息产业迈向万亿元级的突破,产业规模达到 2018 年的 3 倍,全国排名从第 10 位跃升至第 4 位。在数字赋能电子信息产业的背景下,江西省电子信息产业发展迅猛,具备成为新的经济增长点的潜力。目前,江西

省初步形成了省内配套、近距离协作的全产业链生态,培育了一大批营业收入超过百亿元的集团和 50 亿元的电子信息企业。

（二）政府高度重视

在数字经济推动下,江西省电子信息产业得到了广泛的政策支持。近年来,在省委、省政府的高度重视下,电子信息产业作为江西省"2 + 6 + N"产业高质量跨越式发展中两个万亿产业之一予以重点推动,电子信息产业发展的能级和层次提升了。省政府分管领导亲自担任电子信息产业链链长组织开展产业链延链补链强链工作,多次专题调研并召开座谈会,从省级层面调度协调产业链发展中的困难和问题。目前 11 个设区市中有 8 个将电子信息产业作为主导产业之一来打造,县区实现电子信息企业基本全覆盖,形成了南昌、吉安为核心,赣州、九江、萍乡、新余广辐射,其他地区共同发展的新格局。

（三）VR 助力蝶变

一是推动产业创新。VR 技术在电子信息产业中的广泛应用,为企业提供了更多创新的机会。通过 VR 技术,企业可以进行虚拟仿真、数字化设计与制造,加速产品研发和优化流程,提高产品质量和效率。二是拓展数字化产业链。VR 技术在电子信息产业中拓展了数字化产业链的广度和深度。从 VR 硬件设备制造、内容开发、平台运营等方面,形成了一条完整的产业链,推动数字经济的综合发展。三是加速数字化转型。VR 技术为江西省电子信息企业提供了数字化转型的加速器。通过数字化模拟和虚拟现实技术,企业可以实现数字化生产、智能制造和远程协同办公等,提升企业的数字化能力和竞争力。在世界 VR 产业大会上,历届大会的签约金额分别为631.5 亿元(2018 年)、652.56 亿元(2019 年)、661.9 亿元(2020 年)、704.15亿元(2021 年),五届大会的签约总金额达到 3366.78 亿元,签约的 VR 产业项目金额不断增长,反映了江西省企业对 VR 技术在数字化转型中的认可和投资热情。[5]

（四）融合发展存在的问题

江西省电子信息产业整体发展态势向好,但仍存在着增长乏力、产能过剩、效益不高、创新不足等问题,亟待通过产品融合、业务融合、产业衍生及新一代信息技术与电子信息产业融合,共同促进产业转型升级,打造发展新优势。从新一代信息技术的发展趋势来看,目前新一代信息技术正在加速渗透到制造业,并实现广泛应用。数据作为关键要素发挥着持续的赋能作用,工业经济正在向以数据驱动为核心的创新体系发展,这引发了系统性、革命性和群体性的技术突破和产业变革,不断涌现出融合发展的新技术、新产业、新模式和新业态,为发展开辟了新的空间。

数字经济的发展涵盖了两个方面,即"数字产业化"和"产业数字化"。其中,"数字产业化"是指将数字技术转化为实体的电子信息产业,包括通信业、电子信息制造业、互联网产业、软件业和信息服务业,这些产业是数字经济的先导和核心。[6]电子信息产业的技术和装备在发展数字经济方面发挥了重要作用。然而,在数字经济背景下电子信息产业与数字经济的融合发展仍存在一些不足之处。

1.借力腾飞仍需努力,政策机遇有待扎实落地

一是技术转化和数字产业化滞后。尽管政府出台了一系列支持电子信息产业发展的政策,但在技术转化和数字产业化方面进展仍然较慢。创新成果难以有效转化为市场竞争力,电子信息企业在技术推广和应用方面面临一定的困难。

二是企业规模较小、竞争压力较大。江西省电子信息产业中大多数企业规模较小,技术实力和资金实力有限,同时还面临着来自国内外大型企业的竞争压力。这使得江西省电子信息产业企业在技术创新和市场拓展方面面临着较大的挑战,尽管有政策有机遇但难以抓住。

三是政策执行和监管不到位。尽管江西省政府出台了一系列支持电子信息产业发展的政策,但在实际执行和监管方面仍存在一定的不足。政策

的执行效果和监管力度有待进一步加强,以确保政策的落地和产业的可持续发展。

2. 电子信息产业与数字经济融合发展效率有待提高

一是发展理念转变较为缓慢。江西省电子信息产业在数字经济融合发展方面的理念转变较为缓慢。在数字经济时代,传统的产业发展模式和思维方式已无法适应快速变化的市场需求和技术创新,需要转变为以数字化、智能化和数据驱动为核心的发展模式。然而,这种转变需要企业和政府的共同努力,包括更新发展理念、转型升级、加强技术创新等方面。

二是产业协同和合作不足。江西省电子信息产业与数字经济融合发展缺乏充分的产业协同和合作机制。与数字经济的融合发展需要不同领域的企业、科研机构、政府部门等共同参与和合作,形成良好的产业生态系统。然而,在江西省的电子信息产业中,产业协同和合作还存在一定程度的不足,制约了数字经济融合发展的效率和规模。

三是技术应用不充分。江西省电子信息产业在数字经济融合发展方面技术应用不充分。尽管数字技术在各个领域都有广泛应用,但在江西省的电子信息产业中,部分企业对数字技术的应用还比较有限。这可能是因为企业在数字化转型方面面临技术难题、人才短缺、资金压力等挑战,导致数字技术的应用效果不够明显。

3. 电子信息产业各层次人才缺乏,创新能力有待提升

一是教育资源相对匮乏。相比于发达地区,江西省的高等教育资源相对匮乏,特别是在电子信息领域的专业和课程设置方面存在不足。这导致了在校学生对电子信息领域的了解和专业技能培养相对欠缺,难以满足产业发展的需求。

二是人才流失问题。由于江西省电子信息产业的相对薄弱,吸引和留住高层次人才的能力有限,许多有潜力的人才倾向于选择到其他地区或行业发展。这导致了江西省电子信息产业中各层次的人才缺口。

三是人才培养和引进不足。江西省电子信息产业与数字经济融合发展中缺乏高层次的人才储备和引进机制。数字经济时代对于各类专业人才的需求量大、层次高,而在江西省的电子信息产业中,人才培养和引进方面存在一定的不足。这可能导致企业在数字经济融合发展中人才匮乏、技术水平不高等问题。

4.电子信息企业数字化转型潜力活力有待进一步激发

一是企业数字化发展意识认知仍需转变。部分江西省电子信息企业尚未充分认识到数字化转型的重要性和潜在价值,缺乏对数字化技术的深入了解和应用意识。企业需要意识到数字化转型是提升竞争力和适应市场需求的关键,进一步激发数字化转型的动力。

二是技术基础设施的薄弱。部分江西省电子信息企业在技术基础设施方面存在短板,缺乏先进的信息技术平台和软硬件设备。这限制了企业进行数字化转型的能力和效率,需要加大投入和改善基础设施建设,提升企业的数字化能力。

三是资金和资源的支持。数字化转型需要投入大量的资金和资源,包括技术研发、设备更新、人才培养等方面。一些江西省电子信息企业在资金和资源方面存在不足,限制了数字化转型的进程。政府和金融机构需要提供更多的支持和优惠政策来鼓励企业进行数字化转型。

5.电子信息产业为数字经济发展提供的产业支撑力不强

一是产业结构不合理。江西省电子信息产业在产业结构方面存在较大的不平衡和不完善,主要以低端产品生产为主,缺乏高附加值、创新型产品和服务的供应。这导致电子信息产业在数字经济发展中的支撑力受限。

二是技术创新能力有限。江西省电子信息产业在技术创新方面相对薄弱,缺乏核心技术和自主知识产权。缺乏技术创新能力限制了产业的发展和数字化转型,无法提供具有竞争力和差异化的产品和服务。

三是产业链不完整。江西省电子信息产业的产业链相对不完整,缺乏全面、协调的产业链布局。产业链的不完整使得电子信息产业无法形成良好的协同效应和产业集群，限制了产业的发展和对数字经济的支撑力。

6.电子信息产业未来高质量可持续发展前景方向不明朗

一是技术创新能力不足。江西省电子信息产业在技术创新方面相对滞后，缺乏核心技术的研发和应用能力。这导致企业难以推动行业的技术进步和创新，限制了产业的发展方向和潜力。

二是市场需求不确定。电子信息产业受到市场需求波动的影响较大。随着技术的快速变革和市场竞争的加剧，消费者需求和行业趋势难以准确预测，这导致企业在产品研发和市场定位方面面临较大的不确定性。

三是产业结构不完善。江西省电子信息产业的产业链相对薄弱，产业生态系统并不完善。缺乏完善的上下游配套和支持产业发展的基础设施，限制了产业的整体竞争力和可持续发展的前景。

三、数字经济背景下江西省电子信息产业发展路径

（一）持续发展靠创新

数字经济时代来临，为应对江西省关键技术受制于人、高端芯片依赖进口等创新问题，电子信息产业持续向好发展必然要求创新水平的提升。为达到创新引领产业高效发展，需从微观企业层面、中观行业层面及宏观政策层面三方面开辟发展路径。多方发力，充分发挥各层面各主体比较优势，高效协同提升创新实力，助力江西省电子信息产业高端化、智能化，实现从价值链中低端到中高端的跃迁，赋能数字经济持续发展。

一是微观企业层面，大力推动企业技术研发和产业化，提升企业的技术创新能力，推进国家企业技术中心建设，实现规模以上企业研发机构的全覆盖。鼓励领军企业加大研发投入，强化技术、工艺和产品创新，提高创新竞争力。通过孵化企业和种子项目的融资等方式，推动科技成果商业化应用和产业化，完善科技成果转化机制，推进产业化进程。

二是中观行业层面,深入开展关键核心技术攻关,加强创新平台建设,完善电子信息领域实验室体系。鼓励建设重点实验室、省级技术创新中心、产业创新中心等,推动建设复合半导体江西省实验室,提升创新平台的质量和优势。加强产学研用协同创新,促进高校、科研院所、企业和行业协会等建立创新联合体,推动科研成果产业化应用。重点开展产业关键核心技术、共性技术和跨行业融合性技术的研发,推动电子信息产业的关键技术标准制定,促进创新成果的应用推广。

三是宏观政策层面,要扎实推进基础再造和"重创工程",加快实施制造业基础再造行动,提升产业基础的高级化水平。推出实施新品精品"三百"计划和"赣出精品"工程,落实支持政策,提高"江西省网上常设技术市场"的效能。发布新技术和新产品推广应用目录,开展重点产业创新成果的产业化试点示范项目。政府在其中发挥引领作用,推动科技创新的转化和应用,支持重点产业的研发攻关方向。

(二)数字化转型升级

当前,电子信息产业发展过程中存在数字技术跨界融合广度、深度欠缺等问题,智能制造应用场景不多,企业内网应用水平还待提高,针对数字应用水平不深、智能制造水平不高问题提出数字化转型升级这一发展路径。

一是加快数字技术赋能新制造。江西省电子信息产业应加强企业上云行动,推动制造设备的云平台化,以提升中小企业的数字化能力。深度融合新一代信息技术与电子信息制造业,促进各行业企业的数字化转型。重点推进智能制造领域的建设,包括智能工厂、数字化车间和无人生产线,提高全流程的智能化水平,进一步发挥产业优势,推动经济高质量转型。

二是纵深推进工业互联网发展。江西省应加快企业内外网的升级改造,推动高带宽虚拟专网、5G、下一代无线智能网等技术的应用,满足企业对高可靠性网络的需求。鼓励龙头企业建立工业互联网平台,推动中小企业也能开展工业互联网应用。完善产业化应用模式,构建资源聚集、高效协同和安全可控的工业互联网生态体系，提升电子信息领域在工业互联网方面的能力。

三是深入推广智能制造新模式。江西省电子信息产业应深入推广智能制造新模式，加快向智能化生产、网络化协调、个性化定制和服务化延伸。鼓励开展先进制造业和现代服务业融合试点，培育智能制造系统解决方案和流程再造等服务机构。优化要素管理，建设面向供应链的网络化协同系统，发展共享制造模式，为江西省的制造业注入强劲动力，推进产业的创新发展。

（三）把握新机谋突破

电子信息产业发展还需因时因势而动，弥补产业短板，锻造产业优势，立足现状，把握时代机遇谋突破。针对江西省电子信息产业现代化水平不高的融合发展路径之一便是把握契机谋突破，融合新技术，融入数字经济时代，着力提升产业现代化水平，让电子信息产业与数字经济融合发展成果进一步提升人民生活质量。

一是延伸智能感知优势前沿，完善电子信息产业链条。江西省应抓住数字经济发展契机，延伸智能感知产业链，着重在智能传感器、集成电路、新型显示等领域构建智能感知产业体系。通过建设九江智能传感谷等全产业链布局，提升智能传感器的供给能力，打造全国领先的智能传感器产业示范基地。同时，积极引进龙头企业和先进产线，提升集成电路的研发制造水平，培育完整集成电路产业链，推动新型显示、终端和电子材料等产业链的协同创新，进一步推动江西省电子信息产业的智能化发展。

二是提升智慧信息技术服务水平，支撑保障数字经济发展。江西省应抓住新一代移动通信技术和前沿信息技术的机遇，重点发展物联网、云计算、区块链、人工智能等智慧信息技术服务方向。鼓励形成自主知识产权的核心技术，为数字经济的持续发展提供支撑。同时，加强新一代信息技术的深度应用，建设智能连接的江西，实现全社会的智慧连接和智慧应用，促进数据要素的高效流转,推动关键技术的产业化发展,为江西省打造优秀和强大的数字经济提供前沿的信息技术服务能力。通过这些举措,为江西省的数字经济发展搭建坚实的基础,并推动经济的优化和强大。

四、国内发达省份经验借鉴

广东省电子信息产业在珠三角地区实现区域一体化协同发展,合理规划产业布局,推动电子信息产业向高质量发展迈进,为江西省电子信息产业与数字经济融合发展提供了有价值的借鉴。江西省可依托成本优势、区位优势、生态环境优势,积极吸引发达地区电子信息产业转移,同时加强核心技术攻关,完善政策支持,以提高产业核心竞争力。通过规划布局、创新支持和产业转移等举措,江西省电子信息产业与数字经济融合发展将逐步实现高质量跨越式发展,为数字经济的巩固、强化和优化提供坚实的产业支撑。

（一）合理规划电子信息产业布局,实现区域一体化协同发展

近年来,为提升发展效能,珠三角地区不断突出以通信产品和消费电子类产品为重点的产品转型,逐渐形成以东莞、深圳、惠州为中心的电子计算机制造产业链,以深圳、广州、东莞为中心的通信设备制造产业链,以惠州、珠海、佛山为代表的智能家电制造产业链,电子信息产业区域一体化协同效应持续显现,产业发展强劲。

江西省可以借鉴珠三角地区的做法,突出重点产品转型,形成以不同城市为中心的电子计算机、通信设备和智能家电制造产业链。通过充分发挥各地区的发展潜力,实现区域一体化协同效应,从而提升江西省电子信息产业整体实力。

（二）营造鼓励创新创业的政策环境,出台政策重点支持产业发展,筑巢引凤

为进一步发展新一代电子信息产业、实现从"世界工厂"向"广东创造"

的转变,广东省制定了《广东省发展新一代电子信息战略性支柱产业集群行动计划（2021—2025 年）》这一纲领性文件。在该文件的指导下,广东省及珠三角地区出台了一系列政策,包括打造数字经济和战略性新兴产业集群、推动制造业转型升级、加快半导体培育和推进 5G 发展等。此外,广东省还设立了专项资金,支持电子信息产业的发展。

江西省可借鉴广东省出台政策支持电子信息产业发展的做法,制定具有针对性的政策文件,包括打造数字经济和新兴产业集群,推动制造业升级,加快关键技术培育等。同时,设立专项资金,支持电子信息产业的发展,吸引高端人才和企业,推动江西省电子信息产业向高质量发展迈进。

（三）依托成本优势、区位优势、生态环境优势,承接发达地区电子信息产业转移

以往依托成本优势,珠三角地区承接了美日欧终端整机制造业的转移,从下游环节参与全球电子信息产业链分工,产业规模已扩大至全球领先,并拥有自主品牌。然而,美日欧仍然垄断着上中游核心技术研发等基础环节,控制着产业链的制高点。珠三角电子信息产业链缺少了核心基础环节,成为美国在本轮中美贸易斗争中被精准打击的对象,从而被牢牢掐住供应链。尤其是从产业链的角度来看,珠三角地区电子信息产业链存在诸多短板。电子信息制造业的核心专利少而不精,知识产权的布局结构还有待整合,"代加工"产品目前在全球产业中仍处于产业链的中低端位置。

江西省可吸取珠三角发展经验,大力承接电子信息制造业的转移,加强核心技术攻关和自主知识产权布局。通过推动城市对口合作,如赣州市与深圳市、吉安市与东莞市合作,提升江西省电子信息产业核心竞争力,实现产业的现代化和数字化,为江西省数字经济发展提供有力支撑。同时,注重核心技术研发创新和人才培养,避免珠三角地区当前面临的产业链短板问题。

五、政策建议

（一）抢抓政策市场机遇，加快数字经济融合发展

一是积极落实国家相关政策。如《关于新时代推动中部地区高质量发展的意见》《关于促进制造业有序转移的指导意见》等，这些政策为江西省电子信息产业的数字化转型升级和高质量发展提供了重要支持。此外，《江西省"十四五"电子信息产业高质量发展规划》和《关于深入推进数字经济做优做强"一号发展工程"的意见》《京九（江西）电子信息产业带三年行动计划（2023—2025 年）》等规划也为江西省电子信息产业与数字经济融合发展提供了战略指引和发展路径。

二是充分利用各类平台和活动。如粤港澳大湾区经贸合作活动、世界VR 产业大会、赣台经贸合作大会等，这些平台为江西省电子信息产业与其他地区进行交流合作提供了机会。通过以商招商、产业链招商、组团式招商、资本招商等多种方式，江西省可以吸引更多的产业转移，引进整机终端成品企业和项目，进一步提升产业附加值，加快实现电子信息产业数字融合发展。

（二）坚持产业发展原则，筑牢数字经济支撑力量

一是创新引领。立足特色优势、聚焦资源要素，畅通产业链和创新链，精准实施电子信息领域关键技术攻坚行动，建设具有全国影响力的科技创新中心，实现由电子信息产业大省向强省转变。深化数字化转型，推动电子信息产业实现创新升级。大力推进工业互联网、智能制造、智能物流等数字化转型领域，提高生产效率和质量，提高电子信息产业的核心竞争力。坚持创新驱动战略，持续完善政产学研用金协同机制，与时俱进，加快关键核心技术突破和新型信息基础设施建设，充分发挥数据驱动潜能，大力推进技术创新、产品创新、模式创新、服务创新和管理创新，推进企业实现不同环节、不同领域的跨界融合，形成依靠创新驱动实现内涵型增长的发展态势。

二是应用牵引。统筹谋划多元应用场景,强化应用市场牵引带动,推动电子信息新技术、新产品、新业态持续涌现,推进信息技术在各行业广泛深入应用,撬动万亿级市场规模。推进信息技术在江西省各行业的广泛应用,促进数字经济的快速发展。加强数字化技术应用,推广数字化服务,提高企业和群众信息化水平,推进数字经济和实体经济的融合。加强数字经济的基础设施建设,提升网络和数据传输的速度和质量。加快建设数字基础设施,提升带宽和网络速度,提高网络安全保障水平,打造数字经济发展的基础设施体系。

三是开放合作。发挥京九沿线交通南北纵贯的区位优势,推进更高水平开放,利用革命老区对口合作契机,加强与粤港澳大湾区、长三角等国内区域和"一带一路"等国外地区开展深度产业合作,主动融入国内国际双循环。拓宽数字经济与电子信息产业合作的渠道,促进交流和合作。加强电子信息产业与数字经济相关领域的交流和合作,鼓励创新性合作模式,加强合作伙伴之间的信任,为数字经济和电子信息产业融合发展提供更广阔的合作空间。

（三）重视人才引进培育,搭建数字经济人才体系

一是加强数字经济领域人才培养。江西省应注重提高数字经济和电子信息产业的技术研发能力和创新能力。重点培养具有创新意识和实践经验的人才队伍,积极引进高端管理和专业技术人才,为数字化转型升级提供有力支撑。全面落实人才引进优惠政策,提供启动资金、创业扶持、金融财政、住房落户等方面的支持,吸引优秀人才加入产业发展。

二是完善数字经济领域人才激励机制。研究并完善江西省本土人才的激励机制,鼓励本地高层次人才在数字化发展相关领域继续学习和提升能力,促进高层次人才在江西省的稳定发展。同时,鼓励企业建立适应两化融合发展需求的激励机制,包括人事制度、薪酬制度、人才评价机制等,以及技术入股、股权期权等人力资本收益分配机制,激发人才的创新潜能。

（四）营造公平开放竞争环境,释放数字经济发展活力

一是放宽市场准入[7]和优化法律环境。全面放宽民间资本的市场准入,逐步减少对外资的限制,降低市场准入门槛。同时,完善法律法规,加强知识产权保护和产业竞争法规,打击侵权行为,保护创新成果和合法权益。为江西省电子信息企业数字化转型发展提供公平竞争机会和良好法律环境等基础保障,缓解企业发展顾虑,进一步激发企业数字化转型的动力。

二是构建平等竞争环境和推动监管创新。加强市场监管,防止产业数字化发展过程中市场垄断和不正当竞争行为,维护公平竞争的市场秩序。根据数字经济时代中新技术、新业态、新产业的特点,采用包容性审慎监管的方式,鼓励创新,并及时调整监管政策。例如,构建监管沙盒等创新监管模式,提供实验和试错的环境,促进电子信息产业与数字经济融合新业态的发展。

（五）加强新技术多方位沟通,助力数字经济融合发展

一是加强政策与技术之间的沟通与协调。建立政策制定者、技术专家和产业代表之间的密切合作机制,促进政策与技术的有效对接。政府部门应及时了解新技术的发展趋势和应用需求,将这些信息纳入产业政策和规划中,为技术创新及应用于电子信息产业数字化发展提供支持和引导。

二是搭建创新交流平台与合作机制。建立开放的创新交流平台,促进企业、高校、研究机构等各方的交流合作。通过举办新技术及数字化应用论坛、创新大赛等活动,激发创新活力,促进技术共享与转化。同时,鼓励产学研合作,建立产业创新联盟或研发中心,共同攻克关键技术难题,提升技术水平,助力电子信息产业与数字经济融合发展。

（六）适时适度选用政策举措,融合数字经济持续发展

一是针对原始创新和转向需求培育的激励政策。政府应加大对原始创新的支持力度,通过设立数字化科技创新基金、加大数字转型科研经费投入等方式,鼓励企业增加数字化转型研发投入,培育自主创新能力。同时,政府可以制定政策鼓励企业根据市场需求进行技术转型和产业升级,引导企

业积极适应数字经济时代背景下新的市场变化,提升产业竞争力。

二是审慎的市场评估和循序渐进的发展模式。在积极应用数字化改造新增产能时,政府应进行细致的市场评估,避免过度扩张和产能过剩的风险。政府可以制定相关政策,要求企业在数字化改造新增产能前提交市场评估报告,并根据评估结果控制新增产能的规模和速度,确保产能与市场需求相匹配,避免资源浪费和市场风险。

参考文献:

[1] 江西省工业和信息化厅. 关于印发《京九(江西)电子信息产业带三年行动计划(2023—2025 年)》的通知[EB/OL]. http://gxt. jiangxi. gov. cn/art/2022/12/27/art_51434_4309810. html.

[2] 江西省商务厅.数字经济产业——电子信息产业[EB/OL]. http:// swt. jiangxi. gov. cn/art/2023/5/9/art_78322_4454155. html.

[3] 江西省人民政府.第十八届赣台(上饶)经贸文化合作交流大会新闻发布会在南昌举行[EB/OL]. http://www. jiangxi. cn/art/2022/9/8/ art_5862_4136643. html.

[4] 江西省人民政府.江西省与粤港澳大湾区电子信息产业投资合作对接会举行[EB/OL]. http://www. jiangxi. gov. cn/art/2023/4/22/art_393_ 4436013. html.

[5] 李毅中. 我国工业制造业数字化的探索实践[J/OL]. 中国国情国力, 2022(8): 8 - 10. DOI: 10.13561/j. cnki. zggqgl. 2022.08.003.

[6] 李克强:以消费升级促进产业升级[OL]. 财新网,2015 - 11 - 11, http://china. caixin. com/2015 - 11 - 11/100873028. html? utm_source = mail. caixin. com&utm_medium = referral&utm_content = caixin_news_ mail&utm_campaign = caixin.

第六章 江西省装备制造业与
数字经济的融合发展

摘 要:装备制造业是工业支柱产业,是高新技术的聚集领域。江西省装备制造业形成了较完整的产业体系和产业链条。数字时代背景下,江西省装备制造业与数字经济融合发展呈现政府政策扶持、工业互联网赋能、数字化新引擎助力等良好发展态势,但仍存在与新一代信息技术融合程度不深、企业自主创新能力较弱、缺乏转型动力和实力、系统创新生态欠缺、产业链运行受阻、可持续发展动能不强等不足。为针对性解决不足,结合已有政策,提出融合赋能培育数字化转型新模式、创新驱动建立数字化转型新优势、提升服务构建数字化转型新生态等发展路径,并以多省先进经验为借鉴,给出深入融合新技术、着重培育人才、加大转型支持、加快系统创新、保障产业链畅通、推动产业绿色化等政策建议,推动江西省装备制造业数字化转型高质量可持续发展。

关键词:装备制造;数字经济;数字化转型

一、江西省装备制造业产业现状

装备制造业正处于快速变化的时代。全球装备制造业的发展面临着一系列挑战和机遇。一方面，全球范围内的制造业转型和数字化趋势正在推动装备制造业的创新和发展。另一方面，全球经济增长的不确定性、供应链的复杂性以及新兴市场的竞争也对装备制造业产生了较大影响。装备制造业是国之重器，其地位毋庸置疑。习近平总书记强调，努力把关键核心技术和装备制造业掌握在我们自己手中。[1]面对发达国家"高端回流"的影响以及发展中国家"中低端分流"的挤压，我们需在高端装备制造业上奋起直追，持续发力，逐步掌握核心关键技术与主导行业话语权，引领装备制造业的整体发展趋势。[2]

装备制造业是工业支柱产业，是实体经济的重要组成部分，是高新技术的聚集领域。江西省装备制造业拥有江铃集团、海立电器、泰豪科技、江西变电设备等龙头企业，打造了汽车、电线电缆、电瓷、变电设备、智能装备（机器人）等产业链，发展建立了较为完整的产业体系和产业链条，在国内乃至国际具有重要影响力。装备制造业多年有序发展，奠定了全国重要的商用车制造基地的产业地位，使得江西省脱颖而出成为国家级输变电设备产业示范基地。

传统产业方面以汽车及零部件产业为例进行介绍，该产业已经形成了从整车到底盘、发动机、变速器等关键零部件的较为完整的产业链。以江铃集团、北汽昌河、凯马汽车等整车企业为龙头，以南昌为产业核心，以小蓝经开区、南昌经开区、抚州高新区等汽车零部件产业基地为配套的产业发展格局。在整车方面，江西省拥有江铃、全顺、福特、五十铃等知名品牌。特别是在轻型商用车领域，江西省具有领先地位，商用车产业保持着传统竞争优势，成为拉动行业收入增长的主要动力。江铃轻客继续保持着细分市场的领先地位。这些成就表明江西省在汽车及零部件产业方面取得了一定的发展成果,并在推动产业链的完善和产品品牌建设方面取得了积极的进展,为江西省汽车及零部件产业的未来发展奠定了坚实基础。

新兴产业方面,江西省的智能装备(机器人)产业已初步形成规模,主要集中在南昌、赣州、九江等地。该产业的主导产品包括工业与服务机器人、智能电网、中高档数控机床、自动化生产线等。在技术水平方面,一些企业已经达到了国内领先水平。例如,中广核贝谷科技的车辆成像检查系统、泰豪科技的柴油发电机组、南昌中微的深紫外 LED 用 MOCVD、赣州好朋友科技的天元系列智能选矿机、佳时特数控的高精度高速机床等产品技术在国内处于领先地位。此外,华伍制动器的城市轨道交通车辆用架控式电控制动系统、中机公司的车辆轮对数控动平衡去重机床、三川智慧的物联网智能水表、绿萌科技的智能果蔬分选装备等产品在各自的细分领域市场占有率较高。江西省依托南昌大学等多所高校和科研院所,组建了江西省机器人与智能制造装备产业联合会,并初步建立了产学研用相结合的技术创新研发体系。这些专业研发机构为产业的发展提供了支持和技术创新的动力。总体而言,江西省的智能装备(机器人)产业在新兴产业领域已经取得了一定的成绩,但仍需要进一步加强技术创新、人才培养和市场拓展,以实现产业的进一步壮大和发展。[3]

当今数字经济时代背景下,江西省装备制造业发展现状如下:

(一)产业规模持续扩张,产业结构持续优化

产业规模方面,2022 年江西省装备工业增加值同比增长 17.3%,高于全省平均增速 10.2 个百分点;占规模以上工业比重为 30.9%,比上年提高 2.9 个百分点①。产业营业收入连年增长,2021 年江西装备制造业(不含汽车)实现营业收入 5460 亿元,三年平均增长 17.1%;利润总额 371 亿元,三年平均增长 20.5%,高于营业收入年均增速 3.4 个百分点,实现了总量和质量的

---

① 江西省统计局.解读:2022 年全省工业数据[EB/OL]. http://tjj.jiangxi.gov.cn/art/2023/2/2/art_40939_4375120.html? eqid = 8d08df0f0001b00800000006642d3637.

双提升。[①]

产业结构方面，传统汽车及零部件产业2022年全省整车产销量均为42.7万辆，营业收入1255.6亿元，新能源车产销量同比增长122.8%和138%。[②] 新兴产业中的智能装备（机器人）产业已初具规模，2022年主营业务收入达到550亿元左右。近年来，江西省工信厅深入实施"2+6+N"行动计划，积极推动装备制造业结构优化升级，促进产业集聚发展。江西装备制造业（不含汽车）在2018年营业收入3400亿元基础上，2019年、2020年、2021年分别达到3800亿元、4400亿元、5460亿元（见图6-1），提前两年实现突破五千亿的目标。[③]

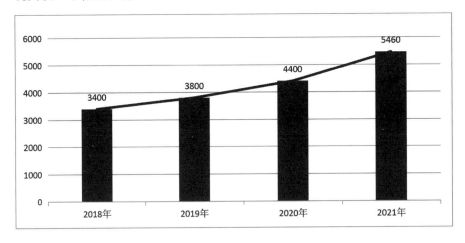

图6-1 2018—2021年江西省装备制造业营业收入（单位：亿元）

数据来源：江西省工信厅。

（二）产业链条逐步完善，产业集聚效应显现

江西省电瓷产业形成了从瓷土开采到电气设备制造的较为完善的产业

---

① 数据来源于江西省工信厅。

② 江西省商务厅.汽车及零部件产业［EB/OL］. http://swt. jiangxi. gov. cn/art/2023/5/9/art_78322_4454129.html.

③ 数据来源于江西省工信厅。

链,电线电缆和变电设备产品品种较齐全,电线电缆涵盖了电力电缆、海底电缆、轨道交通电缆、充电桩电缆等产品,变电设备能生产变压器、组合式变电站、电流及电压互感器等 35 大系列 2000 多种规格的产品,已逐步构建起"集聚度高、链条完整、品种齐全、配套完善"的产业链条。电线电缆有 150 多家规模以上企业,主要集中在南昌市和赣州市,抚州崇仁县拥有规模以上变电设备生产企业 50 多家,被评为国家新型工业化产业示范基地(输变电设备),电瓷产业已在萍乡市芦溪县形成集聚,有上下游生产企业 150 余家。① 南昌高新区重点布局智能机器人、智能化成套装备、智能检测设备、智能装备零部件等高端装备领域,正冲刺 200 亿元规模。

(三)智能制造能力提升

江西省工信厅大力推动"万企上云上平台",上云企业突破 10 万家;扎实推进智能制造"万千百十"工程,累计应用智能装备 18726 台(套),建设"数字化车间"1332 个,智能装备企业 206 家,创建智能制造基地 12 家。全省两化融合不断提速,智能制造能力成熟度居全国第 8 位。[4] 截至 2021 年底,根据国家智能制造评估评价公共服务平台测算,全省智能制造能力成熟度指标值达到 2.47,高出全国平均水平 0.4,位列全国第 8 位。②

二、数字经济背景下江西省装备制造业发展态势

(一)多项政策扶持助力装备制造业高速发展

中共江西省委、江西省人民政府发布《关于深入推进数字经济做优做强"一号发展工程"的意见》,提出上云用数赋智工程,推动制造业数字化转型,深入实施智能制造升级工程,装备制造业与数字经济融合发展态势良好。江西省工业和信息化厅发布《江西省装备制造业数字化转型行动计划(2023—2025 年)》,明确了装备制造业数字化转型的发展目标,提出了我省

---

① 数据来源于江西省工信厅。
② 数据来源于《2022 江西省数字经济发展白皮书》。

装备行业重点领域的数字化转型路径和方向,推动装备制造业高质量发展。此外,江西省为装备制造业发展持续投入财政资金。近年来,江西省每年安排扶持装备制造业专用资金10亿元,如今装备制造业已成功助力拉动江西省工业经济增长。

（二）工业互联网赋能助力装备制造业发展

数字经济时代,工业互联网赋能助力装备制造业数字化转型发展。建"标识"、用"解析",加入数字化转型队伍,越来越多的工业设备通过建"标识"、用"解析"深度参与工业互联网的互联互通。工业互联网已成为推动江西装备制造产业数字化,实现装备制造工业高质量发展的强劲新动能。通过建"标识"、用"解析",打通工业互联网的"神经中枢",不仅可实现装备制造企业生产的数字化,还可帮助企业通过工业互联网与其他企业的节点、二级节点、国家顶级节点等相连接,让装备制造产业链上下游企业之间的分工协作过程也迈向自动化、数字化、智能化。[5]

（三）数字化新引擎助力装备制造业转型升级

数字经济的发展推动了智能制造技术的应用和推广。江西省装备制造业数字化转型步伐加快,越来越多的企业采用数字技术、物联网、人工智能等先进技术来降低生存成本、提高生产效率、提升产品质量。数字经济为装备制造业提供了创新的空间和机遇。江西省装备制造业在产品研发、设计、制造和服务等方面加强创新能力,推动产品升级和产业结构优化。同时,数字经济还促进了装备制造业与其他行业的融合创新,如装备与互联网、区块链、人工智能、大数据等新一代信息技术相结合,催生了新的商业模式和业态。

（四）融合发展存在的问题

1. 装备制造业与新一代信息技术融合程度不深

江西省装备制造业虽呈现数字化新引擎助力装备制造业转型升级态势,但仍处于初步阶段。装备制造业在应用新一代信息技术方面的进展相对较慢,很多企业仍然采用传统的生产工艺和设备,缺乏对新一代信息技术如物联网、人工智能、大数据分析等的广泛应用。这导致装备制造业在数字化、智能化方面的水平相对较低。此外,与新一代信息技术相关的研发投入相对不足。在新一代信息技术研发创新、开发应用方面的资源投入相对有限,导致企业在融合新技术方面缺乏积极性和能力。

2. 装备制造企业自主创新能力较弱

一是关键核心部件依赖进口。数控机床等高端装备的关键核心部件主要依赖进口,这意味着江西省装备制造企业在核心技术上较为依赖外部供应链。这种依赖性使得企业在产品研发和生产过程中容易受制于他人,限制了企业的自主创新能力和竞争力。

二是产品稳定性和市场竞争力较弱。尽管少数企业拥有部分核心技术,但产品的稳定性较差,缺乏稳定可靠的供应链和技术支持。这导致产品在市场上的竞争力相对较弱,很难与国际市场上的高品质产品竞争。

三是高附加值产品较少。江西省缺乏高附加值产品,如高档数控机床、工业机器人、超(特)高压电力设备、智能成套装备等。这些高附加值产品对技术创新和研发能力要求较高,企业需要具备自主创新能力才能开发和生产这些产品。

3. 装备制造企业缺乏数字化转型动力和实力

江西省装备制造企业存在不想转、不敢转、不会转等问题,缺乏数字化转型动力和实力。

一是数字化转型成本高昂。装备制造业数字化转型需要进行大规模的技术更新和设备更新,但这涉及高昂的投资成本。尤其是对中小型企业来说,投入大量资源进行数字化转型可能面临资金短缺的问题,增加了数字化转型的风险。

二是信息共享困难和管理不完善。部分装备制造企业存在信息难以共享的问题,这导致信息孤岛和信息壁垒,影响了数字化转型的整体推进。此外,企业的管理制度和体制机制不够完善,缺乏适应数字化转型的管理模式和流程,这使得数字化转型难以顺利进行。

三是缺乏规划和执行力。一些企业的管理层在数字化转型方面缺乏足够的规划和执行力。数字化转型需要明确的规划和目标,并且需要有决策者能够有效地推动转型过程,但部分企业的管理层在这方面存在欠缺,导致数字化转型动力不足。

4.系统创新能力不强,数字化转型缺乏引擎

一是研发投入不足。江西省的装备制造企业在研发投入方面相对较少。系统创新和数字化转型需要大量的研发投入来推动技术的创新和应用,但由于资源限制或其他因素,企业在研发领域的投入相对有限,导致创新能力不强。

二是技术创新氛围不浓厚。江西省的企业在技术创新方面缺乏浓厚的氛围和创新意识。创新需要一种积极的文化氛围和创新思维的培养,但在江西省的装备制造业中,由于历史原因或其他因素,企业的创新意识和创新文化相对薄弱,这影响了系统创新能力的培养和发展。

三是创新生态系统不完善。江西省缺乏完善的创新生态系统,包括科研机构、高等院校和企业之间的紧密合作和知识转化机制。一个健全的创新生态系统可以提供创新资源、技术支持和市场机会,但在江西省装备制造业中,这样的生态系统尚未充分建立,制约了系统创新能力的形成和数字化转型的推进。

5.装备制造产业融合发展受阻,产业数字化转型存在风险

一是数据安全和隐私问题。数字经济依赖于大量的数据收集和分析,但数据安全和隐私问题成为装备制造业与数字经济融合发展的重要挑战。企业需要保护客户和企业数据的安全性,同时遵守数据隐私法规,这对装备制造企业在数字化转型过程中提出了更高的要求。

二是缺乏专业人才。数字经济和装备制造业的融合需要具备跨领域的专业人才,而江西省可能缺乏这方面的人才资源。缺乏数字化转型所需的专业人才,包括数据分析师、人工智能专家、网络安全专家等,限制了装备制造产业与数字经济融合发展的能力。

三是产业升级和转型风险。装备制造业的数字经济转型涉及产业结构的调整和升级,可能面临市场需求的变化、竞争压力的加大等风险。装备制造企业在数字化转型过程中需要具备灵活性和适应性,但缺乏这些能力可能导致产业转型受阻。

6.装备制造业绿色化程度不高、可持续发展能力不强

一是资源消耗和能源效率低。部分装备制造企业在生产过程中存在资源浪费和能源消耗较高的情况。缺乏高效利用资源和能源的技术和设备,导致生产过程中的能源浪费和环境负荷增加,影响了企业的可持续发展。

二是对环境的影响纵贯整个产品生命周期。装备制造业的产品生命周期从设计、生产到报废都会对环境产生影响。然而,部分企业在产品设计和制造过程中没有充分考虑环境因素,产品的环境友好性较低,难以实现可持续发展的目标。

三是缺乏绿色技术创新和应用。装备制造业在数字化绿色化转型方面缺乏创新能力和推动力。缺乏绿色技术的研发和应用,限制了企业实现绿色生产和绿色产品的能力。

三、数字经济背景下江西省装备制造业发展路径

装备制造业与数字经济的深度融合发展应聚焦数字化转型,充分利用新一代信息技术融合赋能,发挥创新驱动作用,提升数字化转型服务,推动装备制造业迈向高端化、智能化、绿色化。[6]

(一)融合赋能,培育数字化转型新模式

为应对装备制造业与新一代信息技术融合程度不深问题,提出融合赋能培育数字化转型新模式的发展路径。基于江西省新一代信息技术水平不

高的现实考虑,与装备制造业融合发展可采用"两化融合"同步推进的做法：一方面,自上而下地推进工业互联网、大数据等新一代信息技术基础设施和技术创新共享平台建设,不断突破装备制造业的技术瓶颈,加速装备制造业的升级换代[7];另一方面,数字化转型过程中自下而上地推进从中小企业功能模块到产业链生产系统的新一代信息技术应用,通过购买高新技术设备、引进人才及技术等途径来推动装备制造业转型[8][9][10]。

(二)创新驱动,建立数字化转型新优势

江西省装备制造业面临着自主创新能力较弱的问题,为应对这一挑战,可以通过创新驱动来建立数字化转型新优势。首先,鼓励高校、科研院所和装备龙头企业形成协同创新体系,围绕装备产品全生命周期展开合作。这意味着共同攻克装备制造领域的基础技术,如设计优化、工业控制和混合建模等,以及开发高性能加工和先进成型等工艺技术。其次,推动装备制造业在数字化转型中攻克共性技术,如供应链协同和高精度运动控制。这有助于提高装备制造业的生产效率和质量水平,为企业在市场竞争中赢得更大优势。此外,江西省装备制造业还可以采用产业集群模式,将相互关联的企业和配套机构聚集成一个密集、灵活的合作网络,形成基于知识链的创新机制。[11]通过集群的方式,企业可以共享资源和技术,加快创新步伐,并在数字化转型中找到更多合作机会。

(三)提升服务,构建数字化转型新生态

江西省装备制造业在应对产业数字化程度不高、部分企业缺乏数字化转型实力等问题时,可以通过创新驱动来建立提升服务以构建数字化转型新生态的发展路径。首先,需要引导两化融合管理体系服务下沉深入装备制造企业,开展两化融合基础建设、综合集成、协同创新等服务工作,以推动装备企业两化融合达到国家规定标准。其次,为了加强数字化转型实力,需要培育一批智能制造系统解决方案供应商与数字化转型服务商。通过促进这些供应商与工业互联网服务商、装备企业的供需互动,可以为装备企业免

费开展诊断辅导,并提供"一对一"数字化转型解决路径。这样的举措将有助于为装备制造企业提供更专业、个性化的数字化转型支持,提高其数字化转型的效率和质量。最后,鼓励服务机构与企业协同发展。服务机构可以与装备企业紧密合作,共同推进数字化转型的实施,提供更全面、持续的服务和支持。这种协同发展的模式将有助于构建一个数字化转型新生态,使得装备制造业在数字化转型方面取得更为显著的成效。

下面以装备制造的两个重点细分行业为例,概述其与数字经济融合发展的具体实施路径:

1. 汽车整车及零部件

一是促进数字技术在汽车制造业的应用。鼓励整车制造企业将新一代人工智能、高精度定位及动态地图等数字技术应用于汽车领域的产业化。推动自主可控的自动驾驶和智能网联等数字化产品的研发,提高汽车的智能化水平。

二是构建数字化解决方案和应用体系。引导整车企业构建数字化解决方案和应用体系,覆盖研发、生产、制造、销售等多环节的全链路。通过数字化技术,提供全域触达、服务闭环的全周期数字化服务,提升用户体验和产品附加值。

三是创新合作与生态建设。鼓励整车制造企业与技术企业、科研院所等建立紧密的合作关系,共同推进数字化技术的研发和应用。培育数字化产业生态系统,吸引更多的企业和创新者参与其中,形成产业协同和创新共享。

2. 电工电器

一是推动互联智能工厂建设。引导电工电器企业打造互联智能工厂,采用先进的信息技术和自动化设备,实现生产过程的数字化、自动化和智能化。优化生产流程,提高生产效率和质量稳定性。加强数据采集和分析应用,利用大数据和人工智能等技术进行生产过程优化和预测性维护,提高生产效益。

二是强化产品创新能力。加强产品设计和研发能力,关注市场需求和新技术趋势。推动数字化设计和仿真技术的应用,加快产品开发周期,提高产品质量和创新能力。加强与供应商和客户的合作,共同推动产品创新和技术升级。

三是实施服务化转型。通过数据分析和监测技术,发展远程故障监测等服务新模式,提供定制化、智能化的售后服务,提升客户满意度。与其他企业和平台合作,拓展服务范围,提供综合解决方案,延伸企业的价值链。

四是加强供应链协同。与供应商和合作伙伴加强协同合作,优化供应链管理,提高供应链的效率和灵活性。通过信息共享和协同计划,实现供应链的可视化和协同管理,减少库存、降低成本,提高整体供应链的竞争力。

四、国内发达省份经验借鉴

以下几个国内省份在装备制造业与数字经济融合发展方面表现较为先进,值得借鉴。

（一）江苏经验

江苏省积极推动制造业转型升级,大力发展智能制造、工业互联网和数字化工厂等领域。江苏省重视创新驱动发展,通过建设创新平台、推动产学研合作和培育创新创业生态系统等举措,推动装备制造业与数字经济深度融合。

（二）广东经验

广东省注重创新驱动和产业升级,积极推进智能制造和工业互联网应用,加强数字化技术在装备制造业的应用和推广。该省还着力打造数字经济创新创业环境,培育数字经济产业集群,为装备制造业与数字经济的融合发展提供有力支持。

（三）浙江经验

浙江省重视技术创新和产业升级,积极推进智能制造和工业互联网的应用,努力打造数字化、网络化、智能化的装备制造体系。该省还鼓励企业加强研发能力,推动技术成果转化,促进装备制造业向高端、智能化方向发展。

（四）经验总结

这些省份在装备制造业与数字经济融合发展方面的成功经验主要包括以下几个方面:

1. 创新驱动

这些省份重视创新驱动发展,注重创新能力提升,鼓励企业加大研发投入,加强核心技术攻关,推动技术创新和应用创新。通过建立创新平台、推进产学研合作和引进人才等措施,推动装备制造业与数字经济的融合发展。

2. 政策支持

这些省份积极出台支持政策,为装备制造业和数字经济的融合提供支持。政府出台产业政策、财税政策和创新政策等,为企业数字化转型支持。

3. 产业协同发展

这些省份注重产业协同发展,结合数字经济发展背景大力推动装备制造业与数字经济产业的融合。通过构建产业链、创新链和价值链的协同,促进不同产业之间的互联互通和资源共享,提高整体产业的竞争力和创新能力。

4. 人才培养

这些省份注重人才培养和引进,建立人才培养体系和人才引进机制。通过加强高等教育、职业教育和企业培训等方面的合作,培养适应装备制造业与数字经济需求的高素质人才。

江苏省、广东省和浙江省在装备制造业与数字经济融合发展方面展现出较好的实践经验,其他地区可以借鉴其创新驱动、政策支持、产业协同和人才培养等方面的经验,加快推动装备制造业与数字经济的融合发展。

五、政策建议

(一)配套政策促进融合发展

一是建立合作平台和联盟。促进装备制造企业与信息技术企业之间的合作与交流,建立合作平台和联盟,共同研发和推广新一代信息技术在装备制造业的应用。通过合作共享资源和技术,提高融合的效果和速度。

二是建立数字化平台和应用系统。搭建数字化平台和应用系统,为装备制造企业提供数字化转型的基础设施和支持。建设云计算、大数据、物联网等技术平台,为企业提供数据管理、分析和应用的能力,推动信息技术在装备制造业的广泛应用。

三是加强政策引导和支持。政府可以出台相关政策,鼓励和支持装备制造企业与新一代信息技术的融合。提供财政、税收和资金支持,给予优惠政策和奖励,激励企业积极探索和应用新技术。

此外,可投入专项资金或制定有利政策,构建新一代信息技术和制造业深度融合的技术基础[12],建立公共的电子票据体系以优化集群内骨干及配套企业的中间业务流程,政府补贴支持完善第三方供应链协同商务服务平台,提高产业集群的运作效率[13]。

(二)人才支撑促进企业创新

一是引进高层次人才。加快引进数字化领域的高层次人才,特别是具有创新能力和技术专长的人才。通过建立人才评价机制,激励和吸引优秀人才加入装备制造企业,并为其提供良好的职业发展和晋升机制。加强人才政策支撑,将数字经济领域人才纳入江西省人才计划支持范围,制定灵活高效的人才引进、培养、评价和激励政策,为企业吸引和培养人才提供支持和保障。

二是健全人才培养机制。促进数字化领域相关学科和专业建设,制定实施数字技能提升专项培训计划,培养一批装备制造业与数字化领域的复合型人才。通过产教融合等多种方式,加强学校与企业的合作,提供实践和培训机会,培养适应数字化转型的人才队伍。

三是建设智能制造实训基地。鼓励有条件的企业建设智能制造实训基地,提供先进的装备和技术设施,为人才培养提供实践平台。加强校企合作,将实训实践学分活动与企业内部实际生产相结合,培养装备制造业数字化转型所需的技术技能人才。

四是建立"两化"融合人才培训服务基地。建立"两化"融合人才培训服务基地,提供针对装备制造业从业人员的数字化培训课程和技能提升服务。提高从业人员的数字素养和技能水平,为提升自主创新能力提供劳动力要素基础。

（三）金融支持企业数字转型

一是提供创新金融产品。金融机构可以针对装备制造业企业的数字化转型需求,开发和推出适应性强、灵活性高的创新金融产品,如智能制造设备融资租赁、数字化技术研发贷款等,帮助企业获取资金支持,推动数字化转型的实施。

二是设立专项基金。政府可以设立专项基金,用于支持装备制造业企业的数字化转型项目。通过向企业提供风险投资、股权投资或贷款等形式的资金支持,帮助企业降低数字化转型的资金压力,提升其转型的信心和实力。

三是提供贴息贷款。金融机构可以为装备制造业企业提供贴息贷款,降低企业的融资成本。通过减轻企业的财务压力,提高其进行数字化转型的资金实力和信心。

四是推动金融科技创新。金融机构应结合装备制造业数字化转型需求,积极推动金融科技创新,开发智能化、高效率的金融服务模式。例如,通过应用区块链技术提供供应链融资服务,提高企业的融资便利性和效率。

五是提供专业咨询支持。金融机构可以提供专业的咨询支持,帮助装备制造业企业了解数字化转型的重要性和益处,并提供相关的技术、管理和市场等方面的指导,增强企业进行数字化转型的信心和实力。

（四）加强系统创新赋能转型

一是建立创新生态系统。江西省装备制造业可尝试建立以企业为主体、市场为导向、产学研深度融合的创新模式。通过与数字经济领域的科研院所、高等院校等合作,共同开展研发创新,推动技术交流和成果转化,实现装备制造业的数字化转型。建立创新创业孵化基地和技术转移中心,提供创新创业场地等各项资源支持,促进科技成果的转化和商业化,加快创新技术的应用和产业化进程。同时,政府可提供创新基金、产业培育基金和税收优惠等激励措施,支持企业增加研发投入,培育创新企业和高层次人才。通过产学研合作、政策支持和人才培养,建立协同创新的数字化转型生态体系,促进装备制造业与数字经济的深度融合发展,实现创新驱动和可持续发展的目标。

二是培育创新文化。加强装备制造产业创新文化建设,鼓励装备制造企业员工参与创新活动和项目。鼓励政府及行业协会不定期组织创新培训和交流活动,提高创新意识和能力。建立奖励机制,激励和表彰在系统创新和数字化转型方面取得突出成果的企业和个人。

（五）保障产业融合畅通发展

一是建立合作平台。搭建装备制造业和数字经济企业之间的合作平台,促进信息共享、技术交流和资源整合。通过建立行业协会、科研机构、创新中心等组织,推动企业间的合作与联盟,促进产业链上下游的紧密配合,实现资源共享和优势互补。加强行业交流和合作,组织行业内的交流活动和合作项目,促进装备制造企业之间的经验分享和合作学习。通过行业协会、展览会等渠道,促进企业之间的合作与交流,推动融合发展的实践和经验。

二是加强信息安全。加强对装备制造业与数字经济融合发展过程中的信息安全保护。建立健全信息安全管理体系,加强网络安全和数据保护。鼓励企业采取措施防范和应对信息安全风险,确保行业运行和产业链的畅通。

三是加强监管和评估。建立行业监管机制,加强对装备制造业和数字经济融合发展的监督和评估。及时发现和解决发展中的问题和障碍,推动行业的健康发展。同时,加强与相关部门和机构的沟通与协调,形成多方合力,共同推动江西省装备制造业与数字经济融合发展的行业运行和产业链的畅通。

四是提升数字化水平。推动装备制造业企业加快数字化转型,提升数字化水平和信息化管理能力。引入先进的信息技术,如物联网、大数据、人工智能等,应用于装备制造全过程,实现智能制造、数字化工厂等新模式的发展。同时,培育数字经济领域的新兴企业和创新型企业,推动数字经济的发展壮大。

(六)推动装备制造业绿色化

一是制定绿色发展政策。建立健全绿色制造业政策和标准体系,制定相应的环保法规和政策措施,促进装备制造业企业向绿色化方向转型升级。鼓励企业采用清洁生产技术,降低能耗和资源消耗,减少污染物排放,实现绿色生产。

二是发展绿色供应链。建立绿色供应链管理机制,要求供应商符合环境和社会责任标准,推动绿色原材料的采购和使用。与供应商建立长期合作关系,共同推动供应链的绿色化改造。

三是加强宣传与培训。加强绿色制造理念的宣传和推广,提高企业和员工的环保意识和绿色发展意识。组织相关培训和交流活动,分享绿色制造的成功案例和经验,激励企业积极参与绿色转型。

参考文献：

［1］央视新闻.创新加速度｜只争朝夕突破"卡脖子"问题.［EB/OL］.
https：//news.cctv.com/2022/08/19/ARTIPUUYTSFcokocOL61dm5T220819.shtml.

［2］张玺,宋洁,侍乐媛,等.新一代信息技术环境下的高端装备数字化
制造协同［J］.管理世界,2023,39（01）:190－204.DOI: 10.19744/j.cnki.11
－1235/f.2023.0007.

［3］江西省商务厅.智能装备（机器人）产业［EB/OL］.http：//swt.jian-
gxi.gov.cn/art/2023/5/9/art_78322_4454127.html.

［4］江西省人民政府.杨贵平:推进做优做强数字经济"一号发展工程"
［EB/OL］.http：//www.jiangxi.gov.cn/art/2022/6/7/art_5000_3986420.ht-
ml.

［5］江西省人民政府.建"标识"用"解析"工业互联网赋能企业高质量
发展［EB/OL］.http：//www.jiangxi.gov.cn/art/2023/4/10/art_5000_
4418937.html.

［6］江西省人民政府.我省加快制造业转型升级［EB/OL］.http：//
www.jiangxi.gov.cn/art/2023/2/15/art_393_4357962.html.

［7］吴善东.新一代信息技术产业发展趋势展望［J］.时代金融,2018
（33）:349－351.

［8］刘友金,李彬,刘天琦.产业集群式转移行为的实证研究［J］.中国
软科学,2015（04）:131－141.

［9］唐晓华,张欣珏,李阳.中国制造业与生产性服务业动态协调发展实
证研究［J］.经济研究,2018,53（03）:79－93.

［10］郭轶舟,冯华.互联网产业安全评价指标体系构建［J］.统计与决
策,2020,36（03）:163－166.DOI: 10.13546/j.cnki.tjyjc.2020.03.035.

［11］肖兴志,王伊攀.政府补贴与企业社会资本投资决策——来自战略
性新兴产业的经验证据［J］.中国工业经济,2014（09）:148－160.DOI:

10. 19581/j. cnki. ciejournal. 2014. 09. 012.

　［12］汤萱,汤颖蕾,谢梦园.新一代信息技术产业创新绩效影响因素研究［J］.现代经济信息,2016(05) :372 – 375.

　［13］冯宗宪,王青,侯晓辉.政府投入、市场化程度与中国工业企业的技术创新效率［J］.数量经济技术经济研究,2011 ,28(04) :3 – 17 + 33.

第七章 江西省石化产业与数字经济的融合发展研究

摘　要:当前在我国的能源行业中,大数据、人工智能、5G 等数字技术不断更新迭代,在能源行业当中有着广阔的不同的应用场景。要想能源行业实现稳步高质量向上的发展,深度融合数字化、智能化和工业化是重要途径之一。本章着眼于江西石化产业数字化发展现状,分析当前江西石化产业和数字经济的融合态势,挖掘当下两者在融合过程中出现的问题,同时结合国内其他地区成功项目的先进经验,对江西省内数字石化产业发展提供相关政策建议。

关键词:数字经济;数字石化;数字石化产业

建设网络强国、数字中国、智慧社会是党的十九大重要的战略部署之一,"加快数字化发展,建设数字中国"也被纳入我国第十四个五年规划和2035 年远景目标当中。石油化工行业作为我国国民经济的支柱行业之一,其数字发展进度很大程度上决定着我国经济的发展速度。近几年,石油化工行业正在逐步实现规模化生产、炼化一体化和产业集群化的发展,园区规模化开发方式也在进行当中。我国通过智能制造试验示范方式,石化行业的智能化信息化建设已经取得了较大的进步,比如已经取得生产运营效率提高,生产运营成本下降等显著成效。与此同时,一大批国家级的智能制造示范企业也正在不断涌现。

但是,从行业整体发展情况看,石油化工行业当中依旧存在着数据采集与集成能力弱、信息孤岛严重、数据资源利用效率低等问题,这些亟待解决的困难无一例外都会阻碍石化行业智能制造的高质量和可持续发展。为了解决这些制约石化行业发展的问题,应对目前能源革命的新环境,国家安全环境监管愈发严格的崭新局面,石化行业必须抓紧时间进行行业转型,提高企业价值。

一、江西省石化产业数字化发展现状

(一)内涵定义

1. 数字石化的概念

关于数字经济的定义不胜枚举,许多国际机构和组织都做出了概括,以2016 年 G20 杭州峰会发布的《二十国集团数字经济发展与合作倡议》中的定义最具代表性:"数字经济是指以使用数字化的知识和信息作为关键生产要素、以现代信息网络作为重要载体、以信息通信技术的有效使用作为效率提升和经济结构优化的重要推动力的一系列经济活动。"简言之,数字经济代表着,围绕数据这种关键的生产要素所进行的一系列生产流通和消费的经济活动的总和。随着数字的不断发展,数字经济的外延在不断拓展。数字产业化则属于数字经济分类当中的一个方面,即数字经济核心产业,是指为产业数字化发展提供数字技术、产品、服务、基础设施和解决方案,以及完全依赖于数字技术、数据要素的各类经济活动,对应于《国民经济行业分类》中的 26 个大类、68 个中类、126 个小类,是数字经济发展的基础。

关于数字石化产业,则是指《"十四五"规划纲要》所提出的,数字技术和实体经济深度融合,将云计算、大数据、物联网、工业互联网、区块链、人工智能以及虚拟现实和增强现实这七大数字经济重点产业与石油石化产业相融合。将人工智能、大数据、5G等数字技术,以创新的方式介入传统石化企业的生产、创造当中去,实现产业的转型升级和价值增长的目的,即可理解为数字石化。

2. 数字石化的发展特点

①政策支撑体系日益完善。为了科学引导石化行业推进智能制造,我国先后出台了一系列指南规划文件,其中主要包括2021年颁布的《"十四五"智能制造发展规划》《国家智能制造标准体系建设指南(2021版)》《"十四五"信息化和工业化深度融合发展规划》等,以及2022年11月颁布的《石化行业智能制造标准体系建设指南(2022版)》等。江西省同样也先后出台了《石化产业规划布局方案(修订版)》《江西省"2+6+N"产业高质量跨越式发展行动计划(2019—2023年左右)》《关于深入推进数字经济做优做强"一号发展工程"的意见》《江西省"十四五"石化产业高质量发展规划》《江西省石化产业数字化转型行动计划(2022—2025)》等。多项政策的出台、落地和实施,不断完善着行业数字的支撑体系,同时也为未来数字石化发展提供发展方向。

②工业互联网赋能效应显现。目前,工业互联网正在向网络、平台、安全一体化方向发展,已经覆盖了45个国民经济大类和85%以上的工业大类。截至2022年底,工业互联网标识解析体系全面建成,全国顶级节点累计接入二级节点265个,新增97个,服务近24万家企业。全国具备行业、区域影响力的工业互联网平台超过240个,重点平台连接设备超过8000万台(套),服务工业企业超过160万家。对于石油化工数字化发展而言,工业互联网是新基建、新模式,也是新平台,它的应用涉及智能检索、无人化智能操作、实施线上监测、风险的预测和评估等多个方面,涵盖开发、勘探、加工、储存和运输等多个产业链环节。石油化工行业依靠越来越蓬勃发展的工业互联网技术,能更加高效地推动工业的数字化、智能化。

③行业智能制造成效显著。"十三五"以来,石化行业整体上的数字化转

型程度在稳步提升,其中比较显眼的部分是,在石化行业的规模以上企业当中,实现了高达73.8%关键工序数控化率,对比之下,全国全行业的关键工序数控化率平均水平为51.1%,石化行业高于全国平均水平21.7个百分点,这一数据直接显示石化行业智能化程度走在了全国全行业的前端。同时,在全国的智能制造标杆企业评选当中,石化行业先后有6家企业入选;在国家智能制造试点示范评选当中,石化行业27家企业入选。其中,在2020年国资委发布的"2020年国有企业数字化转型典型案例"名单当中,中石化、中石油等企业榜上有名;在2021年工业和信息化部发布的"2021年度智能制造示范工厂揭榜单位名单"当中,内蒙古中煤蒙大化工、中石油长庆石化等6家化工企业入选。部分其他石化行业的智能制造典范具体信息见下表7-1所示。

表7-1　石化行业智能制造典型示范情况表

序号	地区	企业名称	类别	典型场景
1	陕西	中国石油天然气股份石油长庆石化	智能制造标杆企业/石化绿色安全智能制造示范工厂	1.自动巡检;2.精益生产管理;3.车间/工厂数字化设计;4.在线运行监测与故障诊断;5.能源平衡与调度;6.污染源管理与环境监测;7.先进过程控制;8.安全风险实时监测与识别;9.智能在线检测。
2	山东	万华化学集团股份有限公司	聚氨酯智能制造示范工厂	1.精益生产管理;2.智能在线检测;3.固废处置与再利用;4.在线运行监测与故障诊断;5.安全风险实时监测与识别;6.安全事件智能决策与应急联动;7.能耗数据监测;8.智能仓储;9.资产全生命周期管理。
3	山东	滨化集团股份有限公司	绿色循环产业智能制造示范工厂	1.先进过程控制;2.质量精准追溯;3.能耗数据监测;4.智能在线检测;5.安全风险实时监测与识别;6.在线运行监测与故障诊断;7.污染源管理与环境监测。
4	浙江	宁波博汇化工科技股份有限公司	2021年中小企业数字化转型典型案例	1.原料配比优化;2.工艺参数设计与仿真;3.过程建模与参数优化;4.设备故障诊断与远程运维;5.装置故障检修历史跟踪;6.物资采购精准管理。

资料来源:工信部网站。

④智慧化工园区正提速发展。智慧化工园区的全面和广泛建设,正在全国范围内循序稳步展开,在目前所有的省级以上重点化工园区当中,已经有超过百分之十的化工园区将智慧园区建设工作纳入重要工作当中。来源于中国石油和化学工业联合会化工园区工作委员会官网的数据显示,截至2022年底,已经有50家石油化工园区被列为"智慧化工园区试点示范(创建)单位",19家石油化工园区被评选为"智慧化工园区试点示范单位"。同时,目前已经有多达28项优秀的智慧化工园区技术正在被实施,其中涉及安全、环保和应急等领域,这些优秀且适合智慧化工园区的技术将更好地解决园区建设、管理的难题,为智慧化工园区增速发展保驾护航。

（二）发展现状

由于国内经济下行压力加大、国际经济贸易摩擦加剧、环保安全压力不断加大、新冠疫情的突发及全球蔓延等复杂局势,江西省先后出台了多项关于石化行业智能发展的政策。近几年,江西充分依托自身资源优势,稳增长,调结构,重创新,促转型,基础支撑力量不断夯实,智能化改造和数字化转型步伐加快,重点企业智能制造优势进一步凸显,日益取得良好成效。

1.基础支撑力量不断夯实

近几年来,江西为了加速将制造业从中端甚至是中偏低端发展,推动迈向中高端发展开辟新路径,提供新的方向,江西省对大数据、5G、人工智能、工业互联网等新型基础设施建设项目给予了前所未有的高度重视。在2022年期间,江西省重点推进的数字经济重点项目多达100个,总投资接近3000亿元。其中,5G基站的建设最为突出,中国移动通信集团江西有限公司2022年5G网络建设项目建设5G站点6700个;"宽带中国"5G高速网络基站及室内分布系统建设工程建设5G基站2万个,新建/改建5G室内分布系统1万个;中国电信江西分公司2022年5G网络扩建项目新增5G站点6000个。上栗工业园智慧化集成线路产业园建设项目自2020年10月开工,2022年12月完工,新建智慧化标准厂房、智能化公共配送中心、数字化服务中心。

2. 智能化数字化转型步伐加快

"十四五"智能制造发展规划当中指出,我国到 2025 年,要实现明显提升智能制造能力成熟度水平的目标,以及鼓励第三方机构开展智能制造能力成熟度的评估,并对其进行研究,提出相关优化措施。基于这两个要求,中国电子技术标准化研究院在 2021 年发布《智能制造发展指数报告(2021)》。报告中显示,截至 2021 年 12 月,全国 20000 多家企业通过平台开展智能制造能力成熟度自诊断,江西省自诊断企业数量超过 300 家,位于全国第九。参与自诊断企业当中,达到成熟度二级(规范级)及以上的企业数量为 180 家,位于全国第七。说明江西省在"十三五"期间,在有序推进重点区域、重点行业试点智能化转型升级方面整体情况较好。其中江西省的石化龙头企业——九江石化在全国石化行业当中,一马当先,率先打造了智能工厂,不负众望成为了石化行业第一家国家智能制造试点示范企业以及国家智能制造标杆企业。星火有机硅与中国电信九江分公司联合组建了江西首家"5G + 智能化工联合创新实验室"。全省石化产业省级智能制造示范企业总数达到 11 家,数字化车间 68 个,智能化装备 926 台套,通过国家两化融合管理体系认证的 7 家,省级两化深度融合示范企业 24 家。

3. 重点企业智能制造优势进一步凸显

中国石化股份有限公司九江分公司(以下简称"九江石化")是中国石化开设在江西的直属企业,是江西省唯一的大型石油化工企业。近几年,九江石化在着力打造石化行业三维数字化工厂,开发了包含全流程实时仿真系统、运行过程性能评估系统、装置生产操作优化系统以及生产计划优化决策系统等虚拟制造系统,构建核心工序机理模型,结合原油快评系统、流程工业模型系统、炼油生产调度优化系统、先进控制系统、实时在线优化系统等,能够实现炼油生产计划自动生成和调度实时优化,实现了炼油全流程一体化提升。经过一系列的智能化布局,九江石化探索出了一条适合自己的,也适合石化行业企业的智能制造之路,在九江石化多年来的不懈努力之下,它基本实现了企业设备自动化控制、生产数据自动化采集的全面覆盖,两者覆盖率均高达95％以上,高覆盖率自动化有效帮助企业员工减少不断重复、简单、繁琐且容易出错的工作,降低了企业整体的运行成本,同时也降低了企业能耗消耗,在实现企业核心竞争力提高方面做出了显著成效。九江石化荣获第四届"全国文明单位"称号,入选工信部智能制造试点示范企业(行业内唯一企业),荣获工信部第一批绿色工厂、石油和化工行业绿色工厂荣誉,获评江西省第一批绿色工厂荣誉,连续五年荣获中国石化环境保护先进单位,连续两届获评中国石化"绿色企业"。

二、江西省石化产业与数字经济融合发展态势

(一)我国石化产业数字化未来目标明确,引领江西石化产业数字化发展

在数字智能时代中,要充分激发出数据要素的潜力,加速石油工业的数字化智能化,这是石油工业高质量发展的一项重大措施,也是一条行之有效的方法。"十三五"期间,国家在标准化体系建设、两化融合贯标、"智慧工厂"与"智慧化园区"建设等领域,已有较大进展,并已有较好的应用前景。《石化和化工行业"十四五"规划指南》把"数字化智能化转型"作为四大发展战略之一;全国化工园区"十四五"规划将"智慧化工程"列为"五项重点工程"之一;全行业将围绕重点领域,在生产经营、设备管理、安全环保、供应链协同等核心业务环节,突破10—15项智能制造重大关键技术,制(修)订20项以上智能制造标准,再开展100家智能工厂、50家智慧园区试点示范,形成一批行业智能制造优秀解决方案。这些优秀的试点示范将为江西省的石化产业数字化转型提供参考和建议,引领江西省石化产业数字智能化发展。

(二)大数据、人工智能、5G等技术进步,推动江西石化产业数字化发展

以大数据、人工智能和5G为代表的数字技术,在能源产业中拥有广泛

的应用前景,它是国家发展数字经济的主要领域,因此,加速数字化与产业化的深入结合,是能源产业高质量发展的一个主要路径,也是一个必然的选择。这些数字化技术在工程具体分析中的应用可以基于现有的工程理论,可以实现基础知识经验的精确积累和改进优化。通过这种实际应用,可以更准确地预测整套设备的运行状态,监督执行工程技术的作业过程,以及逐步完善石化生产的关键性能等。因此,数字技术的应用可以真正实现智慧油气田和智能化工厂。目前,智能 AI 机器人,包括工业机器人、服务机器人、特种机器人和物流机器人,正逐渐应用于石化企业。其中,机器人在巡检、灭火和检修等方面的应用已经在研发当中,且逐渐进入石化生产一线。5G + 云端机器人、5G + 远程控制、5G + 机器视觉以及 5G + 云化 AGV 等 5G 和工业互联网的融合应用新型场景也日益成熟。在江西省石化产业中,大型 5G + 创新实验室、5G + 工业互联网、数字化车间和智能工厂也在逐步建设和完善。

(三)绿色制造持续推进,保障江西石化产业数字化发展

石化产业当中,智能技术协助推进绿色制造的途径,除了采取绿色设备,绿色技术等外,还可以通过数字智能技术来及早预警设备异常运行导致的泄漏和危险化学品排放,模拟产品全生命周期的环境影响,实现企业碳减排。九江石化应用电动机变频调速节能技术,对重要生产装置的关键电气设备进行变频调速系统配套和完善,取得明显节能效果。蓝星星火有机硅开展有机硅绿色关键工艺系统集成项目建设,与传统间歇式生产工艺相比,废气污染减少 20%,节能 7%,生产效率提升 50% 以上。同时推动行业企业打造绿色工厂,截至 2021 年底,全省拥有九江石化、蓝星星火有机硅等 12 家国家级绿色工厂,理文化工、善水科技等 23 家省级绿色工厂。永修云山经济开发区为省级绿色园区,蓝星星火有机硅为国家绿色供应链企业。此外,江西省还建立了省级重点用能单位能耗在线监测系统,已接入 284 家重点用能单位,实现定期上传数据。依托国家统计局"一套表"联网直报系统平台,实

时监测分析全省规模以上工业企业能耗变化情况,定期编制《能源统计月度监测报告》。

（四）多项政策齐聚发力,支撑江西石化产业数字化发展

近年来,国家、省层面都相继出台了一系列关于促进石化产业发展的指导性意见,包括:工业和信息化部等六部门《关于"十四五"推动石化化工行业高质量发展的指导意见》和江西省委、省政府《关于深入推进数字经济做优做强"一号发展工程"的意见》《江西省"十四五"石化产业高质量发展规划》等。为我省石化产业规范化、高质量发展提供了方向指引和政策保障。

三、江西省石化产业与数字经济融合发展面临的挑战

（一）高投入高风险制约企业转型意愿

工业4.0的初级阶段是数字化工厂,高级阶段将是智能工厂,智能制造则是属于工业4.0阶段代表技术,但是,就江西省石化行业而言,其中大部分石化企业的制造方式仍然停留在"工业2.0""工业3.0",或者是处于"工业2.0—3.0"的跨越阶段。从2.0、3.0跨越到4.0,意味着企业需要投入大量资金去做生产设备设施的改造和运营流程的改造,资金压力不容小觑。除此之外,石油化工产业作为一项资本密集型行业,一般情况下是需要数年才有可能完成大型工程项目的建设开发和上线运营。与此比较起来,数字技术的发展速度非常快,一旦能够获得项目建设的批准同意,企业往往需要着重于快速高效地执行项目,以最大限度减少设计方面的变化和影响,从而阻碍了新技术的直接引入,而且石化产业当中部分业务,比如炼化,相较于其他行业而言,炼化的过程中出现事故的概率,以及事故多带来的成本和代价,是其他大多数行业所不可比及的,如此高额成本和风险会让石化产业企业对待新技术秉持保守的态度,以期规避风险,所以在此基础上去考虑企业的数字化推进速度缓慢、转型过程步履艰难也就可以理解了。

（二）规范化发展范式欠缺,创新支撑合力不足

江西省石化行业重点实施了一批行业急需和对行业技术进步带动较大的新技术和新工艺,一批创新平台得到提升,个别企业智能制造取得良好成效。但是大多数企业"小而散"格局依旧没有得到根本改变,园区企业间循环链接程度偏低、相互配套较弱,化工产品结构较单一,化工产品多处于价值链中低端,产业向下游延伸力度不够,目前尚未形成产业链式发展效应。此外,石化产业依旧存在创新支撑平台数量偏少、实力偏弱,企业创新意识不强,自主研发核心技术比重偏小,产学研用融通程度不高、成果转化能力偏弱,终端应用开发不足等问题。

（三）专业技术尚不成熟,专业人才比较缺乏

在数字化信息感知方面,江西省的新型高效基础设施建设正在逐步建设中,而人工智能、大数据、物联网、区块链和 5G 等新技术实际应用仍然在探索发现和试点实施阶段。然而,数字化转型所需的信息化能力尚不足够,这对于实施数字化成功转型来说是一个决定性因素。为了实现数字化逐步转型,企业需要拥有足以胜任数字化顶层设计、试点改革实施、方案设计、工程项目管理和运行程序维护的合格技术专业人才。这些人才不仅要熟悉数字化新技术,还要对油气工业业务和技术有深入理解和完全掌握,并必须同时具备较强的建模、算法和计算机应用能力。可以看出,数字化转型对多重复合型、综合性人才的迫切需求。但是江西省在对此类复合型人才的培养并不完备、对他们的激励创新创造环境氛围也需进一步加强,因此,目前江西在培养本地人才和吸引外地人才进入的方面依然存在困难。

四、数字经济背景下江西省石化产业发展路径分析

（一）数字技术助力重大项目顺利进展

"十三五"期间,全省石化产业建设了一批科技含量高、经济效益好、引领作用强的重大项目,完善了石化产业链,推动了石化行业发展。九江石化

8 万吨/年苯乙烯与 30 万吨/年烷基化项目、九江九宏新材料配套化纤产业基础材料项目、江西中氟化学材料新建年产 2 万吨二氟一氯甲烷 R22（工艺中间体）与 0.6 万吨工程塑料氟硅酸改性剂等含氟材料项目、江西天宇化工年产 2 万吨 2,4－D 扩建项目等均竣工投产。乐平赛复乐医药化工年产 12000 吨高端精细化学品等项目正在开工建设。2022 年 6 月，九江石化成功顺利实施了 89 万吨/年的芳烃项目，并成功生产出合格产品。该项目采用了全新的单塔吸附分离技术，取代了传统的双塔吸附技术。通过这种改进，吸附剂利用率提高了 10%，投资成本降低了近 20%，同时具体操作运行也更加稳定。另外，通过对芳烃联合装置全过程管理进行优化，采用整体化热联合和低温热高效再利用等综合能量集成技术，我们成功将能耗控制在 220 千克标油/吨 PX 以下，比其他类似芳烃装置降低了 30% 的能源消耗，达到了国际领先水平。

（二）数字技术加速中重点产业集群发展

江西省积极引导产业聚集，实施集群式项目"满园扩园"行动，形成了一批产业链较为完善、规模效应显著的产业集群。全省拥有国家新型工业化产业示范基地 1 个，省级重点产业集群 7 个，其中石油加工产业正在积极打造炼油－PX－PTA－PET 产业链；有机硅产业形成了有机硅单体—中间体—硅油、硅橡胶、硅树脂、硅烷偶联剂产业链；有机氟产业培育了氢氟酸—含氟单体—含氟聚合物的产业链；盐化工产业构建了岩盐—烧碱、氯气—氯碱深加工的产业链。其中，九江石化产业园 2020 年获省政府批准为省级产业园；新干盐卤药化产业集群为全省首批 20 个重点示范产业集群基地、省级传统产业（石化）转型升级试点；樟树盐化工产业集群先后被授予"江西省盐化工产业基地""省级盐产业（樟树）基地""中国（樟树）循环产业基地"。截至 2022 年底，永修有机硅产业集群产值突破 500 亿元，上下游关联企业 147 家，其中高新技术企业 58 家、省级以上专精特新和"小巨人"企业 26 家，主要产品囊括硅油、硅橡胶、硅树脂、硅烷偶联剂四大领域，已成为国内有机硅产业链最完备的基地。

（三）数字技术推动行业技术变革创新发展

新一代技术革命,特别是信息技术的发展,为石化产业的智能化、数字化改造升级提供了坚实的技术保障。近几年,江西省在石化产业加大研发投入,注重创新能力建设及成果转化,强化产学研用协同创新机制,发展了一批行业急需的新技术、新工艺,组建了一批创新平台。九江石化芳烃项目首次采用中国石化自主开发的第三代芳烃生产技术;卡博特蓝星化工燃烧反应技术世界领先;天宇化工的环保型制冷剂中间体 1,1,2,3 - 四氯丙烯的合成技术获省科技进步奖。劣质及非常规原油加工技术、新一代国产化离子膜和特种膜技术、合成气制乙二醇装置大型化技术、精细化工微反应技术、高端化工新材料合成与加工技术等先进装置设备与绿色工艺日益成熟,为石化产业的安全、绿色、可持续发展夯实了基础。

五、相关案例

（一）中国石油化工股份有限公司项目"中国石化智能工厂试点项目"

中国石油化工集团有限公司(以下简称"中国石化")是全球范围内最大的石油炼化公司和第二大化工公司,其经营范围包括油气开采、炼油化工、工程科研和石油产品销售等方方面面。在"十三五"时期,中国石油公司以"大平台,大安全,大运营"为指导思想,以新技术,新理念,新模式,构建了一个整合、分享的运营平台,一个协同、智能的生产运营平台,一个互联、高效的用户服务平台;在此基础上,搭建了一个灵活的安全技术支持平台,建设了一个规范与信息两大系统,并形成了一系列的信息化控制机制。中国石油化工公司已开始实施"智慧油田""智慧工厂"和"智慧管道";智能研究院,智能加油服务站,智能客服体系;在构建智慧物流系统的过程中,将人工智能、物联网、VR/AR、大数据、机器人等最新技术与石化核心生产业务相融合。

　　石油化工智能化厂房的整体设计工作已在 2012 年完成。从 2013 年起，中国石化集团燕山石化集团（燕山石化集团）、中国石化镇海炼化集团（镇海石化集团）、中国石化集团（茂名石化集团）、茂名石化集团和中国石化集团（九江石化集团）等 4 个单位开展了该项目的试验研究。在 2015 年底完成了"智慧工厂"示范工程。2018 年末，镇海炼化和茂名石油化工两个升级改造工程全面投入使用（年末全面竣工）。九江石化、镇海炼化、茂名石化被科技部授予"世界先进制造业示范点"称号。燕山石油化工有限公司荣获"北京市环保生产基地"称号。九江石油化工荣获"全国先进制造业示范单位"称号。智慧工厂的建立，促进了企业生产、管理和运营的全过程自动化；可视化和数字化水平显著提高，有力推动了公司转型升级和提质增效，为公司创造了几百亿元的经济效益，使公司的劳动生产率提高了 20%，并初步建立了"123456"的智慧工厂构建的理论体系。下图为中国石化启动了智能制造

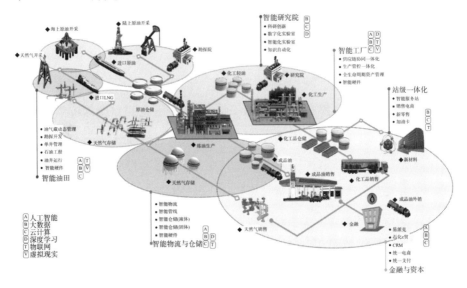

图 7 - 1　智慧石化建设发展蓝图

探索后，石化集团智能化发展的全景蓝图。

（二）中国海洋石油集团有限责任公司"双频 5G + 工业互联网"智能炼厂项目

中国海洋石油集团有限公司（以下简称"中国海油"）是 1982 年 2 月 15 日经国务院批准成立的特大型国有企业，是中国最大的海上油气生产运营商。中国海洋石油公司的主业是石油天然气勘探开发，专业技术服务，炼化和销售；同时，还在大力发展海洋风力发电等新能源产业。在 2022 年《财富》杂志的全球 500 家企业中，该公司位列 65 名。2020 年以来连续两年在普氏能源公布的"全球能源企业 250 强"排名中位列前十，穆迪评级为 A1，标普评级为 A + 。

中国海洋石油总公司在 2021 年已完成了包括"垦利 10 - 2"在内的四个大、中型油气田的勘探，并按计划完成了 18 个主要的上水能力工程。2021 年，公司关键核心技术攻关取得新突破，"深海一号"超深水大气田成功实现 3 项世界级创新，攻克 12 项装备国产化难题，获评全国十大科技新闻和央企十大国之重器。旋转导向与随钻测井、超高温高压电缆测井系统 2 项成果入选中央企业科技创新成果高端装备推荐目录。其中数字化转型成效明显，海上生产平台无人化比例超 12.5% 。"秦皇岛 32 - 6"智慧油气田一期工程竣工投产，被评为"十大国有企业数字改造工程"，并被入选评为"央企数字化转型十大成果"之一。

2022 年 6 月 21 日，中国海油下属的中海惠州石油化工有限公司完成了国内第一个"双频 5G + 工业互联网"的智慧炼化工程，正式投入使用。中国海油"智慧炼"包括"5G 安全防护"智能巡检机器人、"5G + AR 远程协同""5G 作业 AI 监控""数字应用""众创空间""数字化应用""众创空间"，"粤港澳大湾区"是我国重要的石油化工生产基地。"双频 5G + 工业互联网"将各个应用平台汇聚成一体，实现了数据融合，工作效率大大提高；此外，该系统还可以有效地克服 4G 网络存在的信号盲区，比如防止信号快速衰减，避免遇到障碍信号就会被切断等问题，实现数据稳定、高速的传输。

（三）宁波市镇海区"产业大脑＋未来工厂"双核引擎

在过去五年期间，宁波市区的数字经济发展十分迅猛，根据宁波市经济和信息化局数据显示，宁波市的数字经济核心产业增加值年均增速达16.4%，超过地区生产总值年均增速（23.9%）7.5个百分点，数字经济增加值在2022年年底达到8000亿元。预计宁波市的数字经济增加值在2027年年底时，将实现1.5万亿元，数字经济核心产业营业收入将突破1.2万亿元。在镇海区，以"化学大脑＋未来工厂"为核心，以"新智造"产业集群为示范，构筑"浙里化工"的政务服务情景，不断完善新型智造应用、共性技术和产业生态体系。在"公共服务"等4个企业侧应用板块中，分别上线了安全生产、环境保护、能源管理、物流运输等场景应用。在此基础上，构建多个跨领域的数据共享机制，并构建出一个石油化工产业集群的数据云图，从而有助于政府部门把握产业发展态势、监测产业风险、优化产业布局等。公司级的数据要求完成度都在95%以上。2021年6月28日，我国最大的炼化一体化系统产业示范基地在镇海区建设完成，成为全国首次实现数字工厂和物理工厂同步建造和实际交付的示范项目。为了加快石化行业数字化和智能化车间和智能工厂项目的布局落实，镇海区积极探索新的智能制造模式，比如数字化模式设计、智能化创造生产和绿色化制造流程等。这些努力到目前为止都已经取得了显著的研究成果，例如制定了化工园区数字化和智能化平台建设指南、综合评价评估体系和数据规范规定标准等制度，共有10项研究成果。为推动智慧化工科技园区平台基础建设，实现石油化工企业的上云、工业互联网基本建设以及5G智能改造，已相继启动了相应的数字化项目。截至目前，该区域内的石化企业技术改造已经全面覆盖了所有企业，智能制造改造率超过50%，supOS工业操作系统的使用率高达40%，数字化控制率和上云率均达到100%，实现数字化和上云的全面覆盖，镇海区的数字化水平在全省范围内处于领先地位。

日前，镇海区已汇聚了国家级石油基绿色清洁能源创新中心、高端材料制造业创新中心、国家级新材料测试评估平台、全国新材料产业大数据平台等顶级创新服务综合体,镇海区的石化产业集群综合水平在全国当中一马当先。自从"化工产业大脑"场景应用上线以来,已实现了省、市、区、企业四级之间的互联互通。全省已有 22 个化工园区、653 家企业、2000 余个工业 App、10000 余台(套)设备接入产业大脑。

六、政策建议

(一)瞄准高质量发展,提升行业数字化水平

全省石化行业要实现高质量可持续发展,需要借助最新的信息科技革命,抓住产业变革带来的时代机遇,从设备、平台和生产系统几个方面积极提升数字化水平。当前,石化行业数字化的趋势集中体现在构建工业大数据生态系统、整合集成供应链以及低碳数字转型等方面。要把行业数字化转型与高质量发展系统结合起来,使前者成为实现后者的重要途径。要密切关注和跟踪石化行业国内外数字化发展趋势以及相应规则体系的变化,善于激发行业内各类企业数字化的发展动力,主动进行相应的制度变革,从信息化发展和数字化转型等方面积极提升全行业及各企业的高质量发展水平。

(二)结合"双碳"目标,推进低碳技术数字化

数字化能够极大地推动石化行业绿色低碳技术的研发与应用,还能不断更新进步的各种数字技术,例如大数据、人工智能、区块链、数字孪生等等,在石化行业的生产流程优化、石化企业的生产效率提升、全行业各类碳资产管理,以及相关数据中心及碳交易系统的建设等方面,都发挥着日益重要的作用。在低碳技术研发试验、绿色产品生产销售各环节,我省都应该积极使用各类数字场景、智能设备,广泛利用大数据、云计算等各种数字技术来提升效率,利用好数字技术在石化行业绿色低碳、节能环保中的便利功能,赋能我省石化业按时达成"双碳"目标,争取在能源革命与产业转型中占

据优势地位。

（三）对标典范，持续推进行业智能制造发展

当前，国家对于企业的智能制造给予了十足的支持，江西省应该充分利用和有效运用国家在智能制造、数字化转型和智能化改造等关键领域和环节政策方面给予的支持。将关注点放在"三化"改造上，着重引导相关资金投向产业链延伸的上下游领域，将资金倾斜到智能化改造等重要领域和环节；不断进行智能化转型和升级改造的诊断咨询和数字化车间培育认定工作，推动企业实现精益生产、精细管理和智能决策；持续推动两化融合标准的贯彻工作，组织评估区域两化融合发展水平；加快智能制造在园区的推广，提升产业集群的智能化水平。

（四）完善支撑设施，推进智慧化工园区建设

支持产业集聚区全方位调整优化软硬件设施，重点建设科技创业园区水、电、路、气、网络等公共基础设施，加快推广5G和5G＋工业互联网在全国优先发展规划建设西峰重点科技创业园、玉门经济开发区产业园等具备一定经济发展规模的地级科技创新园区。充分利用云计算、人工智能、5G＋工业互联网等人工智能技术，推动应急指挥系统、安防监控、能源管理系统等场景在产业集群内的融合，推动科技创业园区做到从传统的进一步调查到实时检测。从人工市场监管到智能手机追踪，再到将碎片化应用转化为系统集成，打破了"信息孤岛"，为数字工厂和智慧园区的进一步融合奠定了坚实的基础。

（五）突出创新驱动，发展新兴高端石化产业

当前，我国化工新材料领域存在着比较严峻的结构性矛盾，即低端产能出现过剩，高端供给却存在不足。有诸多高端的新型化工产品仅靠内部生产完全不够，需要从外进口；更有甚者，部分高端产品我们还尚未掌握其生产制造技术。比如高端聚烯烃、专用树脂、特种工程塑料以及高端膜材料等石化产品，仍面临供需不平衡的问题。其他的功能材料、医药化工材料、高级电子化学品等专门化学产品以及一些用于石化过程的催化剂、特种助剂等特殊化学

品,在国内市场也是长期面临供应不足的问题,有些甚至严重依赖进口。这些市场需求的现实状况为石化行业未来带来了挑战,但也同时为行业的高质量发展带来了机遇。江西省可在加大创新驱动战略实施力度方面下功夫,加强创新体系建设,依托于国家的制度支持,推出因地制宜的具体政策,以全面提升江西省石化行业的创新能力和效率。同时,我们的关注应该倾向于新能源、高端制造和国家重点工程,以及化工新材料和特种化学品的研发领域,加大对战略性新兴产业的培育力度,以实现新兴高端石化产业的发展。

(六)大力招才引智,加强复合型的人才培养

在高层次人才建设的各个方面,不仅需要注重高层次人才的评选和审核,要学会思考和创新高层次人才引进的选拔模式,更要结合地域实际和发展现状应当需要引进行业领先权威专家。与此同时,也要对符合引进高层次人才引进项目、拥有核心关键技术和成果、能带来巨大社会经济效益的团队,采取"一案一议"形式设立奖金、给予资助,让高层次人才的后续发展没有物质上的后顾之忧。此外,江西省也可以借助高校和职业院校的教育作用,让学校和企业,或者学校和相关部门建合作关系,创建一批新一代信息技术实践实训基地,加大工业化、数字化、信息化综合型人才的培养和造就,让人才从本地源源不断地产生,让综合复合型人才帮助我省实现石化产业数字化快速持续的转型。

参考文献:

[1]王子宗,高立兵,索寒生.未来石化智能工厂顶层设计:现状、对比及展望[J].化工进展,2022,41(7):3387-3401.

[2]于莹莹,孙建国,陈球等.数字孪生变电站技术在石化行业应用的研究[C]//中国机电一体化技术应用协会.第七届全国石油和化工电气技术大会论文集,2023:414-419.

[3]李兴东,刘暄.数字技术赋能石化行业实现"双碳"目标[J].世界石

油工业,2022,29(06):26-34.

[4]周波.基于模拟仿真的石化油气输送系统数字孪生体技术[J].粘接,2022,49(09):102-105.

[5]王晨光.石油石化行业的数字孪生应用综述[J].石油化工自动化,2022,58(04):1-5.

[6]陈钢.数字孪生技术在石化行业的应用[J].炼油技术与工程,2022,52(04):44-49.

[7]许鸿善,李沛祺,席卓妮,等.甘肃省石化行业智能制造发展现状及对策建议[J].北方经济,2022(12):50-53.

[8]刁俊武.工业互联网赋能石化产业数字化转型[J].智能制造,2022(04):37-39.

[9]张智玮,贺宗江.炼化企业数字化转型工作的思考[J].石油化工管理干部学院学报,2022,24(04):45-49.

[10]镇海:双核引擎赋能绿色石化产业集群[J].信息化建设,2022(03):34-35.

[11]李剑峰.智慧石化建设:从信息化到智能化[J].石油科技论坛,2020,39(01):34-42.

[12]周美婷.推动我国石化行业数字化高质量发展[J].中国能源,2022,44(02):61-66.

[13]穆阳.为什么数字化转型如此重要——石化行业数字化转型实战问道(之一)[J].中国石油和化工产业观察,2022(06):64-66.

[14]李琪.中石化李剑峰:数字化转型是企业高质量发展的必由之路[J].中国设备工程,2022(03):3-6.

[15]傅向升.对于石化行业数字化转型的三点思考[J].中国石油和化工,2023(02):6-7.

第八章 江西省建材产业与数字经济的融合发展研究

摘 要:建材工业经过多年发展已经构建了完整和系统的行业前景体系,水泥混凝土、有机玻璃、陶瓷制品、玻璃纤维等多种建筑材料行业产品总产量位居全世界第一,建材工业已成为国民经济建设、重大基础设施项目实施、战略性新兴产业发展不可或缺的支撑和基点。然而,目前仍存在许多难以避免的问题,亟须借助和利用最新的数字技术,如大数据、云计算、人工智能、5G通信和工业互联网等新一代信息通信技术,来改造传统建材产业,加快企业和行业的转型升级。本章着眼于江西建材产业数字化发展现状,分析当前是江西建材产业和数字经济的融合态势,挖掘在融合过程中出现的问题,同时结合国内其他地区的先进经验,对江西省内数字建材产业发展提供相关政策建议。

关键词:数字经济;数字建材;数字建材产业

党的二十大报告指出,要加快建设网络强国、数字中国。在过去十几年期间,我国积极主动实施网络强国战略和国家大数据战略,持续不断出台数字经济发展战略和"十四五"数字经济发展规划。相关管理部门认真深入贯彻落实各项政策，积极推进数字产业化和产业数字化，推动数字经济得以保持快速增长。最近，我国数字经济发展取得了令人瞩目的成就，在全球排名持续居于第2位，对经济和社会发展的引领和支撑作用日渐凸显。建材产业作为我国国民经济发展和社会发展的基础性支撑行业之一，同时也是目前热门的战略性新兴产业之一，它为我国国防军工发展提供了最重要和最基础的保障。目前，建材产业正面临着发展动能转变、发展方式转变两大困难的关键时期，建材产业要想突破举步维艰的困境，可以牢牢握住数字经济这一重要抓手，以实现企业转型升级的推动，最终达到实现高质量的建材行业发展目的。

一、江西省建材产业数字化发展现状

（一）内涵定义

1. 数字建材的概念

数字建材是指综合运用 BIM、物联网、大数据、人工智能、云计算、区块链等信息技术手段，对建材及设备进行数字化表达和数字化应用，集成人员、流程、数据、技术、工艺工法和业务系统，在设计规划到施工建造、到维护运营全生命周期的全业务应用，进而形成对数字建造、数字（智慧）城市建设的大数据支撑。其中，绿色建材是数字建材众多数字化表达要求中的重要组成部分。

2. 数字建材的发展现状

①数字基础设施建设规模大幅提升，城市能源水平也大幅提升。到2022 年底，累计可建成并开通 5G 基站 231.2 万个，可建设 5G 计算机用户5.61 亿户，占全球总量的 60% 以上（详见图 8-1）。全国 110 个较大城市已达到千兆城市建设通用标准，千兆光网络整体可以实现覆盖 5 亿以上家庭。移动人工智能和物联网终端消费者数量达到 18.45 亿，中国毋庸置疑已然成为全球主要经济实体中第一个实现"物联网超人"的国家（如图 8-2）。此外，IPv6 大规模的部署和应用也在不断深入推进，目前 IPv6 的活跃用户已经突破 7 亿，在移动互联网中，选择使用 IPv6 的互联网流量接近 50%。我们国

家数据中心基础设施机柜总规模超过650万个整体标准机柜,近五年来增速不断加快,年均增速高达30%,在用数据中心算力总规模超180EFLOPS,这一数据让我国位居全世界第二。5G+工业互联网已覆盖工业行业85%以上的大类,标识解析体系目前也已经实现全方位的构建,部分重点平台主要连接的设备已经超过8000万台(套),未来平台连接设备的需求也将持续增加。

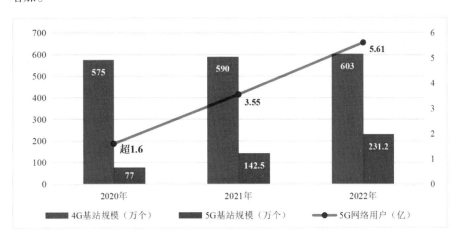

图8-1　2020—2022年我国移动通信基站和用户规模情况

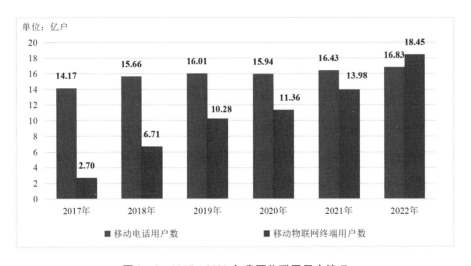

图8-2　2017—2022年我国物联网用户情况

数据来源:工业和信息化部。

②数字技术与实体经济的融合不断加深。2022年,全国工业企业关键工序的数控化率和数字化研发设计工具的普及率均实现了较大的增长,分别增长到58.6%和77.0%,比2021年分别提高了3.3个百分点和2.3个百分点。工业互联网的核心产业规模在2022年超过1.2万亿元,同比2021年增长了15.5%(如图8-3所示)。5G融合应用得到广泛发展,已经有52个国民经济大类将5G应用纳入融合发展,"5G+工业互联网"全国建设项目数量在2022年首次突破4000个。智能制造应用范围和水平显著提高,超过40%的制造企业已经开始步入了数字化网络化制造阶段,我国制造企业制造机器人的密度在全球上升到排名第五位,智能制造装备产业规模达到3万亿元,市场满足率超过50%。同时,我国也开始启动产业主数据标准生态体系建设,这一体系建设目前在浙江、江苏、山东等地进行了分行业试点,未来可期。

图8-3 全国工业企业关键工序数控化率、数字化研发设计工具普及率

数据来源:国家工业信息安全发展研究中心。

③建材行业两化融合态势良好。2013年以来,为了加速推进相关产业和企业的数字化转型,工信部办公厅、国家发展改革委、中央网信委等多个中央部委围绕着数字化智能化转型出台了多项国家政策。在得到了国家战略性指导,各省区市也先后出台了数字化智能化相关政策,其中,很多省份

和市区将两化融合纳入重点考虑内容,将其作为政策补贴的一个方面。其中对企业的补贴金额最低有 5 万元到最高有 100 万元。其中江西省对通过两化融合贯标的企业给 10 万元补助、对评定为国家级两化融合管理体系贯标示范的企业给予 20 万—80 万元奖励。

目前,建筑材料业实施数字化与工业化融合管理过程中,取得了良好、明显的效果,行业内部企业的两化融合发展水平日益提高,发展现状不断向好。自动化生产设备数字化智能化率、关键工序数字化率、工业互联网平台使用率等核心指标也在稳步持续提升。截止到 2022 年底,建材行业已经连续五年不间断地召开智能制造的交流大会,同时行业内也成立了建材行业智能制造推进联盟。不论是每年的交流大会还是智能制造推进联盟,都是为了大力推动我国建材行业和数字化智能化的融合,以及解决在融合过程中出现的诸多问题。现在开展两化融合贯标的企业已经有多达 1400 余家,获评智能制造试点示范的企业有 12 家,获评新模式应用的企业有 16 家,入选标杆企业名单的企业有 2 家。

(二)发展现状

1.政策体系日趋完善

为解决当前正处于转变发展方式、优化产业结构、转换增长动力攻关期的建材行业存在的问题,自 2020 年起,我国先后印发了《建材工业智能制造数字转型行动计划(2021—2023 年)》《建材工业"十四五"发展实施意见》等文件。江西省先后也颁发了《江西省实施数字经济发展战略的意见》《江西省数字经济发展三年行动计划》《关于加快推进数字经济创新发展的若干措施》《关于深入推进数字经济做优做强"一号发展工程"的意见》《江西省"2+6+N"产业高质量跨越式发展行动计划》等文件,全面启动全市数字经济"十四五"规划。江西省内许多市区为了深入贯彻落实以上文件精神,切实推动全市经济高质量发展,也出台了相应文件,比如景德镇市编制出台《关于加强移动通信基站基础设施建设的实施方案》《景德镇市 5G 通信基础设施专项规划(2019—2035)》《景德镇市 5G 基站设施"绿色超简"审批意见》等文件。

2. 龙头企业优势突出

江西省建材集团有限公司(以下简称"省建材集团"),作为江西省属大型国有企业,拥有全资、控股等各类企业 80 余家,现有水泥、商砼、新型绿色建材、科研与设计四大业务板块,经济运行在省属国企中多年保持领先水平。2022 年,江西省建材集团实现营业收入 140.42 亿元,上缴税收 12.87 亿元,其中水泥年产能达 2860 万吨。主业生产经营保持省内市场占有率第一,发展势头稳健强劲。

2022 年,省建材集团科技研发项目 142 项,研发投入 3.57 亿元,重点用于数字化转型、光伏新能源技术、污染物超低排放技术和粉磨节能技术等方面的研究与应用。围绕智慧矿山、智慧工厂建设,依托 5G 等技术,打造数字化转型示范应用场景,德安公司成为我省唯一入选工信部"建材工业智能制造数字转型典型案例"的工厂,万年厂和瑞金公司获省级工业发展专项资金支持,瑞金公司和于都公司获国家智能制造能力成熟度二级、三级证书,于都公司和乐平公司获省级"数字化转型示范项目"称号。

3. 整体建材行业智能化水平不断提升

江西各级工信部门和广大建材企业高度重视绿色化、智能化、高端化发展,江西省建材行业"三化"发展取得了积极成效,行业保持平稳增长态势,传统产业升级持续推进。按照有关要求,江西着力加大培育扶持力度,涌现了一批智能制造行业标杆和示范企业。2020 年,巨石九江玻璃纤维企业成为江西省全省首批智能制造标杆企业,同时南方万年青水泥也成为江西省首批"5G＋工业互联网"应用示范企业。景德镇溪川德信教育科技有限公司的中德(景德镇)工业 4.0 智能制造实习实训基地工程项目已被选作 2020年制造业与互联网融合发展试点示范项目的"中德智能制造合作方向",这是全国仅有的 8 个入选项目之一,同时也是江西省省内独一无二入选的项目。该实习实训基地引进了德国顶尖的工业级实训教学设备和德国"双元制"职教体系及认证标准,运用这一标准以推动实现向"工业4.0"智能制造的转变。同时,企业积极开展智能工厂、智能实验室建设,提高关键环节的智能化水平。此外,为了进一步实现整体智能化水平的大幅和稳健提高,企业在诸多生产制造的关键环节当中配备智能化设施和系统,比如使用大量智能部件、智能装备,以及智能控制系统,而且许多的建材企业,其中包括陶瓷、水泥、玻璃企业都实现了较高的生产线自动化智能化,基本都实现了全面配备智能控制系统(CAM)、分布式控制系统(DCS)、在线分析等可以提高数字化智能化的系统。截止到2022年底,在江西省高安市市区内的建陶基地重点企业中,实现上云上平台的有8家陶瓷企业,它们的主要生产设备数控化率也实现了90%以上。

二、江西省建材产业与数字经济融合发展态势

(一)数字经济促进产业转型新进展

数字经济和实体经济深度融合的促进,是推进传统产业升级转型的必然选择,也是帮助传统产业实现新赛道发展的必然途径。作为新型生产要素,数据这一要素对于改革传统生产方式具有显著的影响作用。利用互联网、大数据、云计算、人工智能、区块链等技术赋能传统产业,不仅可以提高生产效率,更重要的是可以在提升产品质量上基于保证,为企业开拓产业中高端市场提供新的发展空间。江西省水泥、平板玻璃行业严格落实减量和等量置换要求,淘汰现有相对落后的生产线,建设新生产线,提高了装备技术水平。高安建筑陶瓷产业基地按照产业省级优化升级试点方案(2018—2020)的主要指标和重点任务,积极推进转型升级。2020年,全市建筑陶瓷产业重点企业主要生产设备数控化率达到85%,产业智能装备应用数量429台(套)超过预期目标43%,48家规模以上建陶企业中,有38家新上了智能化生产线或进行了智能化技术改造,智能设备的使用台数比2017年底增长

了 60 倍;创建了 7 个国家级省级创新平台超过预期目标 2 个;全市建陶产业规模以上工业研发经费支出 4.2 亿元,占产业营业收入比重为 1%,均达到预期目标;新开发省级重点新产品 20 项授权专利 50 多项。

（二）数字经济加快智能化发展新突破

当前,全球产业数字化趋势势不可挡,我国对基于数字经济衍生出来的智能化设备创新和发展给予了大力支持。目前,江西省内诸多建材企业,比如、陶瓷企业都实现了较高的生产线自动化智能化,基本都实现了全面配备智能控制系统（CAM）、分布式控制系统（DCS）、在线分析等可以提高数字化智能化的系统。

宜春红狮水泥、德安万年青水泥和万年万年青水泥等企业,加快大力推行数字化智能和信息技术应用,建设智能实验室,实现水泥和熟料质量的自动识别、检测、控制和再控制,显著提升了产品质量的稳定性和安全性。弋阳海螺水泥、高安罗斯福陶瓷、丰城唯美陶瓷、丰城和美陶瓷等企业,也在不断积极布局和着手智能工厂和智能生产线的建设。德安万年青水泥借助智能生产、运维和智慧管理这三大平台,打造了一种以智能生产为核心、以运维为支撑的智能化生产模式。该模式将水泥生产和发运环节无缝衔接起来,实现了从水泥生产到运输配送全过程的信息共享与互通。江西和美陶瓷引入了一批国际一流的巨型智能设备,采用最新的三维布料系统,应用人工智能和联机纹理技术,生产线还配置了自动导航车辆转运系统和自动打包系统,实现了自动化生产和全程智能化。2022 年,江西和美陶瓷已成为智能陶瓷生产示范工厂。九江诺贝尔陶生产设备全部实现了自动化,从工艺配方到窑炉温度控制、印花喷墨、成型以及产品的平整度与对角线等多个方面进行了程序化和标准化管理,精细化地达到了生产工艺和执行标准。这种管理方式大大降低了次品产生概率,将优等品率保持在 99% 以上的高水平。另外,巨石九江玻纤在 2020 年期间,入选并成功获评江西省第一批智能制造标杆企业,于都万年青水泥的"生产信息数字化管理平台"和瑞金万年青水泥的"5G+人机安全智能管理系统"已上线应用。

（三）数字经济协助绿色化发展获成效

建筑材料产业是中国国民经济和社会发展的基础和核心产业，也是工业领域能源利用和二氧化碳排放的重要领域。与其他行业相比，建筑材料工业内的工作作业主要消耗煤炭、电力、燃料油以及一些少量的天然气、煤气和焦炭。水泥业作为建材产业当中重要的碳排放行业，同样也是全球温室气体排放十分重要的贡献者之一。在"十四五"期间，全省建材行业结构的调整取得了比较显著的进展，通过持续推广低碳绿色节能技术，水泥、陶瓷、玻璃等重点产品的单位能耗和单位碳排放强度持续下降。通过数字技术的大力推动，江西省水泥工业取得了"四个明显"的绿色转型成效：一是能源消耗指标明显下降。2021年江西省水泥熟料综合能耗104.27千克标准煤/吨，同比下降1.4%；水泥熟料综合电耗55.02千瓦时/吨，同比下降2.6%；水泥综合能耗81.04千克标准煤/吨，同比下降1.3%；水泥综合电耗70.27千瓦时/吨，同比下降2.5%。二是污染物排放量明显减少。水泥行业粉尘废水、废气、噪声等达标排放，各种污染物排放量明显减少。省建材集团所属部分水泥企业氧化物排放量低于75毫克/立方米，硫化物排放量低于50毫克/立方米，实现了废气超低排放。三是资源综合利用水平明显提高。江西省全省总共拥有纯低温余热发电机组44台套，这些发电机组作用于2000吨/天以上的水泥熟料生产线，每年可以实现余热发电约20亿千瓦时，能力显著。四是绿色创建取得明显成效。截至2022年底，全省荣获省级以上绿色工厂的建材企业有24家。

三、江西省建材产业与数字经济融合发展面临的挑战

（一）行业自动化基础水平不足

建材行业目前的数字化转型的发展重点在于管控企业生产，管理生产设备，控制绿色环保，保障设施安全，管理生产销售供应链等方方面面的数字化智能化基础。虽然江西省内有部分企业在数字化基础设施实力比较雄

厚,但是绝大多数企业,尤其是中小建材企业的信息化水平严重不足,在相关零部件方面的产业基础薄弱,智能自动化设备配套企业的加工能力和水平参差不齐,质量、产品系列和批量化供给能力有较大的差距,导致整体行业的自动化基础水平不高。

（二）行业智能制造成熟度不足

建材行业和多数工业行业一样,未来发展离不开智能工厂和智能制造。根据智能制造相关国家标准和《智能制造能力成熟度模型》,智能制造的成熟度分为五个等级:规划级、规范级、集成级、优化级,引领级。目前江西省建材行业的企业,绝大多数处于第二阶段"规范级"阶段,并同时存在着第三阶段数据共享和跨业务系统共享的需求。建材行业企业急需通过工业互联网平台等数字智能技术,从第二级达到第三级,变成数字工厂,并且开始解锁第四级的智能化场景。

（三）行业整体科技创新水平还不高

虽然在"十三五"期间,江西省取得了一些进展,但是从整体而言,目前江西省建材行业的科技创新发展采取的依旧是分层结构式的创新方式,而且绝大多数生产技术都是来自于国外。整体科技创新发展水平目前尚不理想,对于支持建材行业往更高质量方向发展的技术储备显然存在不足,与绿色、低碳、安全、高质量发展之间依然存在差距。据学者称,目前新型干法水泥、浮法玻璃工艺、玻纤拉丝等主流技术在科技创新能力方面,主要采用跟随性开发或引进消化再开发。在无机非金属材料的新材料领域,目前世界上处于领先地位的新技术和新产品寥寥无几,一些关键技术和核心零部件仍然依赖于进口,高端材料的市场也在被国外主导和垄断。为了保证产业链和供应链的稳定安全,以及关键产品的保护能力,江西省还需做出更多努力。

四、数字经济背景下江西省建材产业发展路径分析

（一）数字经济助力建材行业智能工厂加速发展

江西省首批49个制造业数字化转型优秀案例,其中包括江西德安万年

青水泥有限公司智能工厂、江西乐平万年青水泥有限公司5G＋智慧工厂、江西玉山南方水泥有限公司5G＋智能工厂。德安万年青的智能平台包括智能生产、运行维护和智慧管理三个主要平台。通过这三个平台,实现了以智能生产为核心,以运行维护为保障的智慧化生产模式,实现了水泥生产到发运各个环节的融合和信息互通,创造了管理可视化、决策智慧化、故障预控化和全要素协同化的智能化体系,实现了传统生产方式的全面转型升级。乐平万年青在建设智能工厂的基础上,将智能工厂实现分类管理,比如分门别类,在工厂的不同部分实现管控生产,管理供应链,管理设备,以及做好环保与安全,在不同的方面开展不一样的智能化应用,在此基础上,公司也就开始逐步实现稳定生产、提质增效、节能降耗、减员增效的预定目标。同时,通过建立集监控中心、生产调度中心、能源管控展示中心等于一体的生产指挥中心,有效实现了生产管理方式的转变,从传统的现场管理向远程协同管理的转型。这一转型明显减少了主机设备故障率,并保障了生产管理系统的高效稳定运行。玉山南方紧紧围绕"一核双驱"发展战略。"一核"是指以水泥和矿业的工程技术服务为核心,"双驱"是指数字智能和高端装备。通过智能工厂解决方案,玉山南方整条生产线关键设备100%互联互通,智能传感、在线分析、自动控制等智能装备虚实共融,数据在线采集分析、窑磨系统一键启停、系统参数寻优控制、质量智能闭环管理等环节柔性组合、高效衔接,一个全新的"屏上看、掌上办、协同干"的"云上管控"智能工厂使生产效率大幅提高,年节约生产成本1200万元以上。

（二）数字经济致力建材行业重点关键技术突破

江西省通过加大技术创新,在大型节能窑炉、矿山尾矿资源利用、海绵产品、水泥窑高效生态化协同处理城市固(危)废、大规格陶瓷薄板、特种玻璃纤维等领域形成了一批先进关键技术。此外,江西陶瓷企业广泛采用大型高效窑炉、大型辊压机等先进工艺装备,玻纤相关的大型企业也把关键工艺装备普遍应用了起来,比如节能型拉丝大漏板和高熔化率窑炉等设备被广泛应用于产品生产制造。由唯美集团、华南理工大学等联合完成的"高清通体陶瓷砖人工智能装饰整体技术的研究及产业化"项目、唯美集团自主研发的"一次烧高品质数码装饰青花陶瓷砖的研发"项目均通过专家鉴定，项目技术分别达到"国际领先""国际先进"水平。

（三）数字经济推动建材行业迈向高质量发展

为了满足产业基础高级化和产业链现代化的要求，江西建材系统以市场需求为导向，以技术创新为推动力量，以实施产业链链长制为核心措施，通过提升产业链的价值链水平，推动建材行业朝着高端化方向发展。九江诺贝尔陶瓷引进了全球最大的陶瓷打印设备，即意大利 SYSTEM 超大宽度数字喷墨打印机，这在中国乃至全球都是独一无二的大板瓷抛砖生产工艺的开创。该产品是全球首个瓷抛砖创新升级的成果，被称为诺贝尔大板瓷抛砖。而高安罗斯福陶瓷有限公司则引进了两台西班牙制造的 EFI 喷墨机，并选用优质墨水，以便能实现 8×2 级（即 16 通道）的灰度打印，其色域广阔，效果细腻而自然。九江玻纤研发了具有高熔化率的窑炉和节能型拉丝大漏板关键工艺设备。都昌宏升新材料正在建设年产 6000 万吨机制砂石骨料项目，该项目采用了第四代全球领先工艺。巨石九江玻纤公司的 E8 高性能玻璃纤维被应用于全球最长的玻璃纤维风力发电机叶片，长度为 84 米。同时，巨石九江玻纤公司还研发了 E9 高性能玻璃纤维，其模量超过 100Gpa，使得全球玻璃纤维行业的模量水平得到了改善，产品竞争力也得到了提升。2022 年，江西省在促进绿色化、智能化和高端化方面取得了明显成效，全国质量工作部际联席会议也推荐江西省为行业转型升级和高质量发展的先进省份之一。

五、相关案例

（一）安徽海螺集团有限责任公司水泥生产全流程智能工厂

安徽海螺集团有限责任公司（以下简称海螺集团）组建于 1996 年，是国务院确定的 120 家大型试点企业集团之一,拥有国家级企业技术中心。海螺集团围绕水泥生产核心业务,利用自身长期生产经营过程中积累的生产制造、设备运维和经营管理知识,创造了水泥生产智能化模式。海螺集团借助此智能生产平台,实现了"一键输入、全程智控"的生产模式;实现能耗精细化管理、设备预测性维护;实现企业经营决策数字化。

海螺集团水泥智能工厂充分系统整合了生产工艺特点和海螺集团多年在生产过程管控机制方面丰富的工业经验,实现了数据的广泛集成、交流和融合,在生产工序操作全自动化、过程分析全程数据化的智能工厂方面取得比较显著的进展。2022 年,矿山数字化管理系统通过进行矿体地质三维建模、优化采掘方案、集成在线质量分析和检测设备等措施,实现了矿石自动化配矿和车辆的智能化调度。这些智能化措施使海螺集团每个月可以增加 2 万吨低品位矿石的搭配,同时,柴油消耗和轮胎消耗也都比去年同一时期减少了,分别同比减少 7% 和 36%。海螺集团水泥智能工厂实施后,实现了100% 的生产线设备自动化控制。另外,海螺集团提升了 5% 的资源综合利用率,21% 的生产效率,3.7% 的质量稳定性,降低了 1.2% 的能源消耗。这些改进使得工厂的主要经济技术指标不断得到优化,在取得显著经济和社会效益的同时,员工的劳动强度也得到了有效的减轻。

（二）福建三明南方水泥智能化工厂项目

福建三明南方水泥有限公司（以下简称"三明南方"）成立于 2008 年,现拥有一条日产 4500 吨熟料新型干法水泥生产线及配套 9MW 纯低温余热发电机组,年产水泥 200 万吨,年发电量 6000 万千瓦时。公司先后投入 3000余万元,建成了能源、安全、设备、物流等生产信息化系统和部分智能装置。三明南方先后荣获"工信部第一批绿色工厂示范企业""中国和谐建材企业""2021 中国最具成长性建材企业 100 强""全国水泥企业优秀化验室""2022年福建省能效领跑者标杆企业""福建省新一代信息技术与融合发展新模式新业态标杆企业""三明市十佳环保企业""三明市生态文明建设先进集体"

等称号,是行业当中的佼佼者。

在 2022 年全球工业互联网大会上,三明南方水泥智能化工厂项目入选了"工业互联网融合创新应用典型案例",该项目以信云智联工业互联网平台"云—边—端"设计为基础,用工厂建模、工业数据采集、三维数字化工厂等技术实现了工厂的数字孪生,全面打通水泥企业在生产和运营方面的全业务链和多维数据,使得水泥集团、区域、工厂"三位一体"智能化协同运作,显著提升了水泥厂的生产和管理效率。三明南方对工业互联网架构的改造,达到了数据融合、数据驱动和业务协同三个目标。其实际效果包括五个方面:一是实现对生产、质量、设备、能源、物流、安全、环保等业务域全场景数字化覆盖。二是通过制造数据的实时采集、优化分析和远程监控,形成数字化工厂建模。三是通过系统集成和数据融合治理,实现了跨设备、系统的网络化集成和跨业务间数据共享,实现了数字化工厂。四是实现了数据的可视化和分析化,通过三维模型进行数据可视、分析和远程管控;对生产调度、质量调度、对标等核心业务进行综合性数据分析并反哺、指导业务运行。五是为未来的智能工厂奠定了基础。通过数据挖掘对生产调度、质量调度等部分核心业务精准预测和优化,实现了部分业务的数据驱动,为全业务场景的智能化改造奠定了坚实基础。

(三)槐坎南方水泥信息化工业化融合模式

槐坎南方,一家位于湖州的水泥公司,致力于智能化建设,以数字集成、降低成本、提高效率、数据驱动、提升质量和推动绿色生态为目标,主要推进新型能力建设,我们通过贯标、评定、复核及公示等流程,成功建立了智能生产过程管控能力、智能设备运维管控能力、能效和环保管控能力、供销存财与物流一体化管控能力的 4 个新型能力单元。在两化融合管理体系认证上,我们成为水泥行业全国首家取得 AAA 级两化融合管理体系评定证书的企业。两化融合管理体系是工信部颁发的标准,是我国第一个涵盖信息化和工业化融合全局、全要素、全过程的管理体系。AAA(领域)级是目前可申请的最高认证等级。槐坎南方在实施智能化建设基础上,按照《信息化和工业化融合管理体系要求》《信息化和工业化融合管理体系新型能力分级要求》等要求,以价值效益为导向、数据为驱动、新型能力建设为主线,在北京国建联信认证中心服务下建立了两化融合管理体系,有效实现"数字集成、降本增效、数据驱动、质量提升、绿色生态"的方针目标,进一步提升公司智能化管理水平。

六、政策建议

(一)加强组织领导形成发展合力

省内建材行业的各级主管部门要积极主动作为,发挥统筹协调职能,时刻紧盯建材行业智能制造数字转型的目标,建立健全行业数字化的各类推进机制,谋划细分具体任务,制订时间目标,采取有效措施把计划落实到具体行动中去。同时,积极发展各类建材行业协会,帮助推动各协会的积极有效地开展工作,利用和发挥好行业协会的能动性和专业性。此外,也要积极利用各个骨干企业、各类产业联盟、相关科研院所高校各自的优势,加强多方的协作交流,制订高效的沟通合作机制,形成产业数字化转型发展的合力。

(二)提供及时有力度的政策支持

全省建材行业要快速提高数字化、智能化发展水平,必须加大各类相关政策支持力度,尤其是要加大金融支持。例如,在深化产融合作方面,要重点关注数字技术、智能制造在建材领域的创新应用,政府要鼓励各级部门、行业、企业、个人和金融资本积极设立建材产业数字化转型和智能化发展基金,这些资金应该重点投向5G、工业互联网、大数据、工业软件、人工智能等各类新科技方面,积极鼓励和有效推动相关新技术在我省建材企业中的研发与应用。积极响应行业发展新趋势和企业生产的需求,制订相应的税收优惠、融资担保政策,支持数字化转型较快、智能化发展较好的企业按规定享受优惠政策,为它们提供必要的资金支持。

（三）加速智能化数字化升级改造

为了促进各建材企业推进数字化、装备智能化和生产自动化，可以采用工业互联网和自主可控的软硬件产品来支持。此外，积极推动建材企业进行智能化数字化改造，加强供应链协同，深化组织、管理、生产技术和信息化的融合，以实现研发数字化、装备智能化和生产自动化的目标，并建设数字车间和智能工厂。鼓励行业中的主要企业根据自身情况和行业特点，集中精力在"设备互联、数据交流、过程互动、产业融合"这四个关键环节上，积极研究智能化改造的系统化方法，推动智能化示范生产线的建设。加快推进建材行业与新一代信息技术深度融合，采用数据采集分析、优化窑炉控制等手段提高能源资源综合利用效率，推动生产环节全面清洁化和低碳化。通过探索应用工业互联网、云计算、5G 等技术，加强企业碳排放在线实时监测，跟踪重点产品整个生命周期的碳足迹。大力推进水泥、玻璃、陶瓷等行业企业智能化改造，推广数字化、智能化生产系统，实现工厂（矿山）运行自动化、管理可视化、故障预控化、全要素协同化和决策智慧化。

（四）强化重要领域关键技术攻关

整理数字建材领域的关键技术目录，并实施精准的关键技术攻坚行动。通过依托行业领先企业，建立一个开放共享的建材智能制造创新平台，推动关键的通用技术研究，并进行智能部件、装备、系统的研发。为了推动各类企业增加研发投入，我们应该加强对建材工业适用的智能传感器、神经网络芯片等基础元器件以及工业机器人、智能交互系统等智能产品的研发、制造和应用。同时，还需要突破智能控制和优化、数据采集和分析、故障诊断和维护、密码防护等一系列核心技术，为建材工业智能制造硬件和软件打造夯实基础。大力发展短流程、低能耗、低排放的绿色技术和装备，形成绿色砂石供应链。重点研发含钙固废资源替代石灰石水泥生产技术，推广超薄节能型陶瓷、智能家居陶瓷等新工艺、新技术，探索建筑陶瓷企业的低碳发展模式。

（五）推动智能化向中小企业延伸

引导行业龙头企业结合中小民营企业场景，为中小民营企业赋能数字化、智能化,提升其智能应用水平。充分利用规模较大的生产企业特点,采取使用局域网连接协作、代理平台集成、在线耦合等方式,为中小型民营企业予以相关服务。此外,大型企业还应推动中小企业的智能化应用水平提升,将智能制造经验和技术传授给他们,进一步促进智能制造技术在中小企业中的应用。。鼓励中小民营企业在办公设备、产品精细化管控、客户运营管理、客户销售关系管理等方面开展数字化、智能化建设,推动生产线各环节实现智能化改造,加速中小型企业向数字化车间和智能工厂转型升级。推进中小型企业上云上平台,鼓励其利用"云上办公""云上经营管理""云上研发设计"等服务,支持其将生产设备和核心业务系统迁移至云端。

（六）打造高层次的数字人才队伍

建材研发人员优先考虑享受便利优惠政策;为创新型、复合型高层次人才提供跨层级、跨部门、跨领域的绿色通道;加快贯彻落实数字经济领域人才省外、海外引进专项政策,深入实施落实院士预备人选支持计划、省"双千计划"、省高层次和急需短缺海外专业人才引进计划等各级各类人才计划。积极推进高校专业设置的优化,加大职业技能培训力度,培养和发展一批在建材行业智能化数字化领域具有独特领导能力的人才。鼎力支持重点企业与科研院所联合起来展开相互技术交流,一起攻关建材行业重大课题,培养一批具备建材工业两化深度和高度融合能力、掌握一定数字化信息化能力的复合型人才。

参考文献:

[1]张刚.贵州推动新型建材产业智能数字化工厂建设[N].中国建材报,2021 - 09 - 06(001).

[2]蔡东伟,刘吉林,吴星蓉,等.甘肃省装配式产业园区绿色建材供应链模式构建[J].江西建材,2021(04):282 - 283.

[3]建材工业智能制造数字转型行动计划(2021 - 2023年)[J].江西建

材,2021(02):1-2.

[4]建材工业智能制造数字转型重点任务[J].江苏建材,2021(01):82.

[5]江西省建材工业智能制造数字化转型行动计划(2022-2024年)[J].江西建材,2022(02):1-3.

[6]靳惠怡.让建材工业智能化数字化转型落地生根——建材工业规划院/信息中心副院长、副主任江源解读《建材工业智能制造数字转型行动计划(2021—2023年)》[J].中国建材,2020(10):33-35.

[7]张澜沁,刘珊珊.我国建材数字化管理发展现状及思考[J].建设科技,2020(08):75-77.

[8]韩冬阳,沈雪,郭捷楠.面向建材行业的智能工厂参考模型研究与应用实践[J].新型工业化,2023,13(06):40-49.

[9]黄艇,纪恪敏.数字化助力建材工业转型升级[J].建材发展导向,2023,21(12):78-80.

[10]金国军.江西建材行业迈向绿色化智能化高端化[N].中国工业报,2021-08-11(002).

[11]胡雅涵.混凝土行业两化融合数字化转型思考[J].混凝土世界,2022(01):42-44.

[12]建材行业碳达峰实施方案[J].江西建材,2022(11):1-2.

第九章　江西省纺织业与数字经济的融合发展

摘　要:江西省的纺织业一直是其重要的传统产业之一。这个行业在全省的经济发展中起着关键的作用,为就业和出口提供了大量机会。本章通过数据分析,挖掘江西省纺织业在与数字经济融合过程中主要面临的问题,包括纺织业企业数字化水平较低、产品同质化竞争压力大、技术更新滞后、技术创新能力有待提高、缺乏复合型数字人才,环保压力增大等。研究认为,数字经济能够有效融入纺织行业供应链各个环节,例如设计环节、生产环节、营销环节、物流环节以及增强提升供应链韧性。基于此,数字经济能够有效提升纺织行业的生产效率,精准预测市场需求,开拓新的销售渠道,改善供应链管理。此外,通过对江西华源江纺有限公司在数字融合方面作了案例分析,并结合纺织业与数字经济融合发展的路径,认为江西省纺织业发展应该从强化创新、数字赋能、绿色发展、产业生态、品牌建设、人才保障等方面进行完善。

关键词:数字经济;纺织业;融合发展

一、江西省纺织业发展现状

（一）产业概况

1.国内外供需现状

2022年,纺织行业受到国内外多重因素的影响,供给方面呈现下滑趋势,但随着国家政策的逐步落地,企业生产逐步恢复;需求方面国际市场需求减弱,但国内政策的落地将对纺织行业的国际市场需求产生积极影响。从供给方面来看,2022年纺织行业受到国内外多重因素的影响,整体呈现下滑状态。数据表明,1—12月,中国纺织原材料和纺织产品的总进口额为314.5亿元,较去年同期大幅度减少了11.3%。这主要是由于国内宏观经济形势复杂严峻,导致纺织行业生产成本上升,企业盈利能力下降。此外,全球经济衰退风险加大,发达经济体通胀持续高位,使得国际市场原材料价格波动较大,进一步影响纺织行业的生产成本。尽管如此,随着国家政策的逐步落地,纺织行业运行环境趋于稳定,企业生产逐步恢复(见图9-1)。从需

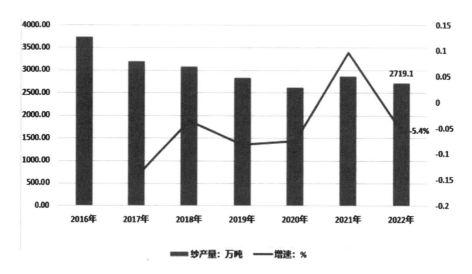

图9-1 2016—2022年中国纱产量趋势及增速

数据来源:国家统计局、共研网。

求方面来看,2022 年纺织行业的国际市场需求有所减弱。一方面,全球经济衰退风险加大,多个发达经济体通胀持续高位,导致国际市场消费需求减弱。另一方面,中美贸易摩擦等政治因素也对纺织行业的需求端产生了负面影响。然而,随着国内政策的逐步落地,内需市场逐步改善,这将对纺织行业的国际市场需求产生积极影响。根据中国海关数据,1—12 月,我国纺织原料及纺织制品累计出口 3197 亿美元,较上年同期增长了 5.0%。

2. 江西省服装产业现状

随着中国纺织产业向中西部地区转移,江西省的纺织行业地位逐渐凸显,虽面临多重不利因素影响导致整体下滑,但出口实现快速增长,显示较好韧性。随着中国纺织产业从沿海地区向中西部地区转移,江西省在纺织领域的地位日益凸显,已位居全国同行业发展的前列。江西省的纺织产业历来是其传统优势产业,其产业基础和完善的产业链条使其能够满足不断变化的市场需求。江西省将服装产业作为其重点,并且积极推进棉纺、针织、化纤、家纺、产业用纺织品等各行业的协调发展,从而形成一种多样性的产业结构,为江西省的经济增长带来了强大的活力。随着时代的发展,"优供给促升级"系列活动在江西的实施,为当地的纺织行业带来了前所未有的活力,推动了经济的发展。纺织服装是江西省传统支柱产业,在外贸出口、拉动内需、促进就业和保障民生等方面发挥了重要作用。近年来,江西省抓住东部地区纺织服装产业向中西部转移的良好机遇,实现了较快发展,已跻身于全国同行业第二方阵。全行业共有规模以上企业 1567 户,实现营业收入 1725 亿元,同比下降 12.1%;实现利润 100 亿元,同比下降 25.9%;实际出口 65.4 亿美元,同比增长 15.8%,创历史新高。

(二)产业发展主要特点

①纺织业的产销同步提升,但增长速度放缓。2022 年上半年,江西省1212 家大型纺织企业共创造了 252 亿元工业增加值,年增 7.9%;主营业务收入达到 1004 亿元,年增 4.9%。这两个指标的增速相较于上年同期分别

下滑了 3.1% 和 12.4%，与 2021 年底相比，则分别下滑了 6.1% 和 13.5%。据统计，江西省与全国平均水平相比，江西省纺织业工业增长率高出 1.1%，但仍然落后于东部地区的 1.9%。此外，江西省纺织业的主营业务收入也高出 1.1%，落后于东部地区 0.1%。

②效益的稳步提升，增速放缓。2022 年上半年，江西省纺织行业的经济发展取得了较为显著成果，大型企业的利税总额达到 100 亿元，年均增长率达到 12.3%，利润达到 66 亿元，年均增长率为 12.4%。相比上年同期，这两个指标的增长率仅为 10%，而在 2021 年底，这两个指标的增长率则大幅度降低，分别为 10.7% 和 9.8%。在全国平均范围内，江西省的纺织业的利税总额和利润的增长都显著超过了 3.2%，这一增长率远远超过了其他行业的平均水平。

③行业投资持续稳定增长。2022 年上半年，江西省纺织行业的固定资产投资 406 亿元，年均增速为 34.4%，位居全国同行业第五，位居中部地区第二。此外，新开工的项目数量达到 517 个，年均上涨超过 20.8%；而竣工的项目数量则仅为 371 个，年均下跌超过 17.6%。经过深入的调查发现整个行业的投资相对保守，表现为单个投资项目规模较小，尤其是对于"填平补齐"这样的大型项目。

④产业集群稳定发展。2022 年上半年，江西省九大纺织产业集群均实现稳定增长，主营业务收入前四名依次为：青山湖区纺织业主营业务收入为 147 亿元，年增长率达到 8.6%，共青城市纺织业主营业务收入为 101 亿元，年增长率达到 10.3%；奉新县纺织业主营业务收入为 66 亿元，年增长率达到 34.5%；瑞昌市主营业务收入为 57 亿元，年增长率达到 2.3%。

⑤重点企业稳定增长。2022 年上半年，江西省纺织行业的 40 家企业取得了显著的发展，其中 28 家企业的主要经济指标出现了显著的提升，特别是金源纺织、华腾地毯产业园和蓝天宇家纺的年度经济指标均达到了 17.2%、12.7% 和 20.6% 幅度的增长，相比之下，鸭鸭股份的年度经济指标则出现了

20%的下滑。

⑥主要产品销量小幅下滑。2022年上半年,纺织行业的12种主要产品的销量都有所下降,也有产品销量有所增长。具体情况为,布的销售额达到了4.4亿米,比去年上升了8.7%;苎麻布的销售额达到了1.2亿米,比去年上升了1.8%;而纱的销售额则仅仅是67.8万吨,比去年上升了1.1%;服装的销售额则仅仅是5.5亿件,比去年上升了1.8%;而化学纤维的销售额仅仅是20.7万吨,年降11.8%。

⑦外贸出口呈现下降趋势。2022年上半年,因2021年同期基数较高、订单流失和国际市场需求减少等多种因素的共同作用,江西省纺织行业实际出口总额仅为28.3亿美元,比去年下降了16.7%。其中,服装出口为20.7亿美元,年降22.6%;纺织品出口为7亿美元,年增5.9%。

(三)产业发展面临困境

1.劳动力成本上升

随着经济的快速发展,江西省劳动力成本持续上升,在纺织行业中尤其明显。据统计,过去六年里,江西省的最低工资标准已上涨约10%,现一档最低工资标准为1850元/月,较2017年增加170元/月,这使得原本依赖低成本劳动力的纺织企业压力增大。劳动力成本的提升主要是因为我国人口年龄结构变化、国家劳动力政策调整、劳动者的教育水平提高。劳动力成本的提升会削弱纺织企业的利润,如果不能在其他环节实现成本减少,可能会面临经营困难。与此同时,高昂的劳动力成本可能导致部分企业考虑转移到其他劳动力成本较低的地区或国家,对江西省的纺织业乃至整个经济构成威胁。

2.环保法规压力增大

随着环保意识的提高,纺织企业面临着越来越严格的环保要求。纺织企业的生产过程中会产生大量的废水、废气和废渣等,这些废物的处理和排放对环境造成了严重的污染。为应对环境污染问题,政府提高了对纺织行业的环保要求,包括限制排放和强制使用清洁能源。例如,纺织染整企业应贯彻全过程控制理念,优先采用清洁生产技术,提高资源、能源利用率,减少污染物的产生和排放;纺织染整废水治理工程建设,遵循《建设项目环境保护管理条例》和环境影响评价制度。除应符合本标准规定外,还应遵守国家基本建设以及国家、纺织行业有关强制性标准的规定;纺织染整企业应按照"分类收集、分质处理、分级回用"的原则进行废水的处理及回用;纺织染整废水治理工程应依据持有的排污许可证排放污染物,排放的水质、水量应符合 GB4287 和地方污染物排放标准的规定以及环境影响评价审批文件的要求。

3.技术创新能力不足

尽管江西省有一些纺织企业正在进行技术研发和产品创新,但总体上看,该地区的技术创新能力还是不足。主要体现在以下几个方面:第一,研发投入不足。对于技术创新来说,研发投入是非常关键的一环。目前,江西省纺织业的研发投入相对较少,这限制了其技术创新的速度和水平。第二,技术水平相对落后。相较于其他地区,江西省的纺织业在某些关键技术和高端产品方面存在较大的差距,例如智能化生产、环保型材料的开发等。第三,高技能人才短缺。技术创新需要有一支高素质、专业的技术队伍作为支撑。然而,目前江西省纺织业高技能人才的储备不足,这也制约了其技术创新的能力。第四,企业间技术合作较少。在当前快速变化的市场环境下,企业之间的技术合作和信息共享对提高创新效率具有重要意义。但在江西省,纺织企业之间的这种合作较少,创新主要依靠单家企业自身进行。第五,科研机构与企业之间的联动不足。理论研究与实际生产之间的结合不够紧密,很多成果无法转化为实际生产力,这也影响了江西省纺织业的技术创新能力。

(四)产业发展趋势

1.有利因素

2023 年,纺织行业面临消费市场复苏、居民收入增长、服务类消费恢复、国家政策利好以及 RCEP 协定带来的外贸机遇等有利因素,为行业带来新的发展机遇和挑战。第一,随着疫情防控政策的全面转向,国内消费市场逐渐复苏,商场客流及销售额创新高,线下消费充满活力。这将有利于纺织品牌的销售回暖,提振行业信心,促进消费市场逐渐复苏。第二,中国消费者协会预计 2023 年全国城乡居民收入将实现较快恢复增长,消费者信心总体乐观。居民收入的增长将有助于提高消费者对纺织等可选消费品的购买力,进一步推动行业发展。第三,随着疫情防控的优化落实,餐饮、旅游、娱乐等服务业消费将加快恢复,这也将有利于纺织行业的相关产品需求的提升,如酒店、餐厅的布艺用品等。第四,国家政府将扩大国内需求、恢复生产和扩大消费放在首要位置,制定出台一系列消费促进政策。通过实施这项政策,我们可以为纺织行业带来更多的发展机遇和支持。经过《区域全面经济伙伴关系协定》(RCEP)的签订,不仅可以极大地改善我国的外贸环境,而且还可以提升市场对未来的预期,从而缓解出口企业的负担。这将有助于纺织行业拓展国际市场,提高出口业务。综上所述,纺织行业在 2023 年面临的有利因素主要包括消费市场复苏、居民收入增长、服务类消费恢复、国家政策利好以及 RCEP 协定带来的外贸机遇。这些因素将共同推动纺织行业的发展,为行业带来新的机遇和挑战。

2. 不利因素

我国纺织业面临成本压力增加、国内通缩环境、人口因素及国际需求下滑、汇率波动、国际竞争压力加剧等困境。从国内方面来看,江西省纺织业面临的困境主要表现在成本压力增加、国内通缩环境以及人口因素等方面。随着人民币汇率的剧烈变化、原材料价格的持续飙升和劳动力成本的持续增长,纺织企业的经济负担日益沉重,从而严重削弱了其盈利能力。在国内通缩环境下,居民人均收入增速降低,消费者对就业、收入及消费意愿的信心下降,导致纺织品需求减弱。人口因素方面,我国总人口减少、老龄化进程加快,这将抑制消费需求的增长,进一步影响纺织业的发展。

从国际方面来看,我国纺织业面临的困境主要体现在国际需求下滑、汇率波动对出口的影响以及国际竞争压力加剧等方面。首先,全球经济增速放缓导致消费需求下滑,纺织鞋服出口形势严峻。其次,汇率波动对出口企业造成冲击,特别是对中小企业的影响更为明显。随着国际竞争的加剧,越南、孟加拉国等国家的服装产业正在迅速恢复,"去中国化"的采购策略也在加快调整,这给我国的纺织业带来了巨大的挑战,使其在国际市场上的地位受到严重的威胁。综上所述,我国纺织业在国内外多重因素的影响下,面临着严峻的困境。为应对这些挑战,纺织业需要加大创新力度,提高产品附加值,降低生产成本,同时积极开拓新兴市场,提高国际竞争力。

二、数字经济对江西省纺织业发展的影响

(一)生产模式变革

江西省纺织企业通过引入智能制造设备,如自动裁剪设备、码垛机器人、搬运机器人等,大大提高了生产效率。依托5G网络、数据采集与监控系统,企业设备间的数据实现了交互和统一管理,生产信息、设备状态、物料、人员和能源等情况也能够实时掌握,提高了管理效率。企业利用"中心工厂+卫星工厂"的产业互联网模式,搭建完善的全产业链公共服务平台,建立FDC时尚产业综合体,以及实施先进的技术创新,大力推动纺织行业从传统加工走向数字化、网络化、智能化,实现高质量、可持续的发展。

例如,南昌华兴针织实业有限公司,依托江西联通打造了数字化的"5G智能工厂"。在这里,先进的智能设备把分处不同区域的生产区"联"接起来,使得不同生产环节串成一条高效、便捷的流水线。通过江西联通5G网络及其相应的数据采集与监控系统,该企业的设施得以实现高效的数据交换和统一管理,各类生产信息和设备状态方面的变化也可以通过网络及时掌握。自从引入智能制造后,该企业工人的工作效率大幅度提高,劳动强度明显降低,产能增加超30%。

（二）营销渠道变革

江西省纺织企业通过建立电商平台、跨境电商发展、营销创新和品牌建设等措施,积极拓展市场渠道和国际市场份额,提高品牌知名度和销售额。①建立电商平台:江西省内的纺织企业纷纷开设官方旗舰店,实现线上线下融合发展。例如,江西南昌的红豆集团在淘宝、京东等主流电商平台上设立了官方旗舰店,通过线上销售拓展市场渠道。②跨境电商发展:江西省内的纺织企业积极开拓国际市场。例如,江西赣州的金鹰纺织有限公司通过跨境电商平台如亚马逊、速卖通等将产品销往海外市场,拓展了国际市场份额。③营销创新:江西省内的纺织企业利用新兴媒体进行产品推广。例如,在抖音、快手等短视频平台上开展直播带货、短视频营销等活动,提高了产品的曝光度和销售额。④品牌建设:江西省内的纺织企业注重品牌建设。例如,江西南昌的红豆集团通过参加国内外展会、线上广告投放等方式,提高了品牌的知名度和美誉度。

（三）供应链管理精细化

江西省纺织企业通过改善供应链灵活性、优化生产流程、精细化库存管理等措施,提高供应链效率和产品质量,降低成本,实现库存的精细化管理。随着数字经济的发展,江西省纺织企业正在努力改善供应链的灵活性,企业更加重视供应商的资质、信誉、产品质量以及服务水准,以确保双方能够建立持久而稳固的合作伙伴关系。同时,企业对供应商进行定期评估和考核,确保供应商的稳定性和可靠性。此外,企业可以利用与供应商、物流公司、销售渠道等合作伙伴的协作关系,建立起信息、资源和协同运作的机制,从而大大提升供应链的效率。江西省纺织企业通过引进国内外先进的生产设备和技术,提高生产效率和产品质量;对生产流程进行优化,减少生产环节的浪费和重复,降低生产成本,提高生产效率;引入精益生产理念,通过持续改进生产过程,消除浪费,提高生产效率和产品质量;采用先进的库存管理系统,实现库存信息的实时更新和准确掌控,降低库存成本;根据市场需求和产品特性,采用多元化的库存策略,如安全库存、订单点、经济订货量等,实现库存的精细化管理。企业应该加强对库存的管理,以提高库存周转率,并有效减少库存占用资金的比例。

三、江西省纺织业与数字经济融合发展的制约因素

(一)企业数字化水平存在差距

由于数字经济的迅速崛起,数字贸易已成为世界上最重要的商业模式。许多企业都意识到了数字化转型的重要性。大型公司纷纷采用智能化生产线,以满足市场需求。然而,由于资金有限,江西省纺织业的许多中小企业在数字化方面相对落后,缺乏创新精神。外加国际局势和疫情的影响,许多依靠加工贸易出口的企业陷入了对未来市场行情不确定的境地,无法投入大量资金进行全面的数字化升级改造。

(二)技术创新能力有待提高

在互联网自由平等的环境中,技术创新能力决定了企业的竞争力和领导地位。江西的纺织制造业正在迅速发展,不仅在全国传统制造业的转型升级中处于领先地位,而且还在数字化智能纺织设备、纺织服务制造、网络协同制造和智能纺织材料等方面取得了显著的成果,为江西经济发展注入了新的活力。信息技术正处于飞速发展时期,江西省由于缺乏有效的科技资源和强大的纺织智能制造基础,使得纺织产业无法实现数字化转型。政府有关部门应顺应时代发展,鼓励企业自主创新,依靠科技创新推动产业发展。

(三)缺乏复合型数字人才

随着数字技术的飞速发展,传统行业已然转变成现代化的工厂,并且创造出许多新的工作机遇。这种转变创造了对于具有多种能力的复合型数字人才的需求,并且这种需求的程度正在持续上升。江西聚集了众多的纺织企业,纺织产业较为繁荣。引进能在数字化转型过程中发挥关键作用的人

才,成为接下来江西纺织制造业数字化发展的重要任务。

（四）产品定制化要求高

纺织企业订单生产品种多、批量小、翻新快、个性化定制需求极大程度地阻碍了企业规模化生产。然而,多品种、小批量、快翻新成为订单的新特性,传统纺织企业的设备、流程、工艺、理念都适用于大批量生产,灵活性严重不足。为了满足多样化的需求,企业需要准备更多的原材料库存,同时生产过程中的转换和调整也会增加成本。个性化定制需求的增加可能会要求企业采用更复杂的生产工艺和技术,进而导致生产成本上升。同时,为了满足客户的需求,企业需要更频繁地调整生产计划,导致生产周期延长。个性化定制需求需要更多的定制化生产流程,这也可能导致生产周期的延长。

（五）能耗成本居高不下,污染治理成本高

纺织企业作为高耗能企业,用电、用水是成本的主要构成。同时,印染等企业水染等工艺产生的大量废水,污染处理费用高昂。纺织企业需要大量的能源来运行机器和设备,进行生产活动。如果能源价格上升,企业的生产成本也会相应增加。此外,由于用水量大,水费上涨也会增加企业的生产成本。为了减少对环境的污染,纺织企业需要投入更多的资金和资源进行环保设施建设和污染处理。这会增加企业的经营成本,并可能降低企业的竞争力。

（六）数字化转型理解不透彻,不切合行业特点

数字化转型是一项系统性工程,因此一定要制定战略,总体规划,分步实施,合理投入,生态共赢,才能真正地将数字化落到实处。一些纺织企业可能缺乏对数字化转型的必要性和价值的充分认识,对于数字化技术的应用和数字化文化的建设不够重视。这可能会限制企业在数字化转型中的进展和效果。

四、江西省纺织业与数字经济融合发展的路径

（一）数智化融入设计环节

数字化技术在纺织设计领域的应用越来越广泛。3D 设计制版技术和数字化喷墨印花技术可以实现设计效果的虚拟现实高比例还原,满足个性化需求和多元化审美。例如,通过"Style3D"这个服装产业 3D 数字化服务平台,设计师可以快速搭建出 3D 样衣,提高设计效率。此外,数字化技术还可以帮助设计师更好地沟通和协作,实现跨地域、跨团队的设计合作,提高设计质量和效率。同时,数字化技术还可以帮助企业更好地保护知识产权,防止设计被盗用。

（二）数智化融入生产环节

智能生产协同系统可以实现工厂内各部门、各环节的高效协作,提高生产效率。例如,南昌华兴豪驰 5G 智慧工厂采用智能生产协同系统,使得车间具备快速反应能力。除此之外,数字化系统还可以与设备相连接,以期为企业带来成本降低和效率提升的效果,通过先进的实时监测技术,企业能够更加精准地掌握生产进程,并能够根据变化迅速调整生产方案,从而大幅提升生产效率。同时,智能生产系统还可以实现设备的远程监控和故障预警,降低设备维修成本。

（三）数智化融入营销环节

数字化技术可以帮助企业更好地把握市场需求,实现个性化、精准化的营销。例如,供应链上的企业相互合作,共同打造出自己的品牌,提高市场竞争力。此外,直播电商等新兴业态也与市场、品牌、物流、人才、供应链、传统电商全面融合,为企业带来新的营销渠道。数字化技术可以帮助企业实现精准营销,主要是通过大数据分析,企业可以更好地了解消费者需求和行为,制定更有针对性的营销策略。

（四）数智化融入物流环节

数字化技术可以提高物流效率,减少库存和浪费。例如,江西风时制衣有限公司构建了"在线零售 + 按需生产"的敏捷供应链,通过信息化升级各环节,实现更高性价比的商品。此外,数字化系统还可以帮助企业了解生产进度和物料需求,实现更精准的物流管理。通过物联网技术,企业可以实时追踪货物位置,提高物流效率。同时,智能仓储系统还可以实现库存的精细化管理,降低库存成本。

（五）数字化智能化推动产业链灵活发展

首先,上游企业能够提供数字化智能化的生产经营解决方案,协助企业实现生产流程的数字化管理,提升生产效率,降低生产成本。例如,通过智能化的原料采购系统,企业能够实时掌握原料价格和库存情况,进行精确采购。其次,中游企业能够连接一批中小服装制造厂,解决"找布难"的行业问题。通过数字化平台,企业能够迅速找到合适的供应商,进行一站式采购,降低采购成本和时间。最后,下游企业专注于制造生产的灵活化。通过引入智能化生产设备和技术,企业能够根据市场需求迅速调整生产计划,提升生产效率,降低生产成本。同时,灵活化生产还能帮助企业更好地满足消费者对个性化和多元化审美的需求。

五、相关案例

（一）企业背景

江西华源江纺有限公司成立于 1954 年,位于江西省南昌市,是一家具有重要影响力的国有控股企业。这家公司专注于织造、缝纫、色织、牛仔布和印染,棉纱年产量超过 2 万吨,各类布料年产量超过 4000 万米,每年的销售额超过 4 亿元人民币,在行业中处于领先地位。这家公司拥有超过 10 万锭的织造能力,并且引进了全球最先进的喷气织机、片梭织机、自动络筒机、贝宁格整经机、卡尔迈亚浆纱机、立达高速气流纺纱机等,使得生产效率大大提高。华源江纺获得省级技术中心授权,具有强大的产品研发能力和可靠的质量保障体系。这家公司专注于提供10支、100支和更多种类的纯棉、涤棉、新型纤维、功能性纤维纱线,以及"江舫"牌的多种坯布、牛仔布、色织布、装饰布,产品质量卓越,深受消费者青睐,并且已经远销亚洲、欧洲、美洲等四十多个国家和地区。为了更有效地应对市场变化,该企业采用了更加灵活的方式,包括小规模、多样化、快捷的交付,以及全面的客户体验,以此来满足客户的期望,并获得了广泛的认可。

（二）数字经济融合发展措施

江西华源江纺有限公司作为江西省纺织业的一员,积极进行数字化转型。以下是该企业在数字化方面所做的主要工作,分为五个类别:

①生产自动化与智能化。生产自动化与智能化是提高生产效率和产品质量的关键。通过引入自动化生产设备,如自动喷涂系统、智能缝纫机器人等,减少人工操作,降低人为失误,提高生产效率。同时,使用数字化生产调度系统对生产过程进行实时监控和管理,实现订单跟踪、库存管理和生产计划的集成,提高生产控制系统的智能化水平。通过生产的自动化和智能化,企业更好地迎合了市场需求,提高产品质量,降低生产成本。

②数据驱动决策。数据驱动决策是现代企业管理的重要手段。该企业通过收集并分析消费者行为数据、市场趋势等信息,制定精准的生产计划和销售策略,提高市场竞争力。同时,运用机器学习和统计模型,预测需求和市场变化,降低市场风险。通过数据驱动决策,该企业更好地把握市场机遇,实现可持续发展。

③电子商务拓展市场。电子商务是拓展市场的重要途径。该企业通过开设电商平台旗舰店,将传统线下销售与电商渠道有效结合,满足消费者多元化需求,扩展线上销售渠道。同时,运用社交媒体平台、KOL营销和直播带货等手段,扩大品牌知名度,提高销售额,实现多元化营销。通过新型的电子商务模式,企业更好地满足消费者需求,提高市场份额,增强自身竞

争力。

④智能物流与供应链管理。智能物流与供应链管理是提高企业运营效率的关键,通过与智能物流平台合作,实现订单数据与物流信息的一体化管理,提高物流效率,降低物流成本。同时,该企业引入自动化货架、AGV 搬运机器人等设备,实现库存管理的精准化与自动化,降低库存成本,提高资金周转率。

⑤数字化人力资源管理。数字化人力资源管理是提高企业人力资源效率的关键。该企业通过利用数字化平台进行招聘,大大提升招聘效率和质量,降低招聘成本。同时,采用远程培训系统,为员工提供持续学习和发展空间,提升团队整体素质,增强企业核心竞争力。通过数字化人力资源管理,企业更好地吸引和留住了人才,实现人力资源优化配置,提高企业综合实力。

六、政策建议

第一,制定财政支持政策。通过提供财政补贴、税收优惠等方式,鼓励纺织企业进行智能化改造和数字化技术应用。政府可以设立专项资金支持创新研发和科技成果转化,促进行业关键技术的突破和推广应用。江西省可以设立专项资金,用于支持纺织企业的科技创新和产品研发。对于在重要技术领域取得突破、提升产品质量的企业,应给予奖励和扶持。江西省可以给予纺织企业一定的税收优惠政策,如减免企业所得税、城市维护建设税等。这将有助于减轻企业的负担,提高其盈利能力。

第二,建立科技创新联盟。引导纺织企业共同组建纺织科技创新联盟,加强行业内部的合作和知识分享,提升关键技术水平。政府可以提供相关支持,例如提供专家指导、研究基地建设资金等。成立一个由江西省纺织企业、科研机构和专家学者组成的科技创新联盟。联盟可以设立理事会、秘书处和专业委员会等组织机构,负责联盟的日常管理和决策。制定科技创新联盟的章程和中长期发展规划,明确联盟的宗旨、目标、任务和实施措施。同时,根据江西省纺织业的实际情况和市场需求,制定具体的技术创新计划和项目。

第三,推动智能制造和绿色发展。鼓励纺织企业引入智能制造和物联网技术,实现设备之间的互联互通,以及生产过程的自动化和智能化。这有助于提高生产效率,减少资源浪费,并减少环境影响。政府应加强对环保标准的执行,推广绿色制造技术和工艺,促进可持续发展。推广绿色生产和环保技术,鼓励纺织企业采用环保、节能、资源循环利用等绿色生产和环保技术,如生态染色、无水印染、废水处理、废旧纺织品回收等。通过绿色生产和环保技术,降低对环境的污染和资源的浪费,实现可持续发展。建立绿色供应链,鼓励纺织企业建立绿色供应链,从原材料采购、生产过程到物流运输等环节,都实现绿色化和可持续发展。通过建立绿色供应链,提高企业的环保意识和竞争力,满足消费者对环保和可持续发展的需求。

第四,支持品牌建设和线上营销。组织国内外知名展销活动,建立专业、有吸引力的网站和社交媒体账号,展示企业的产品、设计理念和品牌故事。政府可以提供相关宣传平台,并加强品牌保护和知识产权保护。江西省纺织企业可以通过多种渠道加强品牌宣传和推广,如利用广告、公关活动、展会、行业论坛等,提高品牌知名度和影响力。同时,可以通过与意见领袖、网红、明星等进行合作,进行品牌代言和推广活动。提供消费者参与和互动的机会,江西省纺织企业可以通过线上活动、抽奖、优惠券等方式,鼓励消费者参与和互动,增加消费者的黏性和忠诚度。同时,可以通过举办消费者体验活动、产品试用、口碑分享等方式,提高消费者的满意度和口碑传播。

第五,促进供应链数字化和企业协同发展。实施大型企业培育计划,打造一批具有独特产业特色的领军企业。推动供应链的全面数字化,实现不同部门或企业之间的远程协同设计和产品开发。同时,鼓励纺织企业与其他行业进行跨界合作,共同进行创新和研发。江西省纺织企业应建立供应链管理系统,实现对供应链的全程跟踪和管理。通过管理系统,可以实时掌握供应链的状态和运作情况,及时发现和解决问题,提高供应链的协同效率。优化供应链网络,江西省纺织企业应优化供应链网络,合理规划供应商、生产商、物流商等各环节的协同运作。通过优化供应链网络,降低物流成本,提高供应链的反应速度和灵活性。江西省纺织企业可以通过建立企业间协同平台,促进企业之间的信息共享和业务协同。通过平台,可以实现企业间的在线沟通和协作,提高协同效率,降低沟通成本。

第六,支持人才培养和在线招聘。建立在线招聘平台和人才管理系统,实现招聘流程的自动化和数字化。通过线上平台开展线上培训、远程教育和虚拟仿真等形式的人才培养活动,提升员工的技术。建立人才培养计划,江西省纺织企业应建立人才培养计划,根据企业的需求和目标,制定人才培养的计划和方案。通过培训课程、实习、专业认证等方式,提高员工的专业技能和管理能力,提升企业的整体竞争力。加强校企合作,江西省纺织企业可以与高校、职业学校等机构建立紧密的合作关系,共同开展人才培养和实习基地建设。通过校企合作,共同培养具有专业技能和创新精神的人才,满足企业的需求。提供培训资源和支持,江西省纺织企业应提供丰富的培训资源和支持,包括培训课程、教材、在线学习平台等,方便员工进行学习和自我提升。同时,企业可以邀请行业专家、学者或经验丰富的管理人员进行授课和指导,提高员工的综合素质。

参考文献:

[1]马瑞. 江西省明确 2022 年纺织产业发展目标[N]. 中国纺织报,2022 – 03 – 28(001). DOI: 10.28070/n. cnki. ncfzb.2022.000209.

[2]熊焕明,王川,邹靓. 从"制造"走向"智造"[N]. 南昌日报,2022 – 08 – 12(005). DOI: 10.28591/n. cnki. nncrb.2022.003144.

[3]刘燕凤,秦艺桓. 让发展"引擎"更强劲[N]. 赣南日报,2022 – 09 –

09（008）. DOI: 10.28275/n. cnki. ngnbr. 2022.002516.

[4]宋嘉华,唐燕. 无边光景时时新[N]. 江西日报,2022 - 12 - 30 （001）. DOI: 10.28490/n. cnki. njxrb. 2022.006460.

[5]缪顾贤,靳明."5G + 工业互联网"赋能浙江纺织业数字化转型的实现路径[J]. 纺织导报,2023（02）:72 - 74 + 76. DOI: 10.16481/j. cnki. ctl. 2023.02.016.

[6]昌道励,许宁宁."数智化"带动潮流服饰热销[N]. 南方日报,2023 - 05 - 01（001）. DOI: 10.28597/n. cnki. nnfrb. 2023.002535.

[7]王育楠. 数智设计已走进纺织业[N]. 中国纺织报,2023 - 03 - 06 （001）. DOI: 10.28070/n. cnki. ncfzb. 2023.000099.

[8]滕卉荣. 数智赋能图景新[N]. 中国纺织报,2022 - 09 - 21（001）. DOI: 10.28070/n. cnki. ncfzb. 2022.000612.

[9]张洁,徐楚桥,汪俊亮,等. 数据驱动的机器人化纺织生产智能管控系统研究进展[J]. 纺织学报,2022,43（09）:1 - 10. DOI: 10.13475/j. fzxb. 20220506610.

[10]刘众. 工业互联网赋能传统产业数字化转型的市场化逻辑与实现路径——以纺织产业为例[J]. 科技管理研究,2023,43(08):144 - 150.

[11]张佳艺,周立亚,吴雄英,等. 区块链技术在纺织产品碳足迹追溯与核算中的应用[J]. 丝绸,2023,60(02):14 - 23.

[12]李强,刘仲华."中国在全球供应链中的作用举足轻重"[N]. 人民日报,2023 - 01 - 17(017). DOI: 10.28655/n. cnki. nrmrb. 2023.000495.

[13]潘世鹏,崔浩. 共享"买全球、卖全球"开放红利[N]. 经济日报, 2023 - 04 - 14(006). DOI: 10.28425/n. cnki. njjrb. 2023.002551.

[14]陶婷婷. 为未来纺织发展定制"中国方案"[N]. 上海科技报,2022 - 12 - 09(003). DOI: 10.28704/n. cnki. nshkj. 2022.001379.

第十章 江西省食品产业与数字经济的融合发展研究

摘 要:"民以食为天,食以粮为本",食品行业作为关系国计民生和促进国民经济发展的重要基础产业,日益引起广泛关注。随着物联网、云计算、人工智能、区块链等数字化技术的快速发展和广泛应用,食品制造业正在积极进行数字化转型,以应对行业面临的挑战和问题,数字化食品新业态被业内专家视为解决食品行业痛点问题的未来发展模式。本章旨在系统阐述食品业数字化的基本内涵与特征,深入剖析食品业与数字经济融合发展的现状,重点探讨数字经济背景下的食品行业未来发展趋势和路径,充分结合江西省对食品业发展的相关政策并借鉴国内发达地区的先进经验,为江西省食品业与数字经济的融合发展建言献策。

关键词:数字经济;食品行业;产业融合

数字化食品的发展和产业升级是食品行业健康发展的必要条件,也是适应国家时代发展需求的途径。数字经济的快速崛起已经成为国家发展的战略选择,其规模在中国国内生产总值中占据重要地位。根据"十四五"规划纲要,数字技术与实体经济的深度融合将推动新产业、新业态和新模式的形成,充分利用海量数据和多样化应用场景的优势,推进数字技术与实体经济的深度融合。根据第五届中国食品产业发展大会的数据,2022 年中国食品行业表现稳定增长,为经济社会发展和民生福祉做出了积极而重要的贡献,规模以上企业营业收入 9.8 万亿元,同比增长 5.6%,利润 6815.4 亿元,同比增长 9.6%。数字化食品作为食品产业主体、消费者和产业监管之间的新兴产业、新模式和新业态,核心在于充分利用大数据,从原料来源、消费者喜好与个性需求、食品检测等多个方面进行数据的收集和整合。通过有效利用食品数据资源和开放的数据生态体系,可以推动传统产业的数字化转型升级,培育发展新型食品业态。作为农业大省,江西省高度重视食品业发展,人民政府办公厅印发《2022 年全省食品安全重点工作》,实施多项工作保证食品业可持续发展。高度融合数字经济背景,充分应用数字技术,扎实推进"赣溯源"平台建设,强化进口冷链食品的监管和管理,多措并举建设食品行业高质量发展。与此同时,江西省食品行业数字化融合也存在困难和挑战,通过数字化赋能、建立健全标准、完善安全监管、加强技术支撑、促进产业协同等举措推动食品产业的升级和创新,实现高质量的可持续发展。

一、江西省食品产业数字化发展现状

（一）内涵界定

2021 年,江南大学食品学院院长刘元法教授在其所著《未来食品科学与技术》中指出,未来食品行业的发展将引发对食品"安全、营养、便捷、个性化"的全新需求,同时食品产业也将以"智能、节能、环保、可持续"为新的追求目标。他提出了数字化食品的新业态概念:基于食品营养数字化、人体健康数字化、加工制造数字化前提下的全数字化链条制造出的食品,就是数字化食品。在多学科交叉的食品科技创新推动下,作为一种新兴业态的数字化食品必然会崛起并发展壮大,其产业构建和发展将以食品营养数字化、人体健康数字化以及加工制造数字化为前提,全面推动数字化食品链条的制造与发展。

（二）发展现状

江西食品产业数字化发展表现出一些典型的特征,包括数据驱动、创新驱动、效率提升、个性化服务以及食品安全与可追溯性。这些特征共同构成了食品产业数字化转型的基础,为实现可持续发展、满足消费者需求提供了广阔的发展空间。食品业数字化具有多重特征,这些特征相互交织,共同推动着食品产业的转型和发展。一是数据驱动。通过广泛收集、分析和利用与食品生产、物流运输、消费者行为等相关的海量数据,食品业能够实现对整个产业链条的全面管理和优化,从而提升效率、改进产品质量和满足消费者需求。二是创新驱动。借助人工智能、机器学习、虚拟现实等数字化技术,食品产业能够进行研发创新、产品设计和市场营销的革新。数字化还为个性化定制食品和智能食品等新产品的开发提供了契机,满足了消费者多样化的需求。三是效率提升。通过自动化和智能化的技术应用,食品生产和运营过程变得更加高效,减少了人力成本、缩短了生产周期、降低了能耗并减少了食品损耗。供应链的可视化和协同管理也得到了提升,进一步提高了物流和库存管理的效率。四是个性化服务。通过数据分析和个性化推荐算法,食品产业能够更好地了解消费者的需求,为其提供符合口味、健康需求和文化背景的个性化产品和服务。此外,数字化技术的应用还实现了便捷的移动支付、在线订购和配送服务,提升了消费者的体验和满意度。五是食品安全与可追溯性。通过数字化技术的运用,食品产业能够监测和控制食品生产、运输和销售过程中的安全问题。区块链技术的应用确保了食品的可追溯性和真实性,增加了消费者对食品质量和安全的信任。

数字化食品的产业结构具有复杂性、系统性和可变性(如图9-1所示)。与其他物质产品的生产不同,数字化食品的生产具有特殊要求。由于原材料的可变性,加工、生产和运输过程都必须考虑食品的化学、物理或生物特性。此外,由于食物的营养价值和安全性对消费者健康的影响,食品生产过程中还必须考虑消费者的健康需求。因此,这些因素足以导致食品行业在产品设计开发、加工制造和储运流程中的每个决策发生变化或得到改进。

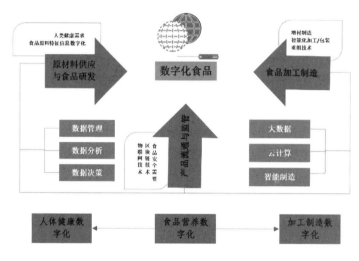

图 10－1　数字化食品产业结构

二、江西省食品产业与数字经济融合发展态势

（一）数字经济推动食品营养数字化

习近平总书记在中央农村工作会议上强调:"我们需要树立大食物观,建立多元化的食物供应体系。"大食物意味着确保食物供应的前提下重视食品的功能和营养价值,食品行业正迈向以营养健康为标志的高质量发展阶段。数字化食品业与数字经济的融合发展呈现出广阔的前景和机遇。通过充分利用大数据和食品组学技术的优势,数字化食品业可以促进食品行业的高质量发展,满足消费者的个性化需求,推动食品供应的安全、健康和多样化。同时,数字化食品业还可以推动食品生产和供应链模式的创新,提升整个食品产业的竞争力和可持续发展能力。在数字化时代,大数据推动食品营养数字化,通过数据分析,可以实现食品的定量化、标准化和个性化,提

高食品的功能性和营养性。食品组学和营养组学技术的进展为数字化食品提供了更多的数据支持,精确食品的定量分析和质量控制,促进食品生产的数字化和智能化。通过数字技术和大数据分析,能够实现食品生产的精细化管理和智能化控制,提高生产效率和品质。同时,数字化技术还可以优化食品供应链的管理和协调,提高供应链的可追溯性和安全性。

（二）数字经济推动食品加工制造数字化

数字化食品产业模式被视为解决食品行业问题和未来食品发展的新兴形式。食品加工行业利用数据流驱动产业链条,以满足人体营养健康需求和食品原料物性等要求,实现食用资源与产品的最佳匹配。这种新兴业态的特点是能够实现精确或定制化的制造和供应。在整个"加工—生产—运输"过程中,必须考虑食品的化学、物理和生物特性,同时还需考虑消费者营养需求背后的健康要求。这些因素对食品行业的产品决策方式产生了根本性变革。这些决策方式包括基于集成数据分析和管理系统的大数据处理,以实现数字化食品的特定需求。数字化食品的加工制造过程中,借助人工智能等信息技术,实现了工业生产中常规或管理任务的自动化。通过实时采集生产线各个环节和设备的参数、工艺和中间产品特征数据,并进行多维度的动态数据分析,实现了生产过程工艺优化、质量管控、设备管理和维护等功能。例如,饮料生产企业利用物联网技术在生产线上安装各种传感器,实现了从产品调配、吹瓶、灌装到包装、码垛等环节的在线实时监测,同时也能在线实时监测产品生产过程中的参数。

（三）数字经济推动食品物流运输高效化

红餐产业研究院发布的《中国水产预制菜研究报告 2023》显示,我国冷链物流及仓储体系稳步发展,2022 年冷链物流市场规模达 4916 亿元,同比增长 7.2%;我国冷链物流市场需求总量突破 3.2 亿吨,同比增长 6.6%。速冻保鲜及冷链物流技术升级,以及物流网、5G 等技术提升供应链的透明度,减少了腐烂和变质的风险,扩大了运输半径,从而实现了优质生鲜食品和食材原料的供给,并确保了整个冷链物流的可控、可防、可追溯。数字化食品的物流过程中,温度控制、监控和检测等环节产生了大量的信息数据。基于大数据管理的应用能够将这些数据整合起来,实现物流流程的标准化和智能化,以应对庞大的物流市场需求。在智能供应链中,先进的传感器和物联网技术使得整个生鲜食品供应链可以进行全程监控,通过温度、湿度、振动等信息的采集和微环境的控制,以及运输和配送节点以及路径的优化,生鲜食品的供应流程得以标准化和智能化,从而实现了庞大的智能供应。此外,数字化物流的发展也对食品行业的可持续发展产生了积极影响,通过优化运输路线、减少运输时间和能源消耗,数字化物流能够降低碳排放和环境污染,实现绿色可持续发展的目标。同时,数字化物流还能够提高食品物流的安全性和可靠性,加强食品安全监管和追溯能力,保障消费者的权益和健康。因此,数字经济推动食品物流运输的高效化,通过数字化技术的应用和物联网的发展,实现了供应链的优化和智能化,为食品行业的发展和可持续性提供了新的机遇和挑战。

(四)数字经济推动食品安全智慧监管

推广智慧监管是确保食品质量安全的重要举措,大数据智慧监管平台能实现对生产主体、产品流通和消费环节的全面监管。利用大数据分析和智能化技术,提供及时的风险预警和监管指导。《健康中国 2030 规划纲要》提出了推进健康中国建设,食品数字化特征能够有效监控食品健康问题,提升国民身体素质。通过区块链技术的不可篡改性和透明性,实现对农产品生产过程和质量信息的追溯和验证。通过智慧监管平台的运用,实现食品质量安全的全程监控和风险评估,促进食品行业质量提高,智慧平台通过整合、分析、统计数据,全面了解食品生产、经营全过程的检查覆盖率,对食品生产经营者进行风险分级评定,并及时预警和整改,加强风险防控,提高食品安全监管工作质量和效率。赣州市推广智慧监管平台和"区块链溯源 + 合格证"模式,纳入智慧监管平台 2014 家农产品主体,运用大数据智慧监管平台对生产主体开展网格化巡检 7080 次,农产品质量安全综合评分排名持续位居全省第一。

三、江西省食品产业与数字经济融合发展面临的挑战

(一)食品业供需不匹配

随着食品种类的增加和人们生活水平的提高,消费者对食品的需求变得越来越多样化,对于食品的品质、口味、安全性和营养价值提出更高的要求。农业农村部食物与营养发展研究所指出,2022 年谷类食物消费逐渐下降,食品消费呈多元化趋势发展,而目前我国农业生产结构调整滞后于食物需求结构转变,食物供需出现结构性失衡,食品供应需要及时把握消费者的喜好和趋势,调整产品结构和供应链,提供更符合市场需求的产品。例如,对于冷链物流的要求更高,需要确保食品在配送过程中的温度控制和卫生条件。同时,数字食品企业还需要有效管理库存,避免过度或不足的供应,供应链的顺畅运作对于保持产品新鲜度、质量和可持续供应至关重要。

(二)食品安全与监管

数字食品业的快速发展给食品安全带来了新的挑战。随着互联网、电商等平台的兴起,食品销售渠道更加多元化,监管难度也增加。确保数字食品的安全性、卫生性和质量成为一项重要任务。加强监管力度、建立健全监管体系、完善食品追溯系统等措施是解决这一挑战的关键。2023 年 5 月,江西省组织开展了"护苗"食品专项抽检工作,总体合格率为 97.9%,专项抽检发现辣条(方便食品)和蜜饯(水果制品)共 2 批次不合格。根据江西省市场监管局的数据,2023 年一季度全省完成了 38006 批次的食品安全监督抽检,37061 批次食品合格,总体合格率达到 97.51%,在发现的食品安全问题中,农药残留占比较高,达到 45.04%。近年来,中国食品安全问题时有发生,数字食品业也可能受到其中一些事件的影响。其中涉及食品质量问题、假冒伪劣产品、不合格食品等,食品安全问题引起了公众对食品安全的关注,对

数字食品行业提出了更高的期望和要求。

（三）缺乏数字食品统筹规划

数字食品业的发展需要统筹规划和政策支持。要建立数字化食品体系,需要涉及食品产业链上的各个环节,并需要广泛的研究和数据收集与处理。这项工作的规模庞大,同时还需要解决数据科学性和正确性的验证问题,这是数字化食品稳步发展所面临的挑战。在数字化食品转型过程中,需要专业人员从事食品科学与营养学领域的工作,以确保食品评估的准确性。此外,数字食品业的发展也需要统筹规划和政策支持。目前,江西省在数字食品业发展方面还存在一些不足,缺乏整体规划和统筹安排。因此,制定相应的政策措施,支持数字食品企业的创新发展,并加强与相关部门的协调合作,提供更好的市场环境和政策支持,将有助于推动数字食品业的健康有序发展。在推动数字食品行业发展的过程中,政府、企业和相关机构应加强合作,共同制定战略规划,建立统一的标准和准则,推动数据共享和信息交流,提高食品产业链的透明度和效率。此外,还需要加强人才培养和技术研发,推动数字化技术在食品行业的应用和创新,以提高食品的质量、安全和营养价值。江西省在数字食品业发展方面还存在一些不足,缺乏整体规划和统筹安排。因此,需要制定相应的政策措施,支持数字食品企业的创新发展,加强与相关部门的协调合作,提供更好的市场环境和政策支持,推动数字食品业的健康有序发展。

（四）网络餐饮市场规范问题

网络餐饮市场存在的一些不规范、不合理或不健康的经营行为和现象,例如网络餐饮平台存在低质量食品的问题,使用劣质原料、不符合食品安全标准、不符合卫生要求等,给消费者的健康带来风险。或者是不规范经营,部分商家在网络餐饮平台上存在不规范经营的情况,如无证经营、虚假宣传、不合理定价等,损害了消费者的利益。同时包括配送服务、售后服务不到位,对于消费者的投诉、退款、补偿等问题处理不及时或不合理等网络餐

饮现象时有发生。2022 年,江西省市场监管部门约谈了外卖平台 50 余次,加强网络餐饮经营行为,

为了规范网络餐饮市场,相关部门需要加强监管和执法力度,推动平台企业建立完善的管理机制,加强对商家的审核和监督,同时鼓励消费者提高食品安全和质量意识,增强自我保护能力。同时,行业协会和平台企业也应积极参与行业自律,制定规范,共同营造健康有序的网络餐饮市场环境。

(五)绿色食品竞争力有待加强

绿色食品产业链是江西省 14 个重点产业链之一,打造一批有竞争力、有市场影响力的绿色食品产业是食品业发展的重要方向。但绿色食品的生产过程中可能存在较高的成本,例如有机农业需要更多的人力、物力和技术投入,这使得企业难以在价格上与传统农产品竞争。目前,江西省绿色食品产业大而不强,缺乏优势产品竞争力,绿色食品品牌数量多,但是知名度高的品牌较少。2022 年,全省共有绿色食品品牌 1316 个、有机食品品牌 2996 个,绿色有机农产品数量众多,其中知名度较高的有赣南脐橙、南丰蜜橘、泰和乌鸡、庐山云雾茶、遂川狗牯脑茶等。但与其他发达省份相比,绿色食品产业链在江西省尚不完善,缺乏顶层设计和有机整体的结构,绿色加工技术仍然相对落后,绿色食品产业缺乏整体的顶层设计,缺乏全省绿色食品产地环境的统筹规划和定位。

(六)数字食品技术进一步提升

科技支撑和人才支撑是食品业可持续发展的重要一环。在打造高品质、高要求、高标准的食品品牌过程中,数字技术的应用至关重要。为推动数字食品技术的发展,需要持续进行技术创新和增加研发投入。然而,江西省在数字食品技术领域面临一些挑战。首先,技术创新和研发投入相对不足,缺乏高水平的科研机构和专业人才支持,限制了数字食品技术的进一步发展和应用。其次,数据安全和隐私保护是数字食品技术应用过程中的重要问题。在数据传输、存储和处理过程中,需要加强信息安全技术和措施,

确保食品数据和个人信息的安全性和私密性。此外，数字食品技术需要专业人才进行研发、应用和管理，而目前在江西省相关领域的高级技术人才相对匮乏，缺乏与数字食品技术相关的专业人才培养体系和人才储备。为强化科技支撑，赣州市聘请一流专家指导，并组建了国家脐橙工程技术研究中心，同时也积极培养386名农技人员。然而，总体来看，江西省在数字食品技术领域的研发投入相对较低，缺乏高水平的科研机构和专业人才支持，这限制了数字食品技术的进一步发展和应用。同时，江西省也面临着技术人才缺乏的挑战，缺乏与数字食品技术相关的专业人才培养体系和人才储备，制约了数字食品技术的广泛应用和发展。

四、数字经济背景下江西省食品产业发展路径分析

（一）驱动食品产业升级的新引擎

国家"十四五"规划明确强调了加快数字化发展的重要性，旨在建设数字中国，通过推动互联网、大数据、人工智能等技术与食品领域的深度融合，实现现代食品供应链的发展和对食品加工、生产、物流、经营和管理的数字化改造，将为食品产业的转型、更新和革命带来新的机遇。中国是粮食大国，是食品业的主要生产区和消费地，得益于得天独厚的自然生态环境和人文基础，我国拥有丰富的食品原材料、完整的食品工业体系和庞大的食品消费市场。随着经济发展和技术进步，中国数字化食品正成为全球数字化食品转型的领导者。食品技术和信息技术的深度融合使食品行业的生产、加工、包装和运输等环节更加灵活和高效，个性化和数字化的产品特征也能够重新塑造食品行业的核心竞争力。数字化食品的发展将推动整个食品供应链的升级，通过数字化技术的应用，可以实现食品生产、物流、监管和零售等方面的产品服务升级，提高食品供应链的效率和可追溯性。这有助于解决食品安全和食品健康等问题，提供更安全、高质量的食品。在数字经济的推动下，江西食品业正在加强与相关技术企业、研究机构和监管部门的合作，

共同推进数字化食品的研发和应用,建立数字化食品的标准和规范,培养专业人才,提升产业链的整体水平。

（二）扎实推进市场监管

2023年,江西省共有食品生产经营主体53.1万户,推进智慧监管是食品行业发展中的重要方向。为此,需要建立健全食品安全智慧监管体系,以提高监管的针对性和有效性。江西省市场监管局出台了《江西省食品安全快速检测体系建设三年规划》,积极推动食品安全快检体系建设。此外,省商务厅、省市场监管局和省农业农村厅大力推进"智慧农贸"市场建设,提升市场数字化管理水平。同时,为了推进农产品质量安全管理,计划在全省范围内应用大数据智慧监管平台,积极开展"阳光农安"试点项目。2022年,江西省市场监管局构建"数治食安"抽检平台,采用信息化手段赋能食品安全抽检工作,全面升级了江西省食品安全抽检监测数据统计分析系统,不合格（问题）食品隐患排查率提升了23%,数据质量合规率提高了21%,有效提升了监管效能。此外,在学校食堂方面,目标实现100%的"明厨亮灶"覆盖率,并推动学校食堂和集体用餐配送企业的"互联网＋明厨亮灶"覆盖率分别达到65%和80%以上。江西省市场监管局大力推进食品安全属地管理责任和企业主体责任"两个责任"落实工作,为食品安全工作保驾护航。

（三）构建"食安江西"宣传矩阵

江西是全国13个粮食主产省区之一,粮食安全至关重要。江西省政府制定了食品业数字化发展规划,明确了发展目标、重点任务和政策导向。该规划为食品业的数字化转型提供了战略指导,促进了行业的整体升级和创新发展。为着力提高风险管理能力,注重能力提升,发挥我省"食安教育"APP平台作用,构建了全面覆盖的"食安江西"宣传矩阵平台,运用微信、微博、微直播等新媒体工具,将食品安全信息传递给更广大的受众群体,例如吉安市峡江县、抚州市崇仁县、抚州市东乡区多次开展"食品安全进校园"宣传活动,提高学生对假冒、劣质食品的辨别能力。

在促进江西食品业数字化发展的过程中，构建一个强大而高效的宣传矩阵至关重要。为此，江西省采取了一系列举措，例如每年举办"全国食品安全宣传活动"，以强化食品安全意识的宣传和传播，进一步提高公众对食品安全问题的关注和认知。省市场监管局加强了食品安全舆情监测工作，及时发现苗头性、潜在性风险，体察民情、听取民众意见，运用数字化手段，对于人民群众反映的食品问题快速做出反应，及时公布上访问题，回应群众关切。同时，进一步促进江西省食品品牌建设和国际化发展，2023年6月，新余市商务局组织企业参加第三届日本国际食品展，促进国际交流，拓宽宣传与销售渠道，促成了来自越南、泰国、中东、日本等国际订单，"椰子灰"冰淇淋在国际食品展上获得金奖，展示了江西省食品企业的创新实力和市场竞争力，为推动江西省农产品的品牌建设和国际化发展做出了积极贡献。

五、相关案例

（一）浙江省深化推广"浙食链"溯源体系

"浙食链"系统是指浙江省食品安全追溯闭环管理系统，它通过集中食品生产、流通和交易数据，为预包装食品和食用农产品的全流程追溯提供支持，该系统被浙江省政府确定为2021年十大民生实事之一。在浙江省富阳区，已有163家单位接入并激活了该系统，包括生产企业和经营单位。通过该系统，消费者可以通过扫描产品包装上的识别码，获取与该食品相关的信息。同时，企业可以通过系统进行进销存管理和在线召回等操作，提升食品安全管理水平。食品安全追溯数据库是系统的核心，汇集了企业自建平台上传的信息和"浙食链"记录的产品流通信息，实现食品从生产到消费的全过程可追溯。为了扩大监管覆盖面并降低推广成本，浙江省市场监管局制定了《浙食链生产企业数据报送标准V2.0》，确保食品企业按照统一标准接入系统。"浙食链"通过数字技术与实体食品企业的深度融合，形成数字化食品的产业模式，为数据化管理、精细化生产和个性化需求提供平台，进一步提升食品安全和质量水平。

（二）安徽严把食品安全监管第一道关口

安徽省政府出台一系列指导性文件和措施,致力于保障食品安全。其中,《食品小作坊整治提升行动实施方案(2020—2022 年)》和《关于"食安安徽"品牌建设的实施意见》等文件为食品安全工作提供了指导。安徽省坚持以问题为导向,以严格监管为工作核心,建立食品安全防护网,从被动监管转化为主动监管、从个别单位监管拓展为协同监管,建立健全食品安全风险分级监管、信用监管体系,将严格的监管作为主基调贯穿于日常工作。运用数字化手段,保障食品安全工作,包括溯源环节、生产环节、运输环节等全过程监管,让老百姓"吃得放心"。同时,制定专项整治计划,以打击各类违法行为。安徽省政府的努力取得了显著成效,截至 2021 年,全省共查处各类违法食品案件 3.04 万件,构建全链条的食品安全监管体系,保障食品安全,推动食品行业的健康发展。

（三）沈阳市打造国家食品安全示范城市

沈阳市高度重视食品安全领域,并以高质量的食品药品检验技术支撑体系筑牢了食品安全屏障。通过政府投资成立食品药品检验所,并建设了先进的实验楼和实验动物中心,配备了多台仪器设备,实现了检验业务信息采集自动化、行政管理模块化、服务客户信息化。食品药品检验所的建设发展,使得沈阳市的食品药品检验技术由"跟跑"到"领跑",成为国内领先、全省一流的检验检测机构。沈阳市食品药品检验所不仅在技术能力上取得突破,还在检验检测范围和资质认定方面取得了多项成就,获批国家级化妆品注册和备案检验检测机构,并覆盖了理化、微生物和毒理学等多个注册备案检验领域。同时,沈阳市被认定为国家食品安全抽检监测承检机构和国家食品安全复检机构,成为东三省唯一一家国家食品安全监督抽检双牵头单位。通过持续努力,沈阳市食品药品质量安全问题得到有效控制,食品评价性抽查合格率达到 99.3%,食品安全满意度三年持续提升。

六、政策建议

（一）数字化赋能食品业高质量发展

为促进食品业高质量发展,发挥数字化技术在食品全流程中的重要作用。首先,促进农业现代化,利用数字技术和信息化手段推动农业的现代化发展。通过推广高效农业生产技术和数字化管理手段,提高农产品的质量和产量。利用数字技术实现农田管理、施肥、病虫害监测等精准化管理,提高农产品的供给能力和质量。其次,发展农产品电商平台,建设数字化的农产品电商平台,促进农产品的线上销售。通过推广电商平台,扩大农产品的市场覆盖面和销售渠道,提升农产品的市场竞争力,数字化平台可以提供消费者对产品的详细信息和评价,增强消费者对农产品的信任感,促进消费者对农产品的购买。另外,加强冷链物流建设,提升冷链物流的能力和效率,确保农产品的新鲜度和质量。通过数字化赋能食品全流程,提高农产品的生产、销售和物流管理效率,优化食品供给结构。

（二）建立健全食品标准体系

一是完善数字食品的标准与认证,建立数字食品的标准体系,包括产品质量、安全性、包装标识等方面的标准。把控食品安全,需要严格按照标准体系生产,包括质量管理体系、食品安全管理体系和危害分析与关键控制点（HACCP）体系认证,制定食品的认证和检测要求,保障数字食品的安全性,引导数字食品企业遵循标准要求,提升消费者对数字食品的认可度。二是推动食品溯源技术应用,发展数字食品的追溯技术,实现对食品生产、加工、运输和销售环节的全程追溯。利用区块链、物联网等技术手段,建立数字食品的溯源系统,确保食品安全生产全过程透明、公开。三是加强监管和执法力度,加强对数字食品产业的监管和执法力度,建立健全的监管机制。加强对数字食品企业的日常监督检查,确保其合规经营和符合标准要求。加强对违法行为的打击和处罚,提高违法成本,维护市场秩序和消费者权益。

（三）加强食物安全监管和质量控制

食品安全是民生工程、民心工程,监管环节是保障食品质量安全的防护网,有效的食品监管能提高消费者对食品行业的信任度。首先,从源头环节加强监管,食品生产环节主要包括源头选材、加工处理、包装等复杂工序,任何环节的监管缺位都会造成安全漏洞,因此,生产环节要严格执行食品安全标准和质量控制要求,确保食品生产过程的安全和卫生。加强对食品生产企业的管理和监督,提高生产过程的透明度和可追溯性,防止不合格食品流入市场。其次,加强对食品流通环节的监管,包括食品贮存、运输等重要环节,特殊时期加强食品检验检疫工作,警惕三无产品流入市场,在流通环节把好食品安全关。同时,利用数字化技术提升食品供应链的透明度和可追溯性,加强对食品产业链的管理,推动食品产业向高质量、高标准发展,提升企业的技术水平和管理水平,确保食品生产的质量和安全。加强食品安全监测和风险评估,建立健全的食品安全监测体系,对数字食品进行抽检和监测,及时发现和排查食品安全隐患。加强政府、企业、社会组织和消费者的合作,建立食品安全协同治理机制,形成多方合力,共同推进食品安全工作。

（四）构建具有地域特色的食品产业体系

2023 年 3 月,《关于培育传统优势食品产区和地方特色食品产业的指导意见》提出,打造一批全国知名地方特色食品品牌。为了构建江西省具有地域特色的食品产业体系,首先要挖掘江西省丰富的历史文化和地方特色资源,将其融入食品产业。通过深入研究江西的非物质文化遗产、历史文化、节庆文化等,将其与地方特色食品相结合,打造具有江西特色的食品品牌。其次,创新江西省食品产业的营销推广手段,利用互联网、电商平台和社交媒体等新兴渠道,加强江西省特色食品品牌的宣传和推广。组织线上线下结合的品牌推广活动,如食品展览、美食节、农产品交流会等,吸引更多消费者参与,扩大品牌的影响力和市场份额。同时,加强江西省食品产业的协同发展,推动江西地方特色食品企业与旅游景区、文化艺术机构、农业生产基地等合作,共同开发特色旅游线路和农产品体验项目,实现资源的共享和互补。

（五）促进网络餐饮健康可持续发展

为有效促进网络餐饮的健康可持续发展,减少食品浪费,提高消费者合理点餐意识,推动行业的规范化和可持续发展。应该着重加强食品安全监管和配送服务规范,保障消费者的食品安全和健康,为江西省的网络餐饮行业提供良好的发展环境。首先,应完善外卖食品标准,规范平台经营行为,网络餐饮平台应加强餐饮数据的调查统计,研究制定小份餐品等相关标准。结合行业特点和规律,配合市场监管部门和行业协会,推动标准在平台经营各个环节的落实。其次,规范外卖配送服务,保障食品安全,网络餐饮平台应加强对外卖餐品配送环节的管理,履行食品安全法律法规规定的责任。推广外卖食品安全封签,权衡好卖家、配送员、消费者三方权责,进一步重视配送容器的安全卫生,减少因污染和损毁导致的食品安全问题。

（六）发挥技术支撑作用

为了进一步提升地方特色食品产业的质量安全控制能力,需要发挥技术支撑作用。首先,鼓励各地食品企业应用质量安全控制技术及仪器设备,运用高精密仪器保障食品安全,如危害因子筛查测定、品质自动化感知以及异物精准识别及剔除技术等。通过这些技术的应用,可以加强对原料预处理、加工制造、包装灭菌等环节的质量控制,提高产品的安全性和质量稳定性。其次,鼓励有条件的食品工业园区和食品企业创建制市场监管重点实验室和技术创新中心,依靠技术创新平台将提供先进的检验检测设备和技术支持,为地方特色食品企业提供技术指导和解决方案。通过与这些平台的合作,企业可以获得更精确、更可靠的检测数据,提升产品的质量和安全水平。同时,推动地方特色食品企业与高等院校、科研机构建立合作关系,开展联合研发和技术转移。通过共享资源和合作创新,可以加快技术研发和创新成果的转化,提升地方特色食品产业的技术含量和竞争力。

参考文献：

[1]李兆丰,刘炎峻,徐勇将,等.数字化食品在新时代下的发展与挑战[J].食品科学,2022,43(11):1-8.

[2]唐衍军.区块链技术下的生鲜食品冷链数字化平台建设[J].食品工业,2021,42(08):197-199.

[3]刘艳芳.张学武代表:培育"灯塔工厂",引领食品工业智能化数字化转型[N].中国食品报,2023-03-10(002).

[4]赖诗攀,齐梦真,孙敏婕.复杂性调节下的因素替代效应:地方政府食品安全监管的数字化路径[J].公共行政评论,2022,15(05):146-163+199-200.

[5]张蓓,马如秋.食品安全风险数字化治理逻辑与优化路径——基于信息生态系统视角[J].东岳论丛,2023,44(02):128-136+192.

[6]王爱娜.数字化转型中食品企业绩效管理探究[J].食品研究与开发,2021,42(23):239.

[7]孙宝国,刘慧琳.健康食品产业现状与食品工业转型发展[J].食品科学技术学报,2023,41(02):1-6.

[8]李柯.数字时代餐饮企业智慧化转型影响因素分析[J].商业经济研究,2023(08):163-167.

第十一章　江西省汽车产业与数字经济融合发展研究

摘　要:汽车产业是江西省经济的重要组成部分,其发展对江西省的经济、就业和社会稳定有着重要影响。推动全省汽车产业与数字经济融合发展,有利于带动全省整体产业发展和产业结构优化升级。本章在分析汽车产业发展现状的基础上,总结了数字经济背景下江西省汽车产业的发展趋势、江西省汽车产业发展的制约因素和发展路径。最后借鉴国内相关案例经验,为数字经济背景下江西省汽车产业的高质量发展提出政策建议。

关键词:数字经济;数字技术;汽车产业;融合发展

一、汽车产业发展现状

（一）国际汽车产业发展现状

1. 全球汽车产量止跌上涨,汽车市场回暖

汽车制造已成为世界上规模最大、产值最高的重要产业之一,在全球制造业中的比重较大。受全球汽车消费疲软叠加新冠疫情影响,近几年来消费者购车热情降低、汽车销量不断下降,全球汽车产量持续下滑。如

图 11 - 1 所示,全球汽车产量在 2018—2020 年有较大幅度减少,从 9687 万辆下降到 7765 万辆,产量减少近 20%。2021 年之后随着疫情防控的逐步放开和全球经济的逐步复苏,全球汽车产量呈现逐步增长的发展态势,由 7765 万辆增长到 8503 万辆,产量增加约 11%,同比增长速度逐年上升(如图 11 - 1 所示)。预计随着全球经济的进一步复苏,全球汽车产量将实现正增长,发展前景较为光明。

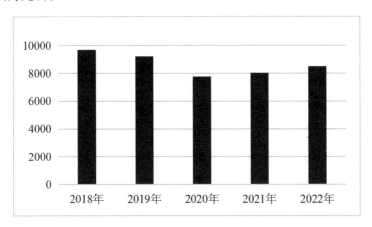

图 11 - 1 2018—2022 年全球汽车产量(单位:万辆)

数据来源:OICA。

2. 中国汽车产量领跑全球,全球影响力持续攀升

目前,中国已成为全球最大的汽车生产国。如图 11 - 2 所示,2022 年汽车产量排名前 10 名的国家分别为中国、美国、日本、印度、韩国、德国、墨西哥、巴西、西班牙和泰国。其中中国、美国和日本为世界前三大汽车生产国,分别生产 2702 万辆、1006 万辆和 784 万辆,分别占世界的 39.85%、14.84% 和 11.56%。

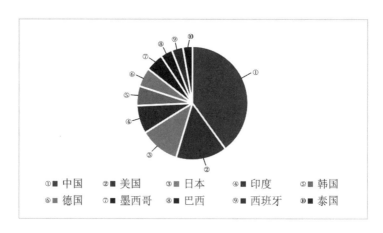

①■ 中国　②■ 美国　③■ 日本　④■ 印度　⑤■ 韩国

⑥■ 德国　⑦■ 墨西哥　⑧■ 巴西　⑨■ 西班牙　⑩■ 泰国

图 11 - 2　2022 年汽车产量排名前 10 名的国家（单位：万辆）

数据来源：OICA。

（二）我国汽车产业发展现状

1. 汽车制造业运行平稳，产量止跌上涨

我国是全球汽车产销大国，汽车产销总量已连续 14 年稳居全球第一。未来我国汽车产业有望在政策利好、经济发展、技术升级以及全球化采购策略的多重影响下，持续快速发展，引领全球汽车行业。图 11 - 3 显示了2018—2022 年我国汽车总产量的变动情况。与世界汽车总产量的变动情况类似，由于新冠疫情造成的生产停摆，从 2018—2020 年我国汽车总产量从2780.9 万辆减少到 2522.5 万辆，随着疫情防控的逐步放开和我国经济的逐步复苏，从 2020—2022 年汽车总产量从 2522.5 万辆增加到 2702.1 万辆。

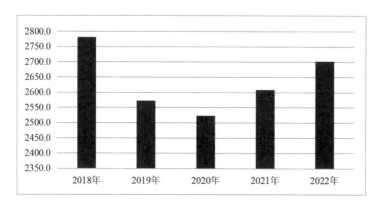

图 11 - 3　2018—2022 年全国汽车产业总产量(单位:万辆)

数据来源:国家统计局、中国汽车工业协会、中商产业研究院数据库。

（三）江西省汽车产业发展现状

1. 需求端持续发力,汽车产业整体保持平稳发展

当前我国的汽车市场需求状况呈现出多样化和个性化的趋势,消费者对汽车的需求不再仅仅是基本的出行需求,而是更加注重汽车品质、功能性、安全性、环保性等方面的需求。如图 11 - 4 所示,2017—2021 年江西省汽车产业产销率波动上升,且高于规模以上工业企业平均产销率,说明江西省汽车产业的需求较为旺盛,市场前景较好。

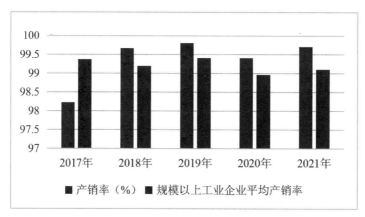

图 11 - 4　2017—2021 年江西省汽车产销率

数据来源:江西省统计局。

汽车产业是江西省国民经济的重要组成部分。如表 11 - 1 所示,2017—2021 年江西省汽车产业规模以上工业企业个数波动上升,从 2017 年的 307 个增加到 2021 年的 384 个,约占全省规模以上工业企业个数的 2.5%。利润总额与营业收入约占全省规模以上工业企业的 2% 和 4%。

表 11 - 1 2017—2021 年江西省汽车产业经济效益比较

年份	企业个数	规模以上工业企业个数	利润总额（万元）	规模以上工业企业利润总额（万元）	营业收入（万元）	规模以上工业企业营业收入（万元）
2017 年	307	11734	864532	24756903	16252295	355851135
2018 年	285	11630	693505	21578377	16576163	320773676
2019 年	315	12727	283849	21588255	16836921	345906480
2020 年	335	13710	327680.1	24381473	16910929.1	379091711
2021 年	384	15142	472326.9	31224143	13379655.2	439767304

数据来源:江西省统计局。

2.汽车产业整体下行压力较大,形势较为严峻

随着宏观经济放缓、购置税的全面上调加上消费观念的改变,江西省汽车总产量总体上呈现不断下降的趋势。图 11 - 5 显示了江西省从 2017—2022 年

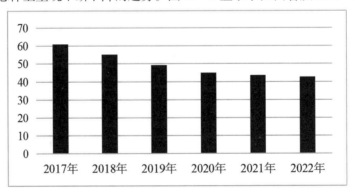

图 11 - 5 2017—2022 年江西省汽车总产量(单位:万辆)

数据来源:江西省统计局。

汽车产业总产量的变动情况,从 2017 年的 61.02 万辆减少到 2022 年的 42.7 万辆。从整体上看,我省汽车产业的下行压力很大,未来态势不容乐观。

二、数字经济背景下江西省汽车产业发展态势

（一）数字经济与实体经济加速融合,乘用车市场实现连续增长

得益于数字经济的蓬勃发展,2022 年国内乘用车市场的销售数量呈现出 U 型的反转趋势,相比于过去三年的涨幅明显。表 11－2 显示了 2018—2022 年全国传统汽车总产量的发展趋势。轿车产量从 2018 年的 1160.1 万辆减少到 2020 年的 928.6 万辆,下降幅度约 20%,随后从 2020 年的 928.6 万辆增加到 2022 年的 1046.8 万辆,增加约 12%。SUV 产量从 2018 年的 927.4 万辆减少到 2020 年的 853.2 万辆,产量下降约 9%,随后从 2020 年的 853.2 万辆增加到 2022 年的 1062.5 万辆,增加约 24%。载货汽车产量从 2018 年的 371.7 万辆增加到 2020 年的 423.9 万辆,增加约 14%,随后从 2020 年的 423.9 万辆减少到 2022 年的 270.8 万辆,减少约 40%。

表 11－2　2018—2022 年全国传统汽车发展现状

年份	轿车累计产量（万辆）	累计增长（%）	SUV 累计产量（万辆）	累计增长（%）	载货汽车累计产量（万辆）	累计增长（%）
2018 年	1160.1	－1.8	927.4	－6.7	371.7	5.8
2019 年	1018.2	－12.7	876	－5.6	373.6	1.1
2020 年	928.6	－8.3	853.2	－1.5	423.9	20
2021 年	976.5	5.7	973.6	6.2	409.9	－11.3
2022 年	1046.8	6.7	1062.5	8	270.8	－33.1

数据来源:国家统计局、中国汽车工业协会、中商产业研究院数据库。

（二）新能源汽车延续向好趋势,发展前景较为光明

新能源汽车融合新能源、新材料、互联网、大数据、人工智能等多种变革

性技术,推动车辆从简单的交通工具向移动智能终端、储能单元和数字空间转型,推动能源、交通和信息通信基础设施转型升级,促进能源消费结构优化,提高交通系统和城市运行的智能化水平。它对建设清洁美丽世界,实现"3060"目标具有重要意义,并日益成为经济发展的新动力。

表 11-3 显示了 2018—2022 年全国新能源汽车发展现状。全国新能源汽车产量由 2018 年的 127 万辆增加到 2022 年的 700.3 万辆,增加约 450%。新能源汽车销售量从 2018 年的 125.6 万辆增加到 2022 年的 688.7 万辆,增长率约为 448%,占汽车销售量的比重从 2018 年的仅 4% 到 2022 年的近 26%,发展前景一片光明。江西省 2022 年新能源汽车累计产量 5.8 万辆,累计增长 122.8%。

表 11-3　2018—2022 年全国新能源汽车发展现状

年份	新能源汽车累计产量(万辆)	汽车销售量累计值(万辆)	新能源汽车销售量累计值(万辆)	新能源汽车销售占比
2018 年	127.0	2808.1	125.6	0.04
2019 年	124.2	2576.9	120.6	0.05
2020 年	136.6	2531.1	136.7	0.05
2021 年	367.7	2627.5	352.1	0.13
2022 年	700.3	2686.4	688.7	0.26

数据来源:国家统计局、中国汽车工业协会、中商产业研究院数据库。

（三）汽车电子产业发展迅速,汽车后市场业务潜力巨大

汽车后市场业务近几年展示了巨大的潜力,随着数字经济的蓬勃发展,预计汽车零部件在线销售的增长将为市场带来巨大的需求。图 11-6 显示了 2018—2022 年全国汽车电子产业发展现状。汽车电子产业从 2018—2022 年呈现高速发展的态势,产业规模从 2018 年的 6073 亿元增加到 2022 年的 9783 亿元,年均增长率为 12.68%。

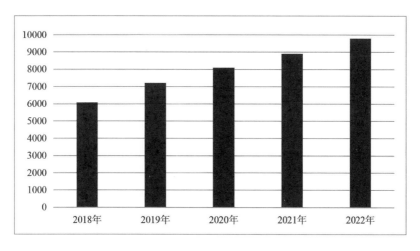

图 11 - 6　2018—2022 年全国汽车电子产业规模(单位:亿元)

数据来源:国家统计局、中国汽车工业协会、中商产业研究院数据库。

三、江西省汽车产业发展的制约因素

(一)宏观因素

1.中美贸易战爆发,宏观经济放缓

国际国内经济环境较为严峻。国际经济方面,世界经济环境发生深刻变化,全球经济下行风险逐步加大,保护主义和单边主义加剧,不确定性更加凸显。中美贸易摩擦持续升级,其负面影响在近 5 年持续升级并递次传导到我省工业经济的各个方面。国内经济方面,作为中国国民经济支柱的汽车产业也面临着前所未有的考验,过去 5 年随着经济增速放缓和新冠疫情暴发,汽车市场的竞争更加激烈。

2.汽车购置税优惠政策退出,车辆购置成本上涨

为加快汽车的销售,国家有关部门于 2015 年推出了车辆购置税为 5%的优惠政策,5%的车辆购置税时间为 2015 年 10 月 31 日至 2016 年 12 月 31日,2017 年 1 月 1 日起车辆购置税已改为 7.5%,而 2018 年车辆购置税涨至10%。车辆购置税的上涨,间接地提高了购买车辆的成本,从而降低了部分

消费人群的购买欲望。

3. 消费群体及观念转变，汽车热情消退

据第六次全国人口普查，90后人口总数为1.74亿，显然90后已成为了工作、消费人群的主力军，意味着人们的主流生活方式、社会文化和营销传播形式内容已发生改变。与此同时消费者对汽车的热情有所减退，他们变得更加注重实际，将汽车作为生活的必需品，而不再像以往一样将车看成是身份地位的象征，更多的是一种生活方式。并且随着二手车市场和各类打车租车APP市场的兴起以及航空、高铁动车等平价便捷的优势，人们出行的交通工具选择增多，买新车不再是唯一选择。宏观经济放缓、购置税的全面上调加上消费观念的转变，使得中国汽车市场走向下行通道。

（二）微观因素

1. 汽车产业竞争力较弱

江西省的汽车产业竞争力弱主要表现在以下几个方面：第一，规模小。《中国统计年鉴2022》数据显示，2021年全国拥有汽车制造业规模以上企业17254家，而江西省仅有384家，企业数量少，无法形成有效集聚产生凹地效应。第二，创新不足。江西省的汽车产业的核心技术基本上处于空白的局面，"以市场换技术"的方案并没有取得预期效果，更有甚者一些企业对国际著名汽车公司的车型竞相模仿，导致自主创新能力严重不足。第三，品牌较为单一。中国有长安、长城、奇瑞、比亚迪等自主品牌汽车，但国内汽车市场被美国、德国等进口车占据较大份额，江西省自主汽车品牌有江铃、昌河等品牌，但知名度较低。企业数量少、创新能力不足、自主品牌单一等使得我省汽车产业缺乏竞争力。

2. 汽车零部件产业发展滞后

现在的汽车有几十万个零部件，国际经验表明，核心零部件的创新能力对汽车产业的创新能力起着决定性的作用。然而我国的产业政策侧重于对整车企业的扶持和投入，而对汽车零部件企业的扶持和投入力度较小，对零部件的重视程度很低使得汽车零部件产业的发展长期落后于整车,从而使得汽车零部件产业成为了我国汽车产业发展过程中的薄弱环节。在江西省汽车整车产业与汽车零部件产业的关系上,长期以来汽车零部件产业一直落后于汽车整车产业的发展。

3.汽车后市场不够成熟

汽车后市场主要包括汽车分销、汽车维修和保养、汽车装饰和美容汽车信贷、汽车保险、汽车二手车交易和回收等。据估算汽车后市场的利润一般可达40%—50%,某些细分行业甚至可达100%—200%。上海、广东等汽车产业发达的省市都十分重视汽车后市场的发展,在组建汽车金融公司、完善机动车保险市场和提高汽车售后服务质量上都下足功夫,江西汽车后市场上的缺失成为制约整个汽车产业发展的重要因素。

四、数字经济背景下江西省汽车产业发展路径分析

(一)加快汽车产业向"中国智造"转型,发展智慧汽车行业

为实现这一转型,进一步提升我国汽车产业安全,必须要有忧患意识,努力把我国汽车产业做强做大。一是必须制定长期发展规划,确定"中国智造"的目标和重点;二是加大政府支持力度,鼓励技术创新和产品创新,促使企业建立自己的核心技术,树立自己的核心品牌,进一步提升国际竞争力水平;三是加强人才培育和筹备,培养一大批懂技术和国际业务的创新型人才。从而推进汽车产业向轻量化、电动化、智能化、网联化、共享化等"五化"进行布局发展。

(二)发展智能网联汽车,提供产业融合平台

实施智能网联技术创新工程,以新能源汽车为智能网联技术首次应用的载体,支持企业跨界合作,开发复杂环境融合感知、智能网联决策与控制、信息物理系统架构设计等核心技术。突破车载智能计算平台、高精度地图与定位、车辆与其他设备无线通信(V2X)、线控执行系统等核心技术和产

品。通过智能网联汽车来打通客流、物流和信息流，从而实现信息与城市、交通、充电设施互联互通，为5G、智慧道路等诸多行业提供一个新的产业融合平台，最终形成新的产业链生态。

（三）有力促进消费升级，扩大消费市场

政府需要加强市场监管，维护市场秩序，优化消费环境，此外加快消费信贷支持，鼓励金融机构在有效控制风险的前提下，出台促进消费的政策，开发多样化的汽车消费信贷产品。同时通过扩大大众消费培育多层次的汽车消费热点，加强汽车消费的拉动作用。

（四）落实汽车下乡政策，推进乡村振兴战略

当前应切实落实汽车下乡政策，其架势当如当年的家电下乡，不仅要实行补贴政策和以旧车换新车的政策，而且应加大新能源汽车和自主品牌汽车的优惠力度。但值得注意的是，农村汽车保有量少还因为农村的道路、加油和维修等基础设施缺乏，因而无法全面普及。所以，在落实汽车下乡政策的同时，也应加大对农村地区基础设施的建设。

五、国内相关案例经验借鉴

（一）上汽集团汽车产业发展案例

上汽集团把核心技术作为企业生存发展的硬核，坚定不移地发展技术并推动新能源汽车与智能网联等"四化"技术的融合发展。主要做法共有以下三点：

第一，坚持技术进步，满足更高的产品要求。推动新一轮三电核心技术的开发，在消费者广泛关注的电新安全、结构安全、高压电安全等新能源产品安全方面，着手打造全面的新能源汽车产品，与合作伙伴共同探索无热射控安全的产业生态。加快实现燃料电池和大产量燃料电池堆料系统包括输出功率和系统等的关键指标达到国际一流水平，全面加快燃料电池产业化落地。

第二,完善技术布局,应对更大的成本挑战。仅靠低成本策略难以消耗新能源汽车补贴的压力,不利于中国产品提供品牌形象和压价能力。上汽集团坚持两条腿走路:一方面,加快技术创新,通过对系统集中度的优化设计来提高系统的销量,使其成为平台化、模块化的产品,进一步精简零部件的结构,达到降低成本的要求。另一方面,在IG等领域进一步创新,在提升电池和电驱系统标准的同时提升产品系统的竞争力,让产品具备更低的能耗、更长的使用寿命、更可靠的安全性、降低产品生命周期内的使用成本。通过不断完善技术布局来应对补贴大幅退坡的成本挑战,并且通过提升技术水平让产品更具科技的魅力,为用户创造更大的价值。

第三,融合创新技术,提供更好的出行体验。上汽集团建立起了电动汽车、互联网和车机的智慧联动系统,包括智能驾驶决策控制领域和三维电子电池的系统开发技术和路径,率先实现了最后一公里自主无人泊车驾驶技术的进步,围绕技术需求和使用户更方便出行的理念,在"四化"上创新探索不断进步,让5G、人工智能等先进技术为新能源汽车的创新发展助力。探索打造上汽的智能座舱,将服务生态在智能座舱中实现平台化的共享,进一步解放人的双手和大脑,让用户有更多的时间享受出行的过程,体验更精彩的出行服务。

(二)安徽省汽车产业发展案例

安徽省为推动汽车产业转型升级、促进节能减排绿色发展和加快建设汽车强省,主要有以下几点做法:

第一,培育高质量产业体系。针对产业体系不完善的问题,安徽省提出要发挥车企主导作用,做好新能源汽车产品的开发设计、投放和市场推广工作。通过实施强链加固工程,支持发展动力电池及系统、电机及控制系统、燃料电池等核心零部件企业。为促进产业集群发展,安徽省推进"引领+配套"建设,吸引一批优质新能源汽车零部件等上下游企业向安徽转移集聚,鼓励"全零"合作,实施"基地+基金"发展战略,打造一批新能源汽车产业园区和产业基地。支持合肥建设"中国新能源汽车之都"。

第二，坚持创新引领。针对新能源汽车动力电池及管理系统、驱动电机及电力电子、网络互联及智能"三横"核心技术有待提升、芯片短缺等问题，安徽省提出建设创新平台，建设新能源汽车及动力电池领域创新平台和新研发机构；以及关键共性技术的开发。安徽省采取"揭牌"方式攻克核心技术，以纯电动汽车为主要方向，开展燃料电池系统产品及核心部件产业化技术，加强智能网联汽车关键部件和系统的开发应用。

第三，支持产业升级。针对新能源汽车产业整体水平和智能网联水平较低的问题，安徽省提出加快智能制造，塑造优质品牌，充分利用互联网、大数据等先进技术，完善产品全生命周期的质量管控和可追溯机制，加强品牌培育，实现自主品牌和合资品牌的双提升；推动智能网联发展，推动新能源汽车企业与互联网、5G通信等企业合作，加强新能源汽车与城市基础设施智能互联，支持智能汽车协同测试和大规模示范应用，实现"人—车—路—云"高效协同。

第四，努力优化产业生态。针对新能源汽车在公共交通以外的公共领域应用滞后、新能源汽车推广应用中充电基础设施等产业配套生态建设不足等问题，安徽省提出推广新能源汽车应用，并对各公共领域新能源汽车占比提出明确要求；加大基础设施建设，建设便捷、高效、中等先进的集中充电站、公共充电桩网络体系，合理布局加氢设施，完善汽车服务体系。

第五，加强开放合作。针对新能源汽车产业区域合作、对外开放不足等问题，安徽省提出加快国际化步伐，引进走出去，深度融入全球价值链，促进区域协调发展，积极融入长三角新能源汽车产业建设，加快产业链融合发展。

六、政策建议

（一）提高数字化研发能力，打造智慧品牌

江西省汽车企业要想增强和完善数字化研发创新能力和体系，需要通

过融合软件、硬件开发,实现"软件定义汽车"。通过研发过程、研发知识、研发工具等数字化,实现企业内外部的协同研发,缩减新车迭代周期,从而提高研发效率,降低研发成本。

对汽车企业而言,应采用"模仿＋创新"的模式,在消化吸收外来技术的基础上加大研发投入力度,借助产学研合作,重点突破新能源汽车、无人驾驶、智能联网汽车、汽车零部件领域,争取打造江西省自主品牌。同时由于消费者需求的不断升级,企业所生产的产品应更柔性化、个性化、定制化。对政府而言,通过制定政府补贴、支持银行提供贴息贷款、设立汽车开发基金等一系列支持政策,以推动和鼓励汽车科技创新。此外自主创新能力的提高还需靠人才。可建立以政府为主导,各大研发主体和大专院校的汽车技术产学研联盟,或者建立汽车产业发展人才库机制,广纳贤才,同时对于入库人才,给予国家专项津贴。最后,实施新能源汽车基础技术改造工程,突破核心技术。加快核心技术研究,突破车表芯片、车辆操作系统、新型电子电气架构、高效高密度驱动电机系统等关键技术和产品,攻克氢储能运输、加氢站、车载储氢等氢燃料电池汽车应用支撑技术。支持基础部件、关键生产设备、高端测试仪器、开发工具、高性能自动测试设备等基础共性技术研发创新,攻克新能源汽车智能制造海量异构数据组织分析、可重构柔性制造系统集成控制等关键技术。开展高性能铝镁合金、纤维增强复合材料、低成本稀土永磁材料等关键材料的产业化应用。

(二)加快零部件企业数字化生产,打造特色汽车零部件产业

零部件的发展要做到"专、高、精、尖",需要通过物联网、大数据、云计算、人工智能等多种数字技术的集群式创新突破及其深度融合,对整车生产过程进行全流程、全链条、全要素的改造。为此可以从以下方面改进:一是开展产学研合作,引进人才、技术对现有的设备和工艺的技术进行改造,实现机器设备标准化、自动化生产,提高生产力,降低生产成本和管理成本;二是鼓励汽车零部件企业进行兼并重组,实现产业资源整合,引导企业抱团发

展,提高行业集中度,打造重点特色零部件产业;三是充分发挥政府在汽车零部件产业的引导性作用,对技术改造、节能降耗等技术创新企业进行补贴;四是大力建设宜春、新余、赣州成为国内新能源汽车零部件企业集聚地,提供锂电、智能网联等核心零部件。引进头部企业进入投资新能源汽车动力电池项目。以比省外更加优惠的政策条件引进宁德时代、比亚迪等头部企业,打造动力电池的全产业链体系,建立新能源产业集群,更好实现电池溯源,衍生创造出更大的经济、产业、环境价值。开展正负极材料、电解液、隔膜、膜电极等关键核心技术研究,加强高强度、轻量化、高安全、低成本、长寿命动力电池和燃料电池系统短板技术研究,加快固态动力电池技术研发和产业化。

（三）推广数字化供应,构建全产业链生态

数字化供应,即通过搭建车企与供应商数字化供应链平台,聚合供应商所有可提供生产的配件信息。通过平台实时更新和交互,达到最优化生产,减少库存积压,快速响应市场需求变化,实现更高效的生产。

江西省应抓住机遇,围绕新能源汽车推广数字化供应,逐渐延伸汽车产业链。一是实施政府主管部门补链行动,实现上下游协同联动。目前,江西省汽车产业链参与协调的主管部门只有省发展改革委和工信厅两个部门,而在汽车产业链上涉及汽车后市场的商务厅、公安厅、交通运输厅、财政银保监会、税务局、市场监督局等政府部门也应被纳入新能源汽车发展负责部门之中,实现上下游企业与政府主管部门一起协同联动,促进新能源汽车在生产、销售、售后维修等方面协调发展,为新能源汽车产业链全面发展提供夯实基础。二是实施民间行业组织补链行动,协助政府主管部门统一协调。一方面,成立江西新能源汽车产业协会,协助政府主管部门统一协调新能源车企上下游协同配合、可持续发展,避免出现新能源汽车整车、零部件等领域出现恶性竞争,新能源汽车销售、维修保养等领域出现空白等问题;另一方面,举办新能源汽车产业创新发展峰会,吸引新能源龙头和配套企业入驻,加强产业基础能力建设,构建新能源汽车生态产业链。三是完善全产业链合作机制。吸引新能源龙头和配套企业特别是龙头零部件企业落户,加强产业基础能力建设,加速构建新能源汽车产业链生态。坚持全产业链开放共享,实现产业链上下游合作创新的模式。

（四）优化数字金融服务,满足汽车产业链全生命周期融资需求

从总体上来看,近年来我国多层次的金融融资渠道正在快速建立,多元化的金融供给从广度上满足了汽车产业链的全生命周期融资需求。然而从精度上来看,金融支持新能源汽车产业链发展仍有待提升。需在以下方面作出改进:一是搭建多层次融资渠道满足新能源汽车全产业链全生命周期融资需求,鼓励银行业金融机构为优势新能源汽车整车企业提供综合金融服务,加大对技术改造、研发投入、提产扩容的信贷支持力度,支持为动力电池企业加速成果转化和扩充产能提供资金保障,鼓励金融机构开展聚焦智能电控系统、智能驾驶和车联网等行业细分领域的投资顾问、综合授信等服务,形成全产业链金融布局。二是通过金融服务拓宽新能源汽车应用场景,支持扩大江西省乃至全国新能源汽车消费。发挥货币政策工具作用如碳减排支持工具支持高效储能设施建设和运营、充电桩建设及企业节能降碳技术改造,既通过提升新能源汽车的基础设施建设来推动全产业链全生命周期绿色低碳发展,也助力扩大新能源汽车的应用场景,吸引更多新能源汽车消费群体;鼓励保险机构健全价格形成机制,科学厘定新能源汽车保险费率,支持车企设立汽车消费金融公司等机构,保护车主权益,保障产业链生产,可进一步提高新能源汽车的市场渗透率,有助于为新能源汽车大规模的推广应用保驾护航。

（五）促进新能源汽车智能网联,实现汽车产业高质量发展

加大对新能源汽车和智能网联汽车的政策优惠力度,实施智能网联技术创新项目,支持企业跨界协作,开发复杂环境融合感知、智能网联决策与控制、信息物理系统架构设计等核心技术,推动新能源智能网联汽车的发

展。一是聚焦龙头,大力打造江铃新能源为国内新能源汽车头部整车企业。扶持龙头企业,发挥头部效应。具体而言,充分发挥新能源汽车头部企业出口欧盟的先进经验和优势,继续扩大海外出口,壮大整车出口贸易;打造江铃新能源中端市场供给定位,借鉴江淮—蔚来模式,以投资引领产业培育;定位低端市场供给,在生产车型上对标五菱宏光 MINI,加大推广力度,在革命老区赣州率先打开突破口。二是巧用代工模式,深化高水平开放合作。借鉴上汽通用五菱和小米的代工合作关系,推动我省品牌赢弱、产能过剩企业成为多个互联网造车新势力的品牌代工基地,致力于为全球新能源车企提供代工生产和定制顾问服务,努力成为新能源车代工领域的"正规军",分摊企业生产成本,创造营收,加速投资回收,提高产能利用率,化解产能过剩。三是借鉴柳州模式,扩大新能源车积分盈余。柳州模式的巨大成功离不开当地五菱宏光 MINI EV 的推广,此前曾有证券机构测算称,其单车利润仅为 89 元,但这一车型更重要的价值在于为上汽通用五菱获取正积分。我省应积极借鉴柳州模式,打开我省电动汽车低端市场,提高电动汽车保有量,消化过剩产能,扩大新能源车积分盈余,实现我省新能源汽车产业高质量发展。

参考文献:

[1] 耿瑞霞,周绍杰.有为政府促进有效市场:新能源汽车产业的实践经验[J].金融市场研究,2023,No.129(02):15-27.

[2] 刘晓彤.浅析新能源汽车产业发展现状、问题及对策——以德州市 M 县为例[J].现代商业,2023,No.665(04):42-45.

[3] 倪书存.中国新能源汽车产业发展问题研究[J].科技与创新,2023,No.221(05):179-181.

[4] 王娜.新能源汽车产业发展与政策支撑现状分析[J].现代商业,2023,No.672(11):31-34.

［5］汪正义,左艳红,李红九.做优做强湖北汽车产业［J］.党政干部论坛,2023,No.424(02):17－19.

［6］魏文强.碳中和背景下新能源汽车产业发展研究［J］.时代汽车,2023,No.402(06):87－89.

［7］张蓓.基于"双碳"目标的广西新能源汽车产业生态系统优化研究［J］.柳州职业技术学院学报,2023,23(01):21－25.

第十二章　江西省航空业与数字经济的融合发展

摘　要：目前，江西省已经形成了以南昌航空城和景德镇直升机基地等为核心的航空产业集聚区，且在航空业数字化转型方面取得了一定成效，但航空运营、维护、安全管理等关键环节的数字化应用率还远远不足。在当下数字经济快速发展的大背景下，航空产业作为江西省的重要支柱产业，面临着与数字经济融合发展的重要契机。本章分析了江西省航空业发展现状、数字经济背景下航空业发展态势，并为相关决策者和从业者提供了相关案例和政策建议。

关键词：江西航空业；数字经济；产业融合

2022年1月12日，国务院印发了《"十四五"数字经济发展规划》，江西省也出台了《关于深入推进数字经济做优做强"一号发展工程"的意见》，加快推进了数字经济与传统产业的融合发展。江西省作为中国重要的航空产业基地，拥有丰富的航空资源和雄厚的产业基础，是国内唯一同时拥有大型固定翼和旋翼整机制造企业的省份，具有航空运动产业项目融合性好、航空＋旅游、航空＋体育等新型融合模式发展潜力大等特点。在数字化浪潮的推动下,江西航空产业与数字经济的融合发展前景广阔。本章将深入探讨江西省航空产业的现状、数字经济发展的趋势以及相关案例,并提出政策建议,以推动江西省航空产业的数字化转型和进一步发展。

一、江西省航空业发展现状

(一)产业概况

江西省是新中国第一架飞机的诞生地,拥有雄厚的航空产业基础和优势。江西拥有航空企事业单位 125 家,其中规模以上工业企业 41 家、过百亿元企业 2 家,在军民用直升机、教练机等领域具有较大的行业影响力。近年来,江西航空产业营业收入、工业增加值和利润连续保持快速增长。2021年,全省航空产业实现营业收入 1413.26 亿元,同比增长 17.3%,航空制造规模居全国前列。2022 年,江西省继续推进航空产业高质量发展,加快构建"航空产业大起来、航空研发强起来、江西飞机飞起来、航空小镇兴起来、航空市场旺起来"的发展大格局。其中,南昌航空城和景德镇直升机研发生产基地是两大重点项目,将引领江西省航空产业创新升级。此外,江西省举办了"2022 中国航空产业大会暨南昌飞行大会",展示江西省航空产业的最新成果和发展潜力。

(二)产业发展的主要特点

产业布局较为完备。江西省继续推进航空产业高质量发展,加快构建"航空产业大起来、航空研发强起来、江西飞机飞起来、航空小镇兴起来、航空市场旺起来"的发展大格局。基本形成了以南昌航空城、景德镇航空小镇为重点,吉安桐坪、九江共青城等航空小镇以及赣州南康、上饶鄱阳等无人机试飞基地为依托的"双轮驱动、多点支撑"的发展布局。南昌航空城聚集了航空工业洪都、中国商飞、中信海洋直升机、腾宇通航等知名企业,全省拥有航空制造整机及配套单位 92 家,航空运营及服务单位 21 家,航空科研及教育单位 12 家,基本形成了集科研、院校、航空制造、民航运输、航空服务、临空经济为一体的较为完备的全产业链现代航空产业体系。景德镇直升机研发生产基地是中国直升机产业的重要组成部分，拥有国内最大的直升机飞行试验场和国内唯一的直升机飞行训练中心，是国家重大科技专项中直升机项目的主要承担单位。全国首家省局共建的民航江西适航审定中心全面运营，服务能力进入行业"第一方阵"。中国商飞江西飞机制造有限公司正式组建，江西已成为中国商飞在上海之外唯一的生产制造试飞中心，未来将有包括 C919 大型客机在内的越来越多的国产民机在南昌交付。

创新能力大幅提升。加强了与国内外知名院校和科研机构的合作，建立了南昌机体设计中心、北航江西研究院等航空研发机构，使得一批重大技术突破和产品创新得以实现。同时以南昌航空城和景德镇直升机研发生产基地为两大重点项目，引领江西省航空产业创新升级。工信部批复国产商用发动机试飞台项目立项，意味着国内首个市场化商用发动机高空试验平台落户江西，建成后有望成为航空发动机领域的大科学装置。北航江西研究院、中国商飞上飞院（南昌）机体设计中心、先进复材研发中心、江西航空研究院等新型研发机构全面运营，进一步提升我省航空产业的研发设计能力。

融合发展增添动力。江西省积极推动航空产业与数字产业、锂电产业、光伏产业、通用航空服务等相关产业的深度融合，为江西省航空产业的发展注入新的活力和增长点。全行业布局重点项目 101 个，其中在建 70 个，完工或部分投产 31 个，总投资 903 亿元，呈现高质量快速发展态势。行业重点企业、科研院所申报获批国防科工局军工固定资产投资近 30 亿元，为"十四五"航空产业发展增添强劲发展动力。

实力提升增强影响。江西省航空产业以其高效的工作流程和精湛的技术实力，展现了令人瞩目的业界实力。国家重大科技专项中，江西省航空产业承担了国产大飞机 C919 机体制造超 1/4 的份额，打造了大飞机核心试飞基地，并建立了全国第五家民用适航审定中心，为中国大飞机事业的高质量发展贡献了江西的力量。我省正积极争取工信部支持打造国家航空应急救援装备试点省。江西作为低空空域管理改革拓展试点省份之一,积极推动低空管理体制机制纵深改革,努力打造国家通航产业发展示范基地。赣州作为民航局批复的全国首批 13 个民用无人驾驶航空试验基地(试验区)之一,正在抓紧打造具有重要影响力的全国无人机产业发展试点示范基地。近年来,中国航空产业大会、南昌飞行大会、中国商飞全球供应商大会等重大会议在我省召开,进一步增强了我省航空产业影响力。

二、江西省航空业发展存在的问题

(一)运营市场较为分散

就通航运营产业来看,江西航空运营企业的数量相较于其他地区明显不足。数据显示,目前江西只有 6 家企业获得了通航运营的许可。这个数量在中国中部地区的排名靠后,而且这些企业中并没有一家能成为具有竞争力的龙头型通航企业。这使得江西的通航运营市场处于较为分散的状态,无法形成有效的市场集中度,同时使得企业在与其他地区竞争时处于较为劣势的地位。

(二)资源配置不合理

从资源配置的角度来看,江西的通用机场数量和飞行营地数量相对较少。目前,江西仅有 2 个 A 类通用机场和 4 个 B 类通用机场,这些数量远低于全国的平均水平。而这些机场的分布也较为分散,导致了辐射带动的效果不佳。此外,江西的飞行营地数量相对不足,只有 1 个飞行营地,这使得飞行训练和飞行服务的提供都受到了限制。另外,水上机场的建设在江西也显得相对滞后。尽管江西地处内陆,没有海洋,但是省内众多的湖泊和河流为水上飞机的运营提供了可能。然而,目前在这方面的建设进度相对较慢。这些问题在一定程度上制约了江西航空业的发展,且在目前航空业发展迅速、竞争日益激烈的背景下,如果不能及时改善这些问题,可能会使得江西航空业的发展更加困难。

（三）产业链完整性缺失

在航空产业的发展过程中，产业链的完整性对于整个产业的繁荣具有至关重要的影响。然而，江西省航空产业链表现出了一定的分散性，特别是在高端零部件制造和系统集成环节，产业链的完整性有待提升，这直接影响了江西航空业的发展和升级。航空产业链包括了从设计、制造、销售、运营、维修到退役的所有环节，其中每一个环节都需要具备相应的能力和资源。但在江西航空产业链的高端环节，特别是大型飞机制造、航空发动机以及系统集成等技术含量高、附加值高的环节，相较于全国其他地区显得较为薄弱。这在一定程度上减少了产业链的完整性，使得一些高附加值的业务无法在本地完成，从而降低了整个产业的竞争力和盈利水平。

（四）产业集聚效应不显著

产业集聚效应在航空业发展中同样具有重要作用。产业集聚能够带来诸如信息交流、人才流动和技术创新等多方面的好处。然而，由于江西省的航空产业发展相对较晚，市场规模相对较小，加之地域上的分散性，使得产业集聚效应并不明显。这在一定程度上影响了企业的创新能力和市场应变能力，也对吸引外部投资和人才流入产生了不利影响。江西航空产业在集聚效应方面的不足，可能成为制约其进一步发展的关键因素。

（五）技术创新能力不足

航空产业是一个技术密集型产业，技术创新能力对于航空产业的发展至关重要。尽管江西省在整机制造方面已经展现出一定的实力，但在航空核心技术的研发和创新上，特别是在大型飞机制造和航空发动机等方面，其能力相对较弱。首先，江西由于长期的技术积累不足，对航空核心技术的研发和创新力度有限，使得江西航空产业在高端市场的竞争力相对较弱。其次，江西由于教育资源的有限和科研环境的不足，导致科研人才的培养和吸引面临一定的困难，使得航空技术研发和创新的推进力度不够，也对航空产业的长期发展带来了一定的限制。此外,江西尽管有一些航空企业和研究机构,但在创新机制建设和创新氛围营造方面,还存在一定的不足,这将抑制航空技术创新的激情和动力,也对航空产业的技术升级和转型升级带来一定的影响。

（六）环保技术研发和应用有限

随着全球对环保和气候变化问题的关注度不断提高,各国对航空业的环保要求也在不断加强。尽管在全球范围内,航空业在环保技术的研发和应用上已经取得了一些进展,但这些进展在江西航空业的应用上还较为有限。一方面,江西航空业在环保技术研发和应用上的投入不足,导致新的环保技术和产品的应用推广进度缓慢;另一方面,由于江西航空业的起步较晚,对航空环保技术和产品的理解和应用经验相对缺乏,也使得环保技术在江西航空业的应用面临一些困难。航空业的可持续发展问题并不仅仅是技术问题,更是一种发展理念和战略的转变。在传统观念中,航空业的发展往往与能源消耗、环境污染等问题密切相关,而如何打破这种固有的观念,实现航空业的绿色转型,无疑需要江西航空业进行一系列的深层次改革,包括发展观念的更新、发展模式的转变等。总的来说,对于江西航空业而言,实现航空业的绿色、可持续发展,降低碳排放,是一项极具挑战性的任务,需要航空业在技术、管理和理念等多个层面进行全面的改革和提升。

（七）空域管理能力不足

航空业的发展离不开空域资源的支持。然而,从江西省的实际情况来看,空域管理方面存在一些不足,这在一定程度上制约了江西航空业的发展。从空域管理的角度来看,江西省的空域资源并没有得到充分利用。在当前,江西并未能实现3000米以下全面放开的空域条件,这无疑对航空业的发展带来了一定的制约。空域资源的利用效率直接影响着航空业的运营效率,特别是通航运营,一直被看作是航空业发展的新引擎。然而,由于空域资源的限制,江西省通航运营的发展面临着诸多挑战,这不仅限制了航空业的发展速度,也影响了航空业对于经济社会的带动作用。

（八）空域支持政策缺乏

政策支持是航空业发展的重要驱动力,无论是对航空业的直接扶持,还是通过改革创新空域管理方式来推动航空业的发展,都需要强有力的政策支持。从政策支持的角度来看,江西省也存在一定的问题。江西省并未被中央空管委批准为低空空域管理改革试点省份,这意味着在国家政策层面,江西航空业的发展并未得到充分的关注和支持。此外,从空域管理与政策支持的结合角度来看,这两者在航空业发展中起着协同作用。空域管理的改革需要政策的引导和支持,而政策的实施也需要空域管理的配合。然而,从江西省的实际情况来看,空域管理和政策支持在一定程度上并未形成有效的协同,这无疑给航空业的发展带来了一定的困扰。

三、数字经济背景下航空业发展态势

当前,随着大数据、云计算、物联网和人工智能技术的蓬勃发展,数字化、网络化、智能化技术与民航业深度融合,带来了积极成效。与此同时,得益于信息和互联网技术的飞速发展、信息系统的互通互联,以往传统的信息系统开始由数字化向智能化、智慧化的方向发展。民航数字化发展驶入快车道,民航产业迎来了数字化转型发展的新契机。

在我国客、货、邮航空运输市场需求不断增加的背景下,民航运力的投入不断加大,民航机队存量、增量均呈持续提升态势。根据《2021 年民航行业发展统计公报》统计数据,我国民航机队规模呈现持续增长的趋势,运输机队规模从 2010 年的 1597 架增长至 2021 年的 4054 架,复合增长率达到 10.9%。

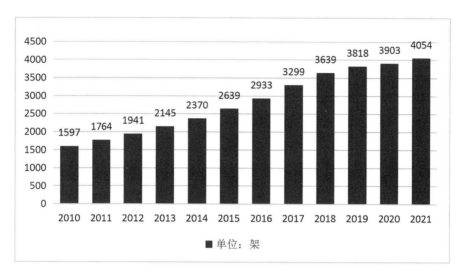

图 12 - 1 2010—2021 年中国民航运输机数量变化趋势图

数据来源:民航局、中商产业研究院整理。

随着中国低空开放战略的逐步实施,国内通用航空迎来了快速发展期,根据中国民用航空局《2021 年民航行业发展统计公报》(未包括香港、澳门特别行政区及台湾地区数据),截至 2021 年底,获得通用航空许可证的企业共 599 家;通用航空在册航空器 3018 架,近十年复合增长率达到 10.38%;通用机场方面,2021 年新增通用机场 31 个,全国在册管理的通用机场数量达到 370 个。

在数字经济的浪潮下,航空业正面临着新的机遇和挑战。作为新中国航空工业的发源地,江西省拥有雄厚的航空制造基础和丰富的航空人才资源。近年来,江西航空业紧抓国家大力发展航空产业的契机,积极推进数字化转型,加速航空业的数字化升级。通过充分利用先进的信息技术和数字化工具,江西航空业正在实现更高效的运营和服务,提升产业竞争力,推动经济增长。

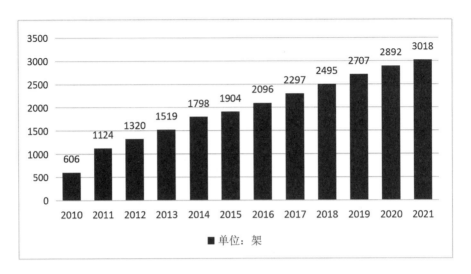

2010—2021 年中国通用飞机数量变化趋势图

数据来源：民航局、中商产业研究院整理。

（一）智能航空运营

数字经济已经为航空运营描绘出一幅智能化的画卷。借助大数据分析和人工智能技术，航空公司能以前所未有的精准度预测市场需求，调整航班规划和座位分配，从而提升运营效率和经济收益。不仅如此，无人机和传感器技术的应用则为航空运营注入了更多智能化元素。通过对机场设施和航空器的实时监测，航空公司能够迅速洞察设备故障、安全隐患或运行异常情况，及时采取维修和调整措施，确保安全运行，提升设备维护效率。而区块链技术的运用则在航空货运链管理方面展现出其重要价值。通过区块链技术，航空公司能实现对货物信息和交易记录的安全管理和透明化，提供了更高效、更可信的货运链管理，确保了货物追踪和供应链管理的准确性和信任度。总的来说，数字经济的智能化应用已经深入航空运营的各个环节，带给航空公司巨大的益处，不仅能更好地满足乘客需求，提高运载率和利润，也能有效提高运行安全性和设备维护效率，还能实现航空货运的安全管理和透明化。

（二）数字化客户体验

数字化客户体验是航空业数字经济应用的重要领域,对于提升乘客满意度和促进业务增长具有关键作用。首先,移动应用程序的普及使乘客能够在手机上轻松预订机票、办理登机手续、选择座位等。乘客可以通过应用程序快速查找和比较航班信息,方便地进行在线支付和电子票务管理。这种便捷的移动体验提高了乘客的航空服务满意度,并节省了他们的时间和精力。其次,大数据和人工智能技术的运用使航空公司能够提供个性化的推荐和定制服务。通过分析乘客的历史数据和喜好,航空公司可以推荐最适合他们的航班、餐食、娱乐和其他附加服务。个性化的推荐不仅提高了乘客的舒适度,也增加了航空公司的收入和品牌忠诚度。

此外,虚拟现实(VR)和增强现实(AR)技术的应用为乘客提供了沉浸式的旅行体验。通过虚拟现实技术,乘客可以在航班前体验飞行过程,探索机舱内部和目的地景观,增加旅行的趣味性和期待感。增强现实技术可以为乘客提供实时的航班信息和导航指引,使他们更方便地找到登机口、航班延误信息等。此外,数字化客户体验还包括在线客服、社交媒体互动和快速响应。航空公司可以通过在线客服系统和社交媒体渠道与乘客进行实时交流、解答问题、提供帮助,并处理投诉和退改签事务。快速响应乘客的需求和反馈,提高了客户满意度和口碑。

（三）数字化航空制造

首先,计算机辅助设计(CAD)和计算机辅助制造(CAM)技术的运用使航空公司能够更精确地设计和制造飞机部件。CAD 技术使设计师能够在虚拟环境中创建和修改设计,快速验证设计的可行性和性能。CAM 技术将设计数据转化为机器可执行的指令,实现自动化的制造过程。这些技术的运用提高了飞机制造的精度和效率,减少了错误和重复工作。其次,数字孪生技术的应用为航空制造业带来了革命性的变化。数字孪生是指将实际产品的数据和虚拟模型相结合,实时模拟和优化产品设计、制造和维护过程。通过数字孪生技术，航空公司可以在虚拟环境中模拟飞机的设计和制造过程，发现和解决潜在问题，减少试错和调整的时间和成本。这种虚拟仿真的方式提高了产品质量和生产效率。此外，物联网（IoT）技术的应用使得航空公司能够实时监测设备状态和生产线运行情况。通过传感器和连接设备，航空公司可以收集和分析设备的数据，实现对生产过程的实时监控和智能管理。这有助于提高生产效率、减少故障和停机时间，并实现及时的质量控制和预防性维护。数字化航空制造还涉及供应链管理和合作伙伴关系的数字化协同。通过数字化技术，航空公司能够实现与供应商、合作伙伴和客户之间的实时数据共享和协同工作。这种数字化的协同方式提高了供应链的透明度和响应速度，减少了物料和信息的延迟，优化了供应链的效率和灵活性。总的来说，数字化航空制造通过 CAD、CAM、数字孪生、物联网等技术的应用，提高了飞机设计和制造的精度、效率和质量控制。这种数字化转型的方式使航空公司能够更好地应对市场需求的变化，提供更可靠和创新的产品。数字化航空制造的优势在于提高生产效率、减少成本和错误，加强供应链的协同和透明度，为航空制造业带来了新的机遇和竞争优势。

（四）航空安全与风险管理

数字经济为航空安全和风险管理提供了更强大的工具和技术，帮助航空公司实现实时监测、预测和应对潜在风险的能力。首先，数据分析和人工智能技术的应用使得航空公司能够实时监测飞行安全和风险事件。通过收集和分析大量的飞行数据、气象数据、飞机传感器数据等，航空公司可以发现异常和趋势，预测潜在的风险和问题。同时，人工智能技术的应用可以对数据进行实时监测和分析，快速识别风险事件，并及时采取相应的措施，提高飞行安全性。其次，区块链技术的应用为航空安全和风险管理提供了更安全和可信的解决方案。区块链技术可以确保飞行数据的完整性和不可篡改性，从而提高飞行数据的可靠性和可信度。此外，区块链技术还可以加强飞行操作的身份认证和访问控制，防止未经授权的访问和操纵，保护飞行安全。同时,数字化技术为飞行员培训和模拟训练提供了更真实和高效的工具。虚拟现实(VR)和增强现实(AR)技术可以模拟各种飞行场景和紧急情况,提供逼真的训练体验,帮助飞行员熟悉和应对各种飞行操作和应急情况。这种数字化的培训和模拟训练能够提升飞行安全性和操作技能,降低事故和风险的发生率。

四、航空业与数字经济的融合发展的相关案例

(一)沈飞启动基于流程的数字化体系构建,助推高质量发展

2023 年 7 月,航空工业沈飞召开"基于流程的数字化体系构建"启动会。这是一次全局性、系统性、创新性的管理变革,也是引智增力推动沈飞公司数字化转型的重要举措。该举措以流程为基础,开展数字化体系顶层设计,规划全景路径,同步建立数字化治理和数据治理机制,培养一批数字化变革人才,找到合适的数字化转型路径、方法,固化一套数字化转型方法,全面推动沈飞数字体系建设,助推沈飞公司高质量发展。此外,沈飞公司重点推进信息化项目管理系统改进,并正式将信息化项目管理确立为 2023 年度十二大系统改进项目之一,结合信息化建设领域问题专项整治工作要求,全面分析信息化项目管理全生命周期 11 个过程、44 个活动,识别出典型问题 16 项,有序开展端到端业务流程优化、制度完善、职责调整和 IT 建设,健全信息化项目管理体系。

(二)成飞强化 IT 建设,推动数字化转型升级

中航成飞积极贯彻落实党中央、国务院关于推动新一代信息技术与制造业深度融合、打造数字经济新优势的决策部署,对照国务院国资委"对标世界一流管理提升行动"的总体要求,将数字化转型作为改造提升传统动能、培育企业发展新动能的重要手段,拉动了航空制造企业加速转型升级的引擎。以"一条主线、两朵云、三张网、四大主干平台"的建设策略打造"数字新成飞",新一代协同研制管理平台、供应链管理平台、制造运营平台、综合

服务保障平台为核心的四大主平台及数据赋能与提升平台全面上线应用，初步建成复杂装备数字化研制管理体系。四大主平台有效支撑多架次型号项目研制生产，有效提升型号项目研制效率。落实"军民融合"发展要求，发挥"主机主责"作用，供应链协同管理系统推广至集团内/外 51 家供应商，实现零件订单实时监控，有效提升一体化供应链管理、全生命周期协同研制能力。按照"1＋5＋11＋x"的总体架构，打造多专业联合智慧决策中枢，2020年 9 月，管控中心 V1.0 上线试运行，形成五大顶层视图，11 个专业管控及 x个专项研判场景；根据业务和管理需求不断迭代优化，形成管控场景约 307个，指标 2858 个；同时持续开展指标数据与业务系统集成，提升数据及时性；推动实现管理透明化、决策科学化，支撑企业数字化、智能化、一体化科研生产体系建设。

（三）西飞提升数字化工艺设计与协同能力，助力航空大飞机研制

中航西飞充分运用数字化、网络化和智能化技术手段，以数字化工艺设计与制造协同能力打造为抓手，赢得大飞机市场的竞争优势。拟打造的数字化工艺设计与协同能力基于工艺设计与协同的全面信息化、适度智能化协同环境，通过金航网、商业网实现主要合作伙伴与飞机设计系统、主要合作伙伴间的跨地域的关键业务、数据协同。数字化工艺设计与协同能力的建设是中航西飞飞机研制信息化的一次革命性进步，它极大的改变了传统的研制模式，是大型飞机研制技术管理的一次飞跃，对未来中航西飞信息技术的发展有着深远的影响。它实现了产品数据从设计、制造、工装到检验的飞机研制工作全流程贯通，同时支持异地多厂所协同研制环境，在信息化平台、管理、标准、技术、能力、人才等方面，形成了比较完整的数字化技术体系，在最高水准统一了行业制造标准和数字化制造数据源，支撑了"一个模式、六个统一"联合研制新模式在航空工业全集团范围内的全面落地，开启了军民融合保障大飞机研制的先例，也为信息化与工业化的深度融合进行了全面探索。

五、江西省航空业与数字经济的融合发展政策建议

一是制定数字化转型政策。制定数字化转型政策如提供资金支持、建立数字技术研发中心、推动数字化技术的标准化和规范化等措施,鼓励航空企业采用先进的信息技术和数字化工具,推动航空业实现数字化升级。鼓励航空企业与数字科技公司、云服务提供商等合作,共同开展数字化转型项目,推动航空业与数字经济深度融合。设立专门的基金,用于支持江西本土的数字化创新项目,特别是那些能够应用于航空业的项目。鼓励企业与当地的大学和研究机构进行紧密合作,以利用他们的知识和技术。此外,可以举办一些针对数字化航空解决方案的竞赛或活动,以激发更多的创新。

二是促进民航企业实现数据价值化。航空公司、机场、空管、气象、航空油料等部门要充分认识和挖掘数据的价值,从数据库寻找数据的相关性,通过对数据的计算与分析发展数据的价值,用数据推动民航高质量发展。打破民航企业之间的信息孤岛,尽快实现信息共享,形成数据链为产业数据化做好基础;此外充分利用"数据再投资"开放新的产品组合、新的合作方式、新的渠道等等。

三是推动民航供应链数据化建设。通过数据对上下游的全要素数字化升级、转型和再造的过程来实现产业数据化,利用数据重新构造供应链。可以避免传统供应链协调的困难,节省协调成本,利用数据整合性供应链,使整个链的动作一致,供应链运作更加科学化。充分利用信息数据技术提升航空产品及信息流通的效率,拓宽销售渠道,可以实现线上线下同步进行,降低销售成本。诸如网上直销、社交网络平台等等方式,使供应链运转更加畅通。

四是鼓励智能航空运营。鼓励航空公司加强与人工智能、大数据分析等领域的合作,以提升智能航空运营的能力。政府可以提供资金支持,促进航空公司引进和应用智能技术,包括预测市场需求、优化航班规划和座位分配、实时监测设备等方面。用数据重构航空产品结构,通过数据的分析发现

客户需求,从"标准＋产品"走向"定制＋服务",实现产品个性化。利用数据改变产品结构,将传统航空产品单一性转化为产品的多样化,甚至产品的人格化。此外,建立智能航空运营的监管和评估机制,确保技术的安全性和有效性。政府可以与航空业协会和相关机构合作,制定智能航空运营的标准和指南,推动行业的规范发展。

五是提高数字化客户体验。政府可以提供政策支持和合作奖励,推动数字技术与客户体验的创新融合,鼓励航空公司提供更加个性化、便捷化的数字化服务。推动航空企业开发和应用移动应用程序,提升乘客的数字化客户体验。使用 AI 和大数据技术优化预订流程,为乘客提供个性化的航班推荐,支持航空企业提供便捷的在线预订、电子票务管理和个性化推荐等服务,提高乘客满意度和航空业竞争力。鼓励航空企业与科技公司合作,探索虚拟现实(VR)、增强现实(AR)等技术在航空客户体验中的应用。

六是利用数字经济跨界推动航空高质量发展。运用数据跨界整合上下游来建造企业的生态圈。紧跟产业与企业的跨界融合和加速转型的趋势,利用数据将生产者与物流、消费者形成数据链,充分利用平台经济来拓展市场,创造全新价值。利用数据建立自己的生态圈,利用数据拓宽发展渠道、横向进行扩张,纵向进行深化,建立起来的一个循环商业竞争体系。例如,在横向方面,航空公司客舱无线网络可以实行跨界经营,利用网络经营各种特色产品,给航空产品注入多元化的元素,甚至可以对旅客购买的物品采取门对门的服务方式等等;机场也可以利用数据把机场打造成新型城市中心与机场购物中心等等。在纵向方面,可以充分利用数据使产品更加深化、更加个性化,人格化。

参考文献:

[1]朱华.让江西重新连通世界[N].江西日报,2023－03－02(005).DOI: 10.28490/n.cnki.njxrb.2023.001081.

[2]洪巧莉.我国航空业创新效率及其影响因素研究[D].湖南大学,2020.DOI:10.27135/d.cnki.ghudu.2020.002442.

[3]季凯文,丁润青,王旭伟,等.抢抓航空物流发展新机遇 助推江西加快实现千亿元"航空梦"[J].城市,2018,No.225(12):26-34.

[4]王晓军.产业价值链视角下的江西省航空业与旅游业融合发展路径研究[D].南昌航空大学,2018.

[5]江西省人民政府公报,2017,No.1071,No.1072(Z1):47-52.

[6]柳语,谢奉军.基于VAR模型的南昌临空经济区航空物流发展影响因素分析[J].物流科技,2016,39(10):90-94.DOI:10.13714/j.cnki.1002-3100.2016.10.025.

[7]柳莹.基于"互联网+"的航空2.0时代S航发展思考[J].空运商务,2015,No.365(10):22-26.

[8]朱琳.为航空业可持续发展"加油"[N].经济日报,2023-04-26(004).DOI:10.28425/n.cnki.njjrb.2023.002766.

[9]刘振敏.航空业绿色发展新举措[J].大飞机,2023,No.104(02):35-38.

[10]邓羽.欧盟航空业政策动向对我国民航发展的启示[J].空运商务,2022,No.447(08):15-17.

第十三章　江西省中医药产业与数字经济融合发展研究

摘　要: 江西省中医药文化底蕴厚重,人力资源充足并具有相当的行业基础。促进江西省中医药产业与数字经济的融合发展对于江西省产业结构优化升级和中医药产业高质量发展都具有重要意义。本文在分析中医药产业发展现状基础上,总结数字经济背景下江西省中医药产业的发展态势,归纳江西省中医药产业发展的制约因素和江西省中医药产业发展路径。最后借鉴国内相关案例的经验,对未来江西省中医药产业高质量发展提出政策建议。

关键词: 数字经济;人工智能;中医药产业

一、中医药产业发展现状

（一）规模以上企业持续增加,中医药行业整体保持平稳发展

表 13 - 1 展示了 2017—2021 年全国中医药产业经济效益的发展状况。从规模以上企业数量来看,从 2017 年的 7532 家上升到 2021 年的 8629 家,增加了约 14% ,占全国规模以上工业企业个数的 2%;从主营业务收入来看,

从 2017 年的 27116.57 万元上升到 2021 年的 29583 万元,增长约 9%,占全国规模以上工业企业营业收入的 2%;从利润总额来看,从 2017 年的 3324.82 万元上升到 2021 年的 6430.68 万元,增长约 93.4%,占全国规模以上工业企业的利润总额比例从 4% 上升到 6%。

表 13 - 1　2017—2021 年全国中医药产业经济效益分析

年份	公司数量（家）	规模以上公司数量（家）	主营业务总收入（万元）	规模以上工业公司营业收入（万元）	利润总额（万元）	规模以上工业企业利润总额（万元）
2017 年	7532	372729	27116.57	1133160.76	3324.81	74916.25
2018 年	7423	374964	23986.3	1057327.3	3187.24	71608.91
2019 年	7392	377815	23884.2	1067397.2	3184.24	65799.04
2020 年	8170	399375	25053.6	1083658.4	3693.4	68465.01
2021 年	8629	441517	29583	1314557.3	6430.68	92933.03

数据来源:国家统计局、华经产业研究院。

表 13 - 2 展示了 2017—2021 年江西省中医药产业经济效益的发展状况。从规模以上工业企业个数来看,中医药产业从 2017 年的 391 家波动上升到 2021 年的 496 家,增加约 26%,占全省规模以上工业企业数量的 3%;从主营业务收入来看,从 2017 年的 1312 万元增加到 2021 年的 1346 万元,增加约 2%,约占全省主营业务收入的 3%;从利润总额来看,从 2017 年的 130 万元增加到 2021 年的 144 万元,增长约 10%,约占全省规模以上工业企业利润总额的 5%。

表 13 - 2　2017—2021 年江西省中医药产业经济效益分析

年份	公司数量	规模以上公司数量	主营业务总收入	规模以上工业公司营业收入（万元）	利润总额	规模以上工业企业利润总额（万元）
2017 年	391	11734	13121615	355851135	1301835	24756903
2018 年	371	11630	10530809	320773676	1122925	21578377
2019 年	389	12727	11932820	345906480	1219891	21588255
2020 年	430	13710	13215935.3	379091711	1386235	24381473
2021 年	496	15142	13462022.8	439767304	1444359.5	31224143

数据来源：江西省统计局。

（二）受新冠疫情等因素影响，中医药行业整体下行压力较大

在我国实行的药物零加成政策和医保控费、重点监测辅助药物、限输令、药物申请从严等政策措施的影响下，2018 年以来现代中成药生产总体上减少。图 13 - 1 显示了 2017—2022 年全国中成药产量的发展情况。由于新冠疫情和经济增速放缓等因素影响，中成药产量总体呈现下降趋势，由 2017 年的 383.61 万吨减少到 2022 年的 227.7 万吨，减少约 40%。

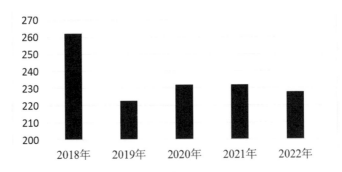

图 13 - 1　2017—2021 年全国中成药产量（单位：万吨）

数据来源：国家统计局、华经产业研究院。

图 13 - 2 展示了江西省中成药总产量的变动情况。与全国的类似,2017—2021 年中成药产量波动下降,由 2017 年的 12.45 万吨减少到 2021 年的 9.45 万吨,平均下降 24%。

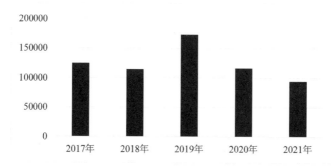

图 13 - 2　2017—2021 年江西省中成药总产量(单位:吨)

数据来源:江西省统计局。

二、数字经济背景下江西省中医药产业发展态势

过去的五年里,我国中医药水平稳步提高,行业发展提质增效,传承与创新逐步提升,国际协作合作不断深化,尤其是应对突发的新冠疫情,中医全程深度介入临床抢救与社区防治等工作,已取得了明显进展。

(一)技术创新管理体系加快健全,技术创新成效进一步彰显

我省中医药行业目前已建立了国家重点实验室 2 家、我国系统工程技术研发中心 2 家、我国民营企业科学技术管理中心 4 家、我国区域联盟系统工程技术研发中心 4 家、省部级博士工作站 3 家。全国(南昌)中医药科技城正在加速打造,全国中医科研究所江西省分院、中科院中药国际大科学仪器预研管理中心正在加快实施。仁和公司、青峰药物公司、华润置地江中、汇仁公司、普正制药、三鑫医院等领军公司,在北京、上海、南京以及美国新泽西州等地成立了新药研究所和研发飞地。

(二)智能生产管理水平显著提高,绿色发展初见成效

医药行业智能化、绿色化深入推进。华润江中打造的全国第一家无人

化控制中医药液体制备车间，被工信部评为智慧生产试点示范公司，汇仁药业的中医萃取车间、青峰医药的喜炎平工厂、百神药业的中医配方颗粒工厂都通过了现代化的全流程控制，提高了质量。博雅生物、华润江中、兄弟医药获得了全国绿色车间，昌诺制药获得了国家级绿色车间。

（三）中医药传承创新能力逐步增强

国家（南昌）中医科技城建设项目的顺利推进，以及国家中医科学院中医药养生经济研究院、赣江中药研究中心的建设推进。建设国家中医技术创新平台三个，省部级技术创新平台有六十一个。江西中医药大学是省部局联合共建院校，以中医学、中药学、药学为全国一流本科专业建设重点。

（四）中医药国际合作持续深入

在中国传统医疗领域，与世界二十余个国家和地区形成了稳定的合作伙伴关系。全球中医会议第四届夏季研讨会、中国联合组织传统医学论坛等先后召开。在中国、瑞典、突尼斯等地设立中医药教学国外管理中心，并创建了中国第一个国家中医教学现代化（南昌）综合实验区。

（五）中医药全程深度参与新冠疫情防控

建立了我国第二个省级中西医结合定点治疗医院，并成立以中医专业为基础的中国赴乌兹别克斯坦联合工作组，帮助乌方政府开展疫病防治项目。组织建立了中医药专业技术指导组，运用中西医结合的诊疗方法抢救重症、危重症病人，并适时启动了中医药抗击疫病的应急攻关专项，建立了涵盖中医学研究期、轻型、一般型、重型、危重型、恢复期病人等全过程的现代中医药治疗标准与技术方法，并及时研发出了一大批行之有效的传统中药制剂。

三、江西省中医药产业发展的制约因素

（一）宏观因素

1. 国际竞争日趋激烈，全球产业体系加速变革

当前，西方发达国家也开始重新审视西医发展方向，越来越强调整体保健和增强人类的自我抵抗力，也越来越关注新中医等传统医学方法研究。

国外著名药企将借助自身在科技、资本、产品等方面的巨大优势开始进入国内中药领域，并通过现代技术开发传统药物，逐步占领了天然医药领域的高地，势必将对国内外中药行业发展产生重大影响，并颠覆了国内外目前由中资企业一统天下的局面。

2. 医药卫生体制改革，中药品监管力度提高

由于群众自身保护的提高，近些年，我国加强了对用药安全的监督，有效地控制了用药不良情况和不安全事件的出现，药物标准和用药产品质量提高，药物监督体制更加健全，药物研制、生产、流通秩序和使用情况更加规范。中药与中成药企业一样，也存在着这些风险。根据中国新版 GMP、GSP标准等的规定，企业进行技改都需要很大的投入，这对于江西省很多中药企业而言，无疑是要面对着巨大的资本压力和经济负担，而极大的成本挑战也让中小企业的利润空间继续遭到压榨，因此一些中药公司也存在着被淘汰的风险。

3. 中药品需求量不断提高，中药材资源日趋紧张

伴随中国老龄化的深入发展，以及全民健康养老制度的不断深入，更伴随着收入水平和科技发展水平的提升，对中医药的需求量也日益扩大。在我国行业政策指导下，中医药行业这个朝阳产业已日益受到社会大人们的广泛关注，中药饮片需要量成倍增加，中成药厂家产量也迅速上升，对中医药原料需要量很大。但由于中医制药领域属资源依靠性行业，野生药物资源供给紧缺、中医药上游价格上涨、下游压低产品价格（国家限价）都成为中医药行业可持续发展的主要制约因素。

（二）微观因素

1. 企业研发能力薄弱，创新要素仍需完善

近年来，江西省虽然开发出了部分新药和仿制药品，但集中在改剂型八类药物和九类仿制产品，在科技含量较高的一、二级新药和中药创新产品等方面的研究工作也相对薄弱。全省药品制造企业中多数都缺乏自身的研发

部门,没有技术和新产品的研发力量。

2.人才吸引力不足,中医药人才较为匮乏

中药行业的中药科技研究、生产、销售、中药饮片炮制方法以及中医药栽培加工等专业和方面,出现了领军人员缺失和产业技术缺失的现象。尽管江西卫健委和江西中医药大学及其他政府部门出台了许多政策措施来促进和解决中医药人员紧缺情况,但由于基础健康服务网络建立以及江西省中医药各行业的蓬勃发展,受人才培养周期所限,人员紧缺情况依旧是影响江西中医药事业发展重要的方面。

3.产品结构较为单一,中药品附加值较低

目前江西省的中医产业规模一般较小,且这些药品大部分是常规中成药或改剂型的产品,技术含量较低,以低价值和低品位的产品占据了大多数,而且中药公司所生产的产品也主要是大宗普通产品,在军事斗争较高的地区一、二级普通药物生产方面,所占有的市场份额也较小。

四、数字经济背景下江西省中医药产业发展路径分析

（一）推动数字化生产技术应用,培育特色中药材资源

健全道地资源保护目录体系,推进稀有濒危中医药人工繁殖。以赣十味、赣食十味和地理标志商品为重心,加大品质资源采集、优质良种繁殖、标准化种植技术研究,扶持种质资源基因库与区域性良种繁育基地建立,推进中医药品种遗传改革,推进育繁推一体化发展模式。加大道地中医药生态化培植、野外养殖、模拟培植基地建设工程,推进绿色生产技术集成创新与示范性应用,发展订单生产等中医药供给方式,带动各种资源利用要素集聚发展,打造一大批中医药道地优产区和名产地,努力做强赣中道地医药、赣东优势医药、环鄱阳湖药食同源医药三个优势地区。引导发展林下中医药生态化培植,重点发展中医药趁鲜切制,培养中药材种植工业新增长点。

（二）加快中药产业智能化制造，推进中医药科技创新实现突破

完善国家技术创新平台建设项目，积极打造全国中医先进制造业和现代中医药产品技术创新核心和全国现代中医药研究和生产技术创新核心，加速推进现代中医药技术创新国家级实验区创建。重点支持全国现有现代中医药技术创新平台建设，促进平台提质增效。加快国家中医科学院药物保健产品研发所、赣江中药技术创新服务中心、江西中医研究院、庐山植物园赣江新区中医植物科学院等中医重点科研院所创建。根据中医基础理论研究、中医智能生产装备、现代中医药创制、中医标准规范编制等关键领域，打造一批技术创新基础、临床研发平台。形成国家科学技术主管部门与地方中医主管部门统筹联动的中医科学技术机制，进一步健全适合地方中医科学技术特点的组织、验收、评估和考核体制，尽快形成"科技＋中医"的联合立项模式，省科学技术奖项申报评审工作中单独设置了中医组，以积极扶持地方中医行业的技术创新。

（三）推广"人工智能＋中医"，提升中医药智慧服务能力

将形成涵盖诊前、诊中、诊后的线上线下整合中医诊疗服务模式，和集预防、诊断、康复为一身的全链条服务模式。促进发展"人工智能＋中医""5G＋中医药""VR/AR＋中医药"，推进智能中医网络平台建设，促进计算机、大数据、网络等新兴技术在中医行业的广泛应用，强化健康信息收集、储存、挖掘、安全等方面技术突破。推动智能中医医院、中医网络诊所等建设，推进远程检测、智能诊疗、个性化护理等卫生服务新模式，促进智能中药房、智能诊疗服务、智能系统装备等发展。

（四）深化医教协同，加快培养高素质中医药人才

加强医教合作，进一步调整中医学学科设置和课程体系，进一步健全学术考评系统，进一步加强中医思维训练。构建早期跟师、早临床学习机制，进一步研究将师承教学融合的中医院校教育模式，促进将师承教学贯通临床实践教育的全过程。加强省部局共建对江西省中医药大学的扶持力度，

建立了一大批中医教学、科学研究、教育文化网络平台（培训基地、管理中心），争取培养一两个国内一流学科专业、两三个国内一流硕士特色专业。大力支持南昌医校做强做大中医类课程和专业知识，建成中西医融合特点大学。大力支持江西中医药高等专科学校等院校建设一大批中医优秀学科专业（群），推进升级为中医类型的本科院校。

五、国内相关案例经验借鉴

（一）华润三九中药行业发展案例

华润三九医药集团有限公司（以下简称"华润三九"）将根据复兴中医药、制造强国等国家战略，积极谋求转型升级，通过培育差异化产业，进行品质提升、培育新中医大品种、构建升级版传统中医药发展战略、掌握核心药材市场、提升中医智造、整合产业优化资源，最终实现市场份额位居中国国内医药集团产业首位。主要做法共有以下五点：

一是以引领中药智造为愿景，建设中药数字化工厂。利用云计算技术、区块链等现代信息技术进行了全网络协同的中药智能生产新方法应用，并通过数字孪生技术构建了全车间仿真模式，为生产的关键环节提供决策支撑，有效缓解了中国传统的制药领域生产瓶颈。

二是积极推动智慧生产，以缓解行业资源和设备的数据信息孤岛问题。华润三九公司根据国家智慧制造业规划，针对企业五大领域端到端能力要求，以药品工业制造企业为核心，建立了数据收集与监测体系，实行统一的工业信息化标准，并结合企业资源规划管理、能源管理和信息服务体系构建，有效推进了人、机、料、法、环等全方位的信息化控制工作，完成了企业横向服务与纵向设备管理的高度融合打通，有效促进了工业化与信息化的高度融合。

三是有效挖掘信息资源，改善生产运营决策。华润三九引进数字孪生等先进信息技术，并借助全互联网与协同生产云平台的打造，形成以生产调度、运营优化、资金协调为基础的生产运营大脑的服务环境。提供的实时可视化、分析建模和决策能力,实现了企业内部的协同高效生产和企业级产品运营协同和信息资源的最佳分享。通过运营大脑的数据沉淀和优化决定能力,企业可以实现更高效率的生产产品和更精益的运作。

四是实施智能监测,提升药品质量。华润三九采用了近红外实时监控技术,实现对核心产品生产中关键过程的多个重要成分同步监控,并及时反映实时监控分析结果,从而实现了药物产品品质的即时监测,从而有效改善了药物品质,为中药的持续研发、过程控制放行提供了大量数据分析基础,从而增强了智能化制造工艺装备过程的品质控制,也有效提升了制造效率。同样,又将近红外实时监控技术和智能管理技术相结合,采用监测数据评价和反馈工艺技术水平,构建和优化了基于药物内在品质最高、效率最优的产品管理,促进了生产工艺技术水平优化提升,从而实现了药物批次内品质和批次间效率的统一。促进了连续生产的成功落地实施,在提升了产品效益的时候,也保证了服务质量。

五是运用云计算服务,实现全网络协同制造。华润三九创新了中药全网络系统协作云企业的经营管理模式,以云平台为主体,提供了包括计量、仓储、计算机网络、安全等多种业务产品类别,并通过安全、可信、快捷的云计算服务,完成了各企业关键工艺自主排程、上下游企业信息获取、异常反应,进一步巩固了企业排产逻辑和产线控制能力。在互联网企业协同云制造模式下,华润三九完成了制造业过程管控、制造业 SOP、工业生产称量电子批记系统等新功能,并利用无线网络连接操作终端、工业生产称重设备等,让企业的操作移动化和简便化。

(二)安徽省中医药产业发展案例

安徽为利用安徽省中医药优势,促进中医药发展升级,增加中医药行业对安徽经济发展的贡献,主要采取如下五点措施:

一是以开展 GAP 为重点,高标准建设中药材栽培产业基地。在安徽省内根据"合理计划、分区布置、示范性推进"的总目标，突出地方优势，根据GAP特点，选择重点地产品种，确立示范田面积，逐步推广扩大，以达到中药材栽培精细化、规模化、优良化、专业性。立足道地及特色中医药资源，运用现代科技，逐步形成道地中医药的规范化生产管理体系，提升中医药产品品质，保持中医药初加工的可追溯性，积极建设绿色生态皖药。建立完善的中医药原产地标识体系，完善道地中医药目录，倾力建设皖药名牌。

二是以科学技术为先导，全力推动中医药行业技术创新。在安徽省内加大对中医药产业化技术投资，以完善中医药种植、加工、制造、营销与知识产权产业链的有效连接，以技术创新求突破，以技术创新谋求跳跃式发展。突破条块分割，组织对国家重点科技问题的协同攻关。主要围绕实施GAP、优质良种苗木繁殖、现代中药饮片炮制工艺技术、中草药配制颗粒、现代中医药微粉化、中草药现代浸提法、现代中成药的新品种、新工艺等方面加强科学研究与攻关，对重要科学技术成果进行了专利保护。

三是进一步完善中医药信息基础设施建设，提高信息化建设水平。在安徽省进一步健全与中医药行业有关的信息基础设施建设，积极推动"互联网＋"国家行动计划，提高中医药行业的信息化、智能化管理水平，积极推进中医药大数据分析的运用推广。构建对中医药产品质量和安全问题的网上溯源和核查机制。进一步加强全国中医药行业的公共信息服务管理工作，实现中医药行业信息系统的纵向沟通、横向互联。进一步充实全国中医药信息统计机制建设，形成全国中医药综合数据网络信息直报系统。

四是坚持人才引领，注重中医药人才的引进与培养。安徽省将加大对中药领域高级和国际化专业技术人才引进和培训，积极引导高新技术创新，加强对创新型技术领军人才和技术创新队伍的扶持力度。注重高校中医、中药学科人才的培养，积极引导院校毕业生围绕中医领域创新就业。积极构建现代中医师承教育人才培养制度，进一步强化中医药栽培繁育技术和基层中医药生产、流通、炮制等从业人员训练，培养一批强有力的中医药资源保障、栽培繁育、生产、鉴定等技能人才和信息咨询服务队伍。

五是推动产业融合,发展中药大健康服务业。安徽省将依靠本地中医药资源和自然生态环境资源,研制适应多层次需要的中医药保健及疗养服务用品,努力打造一个各具特色的中医药疗养保健服务产业基地,并积极扶持发展药菜二用蔬菜行业,大力发展中医药食品行业,大量生产药食同源制品,提倡合理膳食健康。促进中药文化医疗组织,为中医养生保健业务发展,进行规范支持与引导。扶持利用社会力量举办的各种中医养生保健组织,并利用国家经济优惠政策扶持中医养生保健组织的连锁发展、做大做强,以彰显资源特色与发展效应。

六、政策建议

(一)建设中药材产业服务数字化云平台,推广数字化服务

数字化赋能中药材产业的核心和关键是标准化、可溯源、可数控式管理。利用5G、物联网、电子商务、现代物流系统等信息技术,实现从药材的育种育苗、栽培种植管理、采摘采收、初加工、精加工到大宗药材交易全覆盖,服务全国的中药材产业链上下游企业,为中药材产业用户提供信息、交易、供应链金融、仓储物流、溯源、检测、产业技术、生产资料、保险等一站式产业服务。运用区块链、大数据、云计算等技术,我们可以在中药材育种、原产地、生长期、管理期、采收期、加工方式方法、加工工艺流程、包装环节、贮藏运输等环节,实行全流程监控,涉及的人和物等的信息均可存储在区块链上,凡过留痕,数据源可追溯便监管,不可篡改。由此建立起基于数据和标准可靠的信任机制,使得中医药产业发展的根基也就是中医药材首先得到质量保证,以利药到病除,取信于消费者,取信于患者,取信于社会。此外,建设基于"互联网+人工智能+大数据+云计算+区块链"的中医药服务平台,让广大群众充分享受中医药健康养生文化与现代健康理念相融相通的成果。平台将把人的医、吃、用、行、健等日常生活场景全部放入健康管理

中,将人类向往健康的想法,化为每个人获得健康的行动,以实现人类不得病、少得病的健康夙愿,为促进中国医药保健养生文明的创新性转化、创造性发展而贡献力量。

（二）运用数字科技赋能中医药产业,持续推动研发和工艺创新

鼓励并指导国家实施中药原创性、领导性的联合科技攻关,并制定有战略性、全局性、前瞻性的国家重点科学技术专项,以促进中药创新发展和转化应用。科技开源创新平台将重点开展中药原创基础研究,用现代科学方法和手段解读中医药学原理,推进中医药与现代科学相结合;立项支持中医药科学化建设,加强数字医疗在中医药领域的基础研究与应用示范,研制中药创新发展所需的关键设备,实现关键技术跨代际突破。引导国家重点实验室、国家工程技术研发中心、高新技术企业等参与国家科技开放创新平台的应用基础研发,产生一大批有重要全球影响力的原创性研究成果,建立国家战略型技术力量。积极建立国际高水平中医药技术创新平台,完善国家技术创新平台建设项目,积极打造国际中医药领域先进制造业和现代中医药产品技术创新中心和国际中医药资源与制造创新中心,加速推进国际中医药领域的国家级实验室建设工作。促进国际中医药技术创新重大突破,促进对现有临床效果确切、市场前景较好的国际中医药重大品种开展二次开发。促进中药科研成果的转移与落地,成立中药行业技术创新联盟,围绕产业链布局与技术创新链条,实施全产业链的共性技术突破,形成高效协同技术创新系统。改革中药评价机制,尽快形成"科技 + 中医药"的合作立项模式,省级以上科学技术奖项申报与评价机构可独立设置中医药组。

（三）建设智能工厂,实现中医药和智能制造的深度融合

根据中药生产线条长、管理范围广、上下游产品联系面大的特征,利用数字技术涵盖了药材、生产、质量、仓库、配送等全部环节的数字化体系,打造了工业互联现代化工厂,并通过与工业网络进行信息系统的互通互联,形成了整个生产线闭环管理,包含集中了产品管控、设备运维、库存管控、可视

化决策与分析于一身的 BIM + 数字孪生平台。构建包括中药萃取、制药等所有重要工序的品质管理模式,进行制造全过程模型化管理,研发出全生产流程的制造业大数据采集平台。将实体空间和虚拟呈现深度融合,以生产数据为核心、业务为纽带,实现各生产流程节点的数据交互、生产过程综合数据的可视化管理、分析和挖掘,打造流程工业制造"全生命周期、数据闭环、智能制造"的新模式。智慧制造,将实现中国药品产业从研制、制造、物流到终端消费整个链条的整体效率提高,带动整个产业向数字化转变,提升中国医药制造技术升级,推进中国医药产业向高档化、智能、绿色健康发展。

(四)利用新一代人工智能算法模型,实现中医药数字化诊疗

现代数字化科技或许也是缓解中医药传统发展痛点的一剂良药,因为借助物联网、互联网、大数据分析、人工智能等现代互联网数字化科技,运用到疫病防控、中药治疗、药事管理、诊后服务等各个环节,中医药诊治业务的工作效率得到了提升、医护的治疗压力也得到了缓解,病人的就医感受也由此得以明显提升。而根据运用大数据分析技术所梳理的多名老中医的典型医案,也能够为医护对相似患者提出的诊断方法提供了参照依据。采用人工智能技术的中药四诊仪等智能仪器设备和中医辅助诊断系统,替代了"望、闻、问、切"等传统人工环节,自主收集、判断并分析病人的身体状况信息,为医师诊断决策提供大数据支持,并分担了医师部分职责,同时提升了诊断的准确率,而采用了互联网、物联网和大数据分析技术的智能药房管理系统能够自主接受医生处方,并由医师或人工智能现场审方,审方合格后,可以进行中医抓取、中药代煎、配送服务上门等剩余环节,从而省去了病人排队接受治疗的繁琐。中草药生产规范化程度的提升也会提高中草药品质。着眼于通过大数据分析、计算机、AI 和智能硬件等数字化科技的融合运用,并顺应信息时代的发展机遇,通过新型人工智能计算模式,根据中国人的典型重大病症,融合现代中医药数字化预测计算以及大量西医诊断数据分析,构建安全、有效、自主进化的中医药脉诊的强大模型,形成现代中医药

可视化诊治系统,使现代中医药诊疗技术逐步标准化、数字化、产业化,从而促进现代中医学的蓬勃发展。

（五）发展数字化营销,形成中医药融合新业态

在互联网＋时代,中医药产业应该主动地推广"中医药＋电子商务""中医药＋旅行""中医药＋传统文化"等新兴产业,巩固中药农业电子商务的互联网信息化技术基础和使用者基石,推进医药的研发、滋养膳食疗法、疾病预防和医疗乃至康养保健等健康管理应用领域蓬勃发展。应该利用"互联网＋旅行"推进中药与旅行的融合,以推进产业结构及转变升级,可主动地推出健康旅行、养生游等中药健康旅行新模式,既是对传统中医药行业的拓展,又是对现代旅游行业的提升和扩展。积极参与蓬勃发展中医药保健养老业务,引导在二级以上的中医院建立慢性病科室,扩大老年病床规模,积极组织实施慢性病预防与健康养护。积极创新蓬勃发展中医药特色保健商品,积极引导利用社会资金供给中医健康辨识、保健辅导、健康体检、保健评估等中医保健服务商品。积极参与加快蓬勃发展国际中药贸易物流服务,支持在中华(南昌)国际中医药科技城建设现代化药物贸易会展中心。研发境外营养丰富实用性极强的药食同源商品,有效增进人类身心健康、调整身体功能,为国外病人进行个体化、全寿命的医疗保健提供服务,串起国际中医人员看病取药等各个环节,积极有效地打造中国药物海外业务的一站式网络平台。

（六）完善中医智慧健康管理产业人才培养模式,促进中医药产业传承创新发展

加大对中医药与智慧养生管理产业人才培养模式的研究,通过剖析当前市场经济环境下的人才发展趋势,并结合市场需求,针对人才目前培养中出现的新问题,采取相应的改进举措,以实现人才培养水平的进一步提高。推进中医药院校教育改革,重点扶持江西省高等学校做强做大中医药类课程与学科专业;扶持江西省中医药高等专科类高校,建立若干中医药类高水

平学科。强化中医药特色人才培养,培养若干驰名国内的中医名师,培养国家级"高精尖缺"创新型人才培养项目和队伍,培育中青年中医药骨干人才。建立完善的西医培训服务中医机制,进行九年制中西医融合培训试验。另外,做好中医药文化传统保护,制定现代中药学术文化传统项目,做好中国中生命医药古籍整理研究,做好辽宁中医药大学杏林书院文化传统的发掘保护。进一步提升盱江医药流派、江西历代传统中医著名的画家学术思想和传统中医炮制技术工艺。进一步促进传统中医药文化传承,把中医药文化教育列入中小学校卫生心理健康德育课堂和劳动德育内容,把推进中医传统文化教育纳入高校思政教学。进一步促进现代中药文化转化,扶持建设了一批现代中药博物院(纪念馆),着力提升建设我国现代药都的中医博物馆。

(七)建立中医药智慧体制机制,促进中医药产业的高质量发展

构建国家中医药健康智慧体系机制,继续健全中医药价格与医疗保险政策,继续优化中药诊疗服务价格调节政策,在医药服务价格的动态调节中更加注重并兼顾中医药诊疗服务;积极争取国家医保支持的中医药传承创新与发挥地方特色试点项目。优化国家中医药审评与批准机制,推动将具备江西特点和原创优势的中医药品种列入国家优先审评批准目录,将江西地区拥有中国特色炮制方式的传统中药饮片品种列入国家中医药品牌保护范围。继续健全现代公立医院经营管理体系,推进形成适应中医学规律的公立中医院经营机制,继续提升现代公立医院的经营管理工作科学化建设、规范性、细致化、信息化水平。力争到 2025 年,全国中医药政府体制和管理体系更加健全,全国中医药优质人力资源更为丰富、分配方式更为科学合理,全国中医药事业发展的跨越式发展将迈向新台阶,中医药文化资源优势在健康的江西构建中得以发挥,全国中医药综合改革示范区和中医大省建设将取得明显进展。

参考文献：

[1]董晓娜.新时代我国中医药产业发展探析[J].亚太传统医药,2023, 19(03):4－8.

[2]方丽雯.南阳中医药产业高质量发展探讨[J].合作经济与科技, 2023,No.701(06):64－66.

[3]谭清立,伍绮敏.我国中医药产业发展现状及优化策略——基于 SWOT分析[J].卫生经济研究,2023,40(01):18－21.

[4]王珊,徐昱.基于政策文本的中医药产业问题研究[J].绥化学院学 报,2023,43(03):19－21.

[5]谢谋盛,姚东明,王立无.江西中药产业发展面临的十大挑战[J].社 会工作,2016,No.267(06):115－120＋128.

第十四章 数字经济时代下江西省移动物联网业发展路径研究

摘 要:从服务人类和满足信息需求的阶段,逐渐演变为服务机器并推动数据生产的阶段,移动物联网正在重构我们的生活方式,也为产业数字化发展提供了强劲的新动力。随着一个个集成互联、智能绿色、安全可靠的新型数字基础设施不断建成,随着物联网进一步与大数据、云计算、人工智能等技术应用深度融合,真正的"万物互联"已经近在眼前。为探索数字经济时代江西省移动物联网业的发展路径,本章通过分析江西省移动物联网产业发展的现状,提出数字经济时代下江西省移动物联网业发展面临的机遇与挑战。然后,通过对无锡、武汉、重庆等城市移动物联网产业发展的经验借鉴,为江西省移动物联网产业数字化发展提出具体建议。

关键词:数字经济;移动物联网;发展路径

在当前数字经济快速发展的背景下,移动物联网作为数字经济的重要组成部分,已经成为各国争夺数字经济制高点的重要领域。在我国,移动物联网正在以加速度赋能千行百业,贴近生活的例子像共享单车,比较硬核的例子像5G＋工业互联网,普遍的例子像智能电表等。我国一直十分地重视移动物联网的发展,将其作为推动数字经济发展的重要手段之一。当前阶段,我国移动物联网正处于重要的发展时期,其实现了"物"的连接速度超过了"人"的连接速度。这意味着物联网已经在智能设备之间建立了更加紧密和广泛的连接网络,为各行各业带来了巨大的机遇和潜力。据中国信息通信研究院数据显示,截至2022年底,我国移动网络终端总数已达35.28亿台,其中18.45亿台是代表"物"连接数量的蜂窝互联网用户。自2022年8月底以来,"物"连接的数量已超过"人"连接的数量;"物"连接的数量增加到52.3%。万物互联的基础不断巩固。用于公用事业、汽车互联、智能零售和智能家居的蜂窝物联网终端规模将分别达到4.96亿台、3.75亿台、2.5亿台和1.92亿台。

在当前迅猛发展的数字经济背景下,各国都高度重视移动物联网的发展,并积极出台政策以促进其健康发展。这些政策为移动物联网发展提供了坚实的支持和保障,为行业创新和技术推进提供了有力的引导,从而推动了移动物联网的快速发展。2017年6月,工信部发布的《关于全面推进移动物联网(NB-IoT)建设发展的通知》首次提出了我国要全面推进移动物联网的发展。紧接着,同年9月,中国科技部、工信部与江西省人民政府签署了国家"03专项"成果转移转化试点示范框架协议,协议的目的就是把江西打造成移动物联网发展的样板。随后,在2020年5月,中国工信部发布的《关于深入推进移动物联网全面发展的通知》提出了构建移动物联网综合生态体系来推动移动物联网的全面发展。2021年11月,《"十四五"信息通信行业发展规划》再一次强调推动移动物联网全面发展的重要性,并提出构建低中高速移动物联网的协同发展综合生态体系。这些重要的政策和规划将为移动物联网的建设和发展奠定坚实的基础,推动我国移动物联网迈向全面发展的新阶段。

在新型信息技术及其应用大发展的时代背景下,江西省紧抓"03专项"成果转移转化试点示范基地建设这一重要契机,汇集关键资源加大扶持力度,着力促进物联网技术的研究开发、普及应用及产业发展,用"加速度"发展力助推江西率先进入移动物联网发展前列,以构建"物联江西"品牌为抓手,实现江西省经济社会优质升级。

数字经济时代下,移动物联网这一崭新且极具潜力的经济增长点,对提高江西省经济系统的总体运营效率和社会治理的数字化及智能化水平至关重要,其越来越成为加快江西省经济发展方式转变和经济高质量发展的力量源泉。因此,基于这一背景,系统地研究对江西省移动物联网产业数字化培育发展路径及其支撑体系具有一定的理论价值和实践意义。

一、江西省移动物联网业发展现状分析

(一)发展基础及优势

在 NB－IoT 技术的飞速发展的背景下,江西物联网产业的发展迎来了新契机,即移动物联网。NB－IoT 技术以其成本低、功率小、覆盖范围广和大企业引领等特点,来解决传统物联网高成本、高功耗、低覆盖等碎片化难题,并在发挥政策导向作用、建设示范基地、奠定技术应用基础和形成产业规模上都取得了一定的优势。

1.政策环境持续优化

为推动物联网产业发展,江西先后出台了一系列促进与物联网发展相关的政策措施文件,如移动物联网发展规划、5G 发展行动计划、物联网产业高质量发展行动计划,明确物联网产业发展目标、布局、路径和重点任务;也出台了建设物联江西实施意见、推进 5G 发展若干措施等具体政策举措,引导该省物联网产业健康发展。2021 年 9 月,江西省印发了《智联江西·江西省移动物联网发展三年行动方案(2021—2023 年)》,然后是《江西省移动物联网发展规划》和《江西省物联网产业高质量发展行动计划(2019—2023 年左右)》等文件的出台,明确了物联网产业发展目标、布局、路径和重点。除此之外,江西省还印发了《加快建设物联江西的实施意见》《江西省 5G 发规划》《加快推进 5G 发展若干措施》《5G 产业三年行动计划》等政策来支持物联网产业发展(如表 14 - 1 所示)。

表 14 - 1　2018—2022 年江西省移动物联网的相关政策

成文时间	政策
2018 年 1 月	《江西省移动物联网发展规划(2017—2020 年)》
2019 年 1 月	《京九(江西)电子信息产业带发展规划(2019—2025 年)》
2019 年 2 月	《江西省 5G 发展规划(2019—2023 年)》
	《江西省"2 + 6 + N"产业高质量跨越式发展行动计划(2019—2023 年左右)》
2019 年 6 月	《江西省虚拟现实产业发展规划(2019—2023 年)》
2020 年 4 月	《2022 年江西省推进新一代宽带无线移动通信网国家科技重大专项成果转移化试点示范工作要点》
	《工业和信息化部办公厅关于深入推进移动物联网全面发展的通知》
2021 年 5 月	《江西省人民政府办公厅关于印发"智联江西"建设三年行动方案(2021—2023 年)》
2021 年 6 月	《江西省加快推进物联网新型基础设施建设实施方案》
2022 年 5 月	《江西省加快推进物联网新型基础设施建设实施方案》
2022 年 5 月	《江西省"十四五"数字经济发展规划》

资料来源:江西省人民政府、工业和信息化部网站。

2. 示范企业建设取得实效

江西省在全国范围内引领创新,积极推出了一系列关于移动物联网平台服务管理的文件,以规范平台的建设、服务和管理。目前,江西省已初步建成全国领先的物联网公共服务平台体系,并在鹰潭市取得了显著成就。鹰潭市已成功搭建了鹰潭(江西)物联网平台和产业云平台,并设立了多个重要的公共服务平台。为了加强行业合作,三大运营商以及华为、中兴和爱立信还联合成立了江西省 5G 产业联合会。此外,江西省还依托南昌高新区,紧紧抓住发展契机,不断优化创新环境。发挥南昌"浙大科技园、南大科技园、昌大瑞丰、中兴软件园"软件服务示范园作用,江西省软件及服务产业朝规模化、服务化、特色化、集群化、高端化方向发展,移动物联网产业链中的软件服务和系统集成环节日渐壮大。

在 2022 年移动物联网应用典型案例征集活动入库案例名单中,江西省有 5 个项目成功入选。江西省广昌县国家现代农业产业园物联网平台、基于 5G/NB – ioT 掌护终端的慢病全域监测探索应用、"智赣 119"消防大数据应用平台、"5G 赣林通"护江西绿水青山——江西省 5G 智慧林业管理创新应用、面向智慧水务物联设备及系统的应用及推广等 5 个项目,分别入选智慧农业、智能穿戴、智慧消防、环保监测、智能表计等领域典型案例库。其他优秀示范公司及入选项目见表 14 – 2。

表 14 – 2　江西省移动物联网其他优秀示范公司及入选项目

公司	入选项目	优势
朝阳聚声泰(信丰)科技有限公司	智能声纹传感器研发与产业化	通过项目建设,形成对声纹传感器的自主研发设计能力,提升我省乃至全国电声行业的整体技术水平。
江西山水光电科技股份有限公司	面向工业多场景 5G 适配智能网关研发与应用	解决了现场作业环境复杂、效率低、危险系数高等问题;立足于信息化、工业化的必然需求,为传统企业的产业数字化转型提供可靠保障。
三川智慧科技股份有限公司	基于 5G 技术的智能水表与智慧水务平台融合应用及推广	该项目的实施,将推动水务系统信息化建设,提高水务信息化水平,实现水务部门对水资源的实时监测和管理,实现水资源合理开发、优化配置、有效保护和高效利用。
龙南骏亚精密电路有限公司	基于"物联网 + 大数据"的电路板智能工厂	实现了生产自动化、管理信息化、决策智能化,最终起到提高生产效率、降低产品不良率、缩短产品开发周期、提高能效、降低运营成本的作用。
江西武大扬帆科技有限公司	基于物联网技术的智慧水利防汛监测管理平台	切实提高水利防洪工程管理的效率和效益,运用新兴技术,智能化防洪,为防洪救灾贡献社会力量。

续表：

公司	入选项目	优势
南昌市微轲联信息技术有限公司	AIoT 在农村公路建设与安全的应用	以"一云、一网、一库、一图、一终端"链接各级行政管理部门、建设养护和运营单位及群众，改善农村公路"人车路"技术和管理现状，保障农村公路规范有序、安全畅通、健康发展。

资料来源：江西省人民政府、工业和信息化部网站。

3. 技术应用具备坚实基础

江西省已经建成 5G 基站 6 万多个，覆盖区域十分广泛。南昌启动建设国家级互联网骨干直联点，上饶、九江开通国际互联网数据专用通道，南昌、九江、上饶获批全国首批"千兆城市"。泛物联网连接数达到 2000 多万个，工业互联网标识解析二级节点有 7 个，累计解析量超过 4 亿次，建成重点大数据中心 29 个。江西省扎实推进信息化与工业化融合发展，开展"万企上云上平台"专项活动，全省上云企业数量突破 10 万家，工业云平台应用率 40.5%。建成"数字化车间"1332 个，智能化制造程度和成熟度居全国第 8 位。

4. 产业基础加快形成

江西省在物联网领域拥有优越的产业基础，已初步形成了以芯片、模组、传感器和终端产品为核心的移动物联网产业体系。目前，该产业正在快速上升期，鹰潭、南昌、吉安、赣州等地的物联网产业呈现出数量和质量双提升、升级发展态势。为进一步促进物联网产业生态优化，江西省通信管理局积极实施物联网产业生态优化专项工程，大力推动 NB－IoT/4G/5G 移动物联网基础设施体系的发展，从而推动物联网用户快速增长。

（二）发展短板与不足

1. 产业链发展不完善，产品技术水平不高

虽然江西省移动物联网产业保持了较快增长，但仍旧存在产业链不完

善,产品技术水平不高,龙头企业缺乏,平台和人才支撑不足等问题。在产业链上游,感知层物联网芯片、嵌入式微处理器等关键环节缺乏核心技术和核心产品。在产业链下游,以生产物联网智能终端应用产品为主,如智能耳机、无人机、智能水表、智能安防设备、智能可穿戴设备、智能家居等。但物联网产品技术水平不高,应用端产品居多,高端研发型企业缺失,缺少高端传感器产品。

2.专业人才缺乏,发展基础受限

最近几年,许多研究机构相继落地江西,同时在创新孵化方面建立了多个应用产业孵化平台。但是,我省依然在高端人才供给不足、相关产业发展缓慢以及关键核心技术成果转化应用不多等方面仍然存在一些挑战。

部分地区信息化基础物联网企业少,技术支撑力量不足,开展物联网技术应用还缺乏专业的技术团队,企业应用移动物联网技术存在困难。江西省现有物联网人才培养院校数量及教育资源不足,省内大专院校培养的相关技术人才外流比例较高,物联网人才远远不能满足日益增长的发展的需要。缺乏行业引领能力,移动物联网产业链已逐步形成,通信模组、传感器、智能终端三大领域成为发展重点,但也存在核心技术缺乏、行业龙头企业少、规模化应用程度不够、人才支撑不足等问题。

二、数字经济时代下江西省移动物联网业发展面临的机遇与挑战

（一）数字经济时代下江西省移动物联网业发展的机遇

移动物联网已成为经济社会数字化转型的新引擎,为产业数字化、数字化治理提供了更强的联通性和更广的互联互通水平。展望移动物联网未来发展,受访者指出三大趋势:创造新价值、融合新技术、创造新场景。移动物联网作为一种新的基础设施,正在成为数字城市和数字产业的基础。从物联网到数字连接,再到智能产品,连接规模和行业价值将不断提升。同时,随着5G技术从垂直行业试点逐步扩展到规模部署,将进一步推动5G与人

工智能、物联网、云计算、大数据、边缘计算等技术的融合，形成以5G为核心的融合智能基础设施。此外，城市物联网发展潜力巨大，将带动和加快物联网在城市基础设施、智能网联汽车、智慧社区、智能制造、智慧城市管理等领域的应用。这些趋势将为移动物联网带来更多创新和发展机遇，推动数字化转型进程的深入进行。

1. 移动物联网专项计划政策日益完善

2022年初，根据《"十四五"数字经济发展规划》，国务院专门对物联网的发展进行了规划，并提出了"增强固移融合、宽窄结合的物联接入能力"的目标。为积极响应国家政策，江西省率先制定了数字经济发展战略的实施意见，并相继发布了数字经济创新发展"二十条"等政策文件，以及数字经济发展、新型基础设施建设和智联江西建设等行动规划。同时，还配套出台了移动物联网（《江西省移动物联网发展规划》）和工业互联网（《江西省加快推进物联网新型基础设施建设实施方案》）等专项规划政策。

2. 移动物联网数字基础设施持续升级

截至2022年底，江西省新增建设了10630个5G基站，并开通了14921个5G基站。累计建成的5G基站数量达到52937个，累计开通的基站数量达到75637个。这意味着每万人就拥有超过12个5G基站，使得5G网络提前实现了"乡乡通"。此外，江西省率先在中部地区建成了全省光网，在城乡实现了高速光纤网和第四代移动通信（4G）网络覆盖。江西省还建成了7.2万个NB-IoT基站和7.6万个eMTC基站，在全国率先实现窄带物联网省域全覆盖。

3. 移动物联网数字产业规模不断增加

产业规模的持续增长主要表现在产业体系逐步完善和应用场景不断丰富。江西省拥有良好的物联网产业基础，初步构建了包括芯片、模组、传感器和终端产品在内的移动物联网产业体系。该产业正处于快速上升期，鹰潭、南昌、吉安、赣州等地的物联网产业呈现出数量和质量双提升、升级发展的态势。南昌和鹰潭还开展了5G业务试点工作。

物联网技术在工业、智慧城市、农林、环保、家居、安防等领域的应用场景不断增多,应用范围也逐渐深入。特别是在工业领域,通过以工业互联网为切入点,推动生产装备和终端产品的联网改造,全省已有5000余家企业实施机器设备互联、生产数据采集、产品远程监测、预测性维护等应用。同时,5G与工业互联网的融合应用不断深入,培育了机器视觉检测和远程控制等一批应用场景。

4.移动物联网产业链不断完善

江西省物联网产业以基础元器件或传感器、移动物联网终端等产业为发展载体,以电子信息制造业为基础,不断逐步完善物联网产业链。产业体系逐步完善,初步形成涵盖芯片、模组、传感器、网络设备、终端产品在内的移动物联网产业体系,产业发展正进入快速上升期。NB－IoT芯片规模出货,大规模应用可期,5G正处于产业孵化期。

5.移动物联网潜在应用需求巨大

江西省的交通、环保和物流等行业中,许多企业已经开始应用物联网技术。工业转型升级的应用需求正在全面升级,特别是制造业对移动物联网拥有丰富的应用需求和场景。由于农业在江西省还占据重要地位,移动物联网可以应用于智能农业领域,如农田监测、灌溉控制、气象预警等,提高农业生产效率和资源利用效率。因此,江西省在农业、工业制造、环境监测与治理、城市交通、能源管理和医疗健康等领域都有巨大的移动物联网潜在应用需求。随着技术的进步和推广,移动物联网将为江西省的经济社会发展带来更多机遇和便利。

(二)数字经济时代下移动物联网业面临的挑战

网络安全是互联网、移动互联网、物联网和移动物联网时代所面临的重要挑战。在互联网时代,我们可以通过边界防护的方式来保障网络和数据的安全。然而,移动物联网时代,大部分物联网设备通过5G连接,其数量至少是现有人工操作终端数量的几十倍甚至上百倍。这无疑给安全防护带来了更大的难题。随着物联网设备的大规模增加,网络安全变得更加复杂和关键。由于物联网设备的广泛应用和连接性,存在着更多的安全漏洞和攻击表面。比如:网络安全威胁、数据隐私保护、系统稳定性问题以及法律法规和标准缺乏等。面对以后更为严峻的网络安全挑战,国家、行业以及企业层面等都需要采取一定的措施防护。首先,加强设备安全性设计和制造过程,确保设备的安全性和可信度。其次,建立健全的数据隐私保护机制,加强对敏感数据的加密和访问权限管理。此外,推动各方合作,制定统一的通信协议和标准,提高设备互操作性和系统稳定性。最后,加强法律法规建设,明确移动物联网安全管理的责任和义务,并加强监管和惩罚力度,以维护网络安全和用户权益。

三、其他省份经验借鉴

（一）无锡:搭建物联网标准化体系

无锡作为"物联网之都",是全国第一个把物联网技术及应用作为战略性新兴产业的开发区。无锡建有中国传感网国际创新园等多个物联网产业园,充分发挥了产业集聚带动效应。近年来,无锡市在先发优势的基础上,结合系统推进和重点突破,围绕物联网产业发展的关键环节构建物联网标准化体系。目前,无锡市共主导、参与制修订物联网国际标准12项,国家标准62项,行业标准17项。无锡在发展移动物联网方面值得各省份借鉴的经验如下:

一是完善产业链,推动物联网的跨界融合。无锡移动物联网产业正以强链、补链、造链的思路完善产业链,创造了移动物联网领域的细分特征和需求,大力吸引项目落地,加快软硬件企业的协同发展,促进移动物联网与其他制造业的跨界融合。

二是培养龙头企业,吸引行业巨头落地无锡。在无锡发展物联网之初,通过招商引资,中电海康作为全球智能物联网龙头企业落户无锡,是无锡物联网发展的见证者、参与者、推动者;中电海康落地之后,斯利康、阿里巴巴、华为、浪潮、百度等行业巨头纷纷在无锡抢占物联网产业高地。

三是提供技术支持,完善顶层设计。目前已有 41 家物联网重点研发机构落户无锡,包括中科院物联网研究发展中心、国家环保部物联网工程技术中心、国家卫健委医疗物联网研究院以及清华、北大、复旦等高校,累计引入高端人才近 3000 名。无锡的发展离不开物联网领军企业的落户和高层次人才的引进。

江苏坚持以数字经济为增量重点,坚持创新驱动,应用领先,重点突破,协调发展,更好发挥无锡国家传感网创新示范区的辐射带动作用。创成汇作为全球专业的双创平台,抢抓物联网发展机遇,正在助力无锡打造高质量发展的数字引擎,为无锡市物联网集群注入新的强劲动力。

(二)武汉:联合行业巨头打造智慧项目

目前,武汉移动正在积极推动和打造一系列 5G 示范应用项目,比如,武汉经开区国家智能网联汽车示范项目(二期)、武汉卷烟厂 5G 智能安防园区、中韩(武汉)石化 5G + 智能工厂等。这些示范应用项目为湖北加快数字化建设进程提供了有力支持。武汉联合中国移动共同打造了"智慧武汉 5G 创新港"展厅,展厅里展示的行业应用有:智能网联汽车、智慧冶金、智慧矿山、5G 智慧工厂和 5G 智慧医疗等;武汉移动与中建三局合作,共同打造了行业内首个 5G 智慧工地项目。借助 5G 专网的高带宽、低时延和专网专享环境,他们定制了"5G + AI 智慧工地项目"实时管控系统,使现场安全管理工作更加便捷高效。中国移动物联网与湖北移动合作,在老牌工业园区实施了"5G + 智慧工业园项目",并推出了"智慧园区升级计划";中国移动物联网与湖北移动合作推出了"5G + 智慧产业园项目",该项目使办公协同效率提升 30%,综合能耗降低 10%,设备和设施减少 30%。这一数字化转型规划为园区内的传统制造企业提升整体运营效率,实现了从"人控"向"数据运营"的转变,推动行业实现高质量发展。

（三）重庆:以"5G+"打造移动物联网产业高地

在 2022 年移动物联网应用典型案例征集活动入库案例名单中,重庆有 7 个优秀案例成功入库。案例涉及智慧医疗、智慧农业、智能穿戴、网联汽车、智慧城市、多网协同等多个领域,集中体现了重庆市物联网产业发展特色。

一是近年来重庆市 5G 基站建设成效显著,网络能力的提升带动了物联网领域行业应用的蓬勃发展。作为国家物联网产业发展重点区域之一,重庆已有物联网相关企业近 1700 家,规模以上企业 600 多家,物联网产业核心产值较上年同比增速已达 30% 以上。

二是以"物联网+"打造物联网产业高地。随着数字经济时代的到来,企业智能化改造势在必行。物联网产业应充分利用企业智能化改造的机会,积极参与其中,为打造特色优势产业集群发挥助推作用。在农业领域,我们可以部署农业物联网,推广智能装备,例如农机车载监测应用终端和数据传输设备等。在服务业方面,我们需要促进服务业与物联网的协调发展,深度融合现代服务业和先进制造业。而在物流领域,我们可以运用大数据、物联网等现代技术,提高物流效率,同时降低物流成本,推动物流的智能化水平提升,更好地为产业发展和社会民生提供服务。

三是重庆移动将充分发挥在信息通信行业的领先优势,致力于推动大足区的经济转型升级、城市治理和民生改善等关键领域。重庆移动将联合中国移动物联网,在大足区域内加大对 5G+农业、5G+智慧城市、5G+工业互联网、5G+文化旅游、5G+智慧教育、5G+智慧交通、5G+智慧水利/林业、5G+智慧社区/园区等信息化建设的综合投入力度。通过这些举措,他们进一步推动乡村振兴和新型智慧城市的提质建设。重庆移动将整合各方资源,结合新技术应用,为大足区带来更多创新的数字化解决方案和服务,以推动该地区的可持续发展和发展质量的提升。

四、政策建议

（一）创新商业模式，推进产品消费应用

一是构建市场驱动新模式。建设示范性、重点性和规模性的产品，并将其作为物联网发展的宣传对象。同时，引入不同社会方式来实现多元化的产品生产和销售，以适应市场发展环境。二是加大政府补贴力度。江西省可以建立创新券、科技基金等机制，鼓励企业加大研发投入，推动技术创新和产业升级。将智慧应用纳入智慧城市建设项目中国，由财政支出补贴产品升级替换，同时可以在一些城市进行试点，形成模板后再向全国进行推广。三是加大宣传普及力度。为了消除公众对物联网的不信任，可以采取展厅参观、性能检测和知识普及等方式，积极解决公众的疑虑和顾虑，从而增加公众购买的意愿。四是结合我省自身实际，加强移动物联网产业的完善，我省可以采取"强链补链"的措施。结合我省的实际情况，重点招商发展物联网产业中相对薄弱的环节。例如，在物联网产业示范基地，可以规划建设传感器产业园，提升园区的物联网芯片全产业链供给能力，并加强软件开发、系统集成和运营服务等方面的支持，使其成为在全国甚至国际上具有较强竞争力的物联网产业园。

（二）积极打造智慧项目，建设移动物联网产业高地

通过设立移动物联网创新中心，提供孵化器、实验室、测试场地等基础设施，吸引和扶持创新企业和初创团队，积极打造一系列智慧示范应用项目，重点推进移动物联网技术在城市交通、农业、环境保护等领域的应用。通过成功案例的推广，吸引更多企业和资本参与，形成良性循环，促进移动物联网产业的快速发展，为传统行业赋予新动力，推动江西数字化转型。通过开展技术研发、项目孵化和创业培训等活动，培养优秀的创新人才和项目，形成良好的创新氛围。通过打造良好的创新生态系统，进一步建设移动物联网产业高地。建立创新中心、孵化器和实验室等创新平台，为企业和创

业团队提供场地、设备和资源支持,构建产业协同创新体系,加强与相关产业链的合作。例如,与通信运营商、设备制造商、软件开发商等合作,共同推动移动物联网产业的发展。同时鼓励企业间的合作与资源共享,提高整个产业的竞争力和创新能力。

（三）支持技术创新,提升产业科研水平

一是加大财政金融支持力度。积极推进一批政府示范项目建设,以重大项目引导产业发展和技术创新,同时设立移动物联网项目相关的科技贷款、贷款贴息等。二是加强产学研合作。踊跃引导更多的企业与科研单位产学研合作,加大对技术研发的投入,集中优势资源,在关键环节与重点产品技术领域取得突破。在此基础上,推动江西物联网技术和产业发展的合作,通过促进产学研协同创新,实现创新链和产业链的有机融合。江西可以在科技创新区设立由政府主导、行业龙头企业及高校、科研院所共同发起物联网创新中心,对内强化物联网产业示范基地、5G 产业园等园区的联系,对外增强与无锡、南京、上海、深圳等科研院所、龙头企业的合作交流。三是加速弥补技术短板,充分发挥公共服务平台、行业协会和科研机构的作用,跟踪国内外技术路径和产业发展趋势。此外,我们还可以鼓励企业收购海外核心技术企业,以快速填补技术差距,并完善移动物联网产业生态系统。同时,我们需要建立一种新型的信息服务体系,依靠"连接＋算力＋能力"的方式来提供全面的支持,构建"云—管—端"一体化物联网产品体系,拓展平台、深化应用、强化生态,助力推进"物联、数联、智联"一体化的智慧城市智慧生活建设。针对智慧城市、建筑、园区、工业能源等领域,以"新基础、新互联、新体验"为导向,助力城市数字化转型。

（四）加快人才培养,夯实产业发展基础

一是加大人才引进力度。把产业人才纳入全省急需人才引进目录之中,对来江西的移动物联网人才提供享受购房、住房、创业等多方面补贴优惠政策。加大对移动物联网相关专业的人才培养力度,设置相关学科专业,并提供奖学金、实习机会等激励措施,吸引更多优秀的学生从事移动物联网领域的研究和创新工作。同时,加强行业技能培训,提升从业人员的技术素质和综合能力。二是设立教育专项资金。利用资金分配机制对重点支持对象进行补贴扶持,资金的使用应优先支持移动物联网相关专业的教育机构,以及那些在移动物联网技术研究、开发和应用方面有成果和潜力的团队和个人。并建立有效的监督与考核机制,确保资金使用情况的透明度和效果。三是建立订单式培养机制。如建立某某科技有限公司与某某大学合作关系,若公司的法人是该校的博士生导师,则可以更好地为企业的发展提供实用性人才。

(五)促进应用发展跨界融合,提升行业应用水平

一是助力产业数字化转型,促进中小企业发展。结合行业需求和区域特点,以基础产业为重点,创建物联网移动应用示范试点项目,为行业应用树立标杆。二是鼓励运营商、应用开发者、解决方案提供商和其他行业参与者共同探索融合应用。通过建立跨部门共识,制定跨部门、跨部门标准和执行代码,促进跨界赋权和集成应用开发。通过这些举措,我们可以加速行业应用的创新与发展,共同推进各行各业的数字化转型进程。三是模块厂商应根据行业应用需求,同时关注模块产品和服务,以进一步降低模块价格。建议针对智能家居、智慧农业、智能工业制造、智慧能源计量等关键领域,推动移动物联网终端和平台等技术标准的制定和实施,提升行业应用的标准化水平,并促进互联互通的标准化。

(六)设立多个产业园,提高产业集聚度

打造中部数字产业发展的集聚区、产业数字化转型的先行区、场景创新应用的先导区以及数字营商环境的示范区,致力于把江西省建设为全国数字经济发展的新兴高地。省政府可以根据本省的产业优势和发展需求,确定适合设立产业园的领域。针对移动物联网产业,可以选择与通信、智能制造、农业、城市管理等相关领域结合较为密切的地区。产业园应该选址于交

通便利、资源丰富、人才集聚的地区,同时还应考虑与高校、科研院所和企业集聚区的相对距离,以促进产学研合作和技术创新。政府在设立产业园方面起到重要的引导和推动作用。需要制定相应的政策措施,包括土地供应、税收优惠、用电价格优惠等方面,吸引企业入驻。政府还需提供基础设施建设、公共服务以及监管支持,确保产业园的正常运营。

（七）完善网络安全建设,提高网络数据安全性

江西省可制定并完善移动物联网安全的相关法律法规和政策文件,明确网络安全的责任和义务,并加强对相关单位的监管。同时,建立健全的网络安全管理机制,加强对移动物联网设备和应用程序的审查和认证;还应投入资金和资源,加快发展网络基础设施,提高网络带宽和覆盖范围,确保网络稳定和可靠性;鼓励企业和个人采取先进的网络安全技术手段,如加密技术、身份识别与认证技术、安全审计等,确保移动物联网数据传输的安全性和完整性;加强对企业和个人的网络安全教育和培训,提高用户的网络安全意识。通过宣传和普及网络安全知识,引导用户正确使用移动物联网设备,并加强个人信息保护意识,避免因个人操作不当导致的网络安全风险;加强与相关部门、企业和研究机构的合作,建立健全的信息共享机制,及时分享网络安全情报和威胁信息。

参考文献:

[1]林鹏,潘峰,曹磊.我国移动物联网发展机遇与策略建议[J].通信管理与技术.2022(02):7-9.

[2]蒋佳林.优化无锡物联网产业发展路径的对策思考[J].江南论坛.2018(01):13-15.

[3]燕佳静,周建民,陈静.江西物联网产业的发展现状与发展趋势[J].科技广场.2020(06):5-14.

[4]任保平,苗新宇.新发展阶段物联网赋能经济高质量发展的路径与

支持体系研究[J].经济与管理评论.2022(03):14-24.

[5]裴京.无锡市物联网发展态势与展望[J].数字经济.2022(Z1):58-62.

[6]王锐东,龙真真.物联网对数字经济发展的促进作用[J].经济师.2022(03):134-135.

[7]王睿.大数据时代物联网技术的应用与发展[J].网络安全技术与应用.2021(04):67-68.

[8]张超,阿炜,许亚萍,等.物联网安全技术发展及防护手段初探[J].中国安防.2022(06):39-42.

第十五章　江西省半导体照明业与数字经济的融合发展

摘　要：江西省作为中国的重要半导体照明产业基地,具有良好的市场前景和发展潜力。然而,由于半导体照明设备本身的特性,包括资源分布广、技术要求高等因素,江西半导体照明业的发展仍存在一些问题。目前,数字经济已经成为全球经济发展的重要驱动力,为半导体照明行业带来了深刻的变革。本章将深入分析江西半导体照明业的发展现状、数字经济背景下半导体照明业发展态势,并为相关决策者和从业者提供了相关案例和政策建议。

关键词：江西;半导体照明业;数字经济;产业融合

半导体照明,以其超高的能效、长久的寿命和优秀的环保性能,已经逐渐成为了全球照明市场的新宠。它的快速发展和广泛应用,既表现在照明产品市场的占有率的持续增长,也体现在科技创新和产业结构调整的推动力上。而位于中国的江西省,由于地理位置独特、人才资源丰富、产业链完整,成为了中国乃至全球半导体照明产业的重要基地。目前,数字经济作为一种新型的经济形态,依托于互联网技术,以数据为核心,通过数据的获取、处理和应用,对经济活动进行数字化,进而推动经济的发展。数字经济的发展,对于半导体照明产业来说,意味着生产效率的提升、生产成本的降低、市场预测的精确性增强,以及产品研发和市场营销的创新。然而,半导体照明业与数字经济的融合发展并非易事,需要我们克服技术难题,解决政策问题,建立合适的合作关系等。本章将深入探讨江西省半导体照明业与数字经济融合发展的现状、趋势、挑战以及相关案例,并提出政策建议,以推动江西省半导体照明业迈向数字化转型和可持续发展的新阶段。

一、江西省半导体照明业发展现状

(一)产业规模不断扩大

近年来,江西省在半导体照明产业化方面发展迅速,产业链不断完善和延伸,已经形成了从硅衬底材料、外延片及芯片制造、器件封装到照明灯具等应用产品较为完整的产业链,并已实现规模化生产,使我省成为国内具备MOCVD 制造、MO 源、外延片、照明芯片制造、照明芯片封装、照明应用产品等全产业链的省份之一。2022 年,全省半导体照明产业逆势奋进,克服全球经济下滑、三年疫情冲击等不利因素影响,完成营收超过 800 亿元,规模以上企业达到 212 家,较 2021 年增长 37 家。

(二)技术创新不断升级

江西省 LED 产业技术优势突出,建立了国内 LED 行业唯一一个国家级工程技术研究中心——国家硅基 LED 技术工程研究中心。我省原创的硅衬底LED 技术、高光效长寿命半导体照明关键技术分别荣获国家技术发明一等奖和国家科技进步奖一等奖。在硅衬底 LED 技术、MO 源技术、MOCVD 技术、红外 LED 芯片技术、LED 封装技术、LED 驱动电源技术、LED 智能应用技术等方面拥有核心知识产权。江西省半导体照明产业以硅衬底 LED 技术为核心竞争力,在 Mini LED 和 Micro LED 芯片、深紫外 LED 芯片、高光效 LED 芯片等领域取得了多项技术突破和产品创新。2022 年上半年,兆驰股份围绕 Mini LED 和Micro LED 芯片,在南昌高新区进一步布局 LED 新型显示技术全产业链,其半导体芯片产能将由目前每月的 65 万片 4 寸,提升至 100 万至 110 万片 4 寸,其中新增的 40 万片 4 寸晶圆,将全面投入到 LED 新型显示领域。

（三）产业链配套逐渐完善

江西省半导体照明产业通过引进上下游企业和关联企业聚集,带动配套产业发展,形成产业集聚效应和规模经济效应。LED 产业从南昌大学一间 40 平方米的实验室里诞生,LED 产业集聚度和首位度不断提升,吸引了一大批 LED 行业领军企业扎根南昌。现有半导体照明规上企业 100 余家,形成了以晶能光电、联创光电、木林森电子为主的 LED 产业集群。九江成为全国 LED 行业崛起的新秀,其中瑞昌 LED 产业园招引入驻企业 140 余家,产品远销世界 100 多个国家和地区。吉安已集聚 LED 企业 40 余家,2020 年实现收入 205 亿元,未来将持续增长。赣州打造了于都半导体照明产业配套基地、瑞金光电产业园、龙南稀土发光材料和绿色照明产业配套基地、南康"光电制造谷"等产业平台,2021 年新签约项目额超过 50 亿元,各地企业纷纷为江西照明产业锦上添花。

（四）品牌效应逐渐凸显

江西省半导体照明产业以高性能、高品质的产品和服务赢得了国内外市场的认可和信赖。江西省半导体照明产品出口额连续多年位居全国前列,2020 年出口额达到 3.8 亿美元,同比增长 9.2%。江西省半导体照明企业在国内外市场上拥有较高的知名度和影响力,一大批技术和产品领先优势明显,LED 产业多项原创核心技术达到国际先进水平,联创电子在全球高清广角镜头市场占有率超过 70%,菱光科技的接触式影像传感器产品占全球市场的 40%,晶能光电手机闪光灯出货量占全球市场的 25%。

二、江西省半导体照明业发展存在的问题

（一）产业链发展不均衡

产业链发展不均衡,产业整体水平较低,低水平盲目扩张现象严重。产

业链供应链配套能力不足。很多重要中间品的生产仍处于"缺链"状态,不少新材料与核心元器件还具有较强的外部依赖性。现在江西半导体照明产业主要以一批中小型企业为主,缺少号召力强、辐射性强、创新能力强的支柱型企业,造成行业内竞争激烈、产品同质化严重、结构性产能过剩等诸多行业通病。

(二)技术成果产业化能力较弱

江西省硅衬底 LED 领域先后完成了从 0 到 1(即技术路线)的突破,实现了从 1 到 10(即产品经济性)的提升,但却卡在了做大规模这个阶段。目前,江西省半导体照明行业大多数中小企业仍主要围绕蓝宝石衬底 LED 技术开展生产协作,硅衬底 LED 产业生态链尚不完善。若采用硅衬底 LED 技术则需更换设备,不仅耗资较大,且可能因采用新技术而增加运营风险。由于缺少基于硅衬底 LED 技术的配套企业,硅衬底 LED 企业的下游产品开发能力和市场开拓能力也明显不足,由此导致本土技术优势遭遇产业化"梗阻",可能影响未来江西省电子信息产业自主品牌的培育建设。

(三)技术研发不足

研发投入不足且力量分散,应用技术系统集成创新不够,核心装备依赖进口,缺少国家公共研发平台与企业工程技术中心。技术研发不足是江西半导体照明业的一个重要短板。在全球范围内,半导体照明技术正处于高速发展阶段,新的技术和产品不断涌现。然而,相较于全球的竞争者,江西以及整个中国的半导体照明企业在关键技术研发方面的进步却并不明显。由于半导体照明技术涉及物理、材料科学、光学等多个领域,需要大量的科研投入和长时间的研究。然而,江西在这方面的投入并不足够,导致在关键技术上的积累和突破较少。

(四)企业产品质量不稳定

由于技术研发不足,企业无法有效控制产品质量,导致产品在使用过程中出现故障或寿命短的问题。由于关键技术研发的缺失,企业也可能无法及时推出新的、更高效的产品，从而导致在市场上的竞争力下降。此外，技术研发不足也影响了江西半导体照明企业的产品稳定性。半导体照明产品在使用过程中，稳定性是用户非常关心的一个问题。然而，由于技术研发不足，江西的企业在产品稳定性方面可能无法达到最高标准，导致产品在使用过程中出现不稳定的现象，从而影响用户体验。技术研发不足也导致江西半导体照明企业的产品能效比无法达到最高标准。在当前环保和节能的大背景下，能效比是衡量半导体照明产品好坏的一个重要指标。然而，由于关键技术的研发不足，江西的企业无法生产出能效比高的产品，这在一定程度上限制了其在市场上的发展空间。

（五）技术人才短缺

江西省人力资源供应总量不足与素质状况不佳的问题在该产业都有所体现。突出表现为外地人才招不来、本地人才留不住，领军人才、高级技工、普工熟手十分紧缺。随着全省电子信息产业规模的不断扩张、产业结构的不断优化，该行业人力资源瓶颈问题日益凸显。首先，江西在教育资源方面存在不足，导致高级技能人才的培养上出现问题。半导体照明行业需要的专业人才涵盖了多个领域，包括材料科学家、电子工程师、光学工程师等。这些人才的培养需要大量的教育资源和高质量的教育体系。然而，相较于一些教育资源丰富的地区，江西在这方面存在不足，导致在人才培养上面临一定的困难。其次，江西在吸引高级技能人才方面存在问题。相对于其他发达地区，江西具有较少的吸引力。这是因为工作环境、生活质量、工资待遇或者发展前景等原因，使得一些高级技能人才选择去其他地区发展，而不是江西。再次，即便江西成功地吸引了一些高级技能人才，也在人才留存上存在问题。此外，江西的半导体照明行业可能还面临着人才结构不合理的问题。在半导体照明行业中，不仅需要材料科学家、电子工程师等技术人才，也需要市场营销人才、管理人才等。然而，江西在人才结构上存在不平衡，例如技术人才和管理人才的比例不合理，或者新兴技术领域的人才短缺等。

（六）品牌建设比较弱

人才短缺的问题可能会对江西的半导体照明企业产生连锁反应,即企业如果无法获得足够的人才,那么可能在产品研发、市场拓展、服务质量等方面受到影响。在激烈的市场竞争中,品牌的影响力和知名度是影响消费者购买决定的重要因素。然而,江西半导体照明企业在品牌建设方面还比较弱,影响了半导体照明企业在市场竞争中的地位。此外,由于产品标准与检测体系不完善,产品良莠不齐,严重影响消费者信心。

（七）融资难现象比较普遍

银行方面,惜贷、恐贷、惧贷等思想仍较为普遍。另外,银行贷款覆盖面不足、周期短等问题也普遍存在。大多数银行要求企业还"旧债"才能"借新债",由此增加了企业资金"过桥"成本。同时,由于江西省各级财政实力有限,产业投资引导基金规模较小,该产业整合社会资金的能力较弱。随着该产业技术密集型与资金密集型特征日趋明显,构建新时代适应创新驱动的融资模式与融资体系应逐步提上江西省的改革议程。

（八）对外贸易风险较大

首先,关税问题是对江西半导体照明行业产生重大影响的一项因素。关税通常会增加进口产品的成本,降低其在市场上的竞争力。然而,由于半导体照明设备和部件的制造过程中往往需要使用到来自全球各地的原材料和零部件,这使得关税问题对江西半导体照明企业产生了重大的影响。关税的增加会导致进口成本的提高,这进一步推高了企业的生产成本,降低了企业的盈利能力和市场竞争力。其次,国际贸易规则的变化也对江西半导体照明行业产生了压力。在全球化的今天,国际贸易规则对于企业的经营活动有着重要的指导作用。然而,这些规则并非一成不变,而是会随着各种因素的变化而变化。例如,各国政府为了保护本国的相关产业,可能会调整贸易政策,增加限制性措施。当国际贸易规则发生变化时,企业需要投入时间和精力去适应这些变化,这无疑给企业带来了额外的负担。再者,货币汇率的波动对于江西半导体照明行业的对外贸易同样产生了重大影响。半导体照明产品的生产和销售是一个跨国的过程，涉及的货币种类多种多样。因此，货币汇率的变动直接影响到半导体照明企业的收入和支出。

三、数字经济背景下半导体照明业发展态势

在过去的几十年里，数字经济的兴起改变了我们生活的方方面面，从通信、媒体、零售到制造业，几乎无一领域不受其影响。它所带来的最大影响，可能就是它的深度和广度，因为数字技术已经渗透生活的每个角落，改变了我们处理问题的方式，以及我们对未来的想象。其中，半导体照明行业的发展，尤其是 LED 照明行业，凸显出数字经济的威力。半导体照明行业，尤其是 LED 照明，其核心就是基于半导体的发光二极管，它通过电能转化为光能，为人们生活和工作提供照明。这个行业的发展有着巨大的潜力，尤其是在全球越来越注重能源效率和环境友好性的背景下。LED 照明技术以其高效能、长寿命、环保和可调节性等优点，正在逐步替代传统的照明技术。然而，仅仅依靠半导体的性能提升，是无法满足市场日益复杂和多元化的需求的。数字技术的引入，为这个行业带来了前所未有的机会，使照明设备不仅能够提供照明，还能成为智能环境的一部分，具备感知、分析、决策和自我调整的能力。其中涉及的不仅仅是硬件技术的进步，更关键的是软件和算法的运用，以及对大数据的处理和分析。现在，我们生活和工作的环境，已经从单纯的物理空间，转变为物理与数字空间混合的环境。在这个环境中，照明设备不仅需要提供照明，更需要能够感知环境，理解人们的需求，甚至预测未来的需求，从而提供更个性化、更舒适、更环保的照明服务。这就需要我们引入更多的数字技术，如物联网、人工智能、数据分析和云计算等，来实现这些目标。

（一）市场规模扩大

随着 5G 终端规模不断扩大、数据中心需求增加，以及 AIoT 等智能化场景逐步拓展及汽车电子不断渗透，叠加疫情背景下对远程办公、居家娱乐等

需求增加,全球半导体产业规模上行,2020 年、2021 年和 2022 年全球半导体市场规模分别为 4404 亿美元、5559 亿美元和 5735 亿美元,同比分别增长 6.82%、26.83% 和 3.17%(如图 15 - 1 所示)。

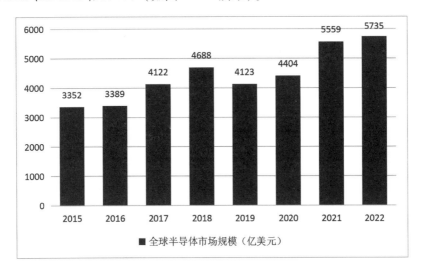

图 15 - 1 全球半导体产业规模

数据来源:WSTS,国际货币基金组织。

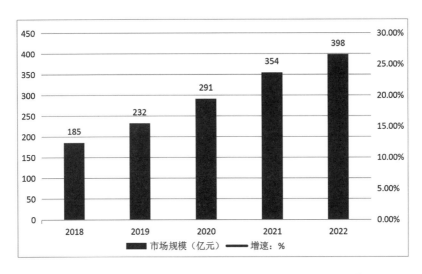

图 15 - 2 2018—2022 年中国智能照明市场规模及增长趋势

数据来源:中商产业研究院。

数字经济时代下,半导体照明业的市场规模预计将会大幅度扩大。一方面,智能化生活的快速发展,使得半导体照明产品的应用范围得到极大的拓宽。另一方面,随着社会经济的持续发展,公众对高质量、环保、节能的照明产品的需求也在日益增长。首先,我们看到智能家居的发展为半导体照明业打开了一个广阔的市场。随着物联网技术的发展,越来越多的家庭设备正在实现智能化。半导体照明不仅能实现远程控制、定时控制等智能化操作,还可以通过调节光强、光色等参数,创造出更加舒适的居住环境。此外,通过与其他智能设备的联动,半导体照明还可以实现更多个性化的应用,比如根据电视节目的内容自动调节光照效果,或者在用户回家时自动打开灯光等。城市照明是半导体照明业的另一个重要应用领域。随着城市化进程的加速,城市的照明需求正在不断增加。半导体照明具有高效、耐用、环保等优点,是实现城市照明的理想选择。通过智能化管理,可以进一步提高照明效率,降低能耗,实现节能减排。此外,半导体照明还可以实现各种创新的照明效果,比如动态照明、彩色照明等,增加城市的夜景魅力。农业照明也是半导体照明业发展的一个重要方向。在数字农业的背景下,精准农业、智能农业正在快速发展。半导体照明的应用,可以实现对作物生长环境的精确控制,提高农业生产效率。同时,半导体照明具有长寿命、低能耗等优点,可以降低农业生产的运行成本。汽车照明是半导体照明业的又一个重要应用场景。随着汽车电子化、智能化的发展,车辆照明系统的要求也在不断提高。半导体照明具有响应快、亮度高、寿命长等优点,是满足新时代汽车照明需求的理想选择。此外,通过智能化技术,半导体照明还可以实现自动调节亮度、自动切换远近光、自动跟踪转向等高级功能,进一步提升驾驶安全和舒适度。

（二）技术创新驱动

在数字经济环境下,半导体照明行业对技术创新的重视程度会越来越高。无论是半导体材料的研发,还是光效能力的提高,以及智能控制技术的应用,都将成为推动半导体照明业发展的关键动力。首先,半导体材料的研发是半导体照明行业技术创新的基础。半导体照明的性能、可靠性以及经济效益在很大程度上取决于半导体材料的性质。新型半导体材料的研发,比如具有更高光效、更好色温性能、更长寿命的半导体材料,将有助于提升半导体照明产品的性能,提高其在市场中的竞争力。同时,随着环保意识的提高,对半导体材料的环保性能也有更高的要求。因此,研发环保、可循环利用的新型半导体材料,也是半导体照明行业需要关注的重要方向。其次,光效能力的提高是半导体照明行业发展的重要目标。光效是指照明设备的光输出与电输入的比值,它是衡量照明设备效率的关键指标。随着节能减排的重要性日益凸显,提高光效能力成为半导体照明行业的重要任务。为了达到这一目标,半导体照明行业需要进行深入的技术研发,包括提高半导体材料的发光效率、优化照明设备的设计结构、改进驱动电路的设计等。最后,智能控制技术的应用是半导体照明行业未来发展的重要方向。随着物联网、人工智能等新技术的快速发展,照明设备的功能正在由单一的照明向多元化、智能化方向发展。通过智能控制技术,半导体照明设备不仅可以实现远程控制、定时控制、环境适应控制等基本功能,还可以实现更多高级功能,比如根据用户的生物钟调节光照强度和色温,根据环境光线自动调节光照强度等。这不仅可以提高照明效果,也可以进一步提高能效,节约能源。

（三）个性化需求满足

在数字化时代,大数据技术的应用已经渗透各行各业。其中,半导体照明行业的发展也开始受益于大数据技术的帮助。大数据的挖掘和应用能力的提升,使企业能够更好地理解消费者的需求,从而为消费者提供更加个性化的半导体照明产品和服务。首先,通过大数据的分析,半导体照明企业可以深入了解消费者的使用习惯和偏好,从而设计出更符合消费者需求的产品。例如,对于家庭照明,不同的消费者可能对照明的色温、亮度、控制方式等有不同的需求。通过分析大数据,企业可以了解到这些需求的具体情况,进而设计出可以满足这些需求的照明产品。这种个性化的产品设计,不仅可以提高消费者的满意度,也有助于提升企业的市场竞争力。其次,大数据的应用还可以帮助企业提供更加个性化的服务。通过分析消费者的使用数据,企业可以提供更加精准的维护和保养建议,从而提升服务质量。同时,企业还可以通过数据分析,提前预测消费者可能面临的问题,从而提前采取措施,避免问题的发生。这种个性化的服务,可以大大提升消费者的使用体验,提高消费者的忠诚度。再次,大数据的应用还可以推动半导体照明行业的创新。通过对大量数据的分析,企业可以发现市场的新需求,新趋势,从而推动产品和服务的创新。例如,通过分析消费者的使用数据,企业可能发现消费者对智能控制的需求正在增加,从而推动智能化照明产品的研发和推广。

(四)环保可持续发展

在全球可持续发展的大背景下,半导体照明行业正越来越受到关注。半导体照明产品以其能耗低、寿命长、环保性强等特点,符合低碳、绿色、可持续的发展要求,有望在全球范围内得到更广泛的认可和应用。首先,半导体照明产品的能耗低是其最重要的优点之一。相比于传统的白炽灯和荧光灯,LED 照明等半导体照明产品的能耗要低得多。据统计,LED 照明的功率效率是白炽灯的 5—10 倍,是荧光灯的 1.5—2 倍。这意味着,使用半导体照明产品,可以大大降低电力消耗,减少碳排放,有利于环保和节能。其次,半导体照明产品的寿命长,也是其得到广泛应用的重要因素。一般来说,LED 照明的寿命可以达到 5 万小时以上,远高于白炽灯(约 1000 小时)和荧光灯(8000 小时—10000 小时)。长寿命的照明产品不仅可以降低维护和更换的成本,也可以减少废弃产品对环境的影响,实现可持续使用。此外,半导体照明产品的环保性强也是其不可忽视的优势。半导体照明产品不含有汞等有害物质,而且在生产和使用过程中产生的污染也很小。同时,半导体照明产品在报废后,大部分材料都可以回收再利用,极大地减少了废弃物对环境的影响。然而,尽管半导体照明行业在环保和可持续发展方面具有很大潜力,但也面临一些挑战。例如,半导体照明产品的初期投入成本相对较高,这对其广泛应用构成一定障碍。因此,如何通过技术创新和规模效应,降低产品成本,提高性价比,是半导体照明行业需要解决的重要问题。

(五)智能化照明

在数字化时代,半导体照明业的发展方向正在经历一场深刻的转变。在互联网、物联网、大数据、人工智能等先进技术的推动下,半导体照明行业将朝着智能化、网络化的方向发展。未来的照明设备不仅需要提供基本的照明功能,而且还将成为数据收集和传输的节点,与各种智能设备联动,为用户提供更加智能化的照明解决方案。首先,互联网技术的发展为半导体照明设备的智能化提供了可能。通过无线网络,照明设备可以与其他设备进行连接,形成一个联网的系统。在这个系统中,照明设备不仅可以远程控制,还可以实现定时、场景模式等智能控制,大大提高了使用的便利性。其次,物联网技术的应用进一步推动了半导体照明设备的智能化。物联网是指通过网络将各种物体连接在一起,实现信息的共享和交换。在半导体照明领域,物联网可以让照明设备与其他设备(如传感器、控制器等)进行联动,根据环境变化自动调整光照,或者根据用户的行为习惯自动设置照明模式,从而实现更加智能化的照明。大数据和人工智能技术的应用则是半导体照明行业智能化发展的另一个重要方向。通过收集和分析大量的用户使用数据,照明设备可以"学习"用户的使用习惯,自动进行调整,提供更加个性化的服务。比如,智能照明系统可以根据用户的作息时间、活动情况等,自动调整照明的亮度和色温,从而提供更加舒适的照明环境。然而,半导体照明行业的智能化发展也面临一些挑战。例如,智能化设备的研发和生产成本较高,可能会增加产品的价格,影响其市场推广;同时,智能化设备的数据安全问题也需要引起关注,企业需要投入更多资源来确保用户数据的安全性。

四、半导体照明业与数字经济的融合发展相关案例

（一）半导体照明产业数字化提升

佛山群志光电，探索光电集群数智化转型新路径。佛山群志光电从2015年大力推展数字物流，由流程合理化、系统整合化、软硬件适配化，打造全流程物流体系，展现提质、增效、降本、减存全方位效益。企业通过打通数据采集、传输和共享等环节，实现数据实时共享，支撑业务数字化，支持敏捷生产和服务、精益管理、高效决策，全面建设智能制造场景，解决生产制造过程中面临的痛点问题。

（二）数湖技术驱动半导体良率提升

锚云科技公司发挥数湖技术优势，通过搭建数据湖泊，并基于数据湖泊完成晶圆不良诊断系统的开发，帮助企业有效解决了数据查询速度慢、数据聚合分析难、线下保存数据不规范等棘手问题。在数湖的开发过程中，锚云与各方数字化团队在软硬件、业务及技术上达成通力配合，最终建立了标准化、可条件化的统一数据服务界面，实现各类数据查询速度200%—500%的提升，并真正变"数"为"宝"。

（三）决战数"智"之巅——2022中国照明产业数字化发展大会

鸿雁电器总裁王米成在《拨云见日：照明行业数字化路在何方？》主题分享中提到，数字化应用的本质是基于数字技术的数据挖掘与价值变现，效率、效益、安全、健康是数字化的价值核心体现。数字化在照明行业真正有价值的应用是将智能化应用于道路交通与景观照明、商业办公与教育照明。例如，当智能照明系统应用于公共区域时，安全与健康、节能降耗与公共管理增值效益能得到直接体现。因此，鸿雁iHouse OS将以"产品＋技术＋平台＋数字化解决方案"赋能照明行业体系，帮助商业伙伴挖掘数据价值，实现数据变现；华艺广场总经理丁瑜分享《智互联 慧引领——打造全屋智能产业生态链》主题演讲中表示，公司基于智能化、科技化的确定性发展趋势，依

托产业综合服务平台优势,邀约整合智能化全链路的优质合作方、辅助以多元化的培训和活动,打造涵盖技术研发端、产品服务端、消费应用端的全屋智能产业生态链,以 365 天永不落幕的全屋智能展览会和一站式体验采购的全屋智能生态场景,为上下游企业提供解决方案及落地服务,促进行业智能化迭代升级。

五、江西省半导体照明业与数字经济的融合发展政策建议

江西省应进一步发挥硅衬底 LED 技术和产能领先、在中高端照明领域性能和成本的优势,不断推进技术跨界融合、产业链协同创新,持续推动产业高质量跨越式发展,着力打造全国重要的半导体照明产业基地。

一是开拓智能照明产品。数字经济时代,把消费者放在首位,提高用户感受是宗旨,用户对个性化需求和体验的要求也日益显著。LED 不仅要超越传统照明的思维模式,还要掌握照明与人类互动模式的规律,借助新时代技术,与数字经济发展的大潮相结合。智能化半导体照明将是半导体照明业发展的另一片新天地。微电子和光电子的结合,三网融合将产生超越想象的惊人效果,必须不断将半导体照明与数字技术相融合,形成多学科交叉的更新的产品和市场空间。支持照明企业与互联网大厂合作,建立智能照明发展合作关系,发布智能家居无线模块的智能照明产品,这些产品的消费者可以通过智能手机等硬件设备对其进行控制,进而建立家居智能照明系统。与云服务企业联合,建立统一云服务接入的开放式智能家居平台。

二是出台智能照明激励政策。政府制定智能照明发展规划,推动智能照明的普及和推广,增强市场知名度,提升产品的市场份额,推进相关产品的研发进程,实现江西省半导体照明产业的跃升。科学合理地编制城市照明建设改造计划,在对城市道路、桥梁、广场等公共场所非 LED 照明进行改造时,支持硅衬底 LED 照明产品的应用比例的提升,在上游芯片制造领域,实施硅基、蓝宝石技术并行发展的策略,重点发展大尺寸衬底材料制造等,

加速产业化进程,使硅基 LED 芯片辐射到全国 LED 产业主要集聚区。

三是形成与数字经济相结合的产业链。形成完整的半导体照明与数字经济相结合的产业链是提高整个行业竞争力的关键。政府应当通过政策引导,协调各个企业之间的合作,使之形成从研发、生产、销售到服务的完整产业链。政府还可以通过建立产业联盟、创新集群等方式,促进资源共享,降低运营成本,提高整体效益。增强对 LED 照明企业的科技服务,定期进行企业诊断,制定企业发展路线图,以企业创新能力为发展的重点,延伸全产业链。引入国内外知名产业投资基金参与江西省半导体照明企业并购重组;激励现有龙头企业并购产业链上下游中小企业,增加龙头企业数量。聚焦重点领域,提高创新资源的产业效率。根据当前的产业发展规模以及创新能力,建议以南昌为引领,九江、吉安和赣州为支撑,突出重点区域,提高创新资源的空间效率。

四是培养智能照明领域人才。人才是推动半导体照明业与数字经济融合发展的重要资源。首先,政府可以通过与高校和科研机构合作,开设相关专业和课程,培养一批理论知识扎实、实践能力强的人才。其次,可以设立专项基金,鼓励企业对员工进行培训和进修,提升其专业技能和创新能力。再次,通过提供优厚待遇和良好工作环境,吸引国内外优秀人才,打造高水平的科技人才队伍。更重要的是,智能照明与智能家居、物联网相结合这一综合产业必须大量的复合型、跨学科技术人才,其产业规模将是千亿元规模级别的市场容量。因此,江西照明企业要高度关注智能照明这一领域,并及早储备人才和技术,才能在众多的照明企业中异军突起,掌握智能照明领域的制高点。

五是推动智能照明技术创新。有效推动企业增加科研投资,深化产学研合作,着重进行供给侧结构性改革,实施官民结合的科学方式,大力提升智能照明行业的企业创新能力。紧跟世界 LED 照明产品的前沿趋势,提高对新兴领域的研发支持,例如医疗与通信行业,尽快研发几个拳头产品,达到行业内的同步与领先。建立一个多层次的创新支持体系,包括设立专项基金来资助前沿技术研究,提供税收优惠或者研发补贴来激励企业进行技术创新,开展创新项目评选活动来推广和应用新技术、新产品。同时,可以通过优化企业研发环境、支持企业与科研机构合作等方式,连接创新链条的各个环节,实现产学研用的深度融合。借助应用推动发展,激发企业技术创新,通过制定针对节能、环保产品的产业政策和可实施的细则,引导企业增加研发和扩大产业的投入规模。对于半导体照明中应用目标非常明确、竞争激烈的产业化共性技术,需要积极探索新的项目组织与管理的体制与机制。增强基础科学研究,建立可持续性的长效机制与创新的环境与氛围。为准确把握技术发展方向,引导产业健康发展,需要实事求是地进行技术经济评估与战略研究。

六是参与智能照明国际标准的制定。统一智能照明产品种类与生产标准,使实验室数据达到规范化的标准,将所有产品纳入产品体系当中,更加加速与日本等国及国际相关机构的交流,进行积极有效的经济技术协作,加速引进国外先进的 LED 照明技术,实现快速的技术创新与投入生产。积极参与国际标准的制定,使用共同的性能检测方法,确保检测机构经过国际认证,构建 LED 照明产品的质量检测平台,使我省生产的产品更受国际认可。

七是加大智能照明业财政金融支持力度。增强财政资金支持力度,借助江西省电子信息产业基金、集成电路产业基金以入股等形式,帮助智能照明企业克服新建项目资金不足的困难;加强产业与金融机构合作对接,运用新组建上市公司纾困基金、银行贷款融资担保、财园信贷通等融资途径,对有研发实力、有市场和就业大户等龙头企业增加流动性资金支持;增进金融对产业技术创新的支持。在"映山红行动"中关注智能照明业,将更多优质半导体照明企业列入全省重点上市后备企业资源库,全力支持赣州、吉安等地用好用足赣南等原中央苏区和 IPO 扶贫绿色通道等政策优势,推动一批重点半导体照明企业上市。提议在江西省发展升级引导基金下设立电子信息产业创新引导子基金,重点投向半导体照明等细分行业的共性技术与关键领域研发及重大科技成果转化。

参考文献:

[1] 李国强,王军,陈义烽,等.以专利助推发展——以江西半导体照明、新能源汽车、中医药三大战略性新兴产业为例[J].科技广场,2011,No.121(12):9-14.

[2] 陈磊.半导体照明科技发展"十二五"专项规划解读[N].科技日报,2012-07-13(001).

[3] 何腾江,李创.专家学者献策半导体照明产业[N].广东科技报,2009-08-14(011).

[4] 李晋闽,刘志强,魏同波,等.中国半导体照明发展综述[J].光学学报,2021,41(01):285-297.

[5] 叶选挺,李明华.中国产业政策差异的文献量化研究——以半导体照明产业为例[J].公共管理学报,2015,12(02):145-152+159-160.DOI:10.16149/j.cnki.23-1523.2015.02.014.

[6] 吴玲."十三五"我国半导体照明产业发展展望[J].照明工程学报,2017,28(01):5-6.

[7] [1]胡爱华.半导体照明产业的发展与前景[J].现代显示,2010,No.109(Z1):63-70.

第十六章　数字经济背景下江西省
VR 产业深化发展研究

　　摘　要：连续 4 届世界 VR 产业大会在江西举办，见证江西省 VR 产业实现了从无到有、从弱到强的精彩蝶变。随着数字经济的迅猛发展，江西省VR 产业正逐步融合新一代信息技术，抢抓数字经济背景下深化发展的新机遇。本章在分析江西省 VR 产业发展现状的基础上，从 VR 产业的硬件制造、内容创作、软件平台三个细分赛道出发，深入探讨上述赛道与代表数字经济的 5G、大数据、人工智能等技术相融合的发展态势、所遇问题及发展路径，并结合国内发达省份先进经验，针对性地提出数字经济背景下江西省VR 产业深化发展的政策建议。

　　关键词：VR 产业；数字经济；5G；大数据；人工智能

一、江西省 VR 产业现状分析

　　近年来，随着数字经济的蓬勃发展，VR 技术作为新一代信息技术的代表，在数字经济中扮演着至关重要的角色，为经济转型升级提供强大的推动力量。经过多年的积累与发展，当前 VR 技术正处于高速发展阶段，该产业在 2021 年迎来了"元宇宙"概念的爆发性发展浪潮。在此新情境下,江西省着力部署 VR 产业的发展,其中南昌市抢抓深化发展的新机遇,成功实现从无到有、由弱到强的令人瞩目的变革,有望在未来成为全国 VR 产业技术应用的中心。

从产业发展的角度来分析,江西省 VR 产业展现出较大的发展前景和吸引力。根据《2022 江西省数字经济发展白皮书》,当前江西省 VR 产业已汇集了超过 400 家各类企业,为江西省经济发展注入了数字化发展活力[1][2]。2022 年上半年,江西省 VR 及相关产业营业收入已达 350 亿元,同比增长高达 31.2%。此外,根据 2021—2022 年中国 VR50 强企业的地域分布情况,江西有 6 家企业成功入选,包括泰豪、联创电子、联通灵境视讯、科骏、格灵如科、江西中直[3]。此外,江西省在 VR 产业生态集聚发展方面的优势正在逐渐凸显。不仅吸引了微软、华为、阿里等知名龙头企业在南昌投资设立,而且打造了涵盖硬件制造、软件开发、内容创作等全产业链的 VR 生态系统,成功建成"一核心、两体系"的 VR 产业生态链[4]。

从消费情况的角度来看,VR 产业呈现出大众化的消费趋势,市场发展前景向好。数据显示,2021 年全球 VR 头显(VR 头戴式显示设备的简称)出货量迅速增长,年出货量首次突破 1000 万台。其中,中国 VR 头显出货量达到 365 万台,同比增长 13.5%(见图 16-1)。全球 VR 产业投融资市场也表现出强劲的增长势头,2021 年中国相关投融资规模的增幅超过 100%[5]。有关数据显示,江西省的 VR 产业在 2021 年上半年就已经有多家 VR 企业完成了数千万甚至数亿元的融资。

从人才链视角出发,江西省正全力加速补齐 VR 人才短板,以增强发展原动力,释放创新动能。为推动 VR 产业的发展,江西省以 VR 产业链链长制为重点,以南昌 VR 创新城为平台,采取了"揭榜挂帅"模式,共同攻克 VR 核心技术难题,加快推进重大创新平台的布局建设。同时,江西省还积极探索深化"产、学、研、用、融"一体化发展,以促进各领域的协同发展,为 VR 产

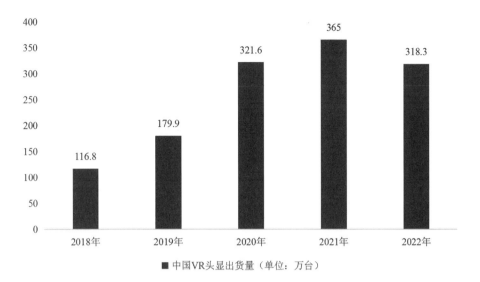

图 16 - 1　2018—2022 年中国 VR 头显出货量(单位:万台)

数据来源:国际数据公司(IDC)。

业的蓬勃发展提供更加有力的支持。另外,江西省还深入实施人才强省战略,加快吸引人才资源的集聚。为进一步培养 VR 产业人才梯队,省内多所高校相继成立数字经济相关的专业学院,为南昌 VR 产业发展储备后续人才。

二、数字经济背景下江西省 VR 产业发展态势

江西省在 2022 年发布了《江西省元宇宙建设行动计划(2022—2025年)》,明确提出要借助 5G、云计算、大数据、人工智能等数字信息技术,构建以 VR 为核心的元宇宙生态体系,打造一批具有江西特色的元宇宙应用场景和平台。近年来,江西省通过在各行业积极推广 VR 应用,在教育、医疗、旅游、工业等领域取得了显著进展,有效推进了 VR 产业各细分赛道的发展。尽管如此。当前,江西省在优化 VR 产业全链条的进程中还面临许多障碍,阻碍了其潜力释放。

（一）政策导向明显

江西省政府重视 VR 产业发展，不断更新发布 VR 产业相关文件，以政策驱动产业发展。其中包括，2017 年发布的《关于加快推进人工智能和智能制造发展若干措施》，2019 年推出的《2019 年 VR 产业发展工作要点》《江西省 VR 产业发展规划（2019—2023 年）》《加快推进虚拟现实产业发展的若干措施》《南昌关于加快 VR/AR 产业发展的若干政策》《江西省加快 VR 技术应用推广三年行动计划》等文件。此外，江西省还采取了链长制的顶层设计出发，由省领导挂帅 VR 产业链，制定并出台了一系列规划和举措，包括《产业发展规划》《高质量跨越式发展行动方案》等。通过政策规划的引导和支持，江西省政府为 VR 产业营造了良好的发展环境，激发了企业的创新活力，推动了 VR 产业的快速发展。

（二）与新一代信息技术交融渗透

江西省在推进 VR 产业的发展过程中一直注重与数字信息技术的融合发展。举例来看，当前江西省 5G 技术的全面建设以及大数据和人工智能的深入推进对 VR 产业的发展起到了不可忽视的作用。一方面，江西省注重 5G 网络在 VR 产业的硬件制造赛道中的作用。一是借助 5G 网络的超大宽带和超低时延助力海量数据的快速传输，发挥 VR/AR 的作用。二是强调 5G 与 VR 产业的融合，通过推进"5G + VR"在各行业的融合应用助推本省 VR 产业示范区的搭建。另一方面，大数据和人工智能在 VR 产业的内容创作和软件平台两大细分赛道中能够分析用户数据和市场行情，提高虚拟场景和虚拟角色的交互表达能力，从而提供个性化体验。

1.5G 技术与 VR 产业

江西省在数字经济的发展中一直注重数字基建，并不断加大基础网络建设力度。以 2022 年为例，江西省新开通的 5G 基站数量 2.9 万个，累计开通近 9 万个，5G 基建数量占全国 3.2%，处在全国第一方阵。江西省千兆城市数量达到 9 个，5G 网络成功实现乡乡通。根据中国通信院数据，5G 的增强型移动宽带(EMBB)应用场景具有极高速率的特点,能够显著提升通信体验。因此,代表数字经济的5G技术能够从传输角度解决VR产业在硬件制造细分赛道中存在的问题。

首先,5G技术为VR产业提供了强大的技术支持。通过借助超高速和低延迟的5G网络,未来的硬件制造将趋向于制造可同时支持VR和AR场景的设备,这类设备可以通过结合虚拟和实体环境,为用户提供更丰富、更沉浸的互动体验(见图16-2)。例如,江西移动在"5G+VR产业生态体系"方面进行了重要探索。在2021世界VR产业大会上展示的创新应用中,包括5G赣南果业大数据服务平台、南康家具5G共享备料中心智能工厂、江铜集团基于5G网络的矿山智能化改造项目等,充分展示了5G、VR等数字信息技术在不同行业的应用潜力和创新价值。这些创新应用实现了数字化、智能化、自动化的生产管理和服务,提高了效率和品质,降低了成本和风险,体现了"5G+VR硬件制造"的融合发展[6]。同时,5G技术在工业互联网领域的发展为VR硬件制造带来了新的应用场景。即在智能制造过程中,VR与5G的融合可以实现远程监控、诊断和维护等功能,从而提高生产效率和质量。

其次,VR产业的需求更新推动了5G应用创新。VR应用对于大带宽和低延迟的要求促进了5G技术在云计算与边缘计算、多模传感融合、宽带技术等方面的应用和优化(见图16-3)。例如,在硬件制造领域,5G技术为多模传感器(如视觉、听觉、触觉等)提供了实时同步的可能,这些多模传感器的数据融合和处理能力可以大幅提高VR设备的交互性和沉浸感。最后,云计算或边缘计算、宽带技术的创新,可以通过在云端中完成高性能计算任务,再将结果传输至VR设备,进而降低硬件成本和能耗,提升网络容量,进一步满足VR产业对大带宽、低延迟的需求,提高VR设备的可穿戴性和便携性,从而为硬件制造带来新的机遇。

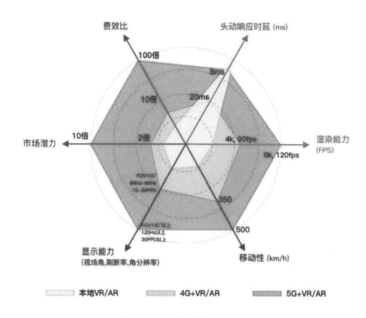

图 16 - 2　5G 赋能 VR/AR

数据来源:张良卫,王平阳. 5G 助力 VR/AR 崛起,产业链公司机遇将至(2019)。

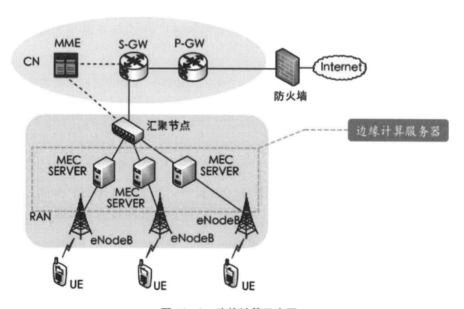

图 16 - 3　边缘计算示意图

数据来源:张良卫,王平阳. 5G 助力 VR/AR 崛起,产业链公司机遇将至(2019)。

2. 大数据与 VR 产业

作为数字经济的重要组成部分,江西省围绕大数据产业进行了充分的布局,取得了较好的成绩。全省现已形成以南昌为核心,以九江、上饶、赣州、宜春为补充,以抚州、鹰潭为备份的"一核四副两备"数据中心空间。根据《江西省推进大数据产业发展三年行动计划(2023—2025 年)》,可以看出未来江西省将加大推进大数据产业培育发展的力度,赋能全省数字经济发展。

对于 VR 产业发展而言,大数据能够通过收集、分析和应用海量的用户数据,可以对用户需求和市场形势进行高质量分析,从而发现热门主题、趋势,并为 VR 产业细分赛道中的内容创作提供方向,助力企业、平台创作出更受用户欢迎的 VR 内容。此外,VR 产业内容创作与大数据融合发展还表现在用户画像分析、个性化推荐、智能创作辅助、跨界合作、内容运营策略以及用户反馈与改进等方面。因此,内容创作与大数据的融合发展不仅可以提升 VR 产品及场景内容的针对性和吸引力,也有利于创作者提升作品质量和迎合市场需求。

江西省经过几年的发展已在 VR 产业方面有一定的建树,涉及内容创作与大数据融合的企业和研究机构也在不断探索和进步。例如,作为江西省重点支持的研究机构,江西 VR 产业技术研究院在 VR 产业的技术研究与应用方面有着丰富的经验。其中,针对内容创作与大数据融合的研究涉及智能制造、城市规划、文化旅游等多个领域,充分利用大数据技术对用户行为、市场趋势等进行深入挖掘和分析,注重从数据采集、分析到应用的全流程整合,从而提高用户满意度,拓展 VR 产业的市场空间。

3. 人工智能与 VR 产业

人工智能利用智能系统的技术解决计算上的难题,如 VR/AR 角色动画和自主行为再现,有助于 VR 产业在软件平台领域的应用发展。通过将人工智能技术与 VR 软件平台相融合,可以提高交互性、个性化和智能化水平,为用户提供更具吸引力和定制化的 VR 体验。同时,这种融合也为人工智能算法提供了更加真实和多样化的训练数据,提高了其在真实世界中的应用能力。

一方面,通过将人工智能算法与 VR 技术结合,可以实现更加智能化的虚拟环境交互。在 VR 软件平台环境中,利用人工智能技术实现多模态交互,用户可以进行语音识别与自然语言处理,大大提高了交互效率,为用户提供了更人性化的交互体验。借助人工智能技术,软件平台能够进一步实时分析用户行为数据,以便全面了解用户的兴趣和偏好。基于这些数据,平台可以进行智能优化和调节,例如个性化推荐、定制化服务等,以提供更符合用户需求的体验,并优化平台运营策略。此外,VR 软件平台还可以通过增强现实技术与人工智能相结合,实现虚实世界的融合。通过增强现实技术,平台可以在现实环境中叠加虚拟内容,为用户创造更加丰富和沉浸式的体验。而人工智能则可以为增强现实场景提供智能化的交互和判断,增强用户与虚拟内容的互动性和真实感。例如,作为江西本土孵化的民营 VR 企业,小核桃科技有限公司将人工智能应用于 VR 领域,研发出"虚拟人"产品,实现了 VR 在直播销售领域的新应用[9]。使用 AI 驱动的电商直播官 24 小时在岗,不但能介绍商品的热销卖点,还可以分析观众提出的问题,作出及时回应。帮助企业降低成本的同时,还可以提高销售效率。

另一方面,VR 技术也为人工智能算法提供了更加真实的数据和环境。传统的人工智能算法主要基于静态和标注好的数据集进行训练,而 VR 技术可以创造出更加真实、多样化和动态的场景,为人工智能算法提供更加贴近真实世界的训练数据。这种基于 VR 的数据生成和模拟环境可以帮助人工智能算法更好地适应真实世界的复杂性和变化性,提高其在现实场景中的稳健性和泛化能力。例如,南昌大学第一附属医院与南昌大学软件学院合作,建立了一个基于深度学习的肺结节检测与诊断系统。利用人工智能算法,该系统可以对 CT 影像进行自动分割、检测、定位、分类和评估肺结节,提高诊断的准确性和效率。

（三）深化发展存在的问题

就目前而言,江西省 VR 产业的深化发展具有两面性。一方面,江西省在数字经济背景下推进 VR 产业发挥产业优势,进一步打造 VR 产业高地。另一方面,VR 产业各细分赛道与新一代信息技术融合发展过程中面临的困境阻碍了其潜力释放,不利于我省各企业 VR 技术应用和数字化转型。

1.5G + VR

一是 5G 基础设施不健全。尽管江西省在数字经济发展中注重数字基建,已经建设了大量的 5G 基站,但由于 VR 应用对于高带宽和稳定的网络连接要求较高,而在实际应用中,基站数量仍然不足以满足 VR 应用的需求,网络拥堵和不稳定性问题仍然存在,影响了 VR 应用的流畅性和用户体验。因此,在未来的发展过程中,基站的连续覆盖还需进一步改善,特别是显著提升农村及偏远地区的网络覆盖水平。

二是 VR 产业生态系统建设相对薄弱。数字经济背景下 VR 产业的发展需要完整的生态系统支持,目前江西省在 VR 产业生态系统的建设方面仍然相对薄弱,多数本土 VR 企业还不具备借助 5G 设计技术、提升硬件制造的能力。2022 年,南昌市有 18 家企业入选中国 VR50 强,但其中仅有泰豪、科骏、格如灵、中直新经济等四家本土企业。相较之下,其他大部分依然属于初创企业或小微企业,它们普遍规模较小、实力较弱、资金紧张。同时,这些企业往往为外包型企业,自主知识产权方面的积累相对有限,技术水平尚未达到成熟阶段。可见江西省还不具备 VR 硬件制造的突出技术优势,硬件制造技术水平的相对滞后和对外部供应商产品依赖性的增加,使得多数企业生产规模相对较小,难以形成规模效应。这使得 VR 硬件产品的价格较高,用户的购买成本增加,从而降低了消费者对 VR 的兴趣和热情,无法有效推广借助 5G 技术设计的 VR 头显、控制器和 VR 体感设备等硬件终端产品的现实应用。

不可否认,如今江西省特别是南昌市,正逐步筑牢 VR 产业发展的基础。

各相关企业正在积极投入技术研发和创新,已取得初步成果,但仍然面临5G基础设施不健全,本土VR企业实力不强,硬件和软件不兼容、自主关键技术攻关能力不足等问题的挑战,这些问题制约限制了江西省"5G+VR"的进一步融合发展。

2. 大数据+VR

一是大数据生态系统不完善。与5G类似,大数据产业的发展离不开数据及算力中心的建设,然而江西省在大数据和VR领域的产业链条尚未形成完善的生态系统。与北京、广东、上海等其他地区相比,数据要素流通不够顺畅,缺乏产业协同和合作,各个环节之间的融合和互动不够紧密。根据江西省公布的《2022年江西省虚拟现实(VR)产业链工作要点》明确指出全省要做好平台建设、要素汇聚工作,优化协同工作机制,强化区域协同发展,共同推进VR产业高质量发展[10]。这一目标对大数据基础设施建设和数据要素市场提出了更高的要求。

二是对用户需求欠缺了解分析。在大数据与VR产业的融合发展过程中,VR产业链条中的各个环节如何借助大数据技术关注用户需求以提供良好的用户体验是至关重要的。当前在内容创作方面,对用户需求的深入了解和分析还有所欠缺。缺乏精准的用户画像和细分市场的调研,难以满足用户多样化的需求。伴随着VR技术的不断推广落地,用户在VR应用中对于交互体验、视觉效果和性能要求也在逐渐提升。目前在VR产品和服务的设计、界面优化以及用户参与度和满意度方面还存在改进的空间。

3. 人工智能+VR

一是技术挑战与人才短缺。尽管人工智能和VR在软件平台领域展现出广泛的融合应用潜力,这种深化发展仍然面临一系列技术挑战。将VR软件平台与人工智能相融合需要解决诸多问题,包括将人工智能算法和模型有效地整合到现有的软件平台中、应对大规模数据存储和处理的需求,以及实现实时的人工智能决策和反馈等。例如,改进VR设备的感应和追踪技术需要解决精度和延迟等问题,开发智能交互和情感表达系统也需要进一步研究和创新。然而,这些关键核心技术,特别是高级算法、深度学习和 VR 开发相关领域的研发创新,可能面临人才短缺的挑战,限制了人工智能技术在 VR 产业中的应用推进。

二是资金支持力度和用户接受度不高。人工智能和 VR 的发展需要大量的资金支持,涉及研发设备、技术创新、人才培养等方面。如果缺乏足够的资金支持,企业和机构可能面临资金紧张的问题,这将影响其在该领域的发展和竞争力。当前,江西省的 VR 企业主要以初创企业和小微企业为主,尚缺乏在"人工智能 + VR"领域取得成功的突出案例。然而,国内外的龙头企业和研究机构已经意识到将人工智能技术应用于 VR 软件平台的巨大潜力,并开始进行相关的实践和研究。因此,由于生命周期较短,发展规模较小,江西省大多数 VR 本土企业因缺乏资金支持而限制其与新一代信息技术的融合发展。此外,将人工智能技术应用于 VR 软件平台需要用户接受并适应新的交互方式和体验,一些用户可能对人工智能算法在 VR 中的作用和数据收集感到担忧。因此,企业和研究机构需要在设计和实施过程中注重用户体验和教育,以提高用户的接受度和满意度。

三、数字经济背景下江西省 VR 产业发展路径分析

(一)硬件制造

在 VR 的硬件制造领域,江西省应当推进与 5G 技术的融合进程,实现 VR 产业的良性发展和创新能力的提升。一是以 5G 技术为支撑推动 VR 硬件制造在工业互联网领域的创新应用。通过结合 VR 和 5G,实现远程监控、诊断和维护等功能,推动智能制造的发展。二是以 5G 技术为驱动促进 VR 硬件制造在云计算或边缘计算、宽带技术等方面的创新。通过利用云计算或边缘计算的能力,降低硬件成本和能耗,提升网络容量,增强 VR 设备的可穿戴性和便携性,进一步推动 VR 技术的普及和应用。三是以 5G 技术为保

障完善 VR 硬件制造所需的基础网络建设。加强 5G 基站的连续覆盖和稳定性，解决网络拥堵和不稳定性问题，确保 VR 应用的流畅性和用户体验。四是以 5G 技术为引领加强 VR 硬件制造的生态系统建设。培育本土 VR 企业的创新能力和核心竞争力，增加自主知识产权数量和技术水平，提升硬件制造的规模效应和市场占有率，推动江西省在 VR 硬件制造领域的发展。

另外，江西省要解决硬件制造中技术薄弱、低端同质竞争的问题，应该充分利用政策优势，积极引进国内外 VR 领先企业进驻我省，特别是那些在硬件制造领域具备强大研发实力和产业资本的"龙头企业"。借助这些企业的资源整合能力，有效推动本土中小企业专注于 VR 产业链中的薄弱环节进行研发攻关和硬件创新。这样的合作模式将有助于我省 VR 产业形成良性循环，带动相关企业进入深化发展的轨道。与此同时，为推动江西省 VR 产业的未来发展，江西省可以重新梳理和完善 VR 的关键核心技术和"卡脖子"技术目录，从而有助于明确 VR 产业发展的重点方面，为相关企业和研究机构提供明确的技术指引和研发方向。

通过以上发展路径，江西省可以从 5G 基础设施、覆盖度、网络稳定性、关键核心技术攻破以及引进国内外龙头企业等方面入手推进 VR 硬件制造与 5G 技术的融合，健全省内 VR 产业生态系统，促进 VR 产业的良性发展和创新能力的提升。

（二）内容创作

随着我国 VR 产业的进一步深化发展，VR 产业内容的丰富性和多样性将是产业一大重点方向。江西省可以充分利用数字化技术（如大数据、人工智能）与 VR 产业的融合丰富 VR 产业的内容发展，改善现阶段产品内容不丰富、产业发展同质化的问题。通过海量数据对用户行为和市场趋势进行精细化分析，确定热门主题和内容需求，引导内容创作者进行创作，提供多样化、高质量的 VR 内容。此外，在 VR 设备产品创作过程中，还应加强版权保护和内容审核机制，利用大数据和人工智能技术进行内容的监测和管理，建立起有效的版权保护体系,打击侵权行为,提升内容的合法性和可信度。

另外,VR 产业的内容创作可以根据江西省不同地区的特色及重点产业进行区分,充分发挥大数据的数据要素优势,推进我省地级市之间的协同合作,在实现内容丰富化的同时避免同质化问题的出现。例如,南昌作为全省VR 产业发展中心,可以以元宇宙试验区为依托,聚焦 VR/AR、数字文创、智慧会展、动漫游戏与电子竞技等数字经济重点产业的发展,通过大数据和人工智能等技术的支持,推动这些产业的创新和优化,丰富内容创作,为消费者提供多样化的 VR 体验。吉安市则聚焦机器人智能感知与高端装备联合研发中心的能力,推动与光学终端显示类企业开展面向 VR 终端显示的联合攻关,引导企业进行 LED、显示屏、移动终端、视频天线等 VR 相关产品的研发与生产,并展开 VR 产品内容创作。而赣州市可以利用人工智能的感应交互作用,注重在赣南原中央苏区红色文旅、红色教育、党建场景等领域应用VR 技术,建立起 VR + 旅游、VR + 教育的内容创作和应用示范,从而推动当地的 VR 产业发展。

通过上述发展路径,江西省可以丰富 VR 产业的内容创作,根据用户需求和市场趋势针对性地研发创作出多样化 VR 产品和服务,从而避免同质化问题。根据地区特色和重点产业的差异,充分发挥大数据和人工智能等数字化技术的作用,推动我省 VR 产业的良性发展。

(三)软件平台

针对软件应用和开发平台发展缓慢的问题,构建自有开发平台需要高投资和高技术支持,在短期内难以见效。江西省可以采取投资的方式直接与成熟的软件开发企业和开发平台进行合作,这一点也符合当前国内外 VR 产业发展的趋势,例如三星 Gear VR 平台搭载 Oculus 软件、HTC 与游戏开发商 Valve 联手合作构建 HTC Hive 等。借助大数据技术和人工智能技术,收集和分析用户行为数据,洞察用户需求和偏好,以便为用户提供个性化和定制化的 VR 体验,从而增强用户黏性和满意度。通过机器学习和深度学习算法提高平台的智能化水平，还能实现智能化的交互和内容推荐，为用户提供更具吸引力和个性化的 VR 服务。推动软件平台的标准化和互联互通，加强与行业组织的合作，制定统一的开放标准和规范，促进不同平台之间的互操作性，提高整个行业的发展水平。

通过以上发展路径，江西省可以有效加速 VR 软件应用和开发平台的发展，借助成熟企业的技术和资源，运用大数据和人工智能技术提供个性化和智能化的 VR 体验，推动标准化和互联互通，提高用户的接受度与满意度，从而促进 VR 产业的发展。

四、国内发达省份经验借鉴

根据《中华人民共和国国民经济和社会发展第十四个五年规划和 2035 年远景目标纲要》以及《虚拟现实与行业应用融合发展行动计划（2022—2026 年）》，VR 和 AR 被确定为数字经济的重点产业[11][12]。这意味着在未来的发展中，VR/AR 将受到更多政策和资源的支持。同时，头部互联网公司的介入为中国的 VR/AR 市场注入了巨大的活力，VR 市场有望实现更大的增长。根据 IDC 的最新预测数据，预计 2021—2026 年中国 VR 市场的五年复合增长率将达到 43.8%，将使中国成为全球 VR 市场增速最快的国家，位列全球第一[13]。随着数字经济和 VR 产业的深化发展，我国许多省份都推出了新兴发展战略，如元宇宙等，以进一步发挥 VR 产业在数字经济中的推动作用。

（一）山东经验

在"硬件制造 + 5G"方面，青岛市以崂山区为核心，建设了青岛 VR 产业园和 VR 制造业创新中心，以布局 VR 整机和核心零部件的制造、软件开发和内容制作应用，吸引产业配套集聚，构建了"研发 + 制造 + 内容 + 应用"一体化的全产业链生态系统[14]。此外，青岛市还依托电子信息产业园和中国广电·青岛 5G 高新视频实验园区等资源，致力于打造 VR 关键器件制造和内容创作基地[15]。例如，Pico 作为青岛市的一家 VR 软硬件研发制造商利用5G网络提供高速率、低延时的数据传输,已经研发出了多款产品,包括Goblin VR一体机、Pico U VR眼镜和Tracking Kit追踪套件等。江西省在未来应当大力推动国家VR创新中心的硬件研发,打造VR产业集群,借助5G高速率、低延时的技术优势,提升产品和服务的质量和智能化水平。

在"内容创作+大数据"方面,青岛市利用中国广电·青岛5G高新视频实验园区、即墨中国电影云基地等基础设施,鼓励内容制作企业利用大数据具有的数据要素优势,开展VR内容的生产制作,并推动现有内容向VR/AR方向迁移[16]。在未来,江西省可以类似地鼓励各行各业的企业和机构与VR产业进行跨界合作,充分发挥大数据的优势,推动VR技术在工业制造、文化旅游、教育培训、社交娱乐等领域的应用创新。

在"软件平台+人工智能"方面,青岛市拥有包括北航青岛研究院在内的多家顶尖VR研究机构,占全国VR科研力量的70%,搭建起了国家工程实验室和VR技术与系统国家重点实验室的分支机构。例如,青岛大学附属日照医院利用VR技术,结合人工智能的语音识别和图像识别技术,为患者提供了一种新型的康复训练方式。该方式可以根据患者的语音指令和身体动作,调整VR环境中的难度和反馈,从而提高患者的主动性和参与度。因此,江西省可以加强科研力量的建设,培育一批高水平的研究机构和实验室,推动VR产业技术与人工智能的创新、突破。

(二)上海经验

在技术创新应用方面,上海市拥有较为成熟的研发和创新能力,通过与企业、高校和研究机构展开合作,建立了多个研发中心或实验室,从而推动VR技术的研究和应用。例如,上海科技大学的"智能感知与人机协同"重点实验室利用智能感知、大语言模型、机器人技术等前沿方法,跨领域进行创新性研究,推动VR技术的发展。江西省在未来可以借鉴这些经验,将创新驱动作为核心,加强基础研究和应用研发,培育创新型企业和平台,打通虚实世界的连接和协同,赋能各行各业的数字化转型。

在内容创作和软件平台方面，上海市拥有丰富的 VR 应用场景和示范项目，能够为 VR 产业提供广阔的市场空间和展示平台。上海迪士尼乐园、上海科技馆、上海博物馆等文化旅游场所积极应用 VR 技术，游客不仅可以参与虚拟现实的游戏、观看 360 度全景影片，还可以探索虚拟的文化遗址，从而享受沉浸式的体验和互动。此外，上海市举办的上海国际电影节、上海国际艺术节等文化活动通过将 VR 技术与电影、艺术作品等结合，为观众呈现出创新的艺术形式和沉浸式的观影体验。在未来，江西省应当加强 VR 产业的应用推广，充分利用省内的自然资源，如庐山、龙虎山、赣南脐橙等，以及文化底蕴，如海昏侯国博物馆、赣州宋城文化，并且结合旅游优势，如井冈山、苏维埃共和国，将 VR 与 5G、大数据、人工智能等新一代信息技术进行融合发展。通过打造具有江西特色的 VR 应用场景和示范项目，提升江西省 VR 产业的品牌影响力和市场占有率。

在资金支持方面，2023 上海全球投资促进大会中嘉元信创计划投资 10 亿元在嘉定建设信创 VR 产业基地，旨在实现元宇宙计算在汽车领域内的技术突破[17]。此外，上海市注重发挥政府投资基金作用，引导社会资本支持 VR 产业和"元宇宙"产业发展。通过设立"百亿级"元宇宙基金、数字科创股权投资基金等产业基金，以及"青年设计师创投计划"等创新创业项目，积极引导资金流向 VR 产业，推动其健康发展[18]。因此，江西省可以借鉴上海市开展投资促进大会等形式，充分利用世界 VR 产业大会的优势，吸引投资者和资金机构的关注，加大 VR 产业发展的资金支持力度，引导社会资金流向 VR 产业，推动其健康发展。

五、政策建议

（一）守住 VR 硬件入口，补齐产业发展短板

我国当前 VR 终端的普及率相对较低，与《虚拟现实与行业应用融合发展行动计划（2022—2026 年）》提出的 2026 年达到 2500 万台的目标存在较

大差距。然而,这也意味着 VR 在我国还有广阔的渗透率提升空间。以南昌市为例,要在 VR 硬件制造领域实现突破和超越,需要从以下三方面着手补齐 VR 硬件发展短板:

一是提升核心元器件的水平。南昌市要加速高性能 VR 图像处理器、显示器、专用处理芯片、操控设备、眼动追踪系统等设备的研发和产业化,通过加强创新和研究,建立全要素、全产业链、全价值链的工业生产制造和服务体系,以消除技术引进逐步落后的隐患,摆脱对组装国外成熟元器件的依赖,增强南昌市 VR 整机产品的有效供给能力。

二是完善基础设施建设。硬件设施方面,南昌市要加快推进云技术中心、5G、千兆宽带网络传输等 VR 专用设施建设,推动云、网、边、端协同能力体系的建设,完善产业配套发展生态。数据基础方面,南昌市应当建立和完善数据中心,集中存储、备份和管理各类数据资源,为相关行业和企业提供强大的数据支持。

三是加快 VR 行业标准化建设。南昌市可以利用国家 VR 创新中心品牌优势,并结合南昌北京理工大学虚拟现实标准检测与评测中心的研究成果,主动策划和实施在 VR 产品硬件性能、软件适配性、安全保障等重点领域的国家标准"攻坚战",积极推动 VR 领域的国家标准建设,树立与国际接轨的标准化体系。

(二)拓展 VR 应用场景,促进产业升级迭代

随着 VR 硬件性能快速升级,VR 应用赛道也在迅速发展。然而,现阶段的国内多数企业仍处于跟风和盲从阶段,只有少数头部企业提前布局游戏、社交、虚拟人等领域。在元宇宙概念的影响下,VR 技术有可能穿透生活的各个方面,包括但不限于娱乐、教育、商业和社交等领域。这种发展路线将极大地吸引更多客户消费,促进 VR 设备的销售。

因此,在 VR 发展的沉淀期,江西省需要把握发展的先机,深化 VR 与各行业的有机融合,推动有条件的行业开展规模化应用试点。江西省应建立

内容制作产业集群,以龙头企业带动上下游产业链的聚集发展。此外,不断拓展和深化 VR 的应用场景,使得 VR 应用从一个可有可无的状态提升到刚性需求;在挖掘 VR 技术潜力方面,江西省可以采用"技术 + 技术"的模式,推进 VR 技术与人工智能、大数据等技术的深度融合;在强化 VR 实用性方面,深入发掘 VR 技术在各行业领域的刚需应用,探索新型 VR 应用商业模式,并在文化旅游、金融服务、医疗保健等领域努力打造一批融合应用的标杆,为 VR 产业的深化发展做出贡献。

（三）持续完善相关配套举措,推动产业深化发展

在政策支持方面,需要制定更加针对性的相关政策和规划,支持江西省 VR 产业的高质量发展。发挥"链长制"制度优势,搭建连接江西省内和省外 VR 产业的桥梁,促进与其他地区和国际的合作交流,吸引外部资源的同时拓宽外部市场,推动江西省 VR 产业的高级化和国际化发展。在此过程中,5G、大数据和人工智能等数字技术的融合应用能够提供强大的技术支持,为江西省 VR 产业创造更多的机遇和发展空间。

在人才培育方面,重视产学研结合对推动江西省 VR 产业发展至关重要。产业界、学术界和研究机构的合作促进了 VR 技术的研发和应用创新,通过加强产学研结合,江西省充分利用高校、科研机构等研究力量和创新资源,推动 VR 技术的进步和应用领域的拓展。同时,江西省还可以建立产业界与学术界的交流机制,促进知识共享和技术创新,将学术研究成果应用到实际产业中。大数据和人工智能等技术的应用为人才培育提供了更优越的条件与更广阔的实践平台。

（四）加强 VR 技术创新平台建设,培育产业创新生态

在国家 VR 创新中心的技术支持下,江西省应该进一步加强本土化创新平台的建设发展,涵盖了 VR 产业技术创新中心、产业技术研发基地等多个领域。这些多元化的创新平台将有助于企业在技术研发、试验验证以及成果转化等方面获得全方位支持,从而推动 VR 技术及其应用领域的持续创

新。在此基础上,还可构建创新生态系统,鼓励企业、高校、科研机构等多方合作共享创新资源,促进跨界技术交流和人才流动。

（五）推动 VR 产业与新一代信息技术深度融合

在数字经济背景下,江西省应该推进 VR 产业与数字化技术深度融合的进程,探索 VR 在数字化产业中的广泛应用。例如,将 VR 技术与物联网、云计算、区块链等数字化技术相融合,为企业提供数字化转型的解决方案,提高生产效率和产品质量。同时,还可以推动 VR 产业与电子商务、数字文化创意产业等领域的融合,拓展 VR 应用的市场空间。

（六）促进 VR 产业国际合作与交流

江西省可以充分发挥世界 VR 产业大会的举办优势,贯彻"引进来,走出去"策略,积极开展国际合作与交流,吸引国外先进 VR 技术和资源来赣。通过与国际知名 VR 企业合作,引进先进的 VR 技术和产品,推动本土企业的技术升级和产业升级。同时,VR 企业还可以积极参与国际 VR 产业展会、论坛等活动,拓展国际市场,推广江西省的 VR 产品和服务。

参考文献：

［1］江西省发展和改革委员会.江西省数字经济发展白皮书.（2022 年）［R/OL］. http://drc. jiangxi. gov. cn/art？7/18/art_68297_4033452. html.

［2］新浪.2022 世界 VR 产业大会开幕进入倒计时.（2022 年）［EB/OL］. http://jx. sina. cn/news/2022 - 11 - 04/detail - imqqsmrp4899901. d. html.

［3］新华网.6 家赣企入选 2022 中国 VR50 强.（2022 年）［EB/OL］. http://jx. news. cn/2022 - 11/13/c_1129124481. htm.

［4］电子信息产业网.虚拟现实制造业技术创新战略联盟 2022 年度工作会议暨 VR 产业创新高峰论坛在南昌召开.（2022 年）［EB/OL］. http://www. cena. com. cnarvr20220501/116055. html.

[5]央广网.万亿级市场有望爆发 上市公司加码布局虚拟现实产业.（2022 年）[EB/OL].https://finance.cnr.cn/gundong/20221114/t20221114_526060951.shtml.

[6]澎湃网.江西移动：聚焦 5G＋应用,助力赣鄱数字经济"一号工程".（2021 年）[EB/OL].https://m.thepaper.cn/baijiahao_14866022.

[7]中国新闻网.政府搭台企业唱戏 江西民营 VR 企业蓬勃发展.（2023 年）[EB/OL].https://www.chinanews.com.cn/cj?03-28/9979850.shtml.

[8]江西省人民政府.关于印发《2022 年江西省虚拟现实（VR）产业链工作要点》的通知.（2022 年）[EB/OL].http://www.jiangxi.gov.cn/art?2/17/art_5038_3958198.html?xxgkhide=1.

[9]中华人民共和国中央人民政府.中华人民共和国国民经济和社会发展第十四个五年规划和 2035 年远景目标纲要.（2021 年）[EB/OL].https://www.gov.cn/xinwen/2021-03/13/content_5592681.htm.

[10]中华人民共和国中央人民政府.《虚拟现实与行业应用融合发展行动计划（2022—2026 年）》解读.（2022 年）[EB/OL].https://www.gov.cn/zhengce/2022-11/01/content_5723274.htm.

[11]IDC.IDC 预计,2026 年中国 AR/VR 市场规模将超 130 亿美元.（2022 年）[EB/OL].https://www.idc.com/getdoc.jsp?containerId=prCHC49165722.

[12]青岛市人民政府.打造国家级虚拟现实产业研发制造基地.（2022 年）[EB/OL].http://www.qingdao.gov.cnywdttpxw/202205/t20220521_6065177.shtml.

[13]人民网.青岛：打造中国 VR 产业之都.（2021 年）[EB/OL].http://finance.people.com.cn/n1/2021/0924/c1004-32234965.html.

[14]界面新闻.抢占下一个风口,青岛新一代信息技术产业顶层设计出炉.（2022 年）[EB/OL].https://www.jiemian.com/article/7519373.html.

[15]中国经济网.向全球发出"投资上海"邀约 2023 上海全球投资促进大会上午举行.(2023 年)[EB/OL]. http://expo. ce. cn/gd/202304/06/t20230406_38483397. shtml.

[16]腾讯网.百亿级元宇宙产业基金来了! 上海将发布元宇宙培育 4 年行动方案.(2022 年)[EB/OL]. https://new. qq. comraina/20220616A0B79A00.

[17]占晨伟,杨德云.关于南昌市虚拟现实(VR/AR)产业发展路径和对策的思考[J].互联网周刊,2023(06):42 - 44.

[18]刘彤. 南昌加快打造泛 VR 产业生态圈[N]. 南昌日报,2022 - 07 - 17(001).

[19]张良卫,王平阳. 5G 助力 VR/AR 崛起,产业链公司机遇将至[R/OL].(2019 - 09 - 18)[2022 - 06 - 27] https://data. eastmoney. com/report/zw_industry. jshtml? encodeUrl = x6gjr6wapVIi2cJf8cZKrMcZt97vOVUSJHMzoxAMCuA = .

第十七章　江西省节能环保产业与数字经济的融合发展

摘　要：节能环保产业是国家鼓励发展的战略性新兴产业，发展节能环保产业是推进培育绿色新动能、提升绿色竞争力的重要抓手。江西省一直致力于推动可持续发展和环境保护，积极推进生态立省和绿色发展战略，促进节能环保产业与数字经济融合发展。本章在分析江西省节能环保产业发展现状的基础上，从节能环保产业的高效节能、先进环保、资源循环利用、绿色交通车船和设备制造四个细分产业出发，深入探讨上述产业与代表数字经济的5G、物联网、大数据、人工智能等技术相融合的发展态势、所遇问题及发展路径，并结合国内发达省份先进经验，针对性地提出江西节能环保产业与数字经济融合发展的政策建议。

关键词：节能环保产业；数字经济；5G；物联网；大数据；人工智能

一、江西省节能环保产业现状

节能环保产业是指以实现高效节能、先进环保和资源综合利用为目的，提供相应产品或服务的产业，其包括高效节能产业、先进环保产业、资源循环利用产业、绿色交通车船和设备制造产业等四个领域。发展节能环保产业是推进供给侧结构性改革、培育绿色新动能、提升绿色竞争力的重要抓手。据发展和改革委员会公布数据,"十三五"期间,节能环保产业产值由2015 年的 4.5 万亿元上升到 2020 年的 7.5 万亿元左右(见图 17 - 1),该产业日益成为国民经济新的增长点。同时,"十四五"期间,在碳达峰碳中和等重大政策驱动下,2022 年,我国节能环保产业产值已超过 10 万亿元,标志着节能环保产业进入新一轮快速发展期。江西省一直致力于推动可持续发展和环境保护,积极推进生态立省和绿色发展战略,促进节能环保产业与数字经济的融合渗透。

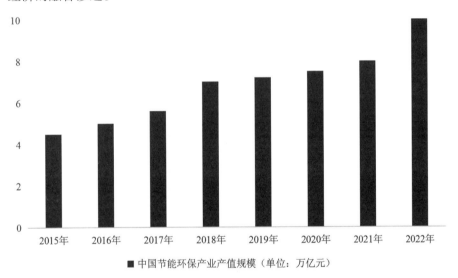

图 17 - 1 2015—2022 年中国节能环保产业产值规模(单位:万亿元)

数据来源:国家发展和改革委员会、中商产业研究院。

江西省政府高度重视节能环保产业的发展,出台了一系列政策措施促进和支持其发展。例如《江西省"十四五"生态环境保护规划》[1]《江西省"十四五"能源发展规划》[2]等均明确了节能环保产业的发展目标、任务和措施,推动节能环保产业成为我省新兴支柱产业。同时,江西省商务厅将节能环保产业作为重点产业,积极引进国内外先进技术和设备,支持企业开展节能环保项目投资和合作,培育一批具有核心竞争力的节能环保龙头企业[4]。

与此同时,江西省节能环保产业也保持着较快的发展速度。在"2022 中国环境企业 50 强榜单"中,江西洪城环境股份有限公司排名第 14 位,是江西省唯一上榜的环境企业[3]。根据《江西省商务厅投资指南重点产业》,江西省拥有节能环保企业 1500 多家,其中高效节能照明产品具有较强的竞争优势,节能装备制造特色明显,环保陶瓷产业基础较好,资源综合利用产业发展势头强劲[4]。另外,江西省节能环保产业的四大细分产业发展前景良好:

（一）高效节能产业

江西省高效节能产业的结构不断优化,从单一的节能设备制造向包括能源管理、智能控制系统、节能服务等多元化方向发展。同时,新兴领域如新能源汽车、智慧城市等也逐渐崭露头角,与高效节能产业实现融合发展。此外,2022 年,江西省清洁能源发电总装机达到 2563.4 万千瓦,占全省总电源装机的 46.83%,较上年增加 314.8 万千瓦,其中,光伏发电装机 1202 万千瓦,占比 22%,已跃居江西第二大电源[5]。

（二）先进环保产业

以智慧环保产业与环境服务业为例:一方面,江西省积极推动智慧环保产业的发展,通过应用数字信息技术,实现了环境监测、污染治理等方面的智能化和数字化。例如,江西省建设了智慧城市示范项目,推动城市环境监测和治理的智能化。另一方面,江西省也加强了环境服务业的发展,培育了一批环境服务企业,如江西省华赣环境集团有限公司、南昌城志环保工程有限公司等。这些企业提供环境评估、环境监测、环境治理等专业服务,为企业和政府提供环境保护解决方案和技术支持。

（三）资源循环利用产业

以循环经济园区建设为例:近年来,江西省积极推动循环经济园区的建设,以促进资源循环利用产业的发展。江西丰城有近 70 年的废旧物资回收历史,2021 年丰城全市循环产业实现总产值 680 亿元,已成为丰城的首位产业[6]。丰城市循环经济园区目前有格林循环废旧电子回收利用项目、江西城市矿产大市场、金数来废旧物资回收基地等三大回收拆解平台。其中,格林循环已经形成了"电子废弃物拆解—废五金精细化分选—废塑料再生改性—废电路板稀贵金属回收"的电子废弃物综合利用产业链。

(四)绿色交通车船和设备制造产业

江西省绿色交通车船和设备制造产业的产业链逐渐完善,涵盖了零部件制造、整车或整船制造、电池制造、充电设施建设等环节。这些环节之间形成了相对配套的产业体系,为该细分产业提供了良好的支撑。例如,为抢抓新能源汽车发展机遇,我省积极完善产业生态,着力延链补链强链,增强产业后劲。以赣州市经开区为例,该地已聚集 100 多家新能源汽车及关键零部件企业。此外,近年来,多家新能源汽车产业龙头企业,如宁德时代、比亚迪和吉利等头部企业在赣布局,进一步丰富了江西新能源汽车产业集群。

二、数字经济背景下江西省节能环保产业发展态势

(一)与新一代信息技术交融渗透

1. 高效节能产业

作为节能环保产业的重要组成部分,高效节能产业以提高能效、降低能耗为主要目标,包括发电厂、冶金企业以及各类工业生产企业等。数字经济通过人工智能、大数据和云计算等技术,可以实时采集这些企业的运行数据,如生产线上的设备状态、制造流程中的能源使用情况等。通过精细化管理和深度数据分析,企业能够精准预测供电需求、设备检测和能耗管理,从而有效提高节能效果。例如,江西省工业互联网平台利用机器学习算法,为工业企业提供个性化的节能诊断和改造服务,帮助企业降低生产成本和碳排放[7]。

此外,江西省数字技术产业的快速发展,能够为高效节能产业提供技术

支撑。目前,江西省数字经济发展态势良好,许多高科技企业来赣设立研发生产基地,这些企业在发展自身业务的同时,也可以助力江西省高效节能产业的数字化转型。例如,富士康和阿里云等企业已在江西建立了大型数据中心,其先进的数据处理技术和云服务技术,可以为高效节能产业的企业提供强大的数据分析和处理能力,从而更好地发挥数据的价值,优化生产流程,降低能耗。

2. 先进环保产业

新一代数字化信息技术的应用使得环境监测系统更加智能化。通过5G和物联网技术,环境监测传感器可以实时采集和传输环境数据,包括空气质量、水质监测等。通过大数据分析和人工智能算法对数据的处理,实现了对环境状况的精准评估和预警,为环保决策提供科学依据。例如,在江西省鹰潭市,基于NB–IoT技术的智慧照明平台利用物联网传感器实时监测空气质量、噪声等环境参数,并将数据上传到云端进行分析和展示,为城市管理提供智慧支撑[8]。

此外,在先进环保产业中的固体废物处理和资源回收层面,可以运用人工智能技术优化分类和回收流程,通过机器学习训练,AI能够辨认不同的废物,帮助提升分类的准确率和效率。同时,结合云计算和大数据,对一线的废物处理和回收数据进行实时监控和分析,优化资源配置,降低运营成本。例如,南昌市的智能垃圾分类系统利用人工智能技术,通过机器学习和图像识别算法,能够自动辨识废物的类型,并实现准确的分类和回收,有效提高了回收效率,实现了该市垃圾分类和回收的智能化管理[9]。

3. 资源循环利用产业

新一代数字化信息技术的融合促进了资源循环利用产业的数字化升级。利用大数据和人工智能分析废物的成分和特性,可以实现智能化的废物分类和分拣,提高废物再利用的效率。同时,数字化技术也为资源循环利用产业提供了数字化供应链管理和可追溯性的手段,加强了产业链的协同和管理。例如,江西格林循环产业股份有限公司运用自主研发的智能识别、高效分离及资源化利用技术,实现了电子废弃物的工厂化、绿色化与完整资源化利用[10]。

另外,江西省充分利用大数据分析,实现了对资源循环利用产业的可持续发展的监测和评估。通过收集和分析产业链各个环节的数据,可以实时了解资源循环利用的情况,发现潜在的问题和改进空间,推动产业的技术创新和转型升级。例如,江西省通过建立电子废物回收产业链的数据平台,收集并整合废弃电子产品的回收、拆解、再制造和再利用等环节的数据。基于这些数据,通过大数据分析电子废物回收过程中的关键环节和关键问题,可以实时监测废物的回收量、回收率以及回收过程中的问题和难点,并且提出技术改进和流程优化的建议,从而评估产业的可持续发展情况,为资源循环利用产业的技术创新和转型升级提供数据支持和决策依据。

4. 绿色交通车船和设备制造产业

一方面,通过5G、物联网和大数据技术的应用,绿色交通车船和设备制造产业实现了智能制造和智能运营的转型。利用物联网技术,交通设备可以实现实时监测和维护,提高运行效率和安全性。例如,通过引入5G车联网技术和人车路云协同系统,江西省构建了高速交通控制网,提升了交通系统的效率和安全性。该系统整合了北斗高精度定位、5G车路协同、营运车辆自动驾驶和队列行驶等先进技术,使得车辆与道路之间能够实现实时的信息交互和数据共享,实现了智能化的交通调度和管理[11]。

另一方面,新一代数字化信息技术的融合也推动了绿色交通产业的创新发展。例如,基于5G和物联网技术的智能交通系统可以实现交通信号的智能控制和优化,提高交通效率和减少拥堵。同时数字化技术也为绿色交通产业提供了共享经济和智慧出行的机遇,促进了绿色出行方式的推广和应用。例如,江西省出台《江西省"十四五"综合交通运输体系发展规划》,提出建设"一网一平台一中心"智慧交通管理体系,实现全省交通信息资源共享、数据分析应用、智能决策支撑、协同指挥调度等功能[12]。同时,推动共享单车、共享汽车、网约车等新型出行方式发展,构建多元化、便捷化、绿色化的公共出行服务体系。

（二）融合发展存在的问题

尽管江西省节能环保产业整体发展态势向好,但仍面临着一些需要完善的突出问题,亟待通过与数字信息技术交融渗透,推动节能环保产业与数字经济的良性互动和协同发展,进而打造发展新优势,满足我省生态文明建设和高质量发展需求。

一是数据安全和隐私保护。节能环保产业涉及大量敏感数据,如能源消耗、污染排放等。在数字经济背景下,利用大数据、物联网等数字化技术可以有效发挥数字要素优势,推动节能环保产业的数字化转型。例如,对于高效节能产业和先进环保产业,通过数字化技术可以实现设备的远程监控和管理,以及建立先进环保设备和污染源监测系统,实时采集相关数据,并将数据传输到云平台进行分析和处理。因此,如何能够确保节能环保产业中涉及的大量数据的安全传输、存储和隐私保护是一个重要问题。

二是技术标准和互操作性。节能环保产业涉及多个设备和系统之间的互联互通,不同厂商和设备可能采用不同的技术标准和接口,导致数据共享和协同治理困难。例如,在江西省的智慧城市交通管理系统中,涉及多个设备和系统,如交通信号灯控制系统、智能停车管理系统和交通流量监测系统等。这些设备和系统由不同的厂商提供,使用不同的技术标准和接口,使得数据共享和协同治理面临挑战。

三是投资和资金支持。节能环保产业的发展需要大量的投资和资金支持,然而,由于当前江西省节能环保产业的规模相对较小,多数中小型节能环保企业往往面临资金不足的困扰,缺乏足够的投入用于技术创新和数字化转型。一些节能环保企业可能面临与金融机构对接不畅的问题,缺乏了解融资渠道和融资产品的机会,这使得企业无法充分利用金融机构提供的融资和贷款服务,限制了它们的资金筹措能力,从而无法利用5G、大数据等数字化技术实现智能化、高效化和数字化的发展。

四是人才培养和技术创新。一方面,节能环保产业与数字经济的融合发展需要具备相关技术和管理能力的人才队伍,然而,江西省在数字经济和节能环保领域的高端人才相对匮乏,人才培养和引进存在一定困难。另一方面,江西省在数字经济领域的核心技术研发能力相对较弱,缺乏自主研发的关键技术。这种情况限制了江西省节能环保产业与数字经济的深度融合,阻碍了创新产品和解决方案的开发。虽然江西省的节能环保产业在水处理、固废处理、节能服务等领域取得了一定进展,但在与数字经济高度融合的领域如新能源汽车、智能回收等方面,仍有较大的发展空间。

五是数字化战略和数据管理分析能力。由于不同节能环保企业可能不清楚其数字化转型具体目标、重点领域与发展路径,企业层面尚未形成整体效应,导致我省节能环保产业层面的数字化战略和规划无法充分发挥指导作用,制约了我省节能环保产业的数字化转型进程。再者,节能环保产业涉及大量的数据采集和分析,由于数据来源分散、格式不一致等问题,数据的采集和存储面临困难,其中也可能会涉及复杂的数据处理算法与模型,如机器学习、人工智能和数据挖掘等。

六是市场需求不明确。节能环保产业的发展受到市场需求的影响,如果市场对节能环保产品和服务的需求不明确,可能会导致企业推广和应用产品及解决方案受到阻碍,从而影响产业发展的方向和节奏。例如,在绿色交通车船和设备制造产业中,尽管新能源汽车在节能环保方面具有显著优势,但在江西省的市场中,对新能源汽车的需求仍不明确。消费者对新能源汽车的接受度和认知度相对较低,对于其性能、续航里程、充电设施等方面的需求和偏好不明确,这就导致相关企业在推广和销售新能源汽车时面临一定的阻碍。

三、数字经济背景下江西省节能环保产业发展路径分析

（一）高效节能产业

江西省的高效节能产业可以通过与数字信息技术的深度交融渗透，实现远程监控和智能管理、数据驱动的节能优化和服务，以及智能化的能源利用与优化等方面的创新发展，进而促进我省高效节能产业提高能源利用效率和节能效果，实现智能化管理。

1. 远程监控和智能管理

利用5G和物联网技术，实现高效节能设备的远程监控和管理。通过传感器和连接设备，实时获取设备运行数据，并将数据传输到云平台进行分析和处理。借助人工智能和大数据分析技术，可以优化设备运行策略，提高能源利用效率和节能效果。此外，结合物联网技术，还可以实现设备之间的协同工作，进一步提升整体能效。

2. 数据驱动的节能优化和服务

利用大数据和人工智能技术，对高效节能产业的数据进行全面分析和优化。通过对能耗数据、生产过程数据等进行深度挖掘，识别潜在的能源浪费和瓶颈，提出相应的节能改进措施。同时，基于大数据分析的预测模型不仅可以帮助预测能源消耗和需求变化，从而合理安排能源供应和使用，实现更加智能化的节能管理；也可以为企业和个人提供定制化的节能方案和能源管理建议。

3. 智能化的能源利用与优化

结合数字化信息技术，推动建筑物能耗的实时监测和控制。通过安装传感器和智能控制系统，实时监测建筑物的能耗情况，进行精细化的能源管理。利用大数据和人工智能分析建筑物的能耗模式和行为规律，优化能源调度和使用策略，提高能源利用效率和节能效果。

通过上述高效节能产业与数字经济的融合发展路径，可以帮助江西省

提高该产业的数据安全性与数据管理和分析能力,优化能源供给结构,推动能源和交通清洁低碳,实现更加智能化的节能管理。并且,进一步发挥华赣环境集团等生态环保领域服务企业作用,推动绿色节能环保产业成为全省新兴支柱产业。

(二)先进环保产业

江西省的先进环保产业可以通过推动绿色技术与数字化信息技术的深度交融渗透,实现智能监测和预警系统、数据驱动的环境治理,以及数字化环境治理平台等方面的创新发展,从而促进我省先进环保产业提高治理效果和环境质量。

1.智能监测和预警系统

利用物联网和传感器技术,建立先进环保设备和污染源的智能监测系统,远程监控并智能管理环保设备。通过实时采集环境参数和污染物数据,并将其传输到云平台进行处理和分析,实现对环境质量和污染源的实时监测和预警。结合人工智能和大数据技术,可以对监测数据进行智能分析和模型预测,提前发现环境异常和污染风险,采取相应的环保措施,提高环境检测的准确性和效率。

2.数据驱动的环境治理

利用大数据和人工智能技术,对环境治理过程进行数据驱动的优化。通过对环境检测数据、污染源排放数据等进行全面分析,可以识别污染源和污染因子的关联性,并提出精准的环境治理策略。此外,通过建立环境模型和智能决策系统,可以对环境治理方案进行模拟和优化,提高治理效果和资源利用效率。

3.数字化环境治理平台

建立基于大数据和人工智能的数字化环境治理平台,实现对环境治理全过程的信息化管理。平台可以集成环境监测数据、企业排放数据、治理措施数据等多源数据,进行统一管理和分析。通过数据挖掘和模式识别,平台可以提供环境治理的评估和预测,支持决策者制定科学合理的环境政策和规划。

通过上述发展路径,可以通过优化先进环保产业的数字化平台监测预警能力以及相关环境治理数据分析管理能力,助力江西省推进钢铁、水泥、焦化行业及燃煤锅炉超低排放改造,到2025年完成2390万吨钢铁产能超低排放改造;推动江西省加快淘汰落后产能,加速对钢铁、水泥等重点行业的专项整治进程[13]。

（三）资源循环利用产业

江西省的资源循环利用产业可以通过与新一代数字化信息技术的融合,实现智能化的资源循环利用管理、数字化的供应链管理和可追溯性,以及创新技术与数字化应用的发展,助力推动我省资源循环利用产业的升级与转型,提高资源利用效率和经济效益。

1. 智能化的资源循环利用管理

利用物联网和人工智能技术,进行实时监测和数据采集,实现废物生成、回收与再利用过程的智能化和精细化管理。通过传感器和物联网的连接,实现废物产生和回收环节的自动化和智能化,提高回收效率和质量。同时,借助大数据和人工智能的分析,可以为废物回收和再利用提供更准确的预测和优化策略,提高资源利用率和经济效益。

2. 数字化的供应链管理和可追溯性

利用数字化技术实现资源循环利用产业的供应链管理和可追溯性。通过建立数字化的供应链平台,实现废物产生、回收、再利用等环节的信息化管理和协同。通过区块链等技术手段,可以实现废物的溯源和去中心化管理,增加数据的可信度和透明度。这样一来,资源循环利用产业可以更好地管理供应链,提高效率和可持续性。

3. 创新技术与数字化应用

推动创新技术与数字化信息技术的融合应用。例如,利用大数据和人工智能分析废物的成分和特性,实现智能化的废物分类和分拣,提高废物再利用的效率。同时,借助 VR 技术实现资源循环利用过程的可视化和模拟,提高决策的科学性和精确度。

基于上述发展路径可以得出,推动资源循环利用产业与数字经济的融合发展,能够推进江西省智慧回收工程,实现废旧电器、废旧家具等大件垃圾的智能回收和分类处理,提高资源再生利用率。并且,还可以推动该产业的技术创新与数字化应用,实现垃圾分类回收处理的智能管理和优化调度,建立垃圾分类评价体系,促进垃圾分类工作的规范化和标准化,加快数字化进程。

(四)绿色交通车船和设备制造产业

江西省的绿色交通车船和设备制造产业通过与数字化技术的深度融合,能够实现新能源技术与数字化应用、车联网与智能交通系统,以及数字化的制造和智能设备的发展,从而推动我省绿色交通产业的升级与创新,提高交通运输效率和环保性。

1. 新能源技术与数字化应用

结合新能源技术与数字化信息技术的融合应用,推动绿色交通的发展。利用大数据和人工智能优化电动车辆的充电桩布局和管理,提高充电效率和充电设施的利用率。同时,借助数字化技术,实现车船和设备的能源管理与优化,提高能源利用效率和节能效果。

2. 车联网与智能交通系统

将车辆和交通设备与互联网连接,建立车联网和智能交通系统。通过实时数据交换、信息共享和远程控制,实现交通流量监测、拥堵预警、智能导航等功能,提高交通运输效率及安全性。同时,借助人工智能算法可以实现智能交通信号控制、路线规划和优化调度,减少交通拥堵和能源消耗,提升绿色交通的效率。

3. 数字化的制造和智能设备

借助数字化制造技术,可以车船和设备制造过程的数据化和自动化控制,提高生产效率和产品质量,推动绿色交通车船和设备制造产业的数字化制造和智能设备应用。同时,引入智能设备和传感器,实现车船和设备的智能化监测和调整,能够提高能源利用效率和环境友好性。

综合上述发展路径,江西省绿色交通车船和设备制造产业相关企业可以利用数字信息技术明晰市场需求,制定针对性的创新产品和解决方案,从而有助于深入推进智慧交通工程,实现交通信号灯、停车场等交通设施的智能管理和优化调度,有效提高我省交通运行效率和服务水平[14]。

四、国内发达省份经验借鉴

(一)江苏经验

江苏省通过建设数字化平台和应用智能化技术,积极推进节能环保产业与数字经济的融合发展。南京市作为江苏省在智慧环保领域的典型代表,率先建设了智慧环保平台,通过物联网和大数据分析等新一代数字化信息技术,将各种环境监测设备和传感器连结起来,实现了对空气质量、水质情况等环境指标的高精度监测,从而帮助环保部门及时发现异常情况并采取相应措施,显著提升环境治理效果[15]。此外,江苏省还在能源监测与管理和环境监测与治理等方面取得了显著进展。通过数字化平台的建设和应用智能化技术,该省实现了能源消耗的全面监测和管理。在环境监测与治理方面,江苏省利用大数据分析和智能化技术实现了对污染源的实时监测和控制,提高了环境治理的效率和精确度。

因此,江西省可以借鉴江苏省在数字化平台建设、环境监测与治理以及能源监测与管理方面的经验,通过引进新一代数字化信息技术,打造"江西省智慧节能环保平台",实现数据的高效利用和智能应用,推动美丽中国"江西样板"建设。

(二)浙江经验

浙江省通过发展智能化环保装备、推动环境大数据应用,在环境保护、资源循环利用和绿色产业发展等领域取得了显著突破。浙江省注重发展智能化环保装备,通过引进先进的技术和设备,实现环境监测、污染治理和资源利用的智能化和自动化。这些智能化装备具有高效能耗、高精度和高可靠性的特点,为该省节能环保产业与数字经济的融合发展提供了坚实的技术支持。另外,浙江省还积极推动环境大数据应用,通过数据的采集、整合和分析,实现对环境状况、资源利用和产业发展的全面监测和评估。例如,杭州市开展了基于大数据和人工智能的环境治理项目,利用数据分析和智能化技术实现了对污染源的实时监测和控制。通过精准的数据分析和智能化决策支持,杭州市能够及时发现环境异常情况,并采取针对性措施,提高了环境治理的效率和精确度[16]。

未来,江西省可以借鉴浙江省在智能化环保装备发展和环境大数据应用方面的做法,通过引进先进技术和设备,建设智能化装备体系并推动环境大数据应用,加强对环境状况和资源利用的监测与评估,提高我省节能环保产业的技术水平和工作效率。

五、政策建议

(一)提高数据安全和隐私保护能力

一是建立数据安全管理体系和制定数据安全标准规范。通过设立专门的数据安全管理机构或部门,负责数据安全管理和监督,并制定相关适用于江西省节能环保产业的数据安全标准和规范,以明确数据安全的要求和指导原则,从而确保数据在传输、存储和处理过程中的安全性。同时,也可以鼓励企业按照标准和规范要求进行数据安全管理和操作,确保数据的合法性、准确性和完整性。

二是构建数据加密与防护技术体系。政府和相关机构可以引导企业研发并采用可信的数据防护技术,如访问控制、身份认证、数据备份等,确保数据的保密性和完整性,以保证节能环保产业中不同层次企业可以实现数据共享,推动我省节能环保产业的数字化进程。另外,还可以鼓励企业采用区块链等专门化技术确保数据的真实性和防篡改能力,提高数据的可信度和可追溯性。

（二）加强技术创新与合作研发

一是加大对新一代数字化信息技术的研发和创新投入,鼓励企业、高校和科研机构开展关键技术研究,提升我省在节能环保产业的技术创新能力。不仅需要建立产学研合作机制,促进企业与高校、科研机构的紧密合作,加快技术成果的转化和应用,同时还应鼓励创新型企业和初创企业在数字化信息技术与节能环保产业的交叉领域进行创业和创新,为产业发展注入新的活力。

二是引进先进的数字化环保装备和智能化技术,通过技术引进、合作研发等方式,快速提升江西省节能环保产业的技术水平和竞争能力。由于技术创新具有研发周期长、难度高等特点,在现阶段我省还应当建立技术合作与交流平台,促进与国内外优秀企业和研发机构的合作研发,共同开发适应我省实际需求的智能化技术解决方案,从而迅速提升技术水平和竞争力。

（三）人才培育与交流

一是建立多层次、多领域的人才培养体系。数字化转型已成时代发展趋势,人才培养亦应与时俱进。省内高校应充分重视培养具备数字经济和节能环保知识的本科和研究生人才,鼓励设立专业化的节能环保相关专业和开设交叉学科课程,重点培养具备工程技术和管理能力的人才,从而适应数字经济背景下节能环保产业的多元化需求。另外,省内职业院校应该强化相关职业教育和技能培训,培养技术工人和技术操作人员,满足节能环保产业中实际操作和设备维护的需求,同时提高节能环保产业从业者的数字化水平。例如,南昌大学设有环境科学与工程学院,开设环境工程、环境科学、节能与环保等专业,还开展交叉学科课程,如环境经济学、环境法律等,从而培养多层次、多领域的节能环保复合型人才。江西信息应用职业技术学院致力于培养技术工人和技术操作人员,设有环境工程技术、环保设备运行与管理等专业,学生可以通过实验和实习,掌握节能环保产业的实际操作技能。

二是加强高校与地方、企业的合作。建立联合研究院和实验室,提供创新研究和技术开发的平台,鼓励高校教师和学生与企业进行合作项目,如参与节能环保产业相关项目的实践和实习,提升实践能力并积累行业经验。另外,推动高校与节能环保企业签订战略合作协议,共享资源和技术,开展产学研用深度合作,促进科技成果转化和产业应用。例如,江西理工大学与宜春市人民政府共建江西理工大学宜春锂电新能源产业研究院,聚焦宜春锂电新能源产业发展需求,充分发挥高校专业优势,加速突破战略性前沿性关键技术,共同推动宜春市绿色交通车船和设备制造产业创新发展。

(四)建设数字化平台和推广应用

一是建设数字化能源管理平台和数字化环境监测平台,利用 5G、大数据和人工智能等新一代数字化信息技术,实现对能源消耗和环境指标的实时监测、分析和优化。通过数据的集中管理和分析,江西省环保部门能够及时发现异常情况并采取相应措施,提升环境治理的效果,实现节能环保产业与数字经济的有机融合。

二是推广智能照明系统、智能建筑技术等数字化信息技术在节能环保产业中的应用,提升生产和管理效率,降低能耗和排放。数字化信息技术的应用能够大幅提升节能环保产业的生产效率和管理水平,实现资源的有效利用和减少环境污染,进一步促进节能环保产业与数字经济的交融渗透。

(五)推动产业数字化转型和应用

一是建立数字化战略和规划。江西省相关部门应当根据节能环保企业的发展阶段、规模类型等不同特性,制定差异化且合理化的节能环保产业数字化转型战略和规划,帮助细分产业及企业明确其数字化转型目标、重点领域和发展路径,促进产业链上下游的协同合作和信息共享。此外,政府、科研机构、技术服务机构可以开展技术咨询和评估,帮助节能环保企业了解和应用5G、物联网、大数据等先进技术,推动数字化转型和升级。

二是建立创新平台和创业孵化基地。通过建设创新平台和创业孵化基地等方式,为节能环保产业中的创新型企业和初创企业提供研发场地、设备和资金等支持,推动数字化技术在该产业中的研发、落地和应用,从而加快实现培育一批节能环保领军企业和创新型企业的目标。

（六）加强市场调研和用户合作

一是建立健全市场调研机制。设立专门的市场调研机构或部门,充分发挥数字信息技术,收集、分析和评估市场信息和需求。相关科研机构及研发企业可以通过定期开展市场调研活动,了解节能环保产业市场的发展趋势、需求变化、竞争状况等,为节能环保型产品开发和市场推广提供科学依据和指导。例如,利用5G网络实时获取市场需求数据、消费者反馈和竞争对手信息,运用大数据和人工智能分析工具对数据进行挖掘和模型预测,以便更准确地洞察行业趋势和预测市场需求。

二是与用户进行密切合作。鼓励企业与用户进行密切合作并共同开展合作研发项目,共同解决节能环保产业目前面临的技术难题和挑战。通过与用户的深入沟通和合作,节能环保企业可以更好地了解市场需求和用户痛点,有效调整产品和服务的方向,提供更具市场竞争力的解决方案和创新产品。

参考文献：

[1]江西省人民政府.江西省人民政府关于印发《江西省"十四五"生态环境保护规划》的通知.（2021年）[EB/OL].http://www.jiangxi.gov.cn/art?11/19/art_4968_3733533.html.

[2]江西省人民政府.江西省人民政府关于印发《江西省"十四五"能源发展规划》的通知.（2022年）[EB/OL].http://www.jiangxi.gov.cn/art?

5/17/art_4968_3961051. html？xxgkhide＝1.

[3]央视网.重磅！2022中国环境企业50强榜单发布.（2022年）［EB/OL］. https://eco. cctv. com？12/31/ARTILiXcSyLSupCBJdeLOJZ5221231. shtml.

[4]江西省商务厅.重点产业.（2021年）［EB/OL］. http://swt. jiangxi. gov. cn/art？8/27/art_36209_1723228. html.

[5]新华网.光伏发电成为江西第二大电源.（2023年）［EB/OL］. ht-tp://jx. news. cn/2023 － 02/05/c_1129338126. htm.

[6]腾讯网.江西丰城发展循环产业 将打造成名符其实的"城市矿山". （2022年）［EB/OL］. https://new. qq. comraina/20220715A0BGKT00.

[7]新华网.智慧工厂 企业上云 用"数"赋智——江西以数字化转型激发更优生产力.（2022年）［EB/OL］. http://www. xinhuanet. com/local/2022 － 05/27/c_1128689761. htm.

[8]模组资讯网.全球首个基于NB－IoT智慧路灯规模化商用项目正式投入运营nb－iot路灯智能管.（2023年）［EB/OL］. https://www. maxim － ic. com. cn/a/nbiot/31574. html.

[9]中国物联网.探访南昌小区里的智能垃圾桶.（2020年）［EB/OL］. http://iot. china. com. cn/content/2020 － 01/02/content_41020043. htm.

[10]江西格林循环产业股份有限公司.（2022年）［EB/OL］. https:// www. ger. com. cn/.

[11]澎湃.新基建·看江西丨一中心,三平台,5G＋……机遇当前,他们这样发力.（2020年）［EB/OL］. https://m. thepaper. cn/baijiahao_8150213.

[12]江西省人民政府.江西省人民政府办公厅关于印发江西省"十四五"综合交通运输体系发展规划的通知.（2021年）［EB/OL］. http://www. jiangxi. gov. cn/art？12/23/art_4968_3799438. html.

[13]江西省人民政府.江西省人民政府关于印发江西省"十四五"节能减排综合工作方案的通知.（2022年）［EB/OL］. http://www. jiangxi. gov.

cn/art？6/14/art_4969_3993099. html？xxgkhide＝1.

［14］搜狐. 文件:江西省2022年智慧交通示范应用管理提升实施方案.
（2022年）［EB/OL］. https://www. sohu. com/a/606674335_649849.

［15］南京市生态局. 南京市生态环境智慧应用平台一期(南京市智慧
环保云平台)——水环境管理功能模块建设服务项目.（2021年）［EB/OL］.
http://hbj. nanjing. gov. cn/njshjbhj/202108/t20210816_3103816. html.

［16］杭州市人民政府.“数字环保”杭州生态环境治理能力现代化的实
践与探索.（2020年）［EB/OL］. https://www. hangzhou. gov. cn/art？12/12/
art_812262_59021646. html.

［17］时希杰.“十四五”时期,推进节能环保产业高质量发展的思考［J］.
中国能源,2022,44(06):31－35.

第十八章 江西省船舶业与数字经济的融合发展

摘 要: 江西省具有丰富的水资源,一直以来拥有发展船舶业的优势,其船舶制造业主要集中在九江市。本文通过数据分析江西省船舶业的发展现状以及该产业在与数字融合过程中面临的困境,发现虽然其船舶制造业发展相对稳定,但技术水平较低、人才短缺、资金投入不足、传统产业思维难以转变、相关政策支持不足等问题仍然凸显。研究认为,数字经济在提高生产效率和质量、优化产品结构、拓展市场渠道、促进产业升级、培育新业态、提高行业集聚效应等方面对江西省船舶业发展具有重要意义,有利于推进数字产业化和产业数字化,实现江西省船舶业跨越式发展。此外,本章通过对江西造船有限责任公司在数字融合方面做了案例分析,并结合船舶业与数字经济融合发展的路径,认为江西省船舶业发展应该从加强创新、提升技术、引进复合型数字人才、增加资金投入、推动思维转变和扩大市场需求等几个方面进行完善。

关键词: 数字经济;船舶业;融合发展

一、江西省船舶业发展现状

（一）产业概况

1.国内外市场分析

2022 年,船舶行业面临多重因素压力,新船订单下降、交船速度减慢,产能供给端韧性脆弱,船舶出口额微降、进口需求疲软(参见图 18 - 1 至图 18 - 4)。在 2022 年,船舶行业面临受疫情、地缘政治以及内外部需求疲软等多重因素影响的国际市场环境。然而,通过提高产能和交船速度,以及政府部门的积极协调,船企效益整体得到了改善。由于疫情的持续蔓延以及地缘政治的不稳定,新船的需求出现了明显的下滑趋势。到 2022 年底,中国的新船订单总量为 4552 万载重吨,较上年同期减少了 32.1%,这主要是由于货物贸易市场的波动和经济形势的恶化,使得新船订单的增长动力减弱,而且减少的幅度也没有明显的缩小。在供给方面,船企交船速度下降,产业供给端韧性脆弱性凸显。2022 年,全年完工量达到 3786 万载重吨,较上年同期大幅下降 4.6%,而新造船价格也出现了明显的下滑趋势,12 月底,CNPI指数更是跌至 1022 点。在进出口方面,2022 年我国船舶累计出口额为216.26 亿美元,同比微降 0.4%。受俄乌局势影响,船舶出口压力加大,但下半年形势好转,出口额降幅收窄;累计进口总额不足 9 亿美元,同比减少69.8%,受疫情反复影响,需求呈现疲软态势。

2.江西省船舶业发展现状分析

江西省水运发展取得显著成就,货运量和船舶运力大幅增长,水运基础设施不断完善,推动了船舶业发展。2022 年,江西省水运总货运量高达423.8 万吨,同比增长 328.9%;船舶总运力达到 582 万载重吨,平均载重吨为 2599 吨,增长率分别为 37.5% 和 36.5%。其中,船舶平均载重吨增速位居全国首位,船舶总运力增速位居全国第三。目前,江西省已基本建成"一纵两横"高等级航道主骨架和九江、南昌两个主要港口,全省高等级航道里程达 960.6 公里。全省完成水铁联运量 5.77 万标箱,增长约 36%。

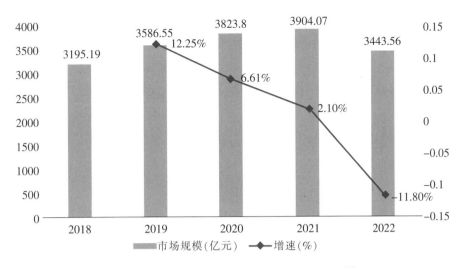

图 18 - 1　2018—2022 年中国船舶行业市场规模

数据来源：观知海内信息网。

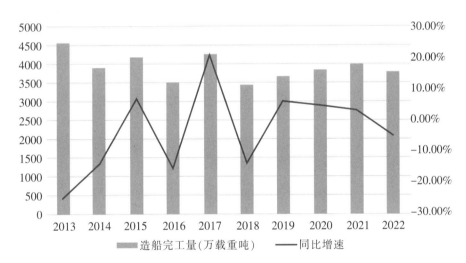

图 18 - 2　2013—2022 年中国造船完工量及其增速（单位：万载重吨,％）

数据来源：中国船舶工业协会。

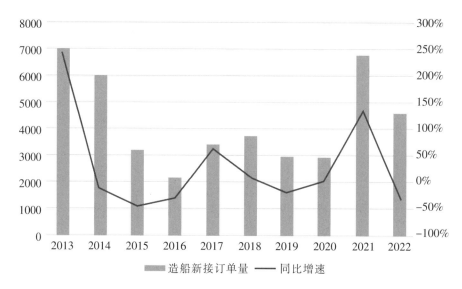

图 18 - 3　2013—2022 年中国造船新接订单量及其增速（单位:万载重吨,%）

数据来源:中国船舶工业协会。

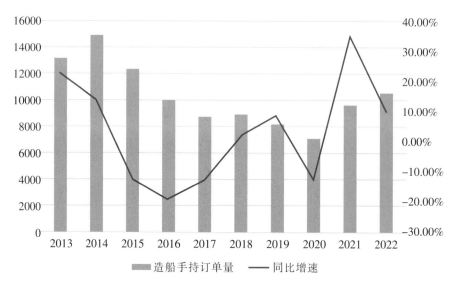

图 18 - 4　2013—2022 年中国造船手持订单量及其增速（单位:万载重吨,%）

数据来源:中国船舶工业协会。

　　江西省聚焦水运发展短板,全力推动水运基础设施建设,加快形成"一纵两横四支"的全省内河高等级航道网。全面提升赣江、信江三级通航质量,强化服务保障,有序打通影响三级通航难点堵点,扎实开展航道养护工作,着力提升船闸通行效率。力争 2023 年全省集装箱水铁联运量增长 15% 以上,打造 2－4 个客货运优质服务品牌港口。

(二)产业发展主要特点

1. 产业规模逐渐扩大

据统计,截至 2022 年,江西省船舶制造企业数量已达到 100 多家,其中包括了一批具有较强实力和影响力的企业。同时,江西省船舶产量和产值也在稳步提升,2021 年船舶产量达到了 50 万吨,产值突破了 100 亿元人民币,同比增长 10% 以上。

2. 产品结构优化升级

江西省船舶工业在产品结构方面取得了显著成果。据统计,2021 年,江西省高附加值、高技术含量的现代船舶制造产值占比达到了 60% 以上,其中高速客船、多用途工程船、环保船舶等新型船舶产值同比增长 20%。

3. 技术创新能力提升

近年来,江西省船舶工业在技术创新方面投入了大量资源。据统计,2021 年,江西省船舶工业研发投入达到了 5 亿元,同比增长 15%。同时,江西省船舶工业与高校、科研院所合作的项目数量达到了 50 个,涉及船舶设计、制造、维修等多个领域。

4. 产业链协同发展

为了提升船舶工业的竞争力,江西省积极推动产业链协同发展。目前,江西省已建成了 3 个船舶产业园区,吸引了 50 多家船舶配套企业入驻。同时,江西省船舶工业与上下游企业合作项目数量达到了 100 个,实现了产业链的优化和延伸。

5. 绿色发展理念深入人心

在全球环保理念日益深入人心的背景下,江西省船舶工业也在积极响应国家绿色发展战略。据统计，2022年，江西省绿色船舶制造产值占比达到了40%以上，节能减排效果显著。同时，江西省船舶工业废弃物处理和资源循环利用率达到了80%以上，降低了船舶制造对环境的破坏。

（三）产业发展趋势

1. 国际需求市场环境变化

在2023年，船舶行业将面临油轮市场需求稳健增长、集装箱航运市场下行趋势和船舶交付量回升的市场环境。需求方面，油轮市场需求复苏，船队运力维持低速增长；集装箱船市场运价、租金大跌，市场可能进一步下行。供给方面，船舶交付量接近底部，预计2023年开始回升。

2023年，石油需求和海运贸易复苏势头显现，油轮运输市场需求将保持稳健增长。预计油轮船队的运力仍会保持较低的水平，但这种情况可能会成为推动市场进入新一轮上涨周期的重要推手。在运费方面，小型油轮的利润有了显著提高。而随着全球经济预期下滑，集装箱航运市场的繁荣景象已经结束。进入2023年，集装箱航运运价已经连跌七周，三大长程航线运价持续下滑。与此同时，集装箱船的运力在快速增长，全球船厂的手持订单中，集装箱船达到928艘、8011.9万载重吨，位居首位。综上，在市场需求大幅萎缩和运力快速增长的背景下，集运运价、租金持续大跌，预计2023年箱船市场恐将进一步下行。同时，船舶交付量接近底部，新船完工量有望在2023年开始回升。全年或将达到4042.5万载重吨，同比增长6.8%，未来两年，涨幅将更为显著。

2. 国家政策支持

海南自由贸易港的设立、中非经济关系改善以及政府出台支持政策，为中国船舶行业提供了便利的贸易环境和发展机遇，促进了技术升级、绿色发展和创新能力提升。海南自由贸易港的设立为船舶行业提供了更加便利的贸易环境，有利于降低企业成本，提高船舶行业的国际竞争力。随着中非经济关系的持续改善，以及"一带一路"倡议的推进，中国船舶制造商正在积极探索海外市场,使得中国船舶制造业的出口市场变得更加多样化,为中国船舶制造业的发展和在全球的影响力增添了更多的动力。

从2022年1月1日开始,工业和信息化部、财政部、海关总署等五部门联合出台了一系列新的政策,以支持船舶工业的发展,包括调整重大技术装备的进口税收政策。这有利于提高我国船舶行业的技术水平和附加值。为了贯彻"双碳"重大战略部署,全面推进长江经济带生态优先绿色发展,国家出台了《关于加快内河船舶绿色智能发展的实施意见》,为内河船舶智能化发展提供了明确的指导方向,以促进长江经济带可持续发展。政府工作报告强调,应该积极推动"专精特新"企业的发展,并为其提供充足的资金、优秀的人才和完善的孵化器环境。通过这种方式,船舶行业中的小企业可以提高创新能力和竞争力。

3.通胀、环保标准多重压力下,成本上行

船舶制造过程中需要大量钢铁、造船板等原材料。随着房地产市场的下滑,未来钢铁产量增长可能进一步受到制约。此外,随着全球铁产量的下降,废钢、铁矿石、煤炭、焦炭的供需增加或有逐步下降的趋势,这也将对钢铁产量产生一定负面影响。随着未来几年的到来,对各种中厚度的钢材的需求量将会大幅增加,因此,整体上,造船板的价格可能会出现一定的波动,从而使得船舶的生产成本得到稳固。随着人口老龄化、劳动力短缺及工资水平提高,我国船舶行业的劳动力成本逐渐增长,这使得企业在市场竞争中面临较大压力。不仅如此,为满足国家和国际环保法规要求,船舶制造商需要投入更多资金用于环保设施改造和技术更新,同时需加强船舶安全性能,保证船舶符合相关安全标准,这也将导致企业生产成本上升。

二、数字经济对江西省船舶业发展的影响

(一)提高生产效率和质量

数字化技术的应用可以有效提高船舶制造业的生产效率和质量。采用

先进的智能制造和工业互联网技术,降低生产成本可以大大提升生产效率,实现全面的自动化和智能化。同时,数字化技术还可以实现对生产过程的实时监控,提高产品质量,降低产品不良率。

（二）优化产品结构

数字化技术可以帮助船舶企业更好地了解市场需求,优化产品结构。通过分析大数据,企业能够更好地了解市场趋势,并能够快速调整产品组合,从而增强其在市场中的竞争力。此外,数字化技术还可以帮助企业实现产品设计的快速迭代,提高产品创新能力。

（三）拓展市场渠道

数字化技术可以帮助船舶企业拓展市场渠道,提高市场份额。通过电子商务、移动互联网等渠道,企业可以更方便地开展线上销售,拓展国内外市场。此外,数字化技术还可以帮助企业实现线上线下融合,提高营销效果。

（四）促进产业升级

数字化技术可以推动船舶产业的升级。通过引入先进的数字化技术,企业可以实现从传统制造业向智能制造业的转型,提高产业附加值。此外,数字化技术还可以帮助企业实现绿色生产,降低能耗,提高资源利用率,促进产业的可持续发展。

（五）培育新业态

数字化技术可以为船舶产业培育新的业态。例如,通过物联网、大数据等技术,企业可以开发智能船舶、无人船等新型产品,满足市场的新需求。此外,数字化技术还可以帮助企业开展船舶维修、船舶租赁等新兴业务,拓展产业链,提高产业整体竞争力。

（六）提高行业集聚效应

数字化技术可以促进船舶产业的集聚发展。通过建立产业互联网平台,企业可以实现产业链上下游的信息共享,提高产业链协同效率。此外,数字化技术还可以帮助企业实现产业集群的优化布局,提高产业集聚效应,进一步提升江西省船舶产业的整体竞争力。

三、江西省船舶业与数字经济融合发展的制约因素

(一)技术水平低和人才短缺

江西省船舶业的技术水平相对较低,这主要是由于江西省的船舶业企业大多规模较小,研发投入不足,技术创新能力较弱等因素所致。然而,船舶业的数字化转型需要解决一系列技术问题,包括传感器技术、通信技术、云计算和大数据处理等方面。同时,船舶的复杂性和特殊环境也增加了技术实施难度。

(二)人才短缺

由于船舶行业的特殊性,需要掌握复杂的机械、电气、电子等多个领域的技术,这对技术人才的要求也较高。然而,江西省的船舶业企业很难吸引到高素质的技术人才,这也成为数字经济融合发展的制约因素之一。数字化转型需要专业的技术和工程能力,包括对传感器、网络通信、大数据分析、云计算等技术的熟悉和应用能力,还需要具备管理能力和战略规划能力。但是当前船舶行业的专业人才相对较少,导致数字化转型的实施受限。

(三)资金投入不足

数字经济的发展需要大量的资金投入,而江西省的船舶业企业大多规模较小,资金实力有限,无法进行大规模的数字化转型和升级。根据江西省经济和信息化委员会发布的数据,江西省船舶业企业的平均注册资本仅为1050万元,相对于其他行业来说较低。此外,船舶制造需要的设备、材料等成本也相对较高,这也加大了数字化转型的资金压力。

(四)传统产业思维难以转变

江西省的船舶业企业多为传统制造型企业,很难转变思维,将数字经济融入企业的经营管理中,这也是数字经济融合发展的制约因素之一。传统

制造型企业往往注重生产效率和产品质量,而数字经济则强调数据价值和创新能力。这需要企业进行思维上的转变,从传统的生产制造型企业转型为数字化、智能化的企业,这需要企业进行全方位的改革和升级。

（五）相关政策支持不足

数字经济的发展需要政策的支持,而江西省的相关政策支持相对不足,对数字经济融合发展的推动也产生了一定的制约。江西省的船舶行业正处于数字化转型的过程中,为此,当地应该加大对其的政策扶持力度,以提供更多的税收、融资、人才引进等优惠措施,以促进其数字化转型与升级的实现。然而,目前江西省的政策仍有待改善,以期促进其数字经济的融合发展。

（六）市场需求不足

江西省的船舶业企业面临的市场需求相对较少,市场规模有限,这也制约了数字经济融合发展的推动。江西省的船舶业企业主要集中在内陆地区,市场规模相对较小,而且受制于地理位置和交通等因素,难以扩大市场规模。此外,船舶制造行业的市场需求也受到经济周期和国际贸易环境等因素的影响,这也使得市场需求不稳定,难以为数字经济融合发展提供稳定的市场支撑。

四、江西省船舶业与数字融合发展的路径

（一）提升船厂数据的"价值"

通过对 BIM 技术、"财富矿"以及"可视化"技术的综合应用,船舶数字资产系统能够有效地收集、分析、管理船舶数据,从而更好地满足船舶行业的需求。此外,借助中船九院多年来的专业经验,以及对现场数据的及时分析,船舶数字资产的数据也能够得到有效的展示,基于对大量数据的精准分析,可以建立起了完善的功能模块,如数据总览、设施、能耗、预警、性能,同时还对每种分类的程度做出精准的调整,从而使得每种数据都具有独特的

价值。此外,采用集中式的方式,对所有的数据源实现统一的管控,从而实现对设备、环境的有效控制。经过精心组织,建立起一个完善的三维数据模型数据库,其中包括当前的设计信息、历史记录、实时的监控、诊断结果,这个系统不仅支持实时的厂房设施、设备信息的搜寻、归纳、查询,更支持多种数据的比较与交互。

（二）使船舶制造更"安全"

通过"实时体检"和"海上城市"的应用,构建健康的船舶工厂监控体系,该体系能够及时发现并评估大型钢结构工厂的运营情况,为安全生产提供强有力的支撑。船厂的制造流程极其复杂,生产厂房的面积巨大,吊装设备的负荷沉重,加上复杂的工作条件,使得整个生产环境变得极其艰苦,而且一些构件甚至会直接受到动力的影响。此外,钢结构厂房的维护和保养经常不够完善,存在较大的安全隐患。通过"工业互联网 + 安全生产"建立的船厂厂房结构健康监测系统,可以实时监测关键、重要构件的状况,并且可以采用智能算法进行评估。同时利用 BIM 平台将结构状态实时展示给设计和运营方,从而大大提升了结构安全的可靠性,并且极大地提升了运维效率。通过建立船厂厂房结构健康监测系统,可以有效地进行安全评估和预警,并且可以建立一个完善的船舶生产安全防控体系,从而大大降低事故发生的可能性,使得在危机发生之前就可以及时采取措施,以避免可能的损失。通过智能运维系统,"健康"可以实时监测和反馈大型设备的运行情况。

大型起重机械在船舶制造中扮演着至关重要的角色。基于当前的技术水准,利用工业互联网信息技术,构筑了一套完善的大型起重机械的运营管理体系。采用利用先进的信息技术,大型起重机的运行情况得到实时的收集,并通过运用大数据技术加以智慧解析,使其变得可视化、可操作性强,从而可以清晰地看到机器的运行情况,并及早发出故障预警。通过构建一个基于故障决策树的算法,可以有效地识别和评估大型起重机械的可能性,为其开展事前的风险评估和事后的紧急维护提供有效的指导,以确保其安全运行。

（三）使船厂运行更"节能"

通过引入先进的数据预测技术，船舶涂装车间的 VOC（VOCs）治理系统可以有效地改善污染状况，从而达到减少污染的目的。此外，新的标准和政策也为船企提出了更高的要求，以确保船舶生产过程中 VOCs 排放的安全可控。"沸石转轮＋RTO"废气处理系统的运行受到涂装作业的不断变化和 VOCs 浓度的剧烈波动的影响。因此，为了达到排放标准，必须大量使用天然气进行助燃，这不仅增加了企业的能源消耗，也严重影响了环境保护。通过 VOCs 和"机理模型＋数据模型"的数字化平台，对 VOCs 浓度的预测和节能运行进行了深入的研究，并结合人工智能、工业大数据等前沿技术，实现了废气治理系统的优化设计，有效地降低了成本，同时也达到了最佳的处理效果和经济效益。

（四）船厂能源运营的"智能化"转变

"智慧管家"的能源管控系统为船厂提供了一种全新方案，它将自动化运行、集约化操作和智能化管理有机结合，实现了动力、电气和给排水三大能源专业的远程集中操作和智能运营管理，大大提升了船厂的生产效率，为船舶制造业带来了更多的可能性。"物联网＋大数据＋机理＋算法"系统可以实时监测能源生产全过程，并对其能耗能效进行评价分析，从而精确预测能源产生量和消耗量，实现了一种灵活、高效的能耗管理模式，具有自动汇总、报表分析等功能。通过系统提供的实时和历史数据分析和对比功能，可以发现能源消耗过程和结构中的潜在问题，并且可以对管网和车间设备进行实时监测和故障预警，从而实现车间能源综合优化，有效降低能源损失，提高能源转化效率，增强生产安全稳定性，降低企业能源成本，实现能源价值的最大化。

五、相关案例

（一）企业背景

江西造船厂始建于 1950 年，目前已经发展为江西省规模最大的国有造船公司。公司拥有壹级船坞制造及甲级船坞设计资质,并且拥有高达 5000万元的固定资产净值。该公司具有 60 吨的高强度机动性弧形滑道,7000 多平方米的大型船坞,能够一次性完成 1 到 6 艘超过 500 吨的船只的制作,其中包括一艘 3000 吨级的外壳及两艘 500 吨级的内壳。此外,该公司还采用最新的计算机辅助设计技术。该企业拥有完善的技术实践经验,可以成功地设计、建造 3000 吨、1500 千瓦、1000 客位的内河、沿海船只,并且还可以生产出高品质的钢结构厂房、钢质桥梁、完善的交通基础设施,甚至是先进的机械加工。

(二)数字经济融合发展措施

1.数字化设计与生产

江西造船厂通过推广 CAD/CAM 技术、船舶三维数字化设计和数字化生产线,实现船舶设计与生产的数字化,提高效率、降低成本、提升质量。首先,采用计算机辅助设计(CAD)和计算机辅助制造(CAM)技术,实现船舶设计与生产的数字化。通过这些技术,能够更加精确地进行船舶设计,提高生产效率,降低生产成本。其次,引入船舶三维数字化设计技术,实现船舶结构、设备布局、管线布置等方面的数字化设计。这种设计方式可以提高设计质量,减少设计错误,缩短设计周期。最后,采用数字化生产线,实现船舶生产过程的自动化和智能化。数字化生产线可以提高生产效率,降低生产成本,提高产品质量。

2.数字化管理与服务

江西造船有限责任公司建立 ERP 系统、物联网技术和 CRM 系统,实现内部协同、设备监控和客户关系管理的数字化转型。第一,建立企业资源计划(ERP)系统,实现企业内部各部门之间的信息共享和协同工作。通过 ERP 系统,江西造船有限责任公司可以更加高效地进行生产计划、物料管理、财务管理等方面的工作。第二,利用物联网(LOT)技术,实现船舶设备的远程监控和维护。通过物联网技术,江西造船有限责任公司可以实时掌握船舶设备的运行状况,及时进行故障诊断和维修,提高设备的可靠性和使用寿命。第三,建立客户关系管理(CRM)系统,提升企业与客户之间的互动和沟通。通过 CRM 系统,江西造船有限责任公司可以更好地了解客户需求,提供个性化的服务,提高客户满意度。

六、政策建议

（一）"数字"+"船舶"促进技术进步

数字技术发展对推动船舶产品技术进步、产业转型升级具有重要作用,将改变船舶研发设计、生产建造、试验测试、运营维护各阶段模式。基于人工智能技术的船舶智能设计、基于工业互联网增强现实技术的船舶智能制造、基于自动驾驶技术的船舶智能航行、基于大数据/虚拟现实技术的船舶智能维护、基于区块链技术的船舶供应链管理等均是未来发展的重要方向。数字技术全面产业化将实质化推动船舶工业迈入智能化时代,催生新业态、新模式,船舶行业需进一步扩大开放合作,推动船舶技术与数字技术深度融合发展,借力数字经济发展机遇期,做优做强船舶产业。

（二）"资本"+"技能人才"促创新

政府应加大对船舶业技术研发的支持力度,设立专门的船舶技术研发基金,为企业提供研发资金支持,鼓励企业进行技术创新。同时,应加强与高等院校和科研机构的合作,通过产学研合作方式,提升船舶业的技术水平;建立产学研合作平台,共享资源,共同推进船舶技术的研发和创新;组织企业和人才参加国际技术交流和合作,引进国外先进的技术和管理经验,提升我国船舶技术的水平,为数字化转型打好基础。另外,政府还应加大对船舶行业人才的培养力度,通过设立专门的教育培训基地,提供专业技能培训,可以出台数字复合型人才引进政策,对在船舶技术研发和创新方面有突出贡献的人才给予优惠待遇,吸引更多的数字复合型人才投入到船舶技术的研发和创新中。

（三）"政府"+"民间"降融资成本

政府应通过财政补贴、税收优惠等方式,增加对船舶业数字化转型的资金支持,帮助企业解决资金短缺问题,还可以设立船舶行业专项基金,专门用于支持船舶企业的数字化转型。同时,在船舶行业进行技术创新、产品升级、环保改造等方面投入较大的企业,政府可以给予一定的财政补贴,降低企业的投入成本。政府还可以通过引导社会资本投入,鼓励银行和金融机构为船舶业提供贷款和信贷支持,降低企业的融资成本。通过发行船舶行业债券的方式,吸引社会资本投入船舶行业中,增加行业的资金来源。积极推动企业与国际组织和外国政府的合作,引进外资,增加船舶行业的资金投入。

（四）"宣传"+"教育"引导产业数字化

政府、数字化转型服务商和互联网平台应通过宣传推广、培训教育等方式,帮助企业认识到数字经济的重要性,引导企业转变思维,积极拥抱数字经济。例如,通过研讨会、工作坊、在线课程等途径,向企业展示数字经济的概念、优势以及案例,强调数字经济对于提高效率、降低成本、拓展市场以及创新业务模式的重要性;提供具体的、有影响力的数字经济成功案例,可以更直观地让企业了解到数字经济的实际价值。来自各行各业的案例都可以作为参考;可以在一些先进企业中选择进行数字经济的试点工作,然后将这些企业的成功经验推广到其他企业,让更多的企业看到实践中的效果。同时,政府还应鼓励企业进行数字化、智能化的改革和升级,提升企业的竞争力。例如,提供数字技能培训,如数据分析、人工智能、区块链等,能够帮助企业的员工适应数字经济所需的技能。

（五）"全流程"+"个性化"促产业数字化

政府、数字化转型服务商和第三方评估机构等主体,应聚焦船舶业中小企业个性化转型需求,辅助中小企业制定数字化转型策略。各类运营商主体、智能制造企业、行业咨询服务商等积极协助相关中小企业大力发展新一代工业互联网建设、硬件实施部署和相关软件开发应用,对相关技术群体进行定制化培训。对于船舶行业细分赛道企业的实际转型需要,相关运营商积极整合相关资源,提高其转型效率。

（六）"稳"+"扩"市场

鼓励企业建立电子商务平台可以推动船舶产品和服务的在线交易,扩大市场范围促进船舶业市场的稳定和扩张。政府应通过优化区域经济布局,推动船舶业的区域协调发展,扩大市场需求。同时,政府还应通过加强国际合作,开拓国际市场,提高船舶制造业的国际竞争力。此外,政府还可以通过政策引导,鼓励企业进行产品创新和品牌建设,提升产品的市场竞争力,稳定和扩大市场需求。通过与其他国家的协商和合作,寻找并开拓新的国际市场。此外,也可以通过参加国际博览会、组织海外考察团等方式,增强船舶行业的国际影响力。

参考文献:

[1]张懿. 十年磨剑,摘下"船舶工业皇冠上的明珠"[N]. 文汇报,2023－06－22(005).

[2]王凯艺,洪宇翔,杨江琦. 打造世界一流强港,这项技能很关键[N]. 浙江日报,2023－06－15(004).

[3]石孟园. 海工装备市场进入恢复期[N]. 中国水运报,2023－06－14(006).

[4]任佳丽. 当航运业装上"智变"与"绿化"双引擎[N]. 中国水运报,2023－04－23(001). DOI: 10.28142/n. cnki. ncsyb. 2023. 000583.

[5]常芷若. 造船业有望迎来长期确定性景气度[N]. 中国证券报,2023－04－20(A05). DOI: 10.28162/n. cnki. nczjb. 2023. 001926.

[6]杨帆,陈芳. 九江船舶运力首次突破300万载重吨[N]. 九江日报,2022－11－15(001).

[7]倪磊,练崇田.数字技术赋能江西水运高质量发展[N].中国交通报,2022-11-08(001).DOI: 10.28099/n.cnki.ncjtb.2022.002162.

[8]邝展婷.船舶智能制造人才"痛点"亟待解决[N].中国船舶报,2021-04-23(001).DOI: 10.28054/n.cnki.nccpb.2021.000283.

[9]何宝新,蔡燕国.中国船舶中船九院:建数字化平台 助行业转型升级[N].中国船舶报,2021-09-03(008).DOI: 10.28054/n.cnki.nccpb.2021.000759.

[10]肖龙辉,裴志勇,徐文君,等.船体结构数字孪生技术及应用[J].船舶力学,2023,27(04):573-582.

[11]李震邦.数字孪生技术与智能船舶发展[J].船舶工程,2022,44(S1):543-547.DOI: 10.13788/j.cnki.cbgc.2022.S1.103.

[12]庞宇,黄文焘,吴骏,等.数字孪生技术在船舶综合电力系统中的应用前景与关键技术[J].电网技术,2022,46(07):2456-2471.DOI: 10.13335/j.1000-3673.pst.2021.2424.

[13]胡一鹏,闫昭琨,刘佳仑,等.智能船艇虚实融合测试验证技术现状与展望[J].船舶工程,2022,44(04):4-13.

[14]周松立,甘霏斐,陆响晖.基于智能船舶技术的FPSO智能化研究与展望[J].船舶工程,2021,43(08):31-35.

第十九章　江西省钢铁产业与数字经济的融合发展

摘　要: 数字经济是当前全球经济发展的重要方向之一,也是我国推进供给侧结构性改革,实现经济高质量发展的重要途径。钢铁产业是我国重要的基础产业之一,也是我国实体经济的重要支撑。本章以江西省钢铁产业与数字经济的融合发展为研究对象,从数字化技术应用、数字经济与钢铁产业的协同发展、数字经济对钢铁产业的影响等方面进行了深入分析,并提出了相应的对策建议。研究发现,江西省钢铁产业数字化技术应用不断加快,数字经济与我省钢铁产业呈融合发展态势且逐步显现深度融合趋势。但是,也存在着数字经济发展不平衡、人才支撑不足等问题。为此,提出以下对策建议:一是加快推进钢铁产业数字化技术应用,提高生产效率和质量;二是加强数字经济与钢铁产业协同发展,推动产业链、价值链、供应链等方面的数字化、智能化和创新化;三是加大数字经济对钢铁产业的投资力度,培育新经济增长点;四是加强人才支撑,建立数字经济人才培养和引进机制。通过实施上述对策建议,可以有效推进江西省钢铁产业与数字经济深度融合发展,实现钢铁产业转型升级和高质量发展。

关键词: 江西钢铁产业;数字经济;数字化转型;发展策略

一、江西省钢铁产业发展现状

(一)江西省钢铁产业总体概况

江西钢铁产业历史悠久。经过多年的发展,已经形成了以南昌、新余、萍乡为核心的钢铁产业集群。江西钢铁产业在生产技术、设备、管理等方面都有了显著的提升,为江西省的经济发展做出了重要贡献。然而,面对全球市场的竞争压力,江西钢铁产业需要进一步优化升级,以提高整体竞争力。

江西省钢铁产业在2022年取得了一定的进展和成效,产量规模保持连年增长。产量规模方面,在全球及全国钢铁产量稳步增长的趋势下,参见图19-1、图19-2。江西省的钢铁产量在2022年继续保持增长,全年产量达到约4100万吨,同比增长约7%。其中,粗钢产量达到约2900万吨,同比增长约5%。产业结构方面,江西省的钢铁产业结构在2022年得到了一定的优化,高端、高附加值产品的比例逐步提高。同时,一些大型钢铁企业通过兼并重组等方式,扩大了规模和提高了产业集中度和整体竞争力。数字技术应用方面,江西省钢铁产业在2022年取得了一定的进展。一些钢铁企业引入了数字化技术,实现了生产过程的智能化、智慧化协同发展,有利于实现整个钢铁产业链各环节的数据共享和协同。环保监管方面,江西省钢铁产业在2022年面临着更加严格的要求和压力。企业需要加强环保投入,推广环保技术和清洁生产技术,降低能源消耗和污染物排放,推动绿色发展。市场竞争力方面,江西省钢铁产业在2022年的市场竞争力得到了一定的提高。随着产品结构的优化和数字技术的应用,江西省的钢铁产品在质量、服务和价格等方面得到了市场的认可和好评。

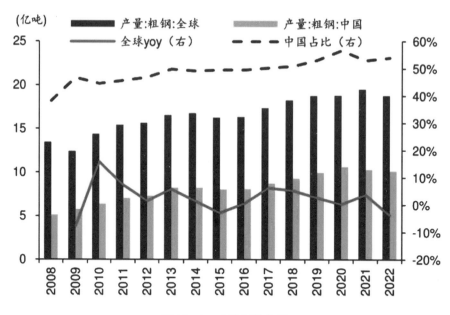

图 19 - 1 全球钢铁产量

数据来源：世界钢铁协会。

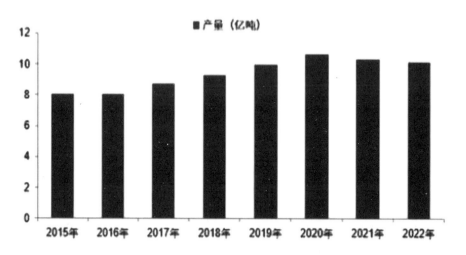

图 19 - 2 2015—2022 年中国粗钢产量及增速情况

数据来源：国家统计局。

　　江西省建设有门类齐全、上下游产业链比较完备的钢铁工业体系。截至 2022 年底,全省钢铁产业全行业有 137 家企业,其中铁矿采选企业 32 家、铁合金企业 5 家、焦化企业 4 家、钢铁冶炼企业 15 家、压延加工企业 81 家,,年营业收入超过 3000 亿元。截至目前江西省现有钢铁产业格局已发展形成新余钢铁、萍乡钢铁和方大特钢三大重点企业,九江湖口新型钢铁、新余良山特钢、萍乡上栗粉尘冶金和南昌进贤钢结构四个产业基地,以及建筑用钢、船舶及海洋工程用钢、输变电电机用钢、汽车用钢、家电用钢和金属制品六大产品系列,拥有一批市场占有率位居全国前列的优势产品。

　　江西省钢铁产业发展表现出与数字化融合特点,如迫切需要在产业的各细分领域积极寻求与数字经济的深度融合,以实现自身的优化升级和可持续发展。江西作为我国重要的钢铁产业基地,如何有效利用数字经济提升钢铁产业的竞争力,已成为江西省内钢铁产业发展的重要议题。本报告将就江西钢铁产业与数字经济的融合发展进行探讨,提出发展建议,以期推动江西钢铁全产业链的数字化转型变革。近些年来,以 5G、工业互联网、人工智能、虚拟现实等为核心的数字技术变革浪潮快速向传统工业产业渗透并形成融合发展之势,助力传统工业革新。党的二十大报告指出要加快发展数字经济,促进数字经济和实体经济深度融合。钢铁产业是现代工业的"脊梁",加快钢铁产业数字化转型,有助于整体工业产业链走上高端。

　　江西省钢铁产业发展外部环境承压巨大。作为中部欠发达省份,江西省钢铁产业面临着一系列挑战,受宏观经济大环境的不景气以及基建投资减缓等外部环境因素影响,钢铁企业面临整体消费需求下降的困境。此外钢铁行业普遍存在能源消耗高、污染物排放较为突出等问题,对我省建设绿色生态江西战略存在一定负面影响。在当前工业经济发展走向新常态的背景下,数字经济对提高钢铁企业创新能力、优化工业结构和提高资源利用效率等方面都具有积极性作用,在解决当前江西省钢铁工业要素配置效率低下、企业创新动力缺乏和工业结构不合理等问题方面亦能发挥重要作用。

与数字经济融合发展有助于推动实现我省钢铁企业降低单位能耗、提高产品品质的发展目标。在当前数字经济对传统工业经济产生重大影响以及我省钢铁行业发展亟须转型升级的大背景下，数字经济已成为我省钢铁行业产业升级、高质量发展的新动力。受制于整体工业发展水平欠发达、企业现代化管理水平与东部沿海发达地区存在一定差距等因素，分析我省钢铁行业与数字经济融合发展存在何种制约因素；研究工业与数字经济融合发展背景下我省钢铁行业发展的路径；以及通过剖析当前已有的相关钢铁企业数字化融合发展成功案例，汲取相关成功经验为我省钢铁行业与数字经济融合发展提供有关借鉴。系统性分析数字经济对钢铁行业高质量发展的影响效果以及在我省的制约因素，不仅高度契合党的二十大报告中关于数字强国与科技创新的战略要求，在省政府提出数字经济"一号发展工程"的大背景下，对江西省钢铁行业与数字经济的融合发展亦能提供相关政策建议与有益参考。

（二）江西省钢铁企业数字化转型现状

在江西省政府数字经济"一号发展工程"的指引下，江西省钢铁产业数字化转型迈上快车道。江西省内龙头钢铁企业全面拥抱数字经济，主流制造流程与数字经济融合实现高质量发展，整体数字化水平总体已达行业先进水平，主流生产制造流程80%产能基本实现数字化管理。通过对MES生产执行系统的应用，江西省钢铁企业信息化管理水平得到了极大提升。江西省新余钢铁、萍乡钢铁、方大特钢等龙头钢铁企业在主流制造流程全覆盖了生产执行系统（MES），做到了订单管理、生产计划管理、优化排产、调度管理、物流跟踪、质量管理、销售管理、客户管理等业务信息化管理。此外基于数字经济平台，新钢集团、方大特钢等钢铁企业开启商业新模式和新技术的创新应用。船板钢制造开创个性化定制交货的商业新模式，钢材销售利用抖音、淘宝等电商平台，开创钢铁产品电商销售的销售新模式。此外依托数字化平台，料场智能化管理、无人行车等一大批新技术应用到钢铁生产制造流程,推动我省钢铁企业生产制造流程的智能化发展。方大特钢通过搭建智慧管控中心项目,引入大屏幕远程监测技术和调度工作站集中调度管理,实现对主要生产工序、工艺流程、能源管控、物流调度等主要业务的远程监测和集中调度,强化生产运营的集中监控、预警、指挥、管理,进一步推进产业数字化,提升企业生产运营效率。新钢集团"高炉智慧集控中心"成功投用,实现了对两座高炉的全智能化操控;新余钢铁投入使用数字化管理平台,平台涵盖企业各层组织管理架构,能够有效衔接和平衡管控企业的生产、营销、质量,实现对企业生产制造成本的精确核算,对生产制造全过程实现精细化、精益化管理,实现对企业资源的一体化管理与控制。

(三)江西钢铁企业数字化转型产业政策支持

江西省近年大力推进全省钢铁工业提质增效。过去几年江西省先后出台《江西省钢铁产品制造升级行动计划》《江西省钢铁产业优化升级实施方案》《钢铁行业技术改造升级投资指南》等文件,助力钢铁企业转型升级。为全面推动江西省钢铁企业数字化转型,下一步省工信厅还将还将编制出台《江西省钢铁行业数字化转型行动计划》,从政策层面提供指导,助力钢铁企业与数字技术深度融合,提高钢铁企业数字化水平,为江西省钢铁产业迈向产业链、价值链、供应链中高端提供政策支持。

二、数字经济对江西省钢铁业发展的影响

数字经济通过大数据、云计算、物联网等技术对江西钢铁产业产生了深远的影响。生产流程优化,数字经济的应用,使得江西钢铁产业在生产流程上得到了有效优化。例如,通过数据分析,可以更精准地安排生产计划,减少库存成本,提高生产效率。产品质量提升,数字技术的应用,使得钢铁产品的质量控制更加精细,通过数据分析,可以快速找出影响产品质量的因素,科学实现这一领域能源的有效管理,通过数据分析,可以找出能源消耗的瓶颈,降低能源成本。

（一）数字经济对江西省钢铁产业整体发展影响

数字经济对钢铁产业的影响主要包括六个方面,即生产效率提升、企业生产绩效评价、产业节能减排、能源利率效率、生产工艺优化和环境保护能力提升等。

一是数字经济对钢铁企业劳动生产效率和产品质量提升的影响。数字经济有助于降低钢铁企业的交易成本,提高钢铁产品质量。我国是钢铁生产大国,受限于国内铁矿石平均品位低等因素,我国每年需从澳大利亚、巴西等国家进口大量铁矿石。过去15年钢铁行业铁矿石平均对外依存度达75%,2022年铁矿石进口量达11.1亿吨,对外依存度高达74.1%。国际矿业寡头对国际铁矿石市场的垄断,使得我国钢铁企业生产成本承压。我国钢铁企业需采取有效的策略科学有效降低成本,如降本增效主要通过降低工资费用、管理费用、制造费用等企业内部成本,达到提高劳动生产率的目的。同时通过标准化的制造降低成本,对销售、研发等环节的成本考虑不足。数字技术的应用重塑了钢铁企业生产组织形式,使得钢铁企业对价值链的管控更为准确,钢铁企业可以依托数字化平台搭建上下游产业链联盟,降低钢铁行业上下游企业之间的交易成本。加快钢铁产业链研发、生产等全过程的优化与管控。同时借助数字技术,钢铁企业能够快速感知市场变化,了解用户需求,根据用户需求企业按需生产相关产品。此外依托淘宝、京东等电商数字平台,钢铁企业与用户得以有效解决供求信息不对称问题,市场营销成本可以得到大幅降低。

二是有利于优化产业结构。数字经济可以帮助江西省钢铁企业向高端、高附加值的产品方向发展,优化产业结构,提高产业的整体效率。同时,数字技术也可以帮助企业实现供应链提质增效,降低企业生产成本,提高研发效率,提高利润创造能力。例如,应用物联网技术对生产设备进行迭代升级,增加设备的智能性,对产品生产和品质进行在线实时监控和质检预警,全面提高轻工业生产工艺和产品的市场满意度。智能制造方面,钢铁企业可以应用智能制造技术改造传统生产工艺流程。例如,通过自动化生产线和智能仓库等技术的应用,提高生产效率和降低成本,同时提高产品的附加值和市场竞争力。产业协同创新方面,钢铁企业可以与高校、科研机构等加强合作,开展产业协同创新,推动数字技术在钢铁产业的应用和推广。例如,共同开展科技项目研究、搭建创新平台等,促进产业链各环节的数据共享和协同。绿色发展方面,钢铁企业可以应用数字技术推动绿色发展,例如通过能源监测和管理系统,实现能源的节约和降低污染排放,通过采用智能环保设备和技术,引入先进的流程工艺生产、研发、质量监控可视化和智能化。例如,通过物联网技术实现物流信息的实时监控和追踪,提高物流效率和降低成本。市场拓展方面,钢铁企业可以通过数字化技术拓展市场渠道和扩大销售范围。例如,通过电商平台、社交媒体等数字化渠道拓展销售渠道,提高市场占有率和竞争力。

三是数字经济提升钢铁企业绩效管理。在钢铁企业 MES 生产执行系统等内部生产综合一体化指挥调度平台逐步广泛投入使用的过程中,可以着力提升钢铁企业生产过程的数字化水平和劳动生产率(戚聿东 2020),实现主要业务流程管理的智能化,从而提高企业业绩水平。基于数字技术开发的 MES 生产执行系统,与自动化设备实时数据交互,同时对接钢铁企业 ERP 管理系统,实现了从原材料入库到成品发运的全流程智能化管控。相较传统生产执行体系,做到了数据的实时准确,使得生产管理更为精细规范,有效地提高了企业业务效率。此外基于数字共享技术,将不同业务部门的数据库进行整合共享。企业财务、商务、市场、材料等数据整合形成统一的数据库,有利于各业务口员工科学决策。依托数字技术建立数据信息管理平台,记录钢铁企业日常经营活动中产生的成本数据、销售数据、交易数据、客户数据,形成数字管理视图。企业可以根据数字管理视图灵活配置产品生产,使得产品的制造效率更为高效,同时也能快速应对市场变化。基于信息管理平台,企业亦能搭建专业的生产管理模型,结合人工智能等技术可以高效提升工业质检管理水平（余嘉洋 2021）[3]。其次，钢铁企业专业化信息综合管理平台的使用，通过收集用户在交易工程中产生的各类数据，企业可以进行分析和挖掘，得到用户的消费偏好人群画像，针对不同用户，企业可以定制个性化策略，最终达到提高企业业绩水平的目标。

四是数字经济对钢铁企业能源消耗率和环保水平的助力作用。与数字经济融合发展可以优化钢铁企业的资源配置，从而达到降低能源消耗提高环保水平的作用。此外利用数字技术搭建能源管控、体系，可以防止钢铁企业产能过剩问题。施灿涛（2021）指出，数字化技术引入钢铁行业，可以高效提升整个行业投入产出效率，提升整个行业的运行效率，将传统的劳动密集型产业逐步向技术进步型企业转变。

五是数字经济有利于我省钢铁产业拓展国内外市场。数字经济有利于江西拓宽钢铁企业的销售渠道和全国乃至全球市场份额，同时加强与国内外企业的合作，提高江西省钢铁产业的国际竞争力。江西省钢铁企业可以通过跨境电商拓展国际市场。通过建立跨境电商平台或利用现有的跨境电商平台，可以将产品直接销售给海外客户，拓宽企业的销售渠道和市场份额。同时，跨境电商平台可以提供全球化的支付、物流、关税等服务，提高企业的出口竞争力。

六是数字经济有利于推动我省钢铁产业创新升级。数字经济可以帮助钢铁企业深化产业协同创新，推动数字技术在钢铁产业的应用和推广，从而提高产业的创新能力和升级水平，实现高质量跨越式发展。数字经济可以帮助江西省钢铁企业拓展市场，扩大销售渠道。通过电商平台、跨境电商等数字化销售渠道，可以拓展国内外市场，增加产品的销售量和销售额。同时，数字经济也可以帮助企业进行市场调研和分析，了解消费者需求和市场趋势，制定更加精准的市场策略。

三、江西省钢铁产业与数字经济融合发展的制约因素

一是数字经济赋能的我省钢铁产业产品结构单一。表现在以下方面：

产品品种单一,江西省钢铁产业在数字经济的背景下,产品品种相对单一,缺乏多样性和差异性。由于数字化技术的应用和智能化生产线的普及,江西省钢铁企业主要生产技术含量较低、附加值不高的产品,如建筑用钢、汽车用钢等。这使得江西省钢铁企业在市场竞争中处于较为被动的地位,难以满足市场对高质量、高附加值产品的需求。产品品质不高,尽管数字化技术的应用可以提高生产效率和产品质量,但在江西省钢铁产业中,产品品质整体水平还有待提高。由于缺乏先进的生产技术和质量控制手段,江西省钢铁企业的产品在力学性能、化学成分等方面存在一定的不稳定性和波动性,这使得产品难以满足高端钢材制品市场的需求,产品结构不够多样。产品系统化创新不足,产品创新相对滞后。由于研发投入不足、创新人才匮乏等原因,江西省钢铁企业在新技术、新产品方面的研发能力较弱。这使得企业难以跟上市场需求的变化和技术进步的步伐,导致产品创新能力不足,难以满足市场对差异化、个性化产品的需求。产品附加值低,江西省钢铁产业的产品附加值相对较低,主要生产中低端产品,缺乏高附加值和高技术含量的产品。在数字经济的背景下,消费者对产品质量和功能的要求不断提高,市场对高附加值产品的需求也日益增加。然而,江西省钢铁企业在这方面的发展相对滞后,难以满足市场对高附加值产品的需求。

二是企业竞争力不足导致钢铁企业担忧数字转型效益。相较于宝钢首钢等传统行业龙头钢铁企业,江西钢铁企业规模较小,目前江西省缺乏宝钢首钢此类行业头部钢铁企业,在钢铁行业整体竞争力有限,整体行业竞争力的不足导致我省钢铁企业市场话语权不足,增加了企业数字化转型后期收益的不确定性,导致企业不敢全力投入转向数字化。此外相较于龙头企业,江西省钢铁企业生产制造以及运营技术水平存在一定差距,数字化转型经验有所欠缺,制约了我省钢铁企业数字化转型的发展步伐。

三是数字经济没有充分扭转我省钢铁产业的集群劣势。江西钢铁产业集中度较低,企业间缺乏有效的合作和协同创新,难以形成规模效应和协同效应。原材料资源匮乏,江西省的铁矿石和煤炭资源相对贫乏,尤其是优质焦煤较少,因此需要从其他地区购买原材料,这增加了企业的成本压力。运输成本高,江西省的钢铁厂主要通过铁路运输,而从2022年铁路网站上的数据来看,宁波北仑港至新余的铁矿石运费为171元/吨,大同至新余的煤炭价格为312元/吨。这增加了企业的运营成本,并可能使得从其他省市进入江西当地市场的钢材运费更高。环保压力大,随着环保意识的提高,钢铁行业面临越来越严格的环保监管,这可能增加企业的环保成本,并对生产带来一定的压力。科技创新能力相对较弱,江西省的钢铁产业在科技创新能力方面相对较弱,这可能限制了其产品创新和升级的能力,从而影响其竞争力。产业结构不够优化,江西省的钢铁产业结构相对不够优化,存在一些低效和无效产能的问题。

四是数字化转型持续投入导致钢铁企业资金压力巨大。钢铁企业数字化转型是一项长期而又复杂系统性工作,除了前期购买数字资产需要大量的资金投入,后续还要持续的资金投入用于升级改造生产制造仓储等设施设备,此外对已有员工进行培训,使其能适应数字化经济下的管理及作业模式也需大量资源的投入。受限于当前经济大环境下滑以及钢铁行业整体不景气影响,江西省钢铁企业普遍存在利润率偏低的问题。以我省钢铁龙头企业新余钢铁为例,新余钢铁2022年实现营业收入990亿元,但归母利润仅为10.46亿元,利润率约为1%。过低的利润率导致钢铁企业本身资金并不充裕,行业龙头企业尚且如此,中小钢铁企业所面临的资金困境更为艰难。江西钢铁企业普遍存在资金短缺的问题,对于数字化转型所需的巨额投入,一般钢铁企业难以承受。目前我省钢铁企业在数字化转型过程中面临的资金困境,严重制约了钢铁企业数字化转型的步伐。

五是数字化转型专业人才支撑不足导致钢铁企业转型层次不够。受制于江西本省科教、高校资源偏于薄弱,经济欠发达对外省人才吸引力不足等因素的制约,目前每年向钢铁企业输送的相关专业毕业生人才以及社会人才数量距钢铁企业数字化转型的人才需求还存在一定缺口。当前钢铁企业面临的数字化人才短缺问题,阻碍了钢铁企业正常的数字化转型推进工作。此外数字化转型对企业员工要求较以往有较大的提高,钢铁企业的数字化转型对人才的技能要求不仅囊括本行业领域的专业知识,还要求掌握大数据、云技术、工业互联网、物联网、数据库等数字技术,但当前江西省钢铁企业整体人才素质还未达到数字化转型所需要求。钢铁企业因复合型高素质的钢铁+数字技术人才的短缺,导致钢铁企业难以结合自身具体情况科学合理地论证调整适合企业自身发展情况的数字化转型实施方案,钢铁企业的数字化转型升级不能完美契合自身实际情况,造成钢铁企业的数字化转型层次不够。

六是数字经济赋能我省钢铁产业存在专业技术壁垒。数字化转型需要大量的技术支持和创新,但是江西钢铁企业技术水平相对较低,缺乏核心技术,难以实现技术突破和创新,直接导致市场化收益不明显,又由于经济效益不明显导致钢铁企业数字化转型动力不足。数字化转型的大量投入需依靠后期市场需求和消费者认可进行前期成本投入回收,然而江西钢铁企业的产品结构和质量水平较低,市场接受度不高,影响了数字化转型的进程。

四、江西省钢铁产业与数字经济融合发展路径

在数字经济背景下,江西钢铁产业转型发展路径可以从以下几个方面入手:

一是加强江西省钢铁产业数字化基础设施建设。数字化转型的基础是数字化基础设施,包括物联网、互联网、大数据中心等。江西钢铁产业需要加强数字化基础设施建设,提高数字化技术的应用水平。可以通过引进先进的数字化技术和设备,建立数字化平台,实现生产、管理、销售等各个环节的数字化。

二是在江西省钢铁产业中推进生产过程、装备智能化。数字经济可以

应用于生产过程中,通过智能化技术提高生产效率和产品质量。江西钢铁产业可以推广智能制造技术,应用自动化设备和机器人等,实现生产过程的自动化和智能化。同时,可以利用物联网技术,实现设备的远程监控和故障预警,提高生产过程的稳定性和可靠性。

三是数字经济助力江西省钢铁产业优化供应链管理。数字经济可以优化供应链管理,通过数据分析和管理优化,提高供应链的效率和可靠性。江西钢铁产业可以通过数字化技术,实现供应链的全程监控和管理,包括原材料采购、生产计划、物流配送等。同时,可以利用大数据分析技术,实现供应链风险的预警和应对。

四是深化钢铁产业与数字经济协同创新发展。加强技术创新,推动钢铁产业与数字经济深度融合,需要加强技术创新。鼓励企业加大研发投入,推动钢铁生产工艺、装备技术、节能减排等方面创新。同时,加强与高校、科研机构等的合作,促进科技成果转化,提升钢铁产业的数字化水平和智能化水平。强化数据共享与利用,实现钢铁产业与数字经济的协同创新,需要促进数据共享与利用。建立数据共享平台,推动供应链各环节的数据交互和共享。利用大数据分析技术,挖掘数据中的价值信息,为生产、销售、管理等环节提供决策支持。

五是加强"钢铁＋数字"复合人才培养。数字经济需要高素质的人才支撑,江西钢铁产业需要加强人才培养。可以通过建立数字化人才培训体系,提高员工的数字化素养和技能水平。同时,可以建立激励机制,吸引和留住数字化人才,提高人才队伍的竞争力。

六是优化"钢铁＋数字"政策环境。政府可以出台相关政策,优化江西钢铁产业数字化转型的政策环境。可以通过提供资金支持、税收优惠等措施,鼓励企业进行数字化转型。同时,可以建立数字化转型的标准和规范,引导企业按照标准进行数字化转型。

综上所述,数字经济背景下江西钢铁产业转型发展路径需要从数字化基础设施建设、生产过程智能化、供应链管理优化、人才培养和政策环境优化等方面入手。通过数字化转型，江西钢铁产业可以提高生产效率和产品质量，降低能源消耗和成本，提升整体竞争力，实现可持续发展。

五、相关案例

河钢集团是中国最大的钢铁企业之一，其数字化转型进程取得了重要进展。在《"十四五"智能制造发展规划》和《关于促进钢铁工业高质量发展的指导意见》的指导下，河钢集团加快了高端化、智能化、绿色化发展步伐。这些措施有助于河钢集团实现数字化转型和高质量发展。河钢集团在推进生产装备的大型化、现代化改造的基础上，利用自动化、信息化技术来提升整个智能化生产水平，为建设最具竞争力钢铁企业奠定了一个良好的基础。

河钢集团在转型升级理念方面提出了"钢铁向材料""钢铁向服务"的口号，旨在跟上客户成长的步伐，满足客户结构优化和需求升级的要求。为了实现这一目标，河钢集团采取了以下措施：

一是钢铁生产装备的大型化和现代化改造。这为提高生产效率和产品质量奠定了基础。

二是钢铁生产设备智能化转型。河钢集团通过引进信息技术和智能化设备，实现了全流程数字化制造，提升了生产效率和质量。

三是建立铁铁工业品线上超市平台。这一平台为客户提供一站式工业品采购与服务，帮助河钢集团拓展销售渠道，降低采购成本和融资成本，提高市场占有率和消费者认可度。

四是钢铁智能化产线改造。河钢集团通过应用人工智能、工业机器人、机器视觉、5G 等前沿技术，进行产线自动化、信息化改造，实现生产全流程智能化。其中，河钢集团打造的衡板单机架智慧轧机是中国首家接入西门子 MindSphere 的钢铁产线。

五是数字化钢铁工厂建设。河钢集团通过数字化技术实现生产优化、库存分析、自动化控制等功能，降低库存率，提高成材率和能耗降低。

六是钢铁产业数字化供应链管理。河钢集团加快推进大数据、物联网等新一代信息技术在供应链领域的广泛应用，构建企业产业链供应链数智化、生态化的发展模式，打造了立足河北、深耕京津、辐射全国的行业级产业互联网平台。河钢集团建设中央数字中心数字化平台，打通业务数据与工业数据，实现资源高效协同共享和智能化运营。

综上所述，河钢集团通过引进先进的信息技术和智能化设备，实现了全流程数字化制造，提高了生产效率和产品质量，降低了成本。同时，河钢集团还加强了与国内外企业的合作和协同创新，推动数字化转型进程。河钢集团还积极探索"互联网＋"模式，通过电商平台拓展销售渠道，提升了市场占有率和消费者认可度。河钢集团的数字化转型案例是一个较为成功的案例，其经验值得其他钢铁企业借鉴。河钢集团通过引进先进技术和设备，实现了生产过程的数字化转型，提高了生产效率和产品质量，降低了成本。同时，河钢集团还通过建立铁铁工业品超市平台，拓展了销售渠道，降低了采购成本和融资成本，提高了市场占有率和消费者认可度。这些经验可以为其他钢铁企业提供参考和借鉴，帮助它们更好地进行数字化转型，提高竞争力。

六、政策建议

一是提高江西省钢铁产业发展的数字化意识。政府和企业应加强数字化转型的宣传和培训工作，提高员工的数字化意识，为数字化转型提供良好的人力资源。如组织培训和研讨会，江西省政府可以组织钢铁企业参加数字化技术应用的培训和研讨会，帮助企业了解数字化技术的优势和应用方法，提高数字化意识。提供示范项目，江西省政府可以选择一些数字化技术应用效果较好的钢铁企业，为其提供示范项目，展示数字化技术的应用成果，鼓励其他企业学习和应用数字化技术。加强宣传和推广，江西省政府可以通过"江西发布""江西日报""江西省人民政府官网"等官方媒体、行业协会渠道,加强对数字化技术应用的宣传和推广,提高钢铁企业对数字化技术的认知度和重视程度。

二是倡导在我省钢铁企业融合引入先进智能技术。鼓励企业引进先进的数字化技术,如物联网、大数据、人工智能等,实现生产、管理、销售等各个环节的数字化。如建立技术合作平台,江西省政府可以搭建一个技术合作平台,为钢铁企业与国内外高校、科研机构等提供技术交流和合作的机会。通过这个平台,企业可以引进先进的生产技术和设备,提高生产效率和产品质量。提供技术引进支持,江西省政府可以设立技术引进专项资金,用于支持钢铁企业引进国内外先进的生产技术和设备。政府可以为企业提供相关技术的贷款、担保、财政补贴等支持,降低企业的引进成本和风险。加强技术创新,江西省政府可以鼓励钢铁企业加强技术创新,推动企业加大研发投入,提高自主创新能力。政府可以为企业提供科技项目申报、科技创新成果转化等方面的支持,帮助企业实现技术创新和产品升级。

三是构建我省特色一体化钢铁产业专业数字平台。政府可以引导企业构建钢铁行业的数字化平台,实现数据的共享和交流,提高行业的整体效率。例如,可以给予钢铁企业数字平台建设所需的资金、技术、人才等方面的支持,鼓励企业加快数字化转型的步伐。

提供培训和指导,江西省政府可以组织钢铁企业参加数字平台建设相关的培训和指导活动,提高企业对数字化转型的认知度和重视程度。政府可以邀请行业专家或技术团队为企业提供专业的培训和指导,帮助企业更好地构建专业化数字平台。搭建合作平台,江西省政府可以搭建合作平台,促进钢铁企业与数字化技术企业之间的合作。通过这个平台,企业可以引进先进的数字化技术和设备,提高数字平台的水平和质量。推广成功案例,江西省政府可以宣传和推广一些数字化转型成功的钢铁企业案例,鼓励其他企业学习和借鉴。政府可以组织企业交流会、展览等活动,展示成功案例的经验和成果,提高企业对构建专业化数字平台的信心和动力。加强监管和考核,江西省政府可以加强对钢铁企业的监管和考核,确保数字平台建设的质量和效果。政府可以制定相关的标准和规范,对数字平台的建设和应用进行检查和评估,确保平台的稳定性和可靠性。

四是加强"钢铁＋数字"复合型专业人才培养。政府和企业应加强对数字化人才的培养和引进,提供坚实的人才基础。当前,江西省钢铁企业数字化转型过程中面临的一个重要制约因素就是专业人才支撑不足导致转型层次不够,未解决人才短缺的问题,省政府可牵头加强省内高校与钢铁企业校企合作,针对钢铁企业在数字化转型过程中遇到的专业性难题,与高校共同研究解决。同时依托校企合作,提前输送相关专业人才至钢铁企业业务岗位实习,提前让学生掌握相关岗位技能。此外可指定针对数字经济相关的专业人才吸引政策,吸引更多外省人才来我省发展,助力加快我省数字转型步伐。

五是优化钢铁企业智能化转型政策引导环境。江西省政府可以通过制定优化专项扶持政策,为钢铁产业与数字经济的融合发展提供支持和保障。同时,需要注重政策的监督和评估,确保政策的有效实施。如提供资金支持、税收优惠等。如政府可以设立专项资金,用于支持钢铁企业开展数字化技术应用、产业协同创新、高端产品研发等方面的项目。资金可以通过补贴、贷款、担保等方式,为企业提供资金支持,降低其投资风险和成本压力。政府可以出台税收优惠政策,鼓励钢铁企业加大对数字化技术应用、环保技术推广、高端产品研发等方面的投入。例如,可以对数字化技术应用、高端产品研发等项目给予一定的税收减免或返还,降低企业的税负压力。政府可以出台环保监管政策,加强对钢铁企业的环保监管,推动企业推广环保技术和清洁生产技术,降低能源消耗和污染物排放,推动绿色发展。例如,可以加大对环保投入的财政补贴、税收优惠等措施,鼓励企业加大对环保技术和清洁生产技术的投入和推广力度。政府可以出台市场拓展政策,帮助钢铁企业扩大销售渠道和市场份额。例如,可以鼓励企业参与国内外展会、搭建电商平台等,提供相关的资金支持和宣传推广支持,帮助企业拓展市场。

　　六是提供钢铁企业数字化转型专项资金政策支持。目前,江西省钢铁企业存在利润率偏低等问题,企业整体资金不充裕,企业数字化转型需要持续不断的资金投入,对中小钢铁企业而言存在一定困难。设立数字转型专项引导资金用于支持钢铁企业数字化转型,对企业提供部分资金扶持,能缓解钢铁企业的资金压力,有助于提高数字化转型积极性。为解决钢铁企业数字化转型所面临的资金压力问题,省政府可设立数字转型专项资金,对符合条件审核的钢铁企业进行政府补助,尽量降低资金压力对钢铁企业数字转型的影响,助力钢铁企业数字转型。联合发改委工信厅等多部门抽调相关专业人才成立数字转型办公室,专门负责统筹我省企业数字化转型工作。由数字转型办公室制定相关各行业数字化转型具体行动计划,同时制定统一标准进行推行,减少企业在数字化转型过程中走的弯路和成本。

　　总而言之,江西省钢铁产业与数字经济的融合发展是大势所趋,既是提高江西钢铁产业竞争力的必然选择,也是推动江西省经济发展的重要动力。未来,江西钢铁产业应以数字经济为引擎,持续推进数字化转型,实现产业结构的优化升级和可持续发展。这需要政府、企业和社会的共同努力,共同推进江西钢铁产业的数字化转型进程。

参考文献:

　　[1]赵东明.江西钢铁产业发展现状与趋势分析[J].江西冶金,2019, 39(2):16－19.

　　[2]王伟.数字经济视角下江西钢铁产业转型升级研究[J].江西社会科学,2020,40(4):36－42.

　　[3]张云飞.钢铁产业与数字经济的融合模式及其政策启示[J].科技与经济,2021,34(1):56－60.

　　[4]李静.江西钢铁产业数字化转型的现状与对策研究[J].江西理工大学学报,2022,33(1):38－43.

［5］陈华.基于数字经济视角的钢铁产业发展路径研究［J］.中国钢铁业,2023,30（2）：56－60.

［6］Jiangsu Iron and Steel Association. Digital Transformation of Iron and Steel Industry in Jiangsu Province［R］. Nanjing：Jiangsu Iron and Steel Association, 2020.

［7］Ministry of Industry and Information Technology of the People's Republic of China. Development Plan for Digital Economy in 2021－2025［Z］. Beijing：Ministry of Industry and Information Technology of the People's Republic of China, 2021.

［8］Jiangsu Provincial Government. Jiangsu Provincial Implementation Plan for Promoting the Development of Internet Plus［Z］. Nanjing：Jiangsu Provincial Government, 2019.

［9］Jiangsu Provincial Development and Reform Commission. Special Report on the Development of Internet Plus Industry in Jiangsu Province［R］. Nanjing：Jiangsu Provincial Development and Reform Commission, 2020.

［10］Jiangsu Provincial Department of Science and Technology. Report on the Development of Internet Plus Industry in Jiangsu Province［R］. Nanjing：Jiangsu Provincial Department of Science and Technology, 2021.

［11］袁洪洋.制造产业链交易成本分析［J］.现代商业,2015（24）：184－185.

［12］戚聿东,肖旭.数字经济时代的企业管理变革［J］.管理世界,2020,36（06）：135－152.

［13］余嘉洋,王勋,张伟,等.钢铁行业数字化转型综述［J］.铁合金,2021,52（05）：44－48.

［14］施灿涛,吴秀婷,朱涛.以数字基建支撑钢铁行业内涵式发展［J］.钢铁,2021,56（09）：50－55.

第二十章　江西省光伏和锂电业与数字经济的融合发展

摘　要：锂电和光伏产业是新能源领域的重要组成部分,是实现能源转型和碳中和的重要支撑。促进江西省锂电和光伏产业与数字经济的融合发展有利于带动江西省能源产业结构的优化升级,提高能源效率和安全性,降低碳排放。本章首先分析了江西省锂电和光伏产业的发展现状,总结数字经济对江西省锂电和光伏产业的发展的影响,提出江西省锂电和光伏产业发展面临的机遇和挑战以及江西省锂电和光伏产业的发展路径,最后借鉴国内相关案例经验,提出数字经济背景下江西省锂电和光伏产业发展的政策建议。

关键词：数字经济;锂电;光伏;融合发展

一、江西省锂电和光伏产业发展现状

（一）锂电产业方面

1. 产业总体情况

江西省作为我国重要的锂资源大省和锂电产业基地,拥有良好的发展基础和优势。据统计,江西省拥有全国约40%的碳酸锂资源储量,约30%的碳酸锂年产量。仅宜春一地氧化锂储量就超过 900 万吨，占全国氧化锂储量的近三分之一，在当前锂资源供应持续紧张的大背景下，其战略价值和重要意义更为凸显。

近年来，江西省充分发挥自身资源禀赋和区位优势，大力发展锂电产业，取得了显著成效。2021 年，江西省锂电新能源产业规模达到 503.5 亿元，同比增长 40%。实现利润总额 53.6 亿元，同比增长 176%。2022 年 1 月至 8 月，全省锂电新能源产业规模达到 541.3 亿元，同比增长 116.4%。截至 2022 年 8 月，全省共有从事锂电新能源相关生产、研发、服务等活动的企业超过 300 家，其中规模以上企业超过 100 家。

2. 产业链情况

目前，江西省已形成了以宜春、上饶、南昌、九江等地为主要集聚区域的锂电产业格局，涵盖了锂电产业链的上中下游各个环节，形成了以锂资源开发、锂电池制造、应用和回收利用为主要内容的完整产业体系。

在锂资源开发方面，江西省锂电行业占据了全国乃至全球的重要地位。2021 年，江西省碳酸锂、氢氧化锂产量均居全国第一，其中南氏锂电碳酸锂产量、赣锋锂业氢氧化锂产量分列企业榜首；负极材料方面，紫宸科技产量居全球第三；电解液方面，九江天赐产量居全球第一；动力电池方面，孚能科技装机量 2.41GWh，位列全国第九。

在锂电池制造和应用方面，江西省已吸引了国内动力电池十强企业中的 6 家落户江西。包括宁德时代、国轩高科、比亚迪等一批投资超百亿元的头部企业，以及一些新能源汽车等应用领域的企业，如江铃控股等。这些项目大多处于建设或试生产阶段，预计在未来几年内将逐步投入运营，为江西省锂电产业提供强劲动力。

在锂电池回收利用方面，江西省也有一些专业的废旧动力锂电池综合利用企业，比如：江西赛酷电池回收是一家专业从事锂电池回收再利用相关的新能源企业，其控股子公司江西华赛新材料有限公司 3 万吨/年废锂电池正极材料综合回收项目已经建成投入使用。

（二）光伏产业方面

1. 产业总体情况

近几年,江西省光伏产业发展较为平稳,2021 年,全省 67 家规模以上光伏企业实现营业收入 710.9 亿元、同比微跌 2.7%,实现利润总额 59.4 亿元、同比增长 8.6%。

2022 年全年,江西清洁能源发电总装机达到 2563.4 万千瓦,占全省总电源装机的 46.83%,较上年增加 314.8 万千瓦,其中,光伏发电占比 22%,排在水电、风电、生物质发电等装机之前,一跃成为江西第二大电源。光伏新增装机 3.106 吉瓦,位居全国第九位。截至 2022 年底,江西光伏累计装机 12.019 吉瓦,其中地面光伏电站 6.951 吉瓦,分布式 5.067 吉瓦,分布式发展空间巨大。

江西省还拥有丰富的硅矿资源,硅矿储量达到 3.6 亿吨,占全国的 1/4,自然条件优渥,为光伏产业提供了原材料保障。在中央政府大力推广新能源政策的支持下,江西省抓住机遇,凭借粉石英(硅材料主要原料)储量全国第一的资源优势,出台多方面措施保障光伏产业发展。短短三四年时间,使得一大批光伏产业上下游项目迅速在江西集聚,成为我国重要的光伏产业基地。产业规模跻身全国三甲,在国内已具有较明显的规模优势和市场竞争力。

2. 光伏产业发展的特征

一是龙头企业稳步发展。江西省光伏龙头企业晶科能源股份有限公司 2021 年营业收入总额 405.7 亿元(含国内国外各子公司)、同比增加 20.5%,净利润 11.4 亿元、同比增加 9.6%。新增 10 吉瓦高效光伏组件、10 吉瓦金刚线切片、5 吉瓦高效电池片陆续投产。公司组件总出货量首次超过 20 吉瓦、达 22.2 吉瓦,出货量位列全球第四。江西捷泰太阳能电池片年产量达 5 吉瓦,同比增长 11.1%。

二是市场需求持续增强。随着疫情防控逐渐放开,光伏海外市场逐步恢复,江西省光伏产品出口规模持续增加。2021年,江西省太阳能电池累计出口8239万个,同比增长15.9%,累计出口值136亿元,同比增长16.7%。随着新增装机规模的屡创新高,将进一步带动市场增长。

三是企业创新能力不断增强。晶科能源先后19次打破电池效率和组件功率的世界纪录。2021年10月,晶科能源在182N型高效单晶硅电池技术上取得重大突破,全面积电池转化效率达到26.1%,刷新了自身在182及以上尺寸大面积N型单晶钝化接触(TOPCon)电池转化效率新的世界纪录。2022年4月,科能源将该纪录再次刷新,达到26.4%。赛维LDK研制成功国内首个旋式铸造单晶硅炉,申报的"高端旋式铸造单晶硅技术及其关键设备研制"项目获科技部主办科技部火炬中心承办的全国颠覆性技术创新大赛优胜项目。爱康科技(赣州)高效异质结光伏电池研发团队由国内外近10名领军型博士人才领衔,2021年,其量产的异质结太阳能电池平均转换效率达24.5%,处于国内异质结量产效率第一梯队。

二、数字经济对江西省锂电和光伏产业发展的影响

数字经济的发展,给江西锂电和光伏产业带来了新的挑战和机遇。一方面,数字经济的快速发展,对锂电和光伏产业提出了更高的要求,如技术创新能力、产品质量等,同时也加剧了行业竞争,对企业的市场开拓、品牌建设、成本控制等方面提出了更高的挑战。另一方面,数字经济的发展也为锂电和光伏产业提供了新的机遇,如新的市场需求、新的商业模式等,同时也为企业的转型升级、跨界融合等方面提供了新的空间。

（一）锂电产业方面

1. 数字经济对锂电产业发展提供了新的技术手段

数字经济涵盖了云计算、大数据、物联网、人工智能、区块链等一系列数字化技术,这些技术可以广泛应用于锂电产业的各个环节,如通过云计算和

大数据分析优化锂资源开发利用效率,通过物联网和人工智能实现锂电池材料和制造过程的智能监控和管理,通过区块链实现锂电池应用和回收利用过程的可追溯性和安全性等。这些技术手段可以有效提升锂电产业的生产效率、产品质量、运行安全等方面的水平。

2. 数字经济对锂电产业发展提供了新的创新动力

一方面,数字经济可以为锂电产业提供更多的创新资源和平台,如通过数字化技术实现锂电产业的跨界融合和协同创新,通过数字化平台实现锂电产业的开放共享和众创众包,通过数字化服务实现锂电产业的个性化定制和差异化竞争等。另一方面,数字经济也可以为锂电产业提供更多的创新需求和市场,如通过数字化技术推动锂电产业的应用领域拓展和细分市场开发,提升锂电产业的用户体验和满意度等。

3. 数字经济对锂电产业发展提供了新的发展机遇

一方面,数字经济可以为锂电产业提供更大的市场需求和规模效应,如通过数字化技术促进新能源汽车、储能系统、智能家居等领域的快速发展,从而带动对锂电池的大量需求,进一步实现锂电产业的全球化布局和网络化运营,从而扩大锂电产业的影响力。另一方面,数字经济也可以为锂电产业提供更高的附加值和利润率,通过数字化技术可以降低锂电产业的生产成本和运营风险,从而提高锂电产业的盈利能力等。

（二）光伏产业方面

1. 数字经济提升光伏产业创新能力

数字经济能够为光伏产业提供丰富的数据资源、先进的技术手段和创新的模式方法,促进光伏产业在产品研发、工艺改进、设备升级、质量监控等方面实现技术创新和突破。例如:利用大数据分析和人工智能算法优化光伏电池片设计和制造过程,提高电池片转换效率和降低成本;利用物联网技术实现光伏组件和电站的智能监测和运维管理,提高光伏发电系统的可靠性和安全性。

2.数字经济拓展光伏产业应用领域

数字经济能够为光伏产业提供多元化的应用场景和需求,促进光伏产业与其他行业领域的深度融合和协同发展。例如:利用互联网平台搭建光伏分布式发电项目的信息共享和交易服务,促进屋顶光伏等分布式项目的规范化建设和市场化运营;利用区块链技术构建光伏碳交易机制,激励光伏企业参与碳达峰碳中和目标的实现;利用"光伏 +"综合利用模式,如"光伏 + 农业""光伏 + 渔业""光伏 + 交通"等,实现光伏与其他领域的互补共赢。通过"互联网 +"智能化应用,推动光伏发电与大数据、云计算、物联网等新一代信息技术的深度融合。

3.数字经济增强光伏产业竞争优势

数字经济能够为光伏产业提供有效的支撑保障和增值服务,促进光伏产业在规模、质量、效益等方面增强竞争力,实现高质量发展。例如:利用新型基础设施建设提升光伏产业链各环节的网络覆盖和数据传输能力,降低生产运营成本和风险;利用数字化手段优化光伏项目开发流程和审批管理机制,提高项目开发效率和质量。

三、江西省锂电和光伏产业发展的面临的机遇与挑战

(一)锂电产业方面

江西省锂电产业体系基本齐全,已形成从上游锂矿开采到锂盐,正/负极材料、电解液、隔膜四大主材及铜箔等电池材料生产,电池制造环节动力电池、储能电池各种产品齐全,下游新能源汽车等应用的完整产业链。在锂盐、负极材料、电解液等领域具有一定领先优势。电池产品品类多元,具有一定规模产能和特色。但江西省锂电产业现阶段主要集中在产业链中上游,中后端附加值高、科技含量高、规模带动作用明显的锂电池制造和新能源汽车等环节仍在起步发展中。

1.江西省锂电产业优势和机遇

江西省锂电产业的中上游是其核心优势领域,也是其发展的基础和支撑,已形成从采选矿、基础锂盐、电池材料生产、锂电池制造及应用,到锂电池回收利用较为完整的锂电新能源产业链,是全国锂电新能源产业链最齐全的省份之一。江西省在上游锂盐及部分电池材料领域形成了较强竞争优势,2021年,锂盐、负极材料、电解液、隔膜、铜箔等产量均位居国内前列,其中碳酸锂、氢氧化锂产量排名第一,锂盐总产量占全国近一半。锂电产业的中后端是江西省发展的关键和突破口。近几年,江西省已经吸引了国内动力电池十强企业中的6家落户江西,包括宁德时代、国轩高科、比亚迪等一批投资超百亿元的头部企业。但这些项目大多处于建设或试生产阶段,预计在未来几年内将逐步投入运营,为江西省锂电产业提供强劲动力。

2.江西省锂电产业发展制约因素

江西省锂电产业的发展面临一些制约因素,这些因素包括:一是中后端项目建设周期较长,需要加快推进项目建设进度和质量。目前江西省在建超大锂电项目绝大部分是2021年才开工建设的,这意味着江西省锂电产业的中后端发展还需要一定的时间才能见效。

二是中后端项目集中度较低,需要加强区域协调和集群效应。江西省锂电产业的中后端项目主要分布在宜春、新余、赣州等地,形成了三个锂电产业集群。但是,这些集群之间的协同发展还不够紧密,需要加强区域间的合作和联动,打造更具规模效应和集聚效应的锂电产业基地。

三是中后端项目创新能力较弱,需要加强科技创新和人才培养。江西省锂电产业的中后端项目主要依靠引进国内外先进技术和设备来保证产品质量和性能,自主创新能力还有待提高。同时,江西省锂电产业的人才储备也不足,尤其是高层次人才和高级蓝领人才。

四是中后端项目配套服务不足,需要完善政策支持和资源保障。江西省锂电产业的中后端项目在用地、用能、用电、用气等方面还存在一些困难和问题,产业营商环境有待加强。

（二）光伏产业方面

本节从土地资源、电网接入、消纳能力、技术创新、产业链配套方面分析江西省光伏产业发展面临的主要问题和挑战。

1. 土地资源

江西省光伏产业在土地资源方面面临以下问题:一是土地资源紧张,尤其是符合政策要求的土地供给不足,导致项目开发难度增大;二是土地利用效率低,部分项目占用了生态保护红线、永久基本农田、稳定耕地等明确禁止区域,或者未按照"光伏＋"综合利用标准进行建设,造成了土地资源的浪费和生态环境的破坏;三是土地权属不明,部分项目涉及土地权属不清。

2. 电网接入

江西省光伏产业在电网接入方面存在的问题:一是电网建设滞后,部分项目配套外送工程未能同步建设和投产,导致项目并网难度增大;二是电网运行不稳,部分项目所在区域电网负荷低、调节能力差、输送能力弱,导致项目并网风险增大;三是电网规划不优,部分项目所在区域电网规划缺乏统筹协调、科学合理、长远前瞻的考虑。

3. 消纳能力

在消纳能力方面:一是消纳市场不足,部分项目所在区域新能源消纳紧张,存在弃光弃风现象,导致项目经济性下降,江西省光伏发电项目主要集中在赣东北地区,而该地区电网容量有限,难以消纳大规模的光伏发电;二是消纳模式单一,部分项目未能有效实现就近利用或多元化应用,导致项目社会效益不高;三是消纳机制不完善,部分项目未能享受到市场化交易、跨区输送、储能补贴等政策支持,导致项目发展动力不强。

4. 技术创新能力

江西省光伏产业技术创新主要依靠企业自身,缺乏有效的协同机制和公共服务平台,科研院所和高校的参与度不高,产学研用合作不够紧密。江西省光伏产业在硅料、电池、组件等环节的技术水平虽然较高,但在新型光伏电池、智能光伏系统、光伏应用等领域还有较大差距,缺乏核心技术和自主知识产权,导致项目难以适应市场变化和客户需求

5. 产业链配套

江西省光伏产业链上下游环节发展不平衡,部分关键材料和设备仍需依赖外部供应,如多晶硅、银浆、EVA胶膜、逆变器等。这些产品的质量、价格和供应稳定性直接影响到江西省光伏产业的发展水平和竞争力。

四、数字经济背景下江西省锂电和光伏产业发展路径分析

(一)锂电产业方面

数字经济背景下江西省锂电产业的发展路径可以从产业链的上游、中游、下游三个方面进行分析:

1. 上游——锂资源开发和锂电池材料

提高锂资源开发利用效率和水平,实现锂资源的优化配置和可持续利用。利用数字化技术对锂资源进行智能探测、动态监测等,提高锂资源开发利用效率和水平,对锂资源开采过程进行智能化、自动化、环保化等,降低锂资源开采成本和风险;同时要对锂资源进行可追溯性、安全性、透明性等,保障锂资源的合法合规和长期稳定。

提高锂电池材料的技术水平和质量水平,实现锂电池材料的高效生产和高质量制造。一是加强对锂电池材料的基础研究、前沿研究等,提高锂电池材料的技术水平;二是加强对锂电池材料的科技成果转化、产学研合作、人才培养等,提高锂电池材料的创新能力和人才水平;三是利用数字技术加强对锂电池材料的跨界融合、协同创新、模式创新等,提高锂电池材料的市场竞争力和影响力。

2. 中游——锂电池制造

大力发展电池制造装备,提高锂电池制造效率和质量,加大对电池制造

关键环节企业的政策支持，加快打造锂电池制造整条产业链。引进电芯和模组生产的整线智能装备企业，形成电池制造装备产业基地，提高锂电池的技术水平和品牌形象，实现锂电池的高性能和高附加值。同时加强对不同类型的锂电池的研发和生产，如动力电池、储能电池等，提高锂电池的多样性和稳定性。

3.下游——锂电池应用和回收利用

提高锂电池应用领域的拓展和细分，实现锂电池应用过程的多元化和个性化。具体措施包括：一是利用数字化技术推动新能源汽车、储能系统、智能家居等领域的快速发展，从而带动对锂电池的大量需求；二是利用数字化技术开发新型锂电池应用场景和模式，如智慧能源、智慧城市等，拓展对锂电池的新型需求。

提高废旧锂电池回收利用率和水平，实现废旧锂电池回收利用过程的无害化和资源化。利用数字化技术对废旧锂电池回收利用过程进行清洁生产和绿色制造，实现废旧锂电池回收利用的低污染和低风险。同时提高废旧锂电池回收利用的使用效率和寿命。

（二）光伏产业方面

1.上游——硅锭/硅片原材料生产

提升硅锭/硅片的生产效率和质量，利用数字技术对硅锭/硅片、电池片等原材料的生产过程进行数据采集、传输、存储、分析和应用，实现原材料的信息化和数据化。采用先进的自动化设备和智能控制系统，实现硅片生产过程的全程无人化操作，提高硅片的生产效率和质量，降低成本和能耗。

2.中游——电池片等关键部件生产

提升电池片的生产效率和质量，降低成本，增强竞争力。利用人工智能、物联网、大数据等技术对电池片的生产过程进行智能识别、判断、决策和执行，实现电池片的自动化和智能化。利用互联网、区块链等技术对电池片的市场需求和供应情况进行数据采集和分析，拓展国内外市场份额，开发新的应用产品和服务,如双面双玻、异质结、透明背板等。

3.下游——组件及系统应用

利用互联网、区块链、云计算等技术对光伏电站的生产、管理、服务等各个环节进行资源整合、价值创造和价值分配,实现光伏电站的网络化和平台化。打造光伏行业综合服务平台,提供光伏行业的政策咨询、项目对接、资金支持等服务;打造光伏电力综合交易平台,提供光伏电力的市场化交易、跨区输送、储能补贴等服务;打造光伏社会综合参与平台,提供光伏社会公益、教育培训、文化传播等服务。

五、政策建议

(一)锂电产业方面

1.推进项目建设

树牢"项目为王"理念,加快推进锂电产业的重大项目建设。

第一,选择优质项目。要根据江西省锂电产业的发展方向和目标,符合江西省"十四五"数字经济发展规划,选择数字技术先进、智能化程度高、环保节能、具有市场前景的优质项目,比如可以运用大数据分析挖掘市场的潜在需求和发展趋势,评估项目的市场前景和竞争力,选择有利于满足市场当前乃至未来需求的优质项目。避免重复建设、低数字水平建设,提高项目的投资效益和社会效益。

第二,加快项目推进。要加强项目的统筹规划和协调推进,利用云计算提升技术研发和设计能力。通过搭建和使用锂电产业的专业云平台,如锂电池设计云平台、锂电池制造信息化系统等,运用云计算技术,实现锂电池的数字化设计、仿真、优化等,提升技术研发和设计的效率和质量,有利于推动技术创新和推进项目突破。

第三,强化项目管理。利用数字技术加强对项目建设的全过程监督和管理,防止出现质量问题和安全隐患,提高项目的安全性和可靠性。具体的,可以利用人工智能优化生产管理和运维服务。通过引入和应用人工智能技术,如机器视觉、机器学习、深度学习等,实现锂电池的智能检测、智能预警等,提升项目管理和运维服务的水平和效果。

2. 优化产业链条

利用数字技术加强锂电产业链上下游的协调配合,打通产业链的关键环节,形成完整的产业生态系统。推动锂电产业与汽车、储能、智能制造等相关产业的深度融合,拓展产业应用领域,提升产业附加值。引导锂电企业加强区域内外的合作交流,拓展市场空间,增强产业竞争力。有效提高产业的协同效应和综合效益,增强产业的发展韧性和活力。

打通产业链关键环节。加强锂电产业链上下游的协调配合,打破产业链的壁垒和瓶颈,形成完整的产业生态系统。要重点突破锂电产业的关键核心技术,如锂电池材料、控制系统等,提高产业链的自主创新能力和核心竞争力。

拓展产业链应用领域。要推动锂电和光伏产业与汽车、储能、智能制造等相关产业的深度融合,拓展产业应用领域,提升产业附加值。要重点发展新能源汽车等新型应用模式,促进锂电产业的多元化和高端化发展。

增强产业链市场竞争力。要引导锂电企业加强区域内外的合作交流,拓展市场空间,增强产业竞争力。要重点开拓国际市场,积极参与国际标准制定和国际合作项目,提升江西省锂电产品的国际影响力和市场份额。

3. 推动企业转型

推动企业数字化转型,其目的第一个方面是传统业务通过数字化运营的手段提升核心竞争能力;第二个方面是要实现多元业务的布局,通过数字化赋能产业链;第三个方面是实现科技赋能,拓展创新业务和业务模式转型,打造行业的工业互联网平台。准确来说,企业数字化转型的五个核心如下:

一是产品数字化。包括内部数据流贯通;AI + 大数据分析赋能创新研发;引领产品迭代创新。重点开发一些智能锂电产品,如智能充电桩、智能储能系统、智能电池管理系统等,实现锂电产品的智能化、网络化、个性化等,满足客户的多样化和个性化需求。

二是客户数字化。包括数字化客户连接;AI+云平台实现精准营销;产品向服务转型。利用移动互联网、社交媒体等数字技术,重点建设一些数字化客户平台,如官方网站、微信公众号、手机应用等,提供客户的信息查询、在线购买、售后服务等功能,实现锂电客户的在线化、互动化,增强客户的体验和信任,提高锂电客户的满意度、忠诚度和黏性。

三是供应数字化。包括产业链数据贯通;基于AI的采购决策模型;打造产业互联。基于大模型,利用区块链、云计算、物流信息系统等技术,构建一些数字化供应链平台,如区块链溯源平台、云仓储平台、智能物流平台等,实现锂电供应链的全程可视化、实时追踪、智能调度等功能,实现锂电供应的透明化、协同化、优化化等,提升锂电供应链的管理水平和服务水平。

四是工程数字化。包括数字孪生赋能营销、规划和实施;数字化项目管理;数字化赋能工程建设和工程项目管理。通过数字孪生技术、VR技术、远程控制技术等,实现锂电工程的模拟化、虚拟化、远程化等,提高锂电工程的设计效率和质量。重点开展一些数字孪生工程项目,如数字孪生锂电厂、数字孪生光伏发电站等,同时推进数字孪生赋能项目管理和建设,实现锂电工程的数字化建模、仿真分析、优化调整等功能,提升锂电工程的运行性能和维护效果。

五是智能工厂。包括打造智能制造控制塔;数据智能分析决。智能制造控制塔是国家智能制造标准体系建设指南(2021版)中的一个重要内容,通过大数据、人工智能等技术,打造智能制造控制台,能够实时管理端到端供应链的解决方案,提高供应链的可视性、异常管理、预测性洞察和响应能力,从而提升供应链的效率和竞争力。同时,使用数据挖掘、机器学习、统计分析等方法,从大量的数据中提取有价值的信息,选择企业的战略规划、人才招聘等方面的决策,帮助企业提升业务推进效率。

（二）光伏产业方面

1.提升创新能力

光伏产业的快速发展离不开创新,要持续保持光伏产业的优势也同样离不开创新。在创新方面,一方面是在能源技术上的创新,另一方面则是数字技术的应用创新。

在能源技术方面,电池转换效率是光伏产业突破瓶颈的关键技术要素。在平衡成本与效能的前提下,高转换性能的电池技术一旦突破实现量产,便会迅速占领市场,淘汰低端产能。目前,晶硅电池仍是光伏行业的主流技术,但仍需要探索突破下一代新能源电池技术。

相比高精尖的能源技术基础研究创新来说,利用人工智能、大数据、云计算等数字技术,以数据驱动实现能源数字化转型和创新,可以更好地帮助光伏企业实现降本增效。光伏电站投产后,主要的挑战就在管理和运维的成本和效率上,以及电站的预警能力和抗风险能力。

在运维方面,光伏电站中的关键设备对整个电站的正常运营至关重要,传统方式更多的是采用定期巡检或被动式维护,越来越多的企业希望利用传感器采集的数据进行预测性分析。但是数据质量、数据的网络可靠性,以及如何对数据进行训练和特征提取都是难点,因此江西省企业要重点攻关,建立更好的预测模型,通过预测性分析实现预测性维护,实现降本增效。

在大数据时代,光伏企业要充分利用云服务提供商提供的人工智能、物联网等托管服务,更好地实现智慧运维。在未来,随着云计算、人工智能等数字技术的发展,光伏企业要继续探索更多的数字化深入应用,比如无人机巡检、AI视觉与人工智能等,推动更多的优秀实践。

2.坚持绿色发展

坚持绿色发展,提高新能源产业的生态效益和社会效益,扩大产业的社会公信力和影响力,增强产业的发展责任和担当。

一方面,利用数字技术促进光伏产业的循环利用和资源节约。利用物联网、人工智能等技术,实现对废旧光伏组件的智能回收、分类和再利用,提高资源利用率和价值。利用数字化管理系统和数字化辅助工具,实现对光伏产业的全周期信息化管理,提高生产调度和监控能力,降低能耗和碳排放。

另一方面,可以利用数字技术拓展光伏产业的绿色应用领域和市场。不仅能提高光伏产品的消纳能力,更有利于推动能源转型,支撑碳达峰、碳中和目标的实现。利用5G通信、人工智能、智能计算等技术,开发一批智能化、特色化、类型化的光伏产品,满足多场景终端用电需求。例如:

绿色工业应用。一方面,利用数字技术,开发一批智能化、特色化、类型化的光伏产品,满足工业园区、工厂车间、仓储物流等场景的终端用电需求。另一方面,利用数字平台,实现光伏发电与工业生产的智能匹配和优化,提高工业能源效率和质量。

绿色建筑应用。利用数字技术,开发一批具有建筑节能、美观装饰、智能控制等功能的光伏构件、光伏瓦等产品,既能满足建筑用电需求,也能实现建筑智能、节能,更能提高建筑能源使用舒适度。

绿色农业应用。利用数字技术,开发一批智能农业光伏产品,满足农田灌溉、温室大棚、畜牧养殖等场景的终端用电需求,实现光伏发电与农业生产的智能监测和调控,提高能源效率,帮助农业节水、促进增产增收。

3. 优化发展环境

优化发展环境,有效提高产业的法治化和规范化,增强产业的发展信心和稳定性。

第一,完善光伏产业相关的法律法规和标准规范,加强产业监管和服务,维护产业秩序和安全。重点制定和完善光伏产业的产品质量、安全、环保等方面的法律法规和标准规范,规范企业的生产经营行为,保障消费者的权益,提高产业的公信力和可持续性。

第二,加大对光伏产业的财政、税收、金融等方面的扶持力度,降低企业运营成本,增加企业发展动力。要重点给予光伏企业在研发投入、技术改造、市场开拓等方面的财政补贴、税收优惠、金融贷款等政策支持,激励企业加大创新力度,提高市场竞争力。

第三,加强光伏产业的人才队伍建设,培养一批高层次的科技人才、管理人才和技术人才,提高产业发展的人力支撑。要重点实施光伏产业人才培养计划,加强与高校、科研院所等的人才合作培养,引进国内外优秀人才,搭建人才交流平台,提高江西省光伏产业的人才水平和结构。

参考文献:

[1] 朱逸慧.动荡之"锂"未来可期——2023年中国(南昌)锂业大会暨第八届锂资源高峰论坛召开[J].中国有色金属,2023,No.741(09):38-39.

[2] 赵晨. 江西:打造宜春、新余、赣州三大锂电产业集群[N]. 中国电子报,2023-04-14(005).

[3] 徐伟民,肖坚,丁冀荣.全球锂电产业发展形势及江西发展对策研究[J].老区建设,2023,No.614(03):3-10.

[4] 方子健. 上饶,让企业"敢干"[N]. 上饶日报,2023-07-18(001).

[5] 李明东,李婧雯."双碳"目标下中国分布式光伏发电的发展现状和展望[J].太阳能,2023,No.349(05):5-10.

[6] 吴丽琳. 江西:推进新能源产业数字化转型[N]. 中国电子报,2023-06-13(003).

[7] 杨歌. 2025年我国将基本完成智能光伏产业生态体系建设[N]. 机电商报,2022-01-10(A06).

[8] 张英英,吴可仲. N型电池规模化量产潮起 光伏赛道迎来新变局?[N]. 中国经营报,2022-04-18(B18).

第二十一章 数字经济时代江西省 软件业发展路径研究

摘 要:软件和信息技术是数字中国建设的关键支撑。在数字经济时代下加快推进江西省软件业发展,对促进江西省产业升级转型、提升核心竞争力具有重要意义。本章首先概括了全国以及江西省软件业的发展现状,分析了数字经济背景下江西省软件和信息技术服务业的发展态势、存在的问题和挑战,探讨了江西省软件和信息技术服务业的发展路径。最后结合国内优秀省份相关案例和经验,本文对江西省软件和信息技术服务业的高质量发展提出相关政策建议。

关键词:数字经济;软件和信息技术服务业;融合发展

一、我国软件和信息技术服务业发展现状

2022 年,我国软件和信息技术服务业(下称"软件业")运行稳步向好,软件业务收入跃上十万亿元台阶,盈利能力保持稳定,软件业务出口保持增长。

2022 年,我国软件业务收入突破十万亿元大关。全国软件和信息技术

服务业规模以上企业超 3.5 万家，如图 21 - 1 所示，全国累计完成软件业务收入 108126 亿元，同比增长 11.2%，增速较上年同期回落 6.5 个百分点，但仍然保持两位数增长，发展韧性十足。

图 21 - 1　2014—2022 年软件业务收入增长情况

数据来源：工业和信息化部网站。

盈利能力保持稳定。如图 21 - 2 所示，2022 年全国软件业利润总额 12648 亿元，同比增长 5.7%，增速较上年同期回落 1.9 个百分点，主营业务利润率回落 0.1 个百分点至 9.1 个百分点。

软件业务出口保持增长。如图 21 - 3 所示，2022 年全国软件业务出口 524.1 亿美元，同比增长 3.0%，增速较上年同期回落 5.8 个百分点。其中，在增速总体放缓背景下，软件外包服务出口逆势增长，同比增长 9.2%。

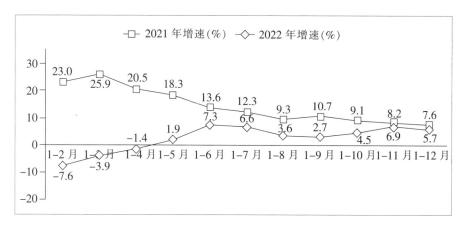

图 21 - 2　利润总额增长情况

图 21 - 3　2014—2022 年软件业务出口增长情况

二、江西省软件和信息技术服务业发展现状

(一)总体运行情况

近年来,江西软件和信息技术服务业营业收入实现稳步增长,企业规模和实力持续走强。科技创新能力不断提升,产业集聚效应明显增长,在虚拟现实、政务信息化、电力调度、信息系统集成等细分领域,涌现出一批有特色的骨干领军企业。2022 年,江西省软件产业实现营业收入 385 亿元,同比增

长 18.6%，主营业务收入超 10 亿元的企业突破 12 家，主营业务收入超亿元的企业突破 60 家，全国互联网百强企业 2 家。

另外，江西省软件产业以平台软件为核心，以应用软件为延伸，以基础软件为基础。其中，平台软件收入占比约为 40%，其中云平台、大数据平台、物联网平台等新型平台软件收入增速超过 25%，显示出强劲的创新能力；应用软件收入占比约为 50%，基础软件收入占比约为 10%，其中操作系统、数据库、中间件等领域的基础软件收入增速超过 15%，显示出较好的支撑作用。

（二）创新能力

2022 年，全省软件行业研发经费占比超过 5%；重点软件企业有诸如 VR 研究院、AI 研究院、院士工作站、博士后工作站、国家级企业技术中心等独立科研机构，其中南昌高新区有江西省嵌入式系统工程技术研究中心、核辐射探测技术国家地方联合工程研究中心等 17 家科研平台。近几年，全省软件创新成果在虚拟现实、交通、环保、电力、物流、身份识别、手机支付、企业管理、医疗护理等领域加速应用，在部分领域已经形成先行优势。南昌虚拟现实创新中心获批省级制造业创新中心，积极争创国家级 VR 制造业创新中心。

（三）地域分布情况

江西省以南昌市为中心，形成了以南昌、九江、赣州、鹰潭、上饶、宜春等城市为重点的区域发展格局。其中南昌市是全省软件业的龙头，占全省软件收入的近 60%，拥有国家级软件园区、国家级大数据综合试验区等平台载体，培育了一批知名软件企业和创新团队。以赣州、上饶、抚州、宜春等地为中心辐射发展云计算、大数据产业，带动全省发展的空间布局，例如赣州市稀金谷特色产业大数据中心平台是省内汇聚数据最多、专业性最强的稀土产业大数据平台。

三、数字经济背景下江西省软件和信息技术服务业发展态势

在数字经济时代,软件业作为数字技术的核心支撑和应用载体,在推动数字化转型、提升数字竞争力、促进数字共享等方面发挥着重要作用。根据工业和信息化部的数据,2022 年我国软件业实现收入 108126 亿元,同比增长 11.2%,占 GDP 的 9.8%;实现出口 524.1 亿美元,同比增长 3.0%。

在这样的背景下,一方面,数字经济对江西省软件业提出了更高的要求和标准,云计算、大数据、物联网、人工智能等新一代信息技术日新月异,软件技术的水平和能力也需要不断提升和完善。另一方面,数字经济也为江西省软件业提供了广阔的市场融合空间和需求,以软件为支撑、数据为要素、网络为平台的产业跨界融合加速发展,能推动工业互联网等新兴产业发展,培育出以分享经济为代表的新经济增长点。尤其是在工业、农业、医疗、教育、文化等领域,软件技术的融合应用和创新有着巨大的潜力和价值。

在融合广度上,数字经济助力江西省软件和信息技术服务业与其他各行各业融合领域不断扩展。江西省软件产业与制造业、农业、交通、医疗等多个经济社会领域正在实现渗透和融合,推动了各行各业的数字化转型升级。例如在制造业领域,江西省软件企业提供了工业互联网平台、智能制造系统、工业大数据分析等解决方案和服务;在农业领域,江西省软件企业提供了智慧农场管理、农产品溯源追踪、农村电商平台等解决方案和服务;在交通领域,江西省软件企业提供了交通大数据分析、智慧交通管理、无人驾驶系统等解决方案和服务;在医疗领域,江西省软件企业提供了远程医疗平台、智慧医院管理、医疗大数据分析等解决方案和服务等。

在融合深度上,江西省软件产业与其他产业的深度融合,不仅在技术层面实现了相互渗透和融合,还在商业层面实现了相互促进和创新。例如,在制造业领域,江西省软件企业与制造企业采用"软件即服务"(SaaS)模式,通过云平台提供按需定制的软件服务;在农业领域,江西省软件企业与农业生

产者采用"数据即服务"（DaaS）模式,通过大数据平台提供数据分析和决策支持的服务;在交通领域,江西省软件企业与交通管理者采用"智能即服务"（IaaS）模式,通过智能平台提供智能优化和调度的服务;在医疗领域,江西省软件企业与医疗机构采用"健康即服务"（HaaS）模式,通过健康平台提供健康管理和保障的服务。

在省政府和各行各业的努力下,江西省软件产业与其他产业的深度融合效果日益显现。融合产业效率显著提升、质量显著改善,实现了产业协同发展和共赢。在制造业领域,江西省软件企业提供的工业互联网平台,帮助制造企业实现了设备联网、数据采集、远程监控、智能优化等功能,提高了生产效率和质量,降低了运营成本和风险;在农业领域,江西省软件企业提供的智慧农场管理,帮助农业生产者实现了土壤检测、灌溉控制、病虫害预警、收获预测等功能,提高了农业生产效率和品质,降低了农业生产成本和损失;在医疗领域,江西省软件企业提供的远程医疗平台,帮助医疗机构和患者实现了远程诊断、远程会诊、远程监护、远程处方等功能,提高了医疗服务覆盖率和医疗水平。

四、江西省软件和信息技术服务业发展存在的问题和挑战

（一）产业规模不够大,质量不够高

根据国家统计局的数据,2021 年,江西省软件和信息技术服务业规模以上企业占全国比重仅为 1.2%,排名全国第 18 位,全省软件产业规模总量位居全国中下游,中部地区第 5 位。在产业质量上,企业软件开发工程化程度较低,资源整合、技术迭代和优化能力弱,缺乏创新引领能力强的大企业,产业生态构建能力、生态竞争能力亟待提升。相反,更多的是同质化低水平发展。当前,江西省软件产业体系尚不能完全适应消费升级趋势,低端供给多,高端和优质产品自给程度低。在产品结构、技术水平、品牌建设等方面与国内先进水平相比还有不小差距。差异化、特色化发展不足,导致资源整

合配置效率不高、竞争能级偏低。

（二）产业基础薄弱，创新能力亟待加强

根据江西省工业和信息化厅的数据，2021年江西省软件和信息技术服务业规模以上企业研发投入占主营业务收入的比重为3.1%，低于全国平均水平的4.2%。江西省软件和信息技术服务业规模以上企业拥有自主知识产权软件产品数量为1049个，占全国比重为0.9%，排名全国第20位，中部地区第7位。江西省软件和信息技术服务业规模以上企业拥有有效发明专利数量为1108项，占全国比重为0.7%，排名全国第21位，中部地区第7位。这些数据说明江西省软件和信息技术服务业在研发投入、知识产权、专利等方面还有较大的差距，缺乏具有自主创新能力和核心竞争力的领军企业和品牌。

（三）高端人才匮乏，人才结构不够合理

根据江西省工业和信息化厅的数据，2021年江西省软件和信息技术服务业从业人数为10.4万人，占全国比重为1.1%，排名全国第19位，中部地区第6位。具有本科及以上学历的从业人员占比为46.5%，低于全国平均水平的58.3%；具有高级职称的从业人员占比为3.8%，低于全国平均水平的5.2%。说明高层次的专业技术人才、领军人才、管理人才、实用型人才较为缺乏，人才培养跟不上产业发展需求。人才结构不合理还体现在地域上，江西省软件和信息技术服务业的区域发展存在较大的差距，2022年江西省软件和信息技术服务业的发展呈现出南昌市一枝独秀、赣州市、上饶市、宜春市、抚州市相对突出、其他地区相对滞后的格局。

（四）产业链对外依赖严重，存在断裂风险

随着逆全球化趋势加剧，全球技术合作的不确定性增加。长期以来，江西省乃至我国弥补技术短板和市场缺口的重要途径就是依赖技术引进。由于软件产业关键核心技术对外依赖程度较高、"卡脖子"问题十分突出。如果技术合作遭遇冲击可能导致技术引进路径被阻断，产业转型升级难度就会加大。而海内外技术合作格局很难在短时间内进行调整,因此潜在的转换风险也可能对我省软件业的稳定健康发展造成不利影响。

（五）软件与各领域融合应用程度需进一步深化

江西省处于不同发展阶段的工业企业数量众多,且数字化转型需求强烈,这就为软件产业创造了丰富的融合应用场景。但是从实际表现来看,企业软件化能力较弱,制约数字化发展进程。一方面在融合应用广度上,软件在制造业、服务业、农业等不同行业中的应用比例仍有较大提升空间,尤其是工业软件、嵌入式软件等关键软件供给能力不足,制约了实体经济转型升级。另一方面在融合应用深度上也较为浅显,例如,在制造业领域,尽管工业 APP 数量庞大且连年增加,但大多数是简单的数据采集和展示功能,缺乏深度分析和智能优化功能。又比如,在农业领域,近几年农业信息化水平虽然有所提高,但农村地区网络覆盖不足,农业物联网设备普及率低,农业大数据应用也不深入。

（六）产业发展环境亟待改善

由于软件本身存在物理上的不可见性,经济上的边际复制成本为零的特性,长期以来在软件开发使用和消费中,存在软件天然免费的误区,剽窃、盗版问题日趋严重。在江西省"重硬轻软"的发展环境下,软件产业发展中未能充分体现软件价值,软件人才供需矛盾突出,知识产权保护不够到位,软件市场价格长期受抑制,严重影响软件企业生存发展。

五、数字经济背景下江西省软件和信息技术服务业的发展路径

根据《江西省"十四五"数字经济发展规划》,计划到 2025 年,江西省软件和信息技术服务业收入目标要达到 600 亿元,年均增长 15% 以上,占数字经济比重达到 10% 以上。软件和信息技术服务业产业规模、质量和效益要持续提升,在全省经济发展中的带动作用要更加明显,产业创新体系更加完善,创新能力持续增强,优质企业加快壮大,基本形成大中小企业融通发展

格局,园区建设提质升级,集聚发展水平显著提升,软件融合赋能作用进一步凸显,发展环境进一步优化,产业迈入高质量发展快车道。

(一)坚持新发展理念,走高质量发展之路

江西省软件业要坚持新发展理念,走高质量发展之路,就要以创新为灵魂,以协调为保障,以绿色为基础,以开放为动力,以共享为目标,实现软件业在规模、结构、质量、效益、安全等方面的全面提升。具体而言,就是要:坚持创新驱动,提升软件创新能力;坚持协调发展,优化软件产业结构;坚持绿色发展,提升软件环境效益;坚持开放发展,提升软件国际竞争力;坚持共享发展,提升软件社会效益。

(二)坚持项目为王,走集群化发展之路

项目是实现江西省软件产业发展目标的重要载体,也是促进产业集聚效应的有效手段。江西省软件业要坚持项目为王,走集群化发展之路,就要以重大项目为引领,以优质项目为支撑,以创新项目为动力,以示范项目为标杆,实现软件产业规模化、专业化、集约化、协同化、品牌化等方面的全面提升。牢固树立"项目为王"意识,强化"不抓项目是失职、不会抓项目是不称职"导向,围绕软件产业链上下游、以补齐补强核心关键环节为目标,推进重大项目招引建设。

(三)坚持企业主体,走市场化发展之路

企业是市场经济的基本单元,也是软件业发展的主体力量。江西省软件业要坚持企业主体,走市场化发展之路,就要以企业需求为导向,以企业创新为核心,以企业合作为平台,以企业发展为目标,实现软件产业自主化、多元化、规范化、国际化等方面的全面提升。具体来说就是:尊重企业需求,提供优惠政策;激发企业创新,提供技术支撑;促进企业合作,提供平台服务;强化企业主体地位,更多依靠市场化机制推动实现信息、资本、人才、技术、土地等各种资源的有效流动。同时要更好发挥政府作用,加强战略规划和引导,制定更加协调精确的政策措施,优化商业环境,推动产业持续健康

发展。

（四）坚持推进园区升级，走集聚式发展之路

园区是软件业发展的重要平台。江西省软件业要坚持园区升级，走集聚发展之路，发挥园区在产业高质量跨越发展中的主导作用，实现园区项目密集、企业密集、产业密集。深入推进园区发展模式、运作机制、管理体制的改革创新，提高园区的智慧化、绿色化、服务化水平，强化园区资源整合、功能融合、土地节约，增强园区的承载能力，促进产业集聚发展。实现软件产业集中化、规模化、专业化、国际化等方面的全面提升。

（五）坚持深化与融合，走智能化、高端化和服务化发展之路

云计算、大数据、物联网、人工智能、区块链等前沿技术，是数字经济的核心驱动力，也是软件业发展的重要支撑力。我国软件业要坚持深化与前沿技术融合，走智能化、高端化和服务化发展之路，就要以现代信息技术为引领，以智能化为方向，以高端化为目标，以服务化为手段，实现软件产业创新化、差异化、特色化等方面的全面提升。

六、国内优秀省份经验案例借鉴

（一）南京：元宇宙引领软件业高速发展

元宇宙是目前数字经济产业中科技要素最为密集、场景应用最为丰富、发展前景最为广阔的领域，代表互联网下一步发展的主要趋势和方向，是助推数字经济产业发展的前沿风口和重要引擎。

作为我国软件业发展的重要基地之一，南京市高度重视元宇宙产业的发展，出台了一系列政策措施和行动计划，围绕产业元宇宙、元宇宙产业双向发力，培育一批重点赛道，突破一批重点技术领域，赋能一批重点行业场景，实现元宇宙产业链、创新链和人才链的深度融合。

（二）重庆渝中：全力以赴推动软件和信息服务业快速发展

近年来，渝中区坚持从载体利用、产业集聚、场景丰富、人才聚集、生态

优化等多个方面着手,下大力气推动以工业软件为主的软件和信息服务业快速发展。据数据统计,2022 年,渝中区投用软件和信息服务业核心载体 40 余万平方米,集聚软件企业 2500 余家、软件从业人员近 4 万人,全区软件业务收入 302 亿元。重庆做法的可借鉴之处在于:

1. 构建良好产业生态体系

近年来,渝中区充分发挥教育、医疗、金融、商贸、交通、人才等比较优势,出台了一系列优惠政策,支持高层次人才团队引进、企业运营降本增效、应用场景推广拓展等,围绕软件和信息服务业基础补链强链延链,促使软件企业加快集聚,产业生态持续优化。

2. 全方面优化人才服务

为助力软信产业发展提供人才支撑,渝中区深化人才政策制定、人才市场建设、人才引进培养等,成效显著。当前渝中区投资 7 亿元打造渝中人才公寓 1440 套,一期已投用 300 余套,更好保障软信人才住房需求;出台渝中人才"黄金十二条",研究制定渝中青年人才"白银九条",分级分类给予软信人才住房补贴、购房补助、创新创业等扶持。

3. 倾力打造一流营商环境

2021 年 6 月,在市级部门的大力支持下,重庆市工业软件产业园成功升级为重庆市软件产业园(综合型),同年 8 月,获批创建首批市级重点关键产业园(工业软件方向)。为了让企业引进来、留得住、发展好,渝中区全力打造便捷高效的政务环境,出台运用存量楼宇发展软件和信息服务业"黄金十条"政策,对入驻企业给予真金白银和真心实意的扶持,全面优化营商环境。

(三)浙江:推动软件和信息服务业攀高升级

全省服务业高质量发展大会发出了加快构建"创新发展、融合共享、供需协调、优质高效"的现代服务业新格局的号召。软件和信息服务业作为浙江重点打造的五大具有国际影响力的服务业之一,近年来保持快速发展态势。

1. 聚焦核心技术、突出创新制胜

夯实产业链基础能力，增强开发环境、EDA 工具等产业链上游软件实力，支持工业软件、高端应用软件等中游软件进一步做大做强，提升自主可控创新能力；引导新兴软件突破发展，支持在人工智能、5G、区块链等新兴领域实现基础理论突破。

锚定国家和浙江的战略需要，重点攻关基础软件、工业软件、高端应用软件等，突破"卡脖子"梗阻，打造创新能力更强、附加价值更高、自主安全可控的软件产业链。

2. 聚焦新兴动能、突出提质增效

塑造发展新动能，进一步优化提升信息技术服务能力，前瞻布局新赛道新产业，抢占全球生产生活方式数字化转型竞争制高点。积极落实国家关于推动平台经济规范健康持续发展的部署，支持平台企业规范整改、强化创新，在规范健康发展的跑道上加速奔跑，再造发展新优势。

七、政策建议

（一）重视软件产业的战略地位，制定长期规划和目标

软件产业是国家战略性新兴产业，是实现科技强国、网络强国、数字中国、智慧社会的重要基础。软件产业不仅是信息技术的核心，也是其他产业的基础和引领，对于提升国家创新能力和竞争力，促进经济社会转型升级，保障国家安全和民族尊严，具有重要的战略意义。因此，重视软件产业的战略地位，制定长期规划和目标，是江西省软件产业发展的前提和基础。

因此要将软件产业作为数字经济的重要组成部分和经济社会转型升级的重要引擎，制定"十四五"甚至更长期更详细的软件产业发展规划和目标，明确软件产业的发展方向、重点领域、主要任务和政策措施，为软件产业的发展提供清晰的指引和保障。

具体就需要建立江西省软件产业发展的领导小组，负责软件产业发展

的总体部署、协调指导和督促落实。在"十四五"规划基础之上,根据江西省的实际情况,编制软件产业发展的专项规划,明确软件产业发展的战略定位(如打造国内一流、国际知名的软件产业高地)、发展目标(如产业收入、企业数量、人才数量、吸纳投资等)、重点任务(如重点发展大数据、云计算、人工智能、物联网等新一代信息技术领域的软件产品和服务;培育一批具有国际竞争力和影响力的龙头企业和 + 骨干企业;实施一批具有示范效应和带动作用的重大项目和平台建设等)等内容,形成软件产业发展的行动纲领。

此外,应建立完善软件产业发展的监测评估机制,定期发布软件产业发展的统计数据、分析报告和评价结果,及时观察产业发展动向,反馈软件产业发展情况和问题,调整软件产业发展政策,提出改进意见和建议。

(二)加强软件产业的创新驱动,培育核心竞争力

创新是软件业发展的灵魂和动力,是提升软件产业核心竞争力的关键。江西省应高度重视软件产业的创新能力和水平,加大对软件产业的科技投入,鼓励软件企业参与国家重大科技项目和行业标准制定,培育具有自主知识产权和核心技术的软件产品和服务,打造具有国际影响力的软件品牌。加强软件产业创新中心、创新基地、创新园区等平台建设和运营,为软件企业提供优质的创新资源和创新服务。

同时,企业和机构要加强基础研究和应用研究,突破关键技术和核心算法,提升自主创新能力和水平。同时要加强产学研合作和创新平台建设,促进科技成果转化和应用推广,那就要加强软件产业与高校、科研院所、行业协会等机构的交流合作,建立健全软件产业创新网络和创新联盟,促进软件产业的技术交流和成果转化,提升创新效率和效益。

更关键的是要加强知识产权保护和激励机制建设,激发创新活力和积极性,提升创新贡献度和影响力。那就需要建立健全软件产业创新监管和保障机制。完善软件产业的法律法规和政策体系,加强对软件知识产权的保护和执法,维护软件企业和用户的合法权益。完善软件产业的市场准入

制度和监管规则,加强对软件产品质量、安全、标准等方面的监督检查,规范软件市场秩序,打击软件市场违法行为。

（三）优化软件产业的结构布局,打造特色优势

根据自身的实际情况和资源禀赋,选择具有市场潜力和竞争力的重点领域,如 VR、工业软件、信息安全等,加大投入和支持,打造特色品牌和优势产品,形成差异化竞争优势。同时,积极探索新兴领域,如区块链、物联网等,抢占技术制高点和市场先机,培育新的增长点和动力源。具体来说需要:

1. 突出重点领域,打造特色优势

以南昌为核心,依托南昌 VR 科创城、泰豪 VR 产业园大力发展虚拟现实产业,形成以 VR 为代表的沉浸式数字产业集群。充分发挥南昌高端要素集聚优势和引领示范带动作用,进一步集聚科研院所、创新团队、高端人才等创新资源,重点发展 VR、系统集成和政务等领域的行业应用软件及服务,增强辐射能力。

2. 探索新兴领域,抢占市场先机

继续积极探索新兴领域,抢占技术市场先机,培育新的增长点和动力源。以上饶市为核心,重点发展数字文化旅游、数字营销和数字文化创意产业,着力打造全省数字产业化发展引领区。以赣州、吉安为核心,重点发展信息技术应用创新产业,着力打造中部地区有影响力的信创产业基地。以鹰潭市为核心,重点发展传感器、芯片、通信模组和物联网终端产业,强化移动物联网在各个领域的融合应用,加速"物联江西"向"智联江西"转变,着力打造全国移动物联网示范应用标杆区。

（四）完善软件产业的发展环境,营造良好氛围

软件产业的发展环境是软件产业发展的土壤,是促进软件产业健康发展的条件。软件产业的发展环境包括政策法规、财税金融、人才培养、市场监管等方面,对于激发软件企业的创新活力,提高软件企业的生存能力,保

障软件企业的合法权益,具有重要的作用。因此,完善软件产业的发展环境,营造良好氛围,是江西省软件产业发展的必要和重要条件。

应制定和修订一系列有利于软件产业发展的政策法规,为软件产业发展提供法律依据和政策指引;要建立和完善软件产业的财税金融支持体系,提供税收优惠、资金扶持、土地供给等政策措施,为软件产业发展提供资金保障和激励机制,降低软件企业的经营成本和风险。保障软件企业的合法权益和正当利益;要加强人才培养和引进,建立健全人才梯队、人才库等体系机制,提高软件人才的专业素质和创新能力。加大对高层次、高技能、高素质软件人才的吸引力度,建立健全软件人才激励机制和评价机制,营造良好的软件人才发展环境,为软件产业发展提供人才支撑和智力保障;加强对软件产业的市场监管和行业自律,建立软件产品质量监督检验体系、实施软件企业信用评价制度、推动软件行业协会建设等,为软件产业发展提供市场保障和信誉保障,规范软件市场的秩序和行为。

(五)强化软件产业的开放融合,构建生态系统

江西省应积极参与国际和国内的开源社区和平台,与其他省份和企业进行交流和协作,共享技术资源和经验,构建开放共赢的软件生态系统。同时,我省也应积极推动软件业与其他产业的融合发展,提供软件解决方案和服务,赋能传统产业转型升级,实现互利共赢的产业生态系统。

积极参与国际和国内的开源社区和平台,参与开源项目的开发、贡献和维护,学习借鉴国际先进的软件技术和管理经验,为我省软件业实现自主创新打下坚实基础。

积极与其他省份和企业进行交流和协作,学习借鉴国内其他省份的成功经验和优秀思路,建立江西省与其他省市的软件产业合作机制、推动江西省与其他省份的软件应用合作项目,拓宽江西省在国内市场上的合作空间和应用领域,实现资源共享、优势互补、开放共赢、共同发展。

积极推动软件产业与其他产业的融合发展,如针对制造业、农业、医疗、

教育等传统产业的发展需求,提供定制化的软件解决方案和服务,如智能制造、智慧农业、智慧医疗、智慧教育等,帮助传统产业提升效率、降低成本、增加价值、优化结构。赋能传统产业转型升级,实现互利共赢的产业生态系统。

（六）降低软件产业对外依赖度,增强自主可控

对外依赖度是影响软件产业发展安全和稳定的关键因素。江西省应采取措施,在合适的时机适当降低软件产业的对外依赖度,增强软件产业的自主可控性。主要包括三个方面:技术、市场、人才。

降低我省软件产业的技术对外依赖度,需要在学习国内外先进的软件技术和经验的基础上打破国外技术垄断和封锁,通过加强软件产业的创新驱动,培育具有自主知识产权和核心技术的软件产品和服务,增强软件产业的技术自主可控性;对于软件市场,需要加强软件产业的国内拓展,开发符合用户需求和特点的软件产品和服务,满足国内市场的多样化和个性化需求,提升软件产业在国内市场的占有率和影响力,同时,也要积极参与国际市场的竞争和规则制定,提高软件产品和服务的国际认可度和适应度,提升软件产业在国际市场的份额和地位。最后在人才方面,需要通过加强软件人才的本土培养,培养适应江西省软件产业发展需要的本土人才,提高软件人才的本土化程度和归属感。通过加强软件人才的本地留用,建立与政府、社会、企业等合作关系,为软件人才提供良好的工作环境、生活条件、职业发展等保障条件,提高软件人才的留用率和忠诚度。

参考文献:

[1]寇明风,王翰博.辽宁软件产业发展路径探析:趋势、定位与路径[J].辽宁经济,2022,No.449(02):7-12.

[2]徐建伟.探索制造业高质量发展新路径[N].经济日报,2022-06-29(010)

[3]李倩,王迪,陈莹.浅析新时期辽宁软件产业高质量发展之路[J].辽宁经济,2022,No.450(03):9-14.

[4]韩鑫.十年间,软件业加快创新强韧性[N].人民日报,2022-05-25(018).

[5]工信部信息技术发展司.《"十四五"软件和信息技术服务业发展规划》解读[N].中国电子报,2021-12-03(007).

[6]高长春,刘雨杭.新时代软件和信息技术服务业高质量发展路径[J].经济研究导刊,2022,No.514(20):30-32.

[7]江西省人民政府关于印发江西省"2+6+N"产业高质量跨越式发展行动计划(2019—2023年左右)的通知[J].江西省人民政府公报,2019,No.1126,No.1127(Z3):4-9.

[8]陈禧,程丹,王彧,等.南京市科技信贷支持政策与发展建议[J].天津科技,2020,47(01):7-8+12.

[9]夏元."满天星"照亮重庆数字经济发展蓝图[N].重庆日报,2023-07-18(001).

[10]姚高员.推动软件和信息服务业攀高升级[N].今日浙江,2022-08-31(016)

第二十二章　江西省轻工业与数字经济的融合发展

摘　要：江西轻工业作为江西省的重要产业之一，面临着数字经济带来的机遇和挑战。本章研究了江西轻工业与数字经济的融合发展，旨在提出发展建议，推动江西轻工业的数字化转型。首先，介绍了江西轻工业的历史和现状，并分析了数字经济对江西轻工业的影响，包括生产流程优化、产品质量提升和市场竞争能力提升。然后，针对江西轻工业与数字经济的融合发展，提出了以下策略：提高数字化意识、引入先进技术、构建数字平台、优化政策环境和加强人才培养。文章认为，江西轻工业应积极寻求与数字经济的融合，以实现自身的优化升级和可持续发展。

关键词：江西轻工业；数字经济；数字化转型；发展策略

一、江西省轻工业发展现状

随着数字经济的快速发展，江西省各个产业都在积极寻求与数字经济的融合，以实现自身的优化升级和可持续发展。江西轻工业作为江西省的重要产业之一，也面临着数字化转型的压力和挑战。旨在探讨江西轻工业与数字经济的融合发展,并提出相应的发展建议,以期推动江西轻工业的数字化转型。

江西轻工业历史悠久,经过多年的发展,已经形成了以南昌、新余、萍乡等城市为核心的轻工业集群。江西轻工业涵盖了食品、纺织、服装、化妆品等多个领域,具有丰富的产品种类和较高的产品质量。然而,面对数字经济的冲击和市场竞争的压力,江西轻工业需要进一步优化升级,以提高整体竞争力。江西省轻工业产业主要包括食品、饮料、烟草、纺织、服装、皮鞋等产业。江西省轻工业发展现状可以从以下几个方面概括:

首先,从经济规模上看,江西省轻工业规模以上企业实现了营业收入和利润的双增长。2022 年,江西省轻工业规模以上企业实现营业收入 24 万亿元,较上年增收 5.4%;全省轻工业规模以上企业实现盈利规模达到 1.53 万亿元,较上年增收 8.2%,以上两项主要完成指标均远超全国工业平均水平,均超出全国平均水平的 12% 以上。其次,从生产情况上看,江西省轻工业规模以上企业生产规模总体稳定增长,在个别轻工业细分赛道领域,一些轻工业企业的国民生产总值贡献度实现快速成长。例如,江西省的电动车行业呈现出较快的增长态势,年均增速超 10%,新能源光伏储能等行业的增速更是高达五成以上。以上表明江西省轻工业发展很好地顺应了市场最新需求,且在整合相关产品供求关系方面具有一定的灵活性和适应性。再次,市场表现方面,江西省轻工消费市场整体保持增长,轻工十类商品零售额为 69164 亿元,同比增长 0.4%。这说明江西省的轻工消费市场仍然较为活跃,且具有潜力。在行业盈利能力方面,江西省轻工业的营业收入利润率为 6.37%,同比提高了 0.17 个百分点。这表明江西省轻工业在提高经营效率、增加收益方面取得了一定的成果。

此外,江西省轻工商品出口也表现稳定。尽管在 2021 年高基数的基础上,江西省轻工商品出口仍然实现了稳定增长,累计出口额达到 9535.4 亿美元,占全国出口总额的 26.5%,同比增长 4.2%。这说明江西省轻工业在国际市场上具有一定的竞争力。

　　总体来说,江西省轻工业在应对市场变化、提升经营效率、拓展国际市场等方面都取得了一定的成绩。然而,随着国内外经济环境的变化和市场竞争的加剧,见图 22 - 1。江西省轻工业仍需不断调整升级,以适应新的发展需求。

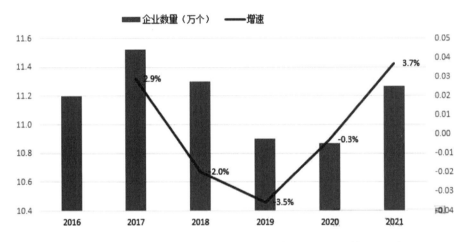

图 22 - 1　2016—2021 年中国规模以上轻工业企业数量及增速

数据来源:中国轻工业联合会。

　　江西省轻工业总体规模不断扩大,江西省轻工业增加值由 2013 年的 10,846.5 亿元增长到 2022 年的 19,979.5 亿元,年均增长率为 6.9%。产业结构不断优化,江西省轻工业加快转型升级,高端轻工产品占比不断提高,2022 年高端轻工产品比重达到 50.1%。创新能力不断增强。江西省轻工业研发投入不断加大,2022 年研发投入为 622.3 亿元,占全省规模以上工业的比重为 12.9%。质量效益不断提升。江西省轻工业大力推进质量品牌建设,2022 年,全省轻工业产品质量合格率为 96.3%,比上年提高 0.8 个百分点。节能减排不断加强。江西省轻工业积极推进节能减排,2022 年,全省轻工业单位工业增加值能耗下降 16.9%。对外合作不断深化。江西省轻工业加快"走出去"步伐,2022 年,全省轻工业完成进出口总额 1599.1 亿元,同比增长 10.8%。

　　总体来说,江西省轻工业发展现状良好,未来发展潜力巨大。近年来,江西省轻工业产业取得了长足的发展,但仍存在一些问题,如生产效率低下、资源利用效率不高、创新能力不足等。数字经济的发展对江西省轻工业产业产生了深远的影响。数字技术的应用可以提高生产效率,降低成本,提高产品质量和竞争力。同时,数字技术的应用还可以促进产业创新和升级,推动产业向高端化、智能化、绿色化方向发展。通过分析我省轻工业行业与数字经济融合发展存在何种制约因素,研究工业与数字经济融合发展背景下我省轻工业行业发展的路径,以及通过剖析当前已有的相关轻工业企业数字化融合发展成功案例,汲取相关成功经验为我省轻工业行业与数字经济融合发展提供有关借鉴。

二、数字经济对江西省轻工业发展的影响

　　数字经济通过融合应用大数据、云计算、物联网等技术,对江西轻工业产生了深远的影响。生产流程优化方面,数字经济的应用,使得江西轻工业在生产流程上得到了有效优化。例如,通过数据分析,可以更精准地安排生产计划,减少库存成本,提高生产效率。产品质量提升方面,数字技术的应用,使得轻工业产品的质量控制更加精细,通过数据分析,可以找出影响产品质量的因素,从而提高产品的质量。市场竞争能力提升方面,数字经济可以帮助江西轻工业实现市场信息的有效获取和传递,通过数据分析,可以找出市场需求的变化趋势和竞争态势,提高产品的市场占有率。数字经济对江西省轻工业发展的影响可从以下几个方面分析:

　　首先,数字经济可以通过促进信息流通和技术创新来推动轻工业的发展。数字化技术的应用使得信息传递更加迅速和准确,轻工企业能够更好地把握市场需求,及时调整生产和经营策略。同时,数字技术也促进了技术创新,轻工企业可以引入更先进的技术和设备,提高生产效率和产品质量。

其次，数字经济也带来了新的商业模式和销售渠道，为轻工企业提供了更多的发展机会。例如，通过电商平台和线上销售，轻工产品可以更便捷地进入更广泛的市场，扩大销售规模。此外，数字经济也推动了跨境电商的发展，轻工企业可以拓展国际市场，实现全球化发展。

另外，数字经济也带来了更激烈的市场竞争。随着数字经济的发展，轻工企业之间的竞争将更加激烈。为了在竞争中脱颖而出，轻工企业需要不断提高自身的技术水平和管理能力，同时需要不断创新和拓展市场。

总的来说，数字经济给江西省轻工业的发展带来了重要的机遇和挑战。轻工企业需要积极适应数字经济的发展趋势，通过数字化技术的应用提高自身竞争力，拓展市场和创新产品，实现可持续发展。数字经济对江西省轻工业企业的影响主要体现在以下几个方面：

一是数字经济有利于江西省轻工业提高生产效率。数字化、智能化改进规模以上轻工业企业生产工艺流程和管理模式，可以极大提高企业的生产经营效率和降低人工成本，提高企业的盈利能力和新产品研发创新能力，提高市场主动权，抢占市场话语权。例如，通过 ERP、CRM 等先进数字化、智能化业务运维管理系统解决方案，相关轻工业企业可以大幅提高生产调度效率、调整原材料供应策略、控制生产质量检测过程、提升产品质量、满足客户最新需求等，从而实现研发、生产加工、市场开拓为一体的全过程的智能化、数字化管理。

二是数字经济有利于江西省轻工业改善产品质量。数字化工艺流程的引入可以实现提升江西省轻工业行业对研发、生产、质检、市场销售、品质监控、客户需求反馈全过程的智能化管理与分析，提升品质化管理。例如，通过引入 ERP 等数字化、智能化管理策略和技术，轻工业企业可以高效实现对全线产品生产过程中的每一个环节进行精确控制，避免出现产品质量的波动，从而提高产品的质量和稳定性。

三是数字经济有利于我省轻工业降低生产成本。数字化技术可以实现促进我省轻工业企业对生产过程的优化和节约,从而可以大幅实现降本增效。例如,通过数字经济中所广泛采用的人工智能产业化技术,江西省轻工业类细分赛道企业可以科学高效地实现研发、生产、质检、市场推广等全过程的智能化高效管理,可以通过技术手段和科学的管理策略最大程度地实现降本增效,同时也可以降低产品的废品率,从而降低生产成本。

四是数字经济有利于我省轻工业拓展市场和销售渠道。数字化技术可以为企业提供更便捷、更广阔的市场和销售渠道。例如,通过数字化技术,企业可以实现网络营销、电子商务等,拓展销售渠道,扩大销售范围。

五是数字化技术引入我省轻工业企业生产可以有助于江西省轻工业产品服务提质升级。一方面,数字化技术的引入可以大幅提升轻工业企业的劳动生产率、降低用工成本、提高研发效率、优化质量检测工作、提升改造生产工艺流程、增强市场竞争力。另一方面,数字技术的引入可以帮助轻工业企业及时发现迎合市场消费新需求,总之可以通过技术角度实现传统产业发展的全面升级和流程再造。

六是数字经济有利于我省轻工业更健康地发展。要全方位、多角度关注到数字经济对江西省的轻工业产业链上下游的影响,可以从以下几个方面来考虑:

首先,数字经济对上游供应链的影响。随着数字技术的应用,轻工企业在上游供应链管理方面可以实现更高效和精准的采购和库存管理。通过数字化平台,轻工企业可以更便捷地与供应商进行沟通和协调,降低采购成本和库存成本。此外,数字技术也可以实现对供应商的更严格和准确的评估和监管,保证供应商的质量和稳定性。

其次,数字经济对下游销售渠道的影响。数字化技术的应用使得轻工产品可以更便捷地进入更广泛的市场,通过电商平台和线上销售等渠道,扩大销售规模。此外,数字经济也推动了跨境电商的发展,轻工企业可以拓展国际市场,实现全球化发展。同时,数字化销售渠道也可以提供更精准的消费者需求和市场反馈，为轻工企业提供更准确的市场指导。

再次，数字经济对产品设计和创新的影响。数字化技术的应用可以促进产品的创新和优化。通过数字化设计工具和仿真技术，轻工企业可以实现更快速和准确的产品设计和原型制造，缩短产品开发周期和降低开发成本。同时，数字技术也可以实现产品的智能化和个性化，满足消费者多样化的需求。

另外，数字经济对轻工业企业传统生产流程带来革命性的变化。人工智能、大数据、新型算力的引入可以帮助轻工业企业的研发、生产、销售实现快速的智能化、智慧化迭代升级，可以大幅提升企业的经营效益、降低生产成本、提高运营管理创新效率。例如，轻工业企业可以通过引入或升级生产线的智能化技术标准，对产品生命周期中的技术、生产资源、生产周期进行全面统筹调度，优化管理机制，可以在最优策略下综合提升轻工业产品企业的生产管理效率，合理压缩降低生产成本。此外，数字经济中的虚拟现实、增强现实等数字技术也可以有助于轻工业企业实现后端消费市场需求研判，反向优化轻工业企业产品销售过程中出现的消费者对于智能化、智慧化产品的新需求，可以在第一时间感知到市场消费者或潜在消费领域的最新需求，提高企业的市场形势研判的精准性，避免低效的人工市场调研和相关结论的不可靠性，提升轻工业企业的投入产出效率和轻工业类商品的市场接受度。

最后，数字经济对轻工企业的管理和组织模式也产生了影响。数字化技术的应用可以实现更高效和精准的管理和组织模式。通过数字化管理系统和数据分析工具，轻工企业可以实现更准确的决策和管理，提高企业的效率和竞争力。

总的来说，数字经济对江西省轻工业产业链上下游的影响是全方位的。从上游供应链管理到下游销售渠道优化、从产品设计和创新到生产制造过程、从管理和组织模式的升级到市场环境的改变和创新等，这些影响有助于提高江西省轻工企业整体竞争力和可持续性发展的能力。然而,也需要轻工企业积极适应数字经济的发展趋势,不断提升自身的数字化应用能力和创新能力,以适应不断变化的市场需求和竞争环境。

三、江西省轻工业与数字经济融合发展的制约因素

江西省轻工业与数字经济融合发展的制约因素可以从以下几个方面来考虑:

一是江西省轻工业数字化水平较低。目前,江西省轻工业的数字化水平相对较低,很多轻工企业仍采用传统的生产和管理模式,缺乏数字化技术的应用和推广。这限制了轻工企业在数字化转型过程中的发展和提升。

二是江西省轻工业技术创新能力不足。江西省轻工企业在技术创新方面存在一定的短板,缺乏具有自主知识产权的核心技术和创新能力。这使得轻工企业在应对市场竞争和技术变革时较为被动,难以快速适应市场变化。

三是江西省轻工业"数字+轻工业"专业人才短缺。江西省轻工业在数字化转型过程中面临人才短缺的问题,由于传统轻工行业的生产和管理模式相对落后,对于数字化技术的应用和管理能力有较高的要求,而轻工企业往往缺乏相关领域的技术和管理人才。

四是数字经济与我省轻工业产业链协同不足。江西省轻工业的产业链协同效应有待提升。在数字经济的背景下,轻工企业需要与上下游企业实现更紧密的协同合作,形成完整的产业链生态系统。然而,目前江西省轻工企业在与上下游企业的合作和协同方面还存在一些困难和挑战。

五是数字经济背景下我省轻工业市场环境变化较大。随着数字经济的发展,市场环境也在不断变化,对轻工企业提出了更高的要求。轻工企业需要适应新的市场环境和竞争规则,不断提高自身的数字化应用能力和创新能力,以保持竞争优势。

六是江西省"数字＋轻工业"的有力措施有待加强，轻工企业需要采取一揽子积极的应对措施。包括提高数字化应用水平、加强技术创新能力、培养和引进数字化技术和管理人才、推动产业链协同合作以及适应市场环境变化等。同时，政府和相关机构也应该提供相应的支持和政策措施，促进轻工业与数字经济的深度融合和创新发展。

四、江西省轻工业与数字经济融合发展路径

江西省轻工业与数字经济融合发展可以从以下六个方面来考虑：

一是提高江西省轻工业数字化应用水平。江西省轻工企业应该积极推广和应用数字化技术，提高生产和管理过程的数字化水平。例如，引入先进的数字化生产设备、建立数字化管理系统、采用电子商务平台等，实现生产和管理过程的智能化、精细化和高效化。

二是加强江西省轻工业技术创新能力。江西省轻工企业应该加强自身的技术创新能力，注重研发和引进先进的技术和产品，提高产品质量和市场竞争力。可以通过与高校和科研机构合作、建立研发团队、加大研发投入等方式，提升企业的技术创新能力。

三是江西省轻工业加快培养和引进数字化人才。江西省轻工企业应该注重培养和引进数字化技术和管理人才，提高企业数字化应用和管理的能力。可以通过与高校和专业培训机构合作、提供培训和技能提升机会、引进外部专业人才等方式，解决人才短缺的问题。

四是推动"数字＋轻工业"产业链协同合作。江西省轻工企业应该加强与上下游企业的合作和协同，形成完整的产业链新生态系统。可以通过建立产业联盟、加强供应链数字化、智能化管理和合作、共同开发新产品等方式，实现产业链的协同发展和优化升级。

五是优化江西省轻工业数字化市场环境。江西省政府和相关机构可以通过制定支持政策、提供数字化转型指导、优化市场环境等方式，促进轻工

业与数字经济的深度融合和发展。例如,可以建立数字化转型服务中心、提供数字化转型资金支持、加强市场监管和优化营商环境等。

六是聚焦"轻工业与数字经济"精准施策。江西省轻工业与数字经济融合发展需要轻工企业积极适应数字经济的发展趋势,不断提高数字化应用能力和创新能力。同时也需要政府和相关机构提供支持和政策措施,优化市场环境,促进产业链协同合作和升级。通过这些措施的实施,江西省轻工业可以实现数字化转型和升级,提高竞争力和可持续发展能力。

五、相关案例

案例一　元气森林

元气森林是一家中国的年轻化、数字化、健康的本土饮料品牌,成立于2016 年。元气森林的数字化转型是其能够迅速崛起的重要因素之一。通过对数字技术的引入,元气森林重构了集团化数据标准平台,对数据标准以及业务标准做到了统一。此外,通过打通 ERP 系统、OA 系统以及前端销售系统之间的数据壁垒,实现了对企业供应、销售、生产等各个环节的统一管控。元气森林的数字化转型对其销售、生产、研发等多个环节具有以下积极影响。

全渠道销售策略:元气森林通过数字化平台和大数据分析,实现了对消费者在不同渠道的购物行为的精准把握。在线上渠道,元气森林与电商平台合作,推出定制化的产品和服务,同时通过社交媒体和移动广告等数字化营销手段吸引消费者。在线下渠道,元气森林在便利店、超市等地方设立了品牌专属的展示柜,并提供智能化的购物体验。这种全渠道销售策略使得元气森林能够满足消费者在各种场景下的需求,提高了品牌的竞争力。

智能化生产:元气森林在生产过程中采用了数字化技术和智能化设备,提高了生产效率和产品质量。通过引入智能化的生产线和数字化管理系统,元气森林可以实现生产过程的自动化和智能化,降低了成本,提高了效率。同时,元气森林还与供应商和物流公司合作,建立了智能化的供应链系统,实现了供应链的高效协同。

用户中心化:元气森林以用户为中心,通过数字化平台和大数据分析,实现了对消费者需求的精准把握。元气森林通过社交媒体、移动广告等数字化营销手段,与消费者进行互动,听取消费者的反馈和需求,不断优化产品和服务。这种用户中心化的策略使得元气森林能够更好地满足消费者的需求,提高了品牌的忠诚度。

创新驱动:元气森林注重创新,不断推出新产品和数字化服务。例如,元气森林推出了智能化的健身饮品,通过数字化技术实现运动和饮品的结合。这种创新驱动的策略使得元气森林能够不断引领市场潮流,提高了品牌的竞争力。

元气森林的数字化转型对其企业营收产生了积极的影响。数字化转型可以提高企业的生产效率、降低成本、提高产品质量和竞争力,从而增加企业的营收。以下是数字化转型对元气森林企业营收的具体影响:

提高生产效率:数字化转型可以提高元气森林企业的生产效率,减少企业不必要的经营成本浪费,提升主营业务收入,增加企业净利润,扩大企业经营规模。数字经济中所采用的人工智能技术可以运用于其产品生产之中,如全面优化其全线产品的工艺流程、外观设计、配方研发、市场分析、品质监管,有助于企业实现产品全生命周期的智能化生产、智慧化调度,减少非必要人工成本投入,在客观程度上通过技术手段提升轻工业企业产品运转效率和新产品研发上市和品质监测,提高市场满意度。

降低成本:数字化转型可以帮助元气森林降低成本,提高营收。数字化技术可以实现智能化管理,提高资源利用效率,减少浪费,从而降低生产成本。此外,数字化技术还可以提高供应链效率,减少物流成本,从而提高企业营收。

提高产品质量和竞争力:数字化转型可以提高元气森林的产品质量和

竞争力,增加市场份额和营收。数字化技术可以实现精细化管理和质量控制,提高产品品质和可靠性,从而提高消费者满意度和市场占有率。

开拓新市场:数字化转型可以帮助元气森林开拓新市场,增加营收。数字化技术可以实现对消费者数据的分析和挖掘,从而了解市场需求和消费者偏好,开拓新的细分市场和产品线,增加营收来源。

综上所述,数字化转型对元气森林的企业营收产生了积极的影响,提高了生产效率、降低了成本、提高了产品质量和竞争力,从而增加了企业的营收。随着数字技术的不断发展和普及,数字化转型将成为企业发展的重要趋势,对于提高企业竞争力和社会经济效益具有重要意义。

案例二　华润江中

华润江中是江西省一家知名的食品企业。该公司在数字化转型方面,采用了数字化生产设备、数字化管理系统、物联网等技术手段,实现了生产过程的智能化、精细化和高效化。同时,华润江中还通过数字化营销平台和社交媒体等渠道,实现了精准营销和消费者互动,提高了市场占有率和品牌知名度。

案例三　江西省博微科技有限公司

公司简介:江西省博微科技有限公司成立于 2013 年,是一家专注于智能控制器、智能传感器、物联网通信模块等产品研发、生产、销售和服务的高科技企业。公司总部位于南昌市高新区,在上海、深圳、武汉等地设有子公司和办事处,并与多家高校和科研院所建立了长期合作关系。

数字化转型情况:博微科技积极推进数字化转型,建立了智能制造云平台,实现了生产过程的数字化、智能化管理,提高了生产效率和品质。同时,公司还与阿里云、华为等公司合作,建立了物联网平台,实现了设备的远程控制和管理。

创新能力情况:博微科技高度重视技术创新,设立了博士后科研工作站和研发中心,并与多家高校和科研院所建立了产学研合作关系。公司先后获得了多项发明专利和实用新型专利,并参与了多项国家和行业标准的制定。

人才培养情况:博微科技重视人才培养,建立了完善的人才培养机制,引进了一批高素质的研发人才和管理人才。公司还与南昌大学、南昌航空大学等高校建立了人才培养基地,为公司的发展提供了有力的人才支撑。

信息安全保障情况:博微科技高度重视信息安全保障,建立了完善的信息安全管理制度和技术防护措施。公司还与阿里云、华为等公司合作,建立了云安全防护体系,保障了公司信息安全。

案例启示:博微科技积极推进数字化转型,加强创新能力,加强人才培养和信息安全保障,实现了快速发展。这个案例说明,数字经济与轻工业的融合发展,能够为轻工业企业带来更多的机遇和发展空间,推动轻工业实现转型升级。

综合以上三个案例研究表明,江西省轻工业企业数字融合的发展趋势主要体现在以下三个方面:

一是数字化生产设备的应用。数字化生产设备的应用是实现生产过程智能化的重要手段。这些设备包括自动化生产线、机器人、传感器等,可以通过自动化控制和数据分析等手段,提高生产效率和产品质量。

二是数字化管理系统的应用。数字化管理系统是实现生产过程精细化的重要工具。这些系统包括企业资源计划(ERP)、供应链管理(SCM)、生产执行系统(MES)等,可以通过数字化管理手段,提高企业的管理效率和决策能力。

三是数字化营销平台的应用。数字化营销平台是实现精准营销和消费者互动的重要渠道。这些平台包括电商平台、社交媒体平台等,可以通过数据分析、精准推送等手段,提高市场占有率和品牌知名度。

四是数字化供应链管理的广泛应用。江西省轻工业企业将加快推进数字化供应链管理的广泛应用,通过大数据、物联网等新一代信息技术实现供应链的数字化、智能化,提高供应链的效率和可靠性。

五是智能化生产线和数字化工厂的普及。江西省轻工业企业将逐步实现智能化生产线和数字化工厂的建设,通过自动化、智能化的方式提高生产效率和产品质量。

六是跨界融合成为新趋势。江西省轻工业企业将积极推进跨界融合,通过与其他行业的企业进行合作,实现技术和市场的共享,形成更加强大的竞争优势。

总的来说,江西省轻工业企业在数字融合方面取得了一定的进展,但仍需要不断适应数字经济的发展趋势,加强技术创新和人才培养,推动产业链协同合作和升级。政府和相关机构也应该提供支持和政策措施,优化市场环境,促进轻工业与数字经济的深度融合和发展。

六、政策建议

为进一步推动江西轻工业与数字经济的融合发展,可从以下几个方面入手:

加强数字化基础设施建设:江西省政府应该加大对数字化基础设施的投入,包括建设高速、稳定的网络环境、加强数据中心建设、提升云计算和大数据等技术能力等。这样可以为江西省轻工业的数字化转型提供有力的基础保障。

一是加强江西省轻工业数字化基础设施建设。江西省政府应该加大对数字化基础设施的投入,包括建设高速、稳定的网络环境、加强数据中心建设、提升云计算和大数据等技术能力等。这样可以为江西省轻工业的数字化转型提供有力的基础保障。提高数字化意识。政府和企业应加强数字化转型的宣传和培训工作,提高员工的数字化意识,为数字化转型提供良好的人力资源。实施全省轻工业规模以上企业数字化转型挂图作战考核,明确各相关企业的数字化转型落地路径、任务目标和考核细则办法,引导相关企业切实加快数字化转型,提高现代化经营管理综合实力。

二是在江西省轻工业企业中推广数字化技术的应用。江西省轻工企业应该积极推广具有行业针对性数字化转型策略和应用技术,诸如包含细化领域的智能化生产设备生产线、ERP专业数据分析管理系统、智能化生产营销运维一体化平台等。同时,政府和相关机构可以通过举办数字化转型培训班、组织企业参观数字化转型示范点等方式,提高轻工企业对数字化技术的应用意识和能力。引入先进技术。鼓励企业引进先进的数字化技术如物联网、大数据、人工智能等实现生产管理销售等各个环节的数字化。推动轻工业企业采用智能制造技术,实现生产自动化、智能化,提高生产效率和品质。江西省轻工企业应该加强自身的技术创新能力,注重研发和引进先进的技术和产品,提高产品质量和市场竞争力。可以通过与高校和科研机构合作、建立研发团队、加大研发投入等方式,提升企业的技术创新能力。加强轻工业关键共性技术研究,推动创新成果转化,提高轻工业产品的核心竞争力。推进"数字+轻工"融合发展:加快数字技术与轻工业的深度融合,推动轻工业生产、管理、营销等方面的数字化、智能化。

三是在江西省推动"数字+轻工业"产业链协同合作。江西省轻工企业应该加强与上下游企业的合作和协同,形成完整的产业链生态系统。可以通过建立产业联盟、加强供应链管理和合作、共同开发新产品等方式,实现产业链的协同发展和优化升级。构建数字平台。政府可以引导企业构建轻工业行业的数字化平台实现数据的共享和交流提高行业的整体效率。加快发展以"互联网+"为特色的电商平台,推动轻工业企业开展线上营销,拓展市场渠道。

四是优化江西省轻工业智能化转型市场环境。江西省政府应该通过制定支持政策、提供数字化转型指导、优化市场环境等方式,促进轻工业与数字经济的深度融合和发展。例如,可以建立数字化转型服务中心、提供数字化转型资金支持、加强市场监管和优化营商环境等。政府应出台相关政策为轻工业的数字化转型提供政策支持如提供资金支持、税收优惠等。

五是培养和引进"数字+轻工业"复合型人才。江西省轻工企业应该注重培养和引进数字化人才,包括数字化技术和管理人才。可以通过与高校和专业培训机构合作、提供培训和技能提升机会、引进外部专业人才等方式,解决人才短缺的问题。政府和轻工业企业应协同关注落实引进复合型产业化、智能化技术人才在我省轻工业相关领域的引、用、育、留。同时,相关企业也要高度重视内部复合型人才培养和使用,从而保证江西省轻工业企业的数字化转型业务发展模式的可持续性,为我省轻工业的高质量发展打下坚实的人才基础。加强人才培养和引进,建立一支高素质的数字化人才队伍,为轻工业数字化转型提供人才支撑。

六是加强行业信息安全保障。建立健全轻工业信息安全规章制度,制定完善的网络安全法规和政策,明确主体责任,指导相关工作,监督轻工业领域关键信息基础设施的运行安全保护,防范、制止和惩治破坏轻工业信息安全的违法行为。建立轻工业信息安全应急响应机制,建立健全的轻工业信息安全应急响应机制,包括安全事件应急预案、应急响应小组、应急处置和恢复机制等,确保在发生信息安全事件时能够及时响应和处置。

总而言之,江西省轻工业与数字经济融合发展需要政府、企业和相关机构共同努力,加强数字化基础设施建设、推广数字化技术的应用、强化技术创新能力、培养和引进数字化人才、推动产业链协同合作和升级,以实现轻工业的数字化转型和可持续发展。江西轻工业与数字经济的融合发展是大势所趋,既是提高江西轻工业竞争力的必然选择,也是推动江西省经济发展的重要动力。未来江西轻工业应以数字经济为引擎持续推进数字化转型实现产业结构的优化升级和可持续发展。这需要政府企业和社会共同努力共同推进江西轻工业的数字化转型进程。

参考文献:

[1]王伟.数字经济视角下江西轻工业转型升级研究[J].江西社会科

学,2020, 40(4)：36-42.

[2]赵东明. 江西轻工业产业发展现状与趋势分析[J]. 江西冶金,2019, 39(2)：16-19.

[3]张云飞. 轻工业与数字经济的融合模式及其政策启示[J]. 科技与经济,2021, 34(1)：56-60.

[4]王文清, 王建国, 张秀红. 轻工业数字化转型的现状及对策[J]. 轻工业技术. 2020(12)：107-110.

[5]王建国, 王文清, 张秀红. 轻工业数字经济发展的现状及趋势[J]. 中国轻工业. 2020(11)：107-110.

[6]高文, 李少扬, 王建国. 轻工业数字化转型中的关键技术及其应用[J]. 轻工业技术. 2020(10)：106-108.

[7]王文清, 李少扬, 王建国. 轻工业数字经济发展的影响因素及对策[J]. 中国轻工业. 2020(09)：107-110.

[8]王建国, 王文清, 张秀红. 轻工业数字化转型的成功案例分析[J]. 轻工业技术. 2020(08)：106-108.

[9]李少扬, 高文, 王建国. 轻工业数字经济发展的关键技术及其应用[J]. 轻工业技术. 2020(07)：106-108.

[10]王文清, 王建国, 张秀红. 轻工业数字化转型的实践与思考[J]. 轻工业技术. 2020(06)：107-110.

[11]李少扬, 王文清, 王建国. 轻工业数字经济发展的现状及趋势[J]. 中国轻工业. 2020(05)：106-108.

[12]王建国, 王文清, 张秀红. 轻工业数字化转型中的投资机会与风险分析[J]. 轻工业技术. 2020(04)：107-110.

[13]王文清, 李少扬, 王建国. 轻工业数字经济发展的关键技术及其应用[J]. 轻工业技术. 2020(03)：106-108.

第二十三章 江西省民爆业与数字经济的融合发展

摘 要: 为进一步促进江西民爆业与数字经济的融合发展,本文首先对江西民爆产业发展现状进行分析,紧接着阐述了江西省民爆业在发展过程中存在的问题及制约因素。其次,分析数字经济大背景下江西民爆产业智能化、协同化、低碳化的发展趋势,在此基础上进一步分析江西民爆业与数字经济融合发展的路径,即强化技术创新、培育产业生态、推动产业低碳化发展。最后,通过借鉴四川省、山东省、湖南省和广东省民爆产业数字化发展路径经验,提出江西民爆业发展的政策建议,实现民爆业与数字经济的融合发展。

关键词: 民爆业;数字经济;融合发展

一、民爆业发展现状分析

民爆即民用爆炸物,是指用于民用领域的爆炸物品。它通常用于民用工程、矿山、民用建筑等领域,如建筑拆除、矿井炸药爆破、交通隧道施工等,被称为"能源工业的能源,基础工业的基础"。民爆行业主要包括民用爆破器材的生产、销售和爆破工程服务三大业务。其中,民爆器材主要分为工业炸药、工业雷管、工业索类、其他民爆物品和原材料等,其中工业炸药生产总值占民爆器材生产总值的60%以上。在需求方面,民爆在采矿、基建等领域内具有决定性作用,民爆用品下游需求中占比超过70%的是矿山(包括煤矿、金属矿、非金属矿),另外,基建(公路、铁路、水利等)在其中的比例大约为10%,因此推动板块的因素还是以重大项目为主。

目前,民爆行业正在迎来一轮通过政策引导推动的新产业升级。工信部在2021年12月再次明确了全面采用数码电子雷管的时间计划,即在2022年6月底之前停止生产其他工业雷管,并在8月底之前停止销售除工业数码电子雷管之外的雷管产品。与传统雷管相比,电子雷管具备无与伦比的安全性和管控功能。它具有较高的安全系数,方便的管理环节以及较低的社会危害系数,能够实现对火工品的封闭管理,更加符合当前爆破行业的发展趋势。

工业和信息化部发布的《"十四五"民用爆炸物品行业安全发展规划》提出"十四五"期间的行业发展目标,其中包括建设企业工业互联网平台,以此来加快基础设施数字化改造,提高数据采集能力,推进管理和监控信息上平台,消除原材料采购、生产、销售、储存之间的信息孤岛。建设行业工业互联网服务平台,目的是打通产业链上下游企业、科研机构、监管部门之间的信息桥梁,建设行业安全生产监管平台,实现监管数据远程采集和上报,为行业主管部门远程监管提供平台支撑,初步建成"工业互联网+安全生产"支撑体系。工业互联网平台及"工业互联网+安全生产"体系的建设,是民爆行业数字化转型的基石。

（一）我国民爆业发展现状

近年来,民爆行业总体运行情况稳中向好,主要经济指标保持稳步增长态势,产品结构调整继续优化,产业集中度持续增加,安全投入不断提高。据中国民爆信息统计数据,2022年,我国民爆业生产企业完成生产总值394

亿元,同比增长14%,增速比2021年扩大12个百分点,是近五年产值的最高点;民爆行业实现爆破收入329亿元,同比增长8%,随着民爆"一体化"的推进,爆破服务收入现已成为民爆器材行业重要的经济支撑;生产企业投入安全资金8.5亿元,同比增长13%;民爆生产企业工业炸药年产量为439万吨,同比下降0.6%;雷管年产量为8亿发,同比下降10%。2022年,全国工业炸药年产量前四名的省份分别是:内蒙古、新疆、四川和辽宁。全国工业雷管年产量前五名的省份分别是:四川、山西、湖南、黑龙江和云南。在民爆产业政策的带动下,电子雷管作为产品结构调整的主要方向,近几年产量呈现快速增长趋势(如图23-1所示)。据中国民爆信息统计数据,2022年,电子雷管占工业雷管总产量的比例也进一步提高,其产量占比由2021年的18%增长至2022年的42.73%,占比增长了近25个百分点(详见图23-2)。从生产企业集团看,2022年,电子雷管产量最大的企业集团是四川雅化,其次是北方特能;年产量超过2000万发的企业还有云南民爆、湖南南岭、前进民爆、保利联合和抚顺隆化(如图23-3所示)。

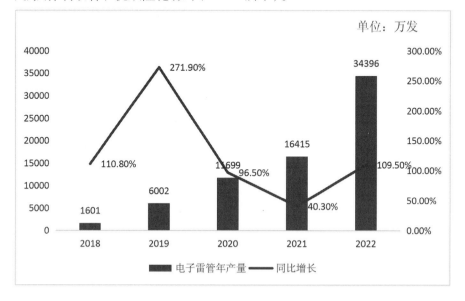

图 23 - 1 近五年全国电子雷管年产量变化图

数据来源:中国民爆信息。

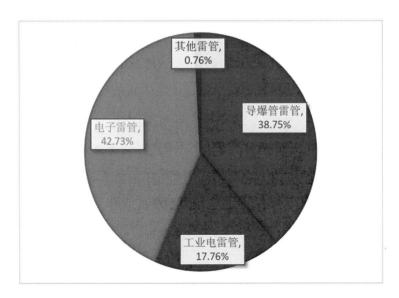

图 23 - 2　2022 年全国工业雷管产品品种构成图

数据来源：中国民爆信息。

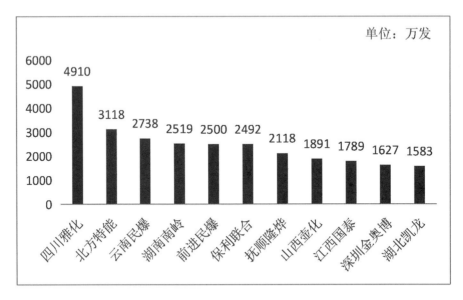

图 23 - 3　2022 年全国生产企业集团电子雷管产量分布图（超 1500 万发）

数据来源：中国民爆信息。

（二）江西民爆业发展现状

（1）行业保持平稳健康发展

2021 年全省民爆物行业累计生产工业炸药 16.49 万吨,工业雷管 0.41 亿发,防雹增雨火箭弹 3.36 万发,工业导爆索 600 万米,塑料导爆管 1.85 亿米,其中现场混装炸药 4.36 万吨,电子雷管生产 825 万发,电子雷管产量居全国第 5 位,高质量发展的成效逐步显现,有力地保障了煤炭、非煤矿山开采,保障了重点工程建设。在原材料成本上涨 50% 以上的不利局面下,生产企业累计完成生产总值 12.76 亿元,同比增长 4.78%,居全国第 11 位,排名较上年度前进 2 位,利润总额 2.2 亿元,同比增长 11%,技改投入 923 万元,研发投入 5435 万元。销售企业累计完成销售收入 5.31 亿元,利润总额 3796 万元。

（2）高质量发展取得新进展

按照工信部高质量发展部署,民爆行业加快技术进步、化解过剩产能,调整优化产品结构,成效显著。一是调优产品结构。化解过剩产能,淘汰了工业电雷管、改性铵油炸药。电子雷管全替代步伐加快,推进工业雷管产能置换,加快电子雷管生产线建设,新余国泰电子雷管二期项目完成建设,三期项目进入设备安装调试阶段。新增民爆品种,江西国科人工增雨防雹炮弹取得生产许可,项目改造实施启动。二是延伸上下游产业链。产业链韧性进一步增强,国泰集团与上海鲲程合资设立国鲲微电子公司,进军电子雷管芯片产业。一体化服务取得新进展,国泰集团延伸产业链,重组并购 3 家销售公司,江铜民爆承接戈阳海螺项目落地,国泰七零九混装炸药远程配送中心进入可行性研究阶段。三是平台创新取得最新突破。国泰集团列入省级制造业单项冠军示范企业,萍乡国泰列为省级高新技术企业和两化深度融合示范企业,国泰七零九、国泰龙狮列入省级绿色工厂,抚州国泰被评为专业化"小巨人"企业。

（3）依法行政和服务质量得到提升

充分发挥行业专家的智慧力量,调整充实专家队伍,聘请专家加强企业安全生产技术服务和检查指导工作。依法依规开展安全生产、销售许可地延续,在办理许可审批事项的过程中,坚持依法行政,依据法规标准、行业规划、产业政策严格审理,严把准入关。同时,按照"放管服"的要求,不断改进作风,提高办事效率和服务水平,安全生产许可、销售许可全面实现了一网通办、实行了电子证照,做到了让企业一次不用跑,大大便利了企业,提高了办事效率,改善了服务质量。

（4）具有一定的产业优势

一是江西省民爆物品生产企业经过几轮重组整合,由分散到集中,现已整合为江西国泰民爆集团股份有限公司一家企业,并实现整体上市,有利于发挥在全国民爆行业竞争中的竞争优势。二是江西省民爆物品销售实行"委托销售,集中采购、就近分销、分级配送",有利于安全监管的市场经营机制。

（5）技术进步持续推进

吉安泰乳化粒状铵油及生产工艺技术装备科研项目、新余国泰 GT－1 型电子雷管自动装配生产线科研项目通过安全评估考核;江铜民爆 4.4 万吨扩能改造项目通过设计方案评审;威源公司七O九厂改性铵油炸药装包系统、北京矿冶科技集团德兴生产点乳化器局部技术改造顺利完成;赣州国泰老厂销爆有序推进;铅山、袁州新建民爆仓库投入使用。

二、江西省民爆业发展中存在的问题及制约因素

一是民爆产业属于高风险行业,安全风险较大。若管理不善,容易发生事故和环境污染问题,对社会和环境造成严重影响。民爆业是一种高风险行业,涉及爆炸物品的生产、储存和使用。不正确的操作或管理可能导致严重事故和人员伤亡,还会对周围的土壤、水源和空气质量造成严重污染。例如,2018 年 3 月吉安市永丰县化学品企业爆炸事故导致至少 6 人丧生,大规模的火灾使得环境污染问题愈加严重。因此,必须加强风险管理和安全生产意识,推动绿色发展和环境保护。

二是产业一体化发展缓慢,产业集中度低。我省产业一体化进展缓慢,企业集科研、生产、销售和爆破服务一体化发展尚处于初级阶段,一体化市场占有率低、经济规模偏小,且江西的民爆产业链相对不完善,从原材料采购、生产加工到销售和服务环节,存在一定程度的缺口。

三是科研投入不足,科技创新能力较弱。我省科研机构少、科研投入不足,专业人才缺乏,尤其是缺乏行业领军人才及高端技术人才,科技创新能力有待进一步提升。与一些民爆产业发达的省份相比,江西的技术实力和创新能力相对较弱。缺乏自主创新能力,导致产品技术含量不高,难以在市场上产生差异化竞争优势。

目前,江西民爆产业数字化转型面临诸多挑战。部分企业持续受到低水平自动化、低水平计算机化,集团内部采购、生产、存储和销售等之间的独立性,数据兼容性不高,数据格式一致性不够的影响。关键设备数据低云速度、缺乏相应数据建模,民用爆炸物品无法实现全程追溯,缺乏成熟的工业互联网平台、智能存储案例,智能安全能力不足,爆炸物品远程监管、智能化制造数字化基础薄弱。在技术装备基本安全水平、安全生产监测预警、安全监督、安全生产标准化等方面还存在不足。

三、数字经济背景下江西省民爆业发展路径研究

(一)智能装备和系统:强化技术创新

智能装备和系统这一领域有两条发展路径:一是针对关键技术不足的问题开展前沿技术研究,推动硬件产品智能化。江西省在开展技术攻关时可以结合自身已有的技术优势,如将 VR/AR 技术与智能制造相结合。在智能生产方面,通过引入物联网、大数据、云计算等技术,实现民爆生产线的智能化控制和检测。例如:通过传感器和智能设备实时检测爆炸物品的生产过程,确保生产质量和安全。在智能管理方面,应用人工智能、智能算法等技术,提高民爆企业的生产计划、供应链管理和质量控制的精确度和效率;

在智能安全方面,利用智能监控、无人机等技术,对民爆生产过程进行安全检测,及时发现和预防安全风险的发生。具体来说,江西省可以抓住机器视觉这一发展动向,借助 VR 实现民爆业的 3D 场景仿真和爆破设计,借助机器对爆破环境进行衡量和判断,借助云和虚拟化技术,将乳化生产车间的数据传至云平台。除此之外,在爆破智能设备方面,芯片设计、云端和边缘计算等技术仍然是重点的创新方向。江西省可以发挥其电子信息产业的优势,通过产学研结合的方式促进省内自主技术研发。二是针对设备互联不足的缺陷开展 5G 与民爆产业的进一步融合,实现爆破装备制造数据化。5G 技术能够帮助民爆企业更好地收集实时数据,从而实现设备检测、远程控制、智慧巡检等数字化建设的目标。江西省可以从搭建 5G 专网、推广 5G 电力通信终端和打造 5G 智能电网应用三个层面开展相关工作。

(二)纵向一体化 APP:培育产业生态

在行业统用类 APP 领域,江西省应当发挥民爆行业龙头的聚合作用,形成大中小融合发展新格局。一是基于工业互联网平台引导头部企业充分发挥自身优势,加快研制民爆行业互联网 APP,并依托开放市场,为小微企业提供一些开源服务,构建创新生态,促进大中小企业协调发展。二是引导龙头企业积极推动民爆行业内的企业合作,将民爆知识数字化、软件化,形成可复制的行业 APP。江西省发展民爆行业,应当以大数据驱动、平台支撑为核心,推动民爆行业在生产、销售和爆破服务等环节之间实现紧密衔接。同时,还应深度融合传统工艺与智能制造,以推动民爆行业的创新发展。此外,民爆企业也要充分发挥产业链整合优势,进一步开放上下游渠道,推动全渠道全环节布局和精准对接。通过逐步形成高效协同的产业链、灵活配置的供应链以及大中小企业融通发展的格局。纵向一体化 APP 的形成有助于促进民爆产业与数字经济协同化发展,可以通过加强与相关产业的合作,形成产业链上下游的战略合作伙伴关系,共同开发新产品、新技术,提高整体生产效能和市场竞争力。还可以通过加强地区间的合作与交流,推动民爆产业集聚区的建设,形成规模效应和优势互补,提高整体产业水平。

(三)数字经济赋能民爆:推动产业低碳化发展

第一,数字化生产智能化。通过数字技术与智能化管理手段,可以提高民爆产业生产效率,减少资源浪费和二氧化碳的释放。例如,利用大数据和人工智能技术进行生产计划优化,可以精准控制原材料的使用和能源的消耗,从而降低碳排放。此外,利用物联网技术构建智能化生产线,实现生产过程的监控和调控,可以提高生产效率,减少不必要的能源消耗,推动产业绿色发展。第二,数字化产品创新。数字济为民爆产业带来了新的产品创新机遇。通过将数字技术应用于产品设计和研发过程,可以提高产品质量和性能,并减少对资源的消耗。例如,利用虚拟现实技术进行产品模拟和测试,可以减少实际样品的开发和测试,降低能源和原材料的消耗。同时,数字经济可以促进民用爆炸产业从传统类别向高附加值的数字产品转型,满足市场需求的多元化和个性化。第三,数字化供应链管理。民爆产业的供应链管理一直是一个复杂而庞大的系统,数字经济可以通过信息化手段提高供应链的透明度和效率,减少能源和物料的浪费。例如,通过建立电子商务平台,实现民爆产品的在线交易和信息共享,可以降低信息不对称导致的资源浪费。此外,通过实时监测和控制供应链中的关键环节,可以减少物流中的碳排放,提高整个供应链的绿色化水平。第四,数字化市场拓展。数字经济为民爆产业拓展新兴市场提供了新的机遇。通过利用互联网和电子商务平台,民爆企业可以实现线上销售和线下配送的模式,降低物流成本和资源消耗。此外,数字经济还可以通过数据分析和市场定位,帮助民爆企业准确把握市场需求,提供符合消费者需求的绿色化产品,推动产业低碳化发展。总之,数字经济为民爆产业提供了推动产业低碳化发展的新路径。通过数字化生产智能化、数字化产品创新、数字化供应链管理和数字化市场拓展,民爆产业可以实现生产效率的提,产品质量的改善,供应链的透明化和市场拓展的多元化,推动产业向低碳化方向转型,促进可持续发展。但同时也需要注意合理运用数字技术,防范数字经济所带来的安全和环境风险,在推动产业低碳化发展的过程中,实现经济效益和环境效益的双赢。

四、其他省份经验借鉴

根据中国爆破器材行业协会于 2021 年公布的《民爆行业经济运行分析报告（2020 年）》,数据显示,2020 年全国共有 16 个省份在工业炸药生产方面实现了同比正增长。值得一提的是,西藏、大连和河南等地区的年产量增幅超过了 15%。而就总体产量来看,2020 年有 6 个省份的工业炸药年产量超过了 20 万吨,这些省份分别是内蒙古、山西、四川、辽宁、新疆和云南。此外,该报告还指出,在工业雷管的生产方面,有 6 个省份的年产量呈正增长趋势,其中山东、新疆和广西 3 地年产量增幅超过 10%,年产量超过 1 亿发的有四川和山西;2020 年工业炸药、工业雷管年产量全国前 5 名的省份为内蒙古、山西、四川、辽宁和新疆。现场混装炸药年产量超过 4 万吨省份有内蒙古、山西、新疆、辽宁、四川和江西,这六个地区产量的和占现场混装炸药总产量的 81.50%。2020 年电子雷管年产量超过 500 万发的省份有四川、贵州、河南、广西、湖南、山西、福建和云南,这八个省份产量和占电子雷管总产量的 74.37%,其中,四川地区电子雷管年产量最大,为 2052 万发,占电子雷管总产量的 17.54%。在这过程中,四川省发展成效显著,是我国民爆行业的发展最活跃的省份之一,也是国家民爆行业发展的重点核心省份。不仅如此,四川省还通过制定相关政策文件和标准,以及投融资、重组整合等特色产业集群数字化转型成功解决了很多民爆产业中小企业的问题,对于江西省民爆产业中小企业发展具有借鉴意义。

（一）政策

政策的支持和引导对于产业发展至关重要。在民爆产业发展过程中,四川省采取了一系列措施来支持和促进民爆行业的发展。例如,发布了《民爆行业安全管理水平提升三年专项行动计划》《四川军工、民爆行业"安全生产月"和"安全生产万里行"活动方案》等文件,以支持企业优化产品结构,提高现场混装乳化炸药生产比例,并推动数码电子雷管的发展。此外,四川省还鼓励企业进行技术创新,致力于研发雷管起爆药剂和雷管装配人机隔离自动化生产工艺,以减少危险工序和危险岗位的现场操作人员。同时,支持企业进行技术改造,引入工业机器人、人机隔离和自动化连续化等智能制造设备,不断提升整个行业生产线的本质安全水平。2023 年 2 月,李文刚副主任要求全省民爆行业深入推进"放管服"改革,以企业需求为导向,简化业务流程,缩减办件时限,减少不必要的许可申请材料,进一步激发民爆企业发展活力。江西省在发展过程中也出台了相应政策,还抓住了 5G + 工业互联网等发展前沿趋势,两个省份在政策引导中都发挥了较好的功能。

（二）创新与融资

四川省拥有丰富的矿产资源,这为民爆行业提供了良好的原材料供应基础,江西省可以根据自身资源情况,合理规划资源利用,提高产品生产效率;另外,四川省的民爆行业注重技术研发和创新,积极引进国内外先进技术和装备,并加强自主研发能力,提高产品质量和技术水平;除此之外,四川省民爆行业通过建立多元化的融资渠道,包括银行贷款、发行债券、吸引国内外投资等方式,为企业提供了资金支持和发展空间。

（三）智能化

山东省是中国的重要民爆产业基地,民爆产业规模庞大,产品出口量居全国前列。为促进民爆产业与数字经济融合,山东省推动信息技术与民爆产业的结合,推进智能化生产和管理。该省建设了现代化民爆产业园区,引进智能设备和物联网技术,提高生产效率和产品质量。湖南省着力推动数字经济与民爆产业的融合,加强信息化建设,利用大数据技术分析市场需求、优化供应链,提高企业运营效率。湖南省还加大科技创新力度,推动智能装备在民爆生产中的应用,提高产品质量和安全性。广东省作为中国重要的民爆产品生产与出口基地之一,为促进民爆产业与数字经济融合,广东省推动制造业的数字化转型,提高民爆企业的信息化水平和运营效率。该省注重推动科技创新,支持互联网技术在民爆产业中的应用,推动智能化生产和产品升级。这些省份促进民爆产业与数字经济融合的措施包括但不限于:①推动信息技术与民爆产业的结合,引入物联网、大数据等技术,实现生产过程自动化、信息化,提高生产效率和产品质量。②建设民爆产业园区,引进智能设备和物联网技术,提升生产效率和产品安全性。③支持互联网技术在民爆产业中的应用,推动智能化生产、供应链管理和市场营销。④鼓励民爆企业与互联网企业合作,共同开发相关应用,提高产品质量和安全。⑤加大科技创新力度,推动智能装备和绿色技术的应用,提高民爆产品的质量和环保度。这些措施有助于提升民爆产业的智能化水平,推动民爆产业与数字经济的融合,提升产业发展水平和竞争力。

五、政策建议

（一）提高安全准入门槛,强化智能安全管理

一是通过数字化改造减少危险岗位人员。通过技术改造以及机器人引入,实现生产线自动化。大力推进智能制造装备应用,进一步减少危险岗位操作人员,运用新一代信息技术,紧跟国家部署,积极参与"工业互联网+安全生产",争创试点、争做示范,在安全生产感知、监测、预警、处置和评估方面找到突破口,构建安全管理新型能力。

二是建立完善安全风险管理及隐患排查治理双重预防体系。建立完善"双重预防"体系,推进"双重预防"机制的科学化、信息化、标准化、智能化,动态评估安全风险,动态实施管控措施。进一步落实企业隐患排查主体责任,完善隐患排查治理工作制度,督促企业及时整改问题和隐患,推广使用隐患排查治理自查自报信息系统,实现自查自改自报闭环管理。

三是持续开展安全生产标准化建设。按照工信部颁布的《安全生产标准化实施细则》的要求,加强企业安全管理、操作行为、设备设施、作业环境、

操作过程精细化管理,与安全风险管控、隐患排查治理等重点工作有机结合,规范企业生产经营行为,打造全省民爆行业安全生产标准化示范企业,提升企业安全生产标准化管理水平,迎接下一轮安全生产标准化考评。

(二)促进智能化生产,进一步优化产品结构

一是推广现场混装炸药生产方式,增加炸药品种。通过推广现场混装炸药生产方式,特别是井下现场混装生产方式,可以减轻包装炸药过剩产能的问题。要求企业(集团)的现场混装炸药许可产能应占其工业炸药生产许可产能总量的30%。如果未达到30%,则可以将包装炸药许可产能转换为现场混装炸药许可产能,或者减少50%的包装炸药许可产能。

二是促进雷管数字化生产,全面推广工业数码电子雷管。推广现场混装作业模式,提高现场混装炸药占比,促进民爆企业由"生产销售型"向"服务型制造"转变。推广使用电子雷管,淘汰普通工业雷管。科学谋划雷管产能置换及电子雷管技改扩建。推进工业雷管结构调整,化解工业雷管产能过剩。做好用户使用习惯的引导和电子雷管使用培训工作,做好电子雷管保供稳价工作,全面推广使用工业数码电子雷管。

(三)推动重组整合,提高产业集中度

近年来,我国通过提高安全准入门槛、推动重组整合以及推广工业数码电子雷管等措施,积极应对过剩产能问题。因此,江西省应促进生产企业开展重组整合,同时鼓励销售企业开展重组整合,推进民爆生产、销售企业与爆破作业单位重组整合。通过重组和整合,减少危险工厂和危险源的数量,提高产业集中度,增强企业的市场竞争力。积极推动民爆生产和爆破服务的一体化发展,扩展产业价值链,与采矿资源开采、基础设施建设等领域实现有机衔接,进一步完善一体化服务机制,并提升一体化服务水平,实现民爆行业从以制造为主的模式转向以服务为导向的制造模式。

对于小型和中型民爆企业来说,资金、技术和人才等资源是有限的。在不断加大的准入要求下,这些独立企业很难持续发展。通过区域合作和创

新,可以增强企业的竞争力。一种方式是建立区域产业联盟,促进爆破服务在区域内的循环,减轻小型和中型企业在维持资质和日常运营方面的成本压力。另一种方式是形成具有特色的小型和中型企业联盟,打造面向一线生产的爆破服务产业集群,通过社会关系网络形成协同效应,通过分工合作和互相配合,形成与大企业有效竞争的格局。

（四）实施创新引领,推动技术进步

一是加大科研技改投入,推进行业高质量发展。推动江铜民爆整体技改搬迁,加快抚州国泰少（无）人化技术改造、国泰七零九炸药总库改造、宜春先锋人工增雨防雹炮弹生产线升级改造;加快推进江西国科年产 50 万发人工增雨防雹炮弹自动化改造。鼓励民爆企业开展科研、生产、爆破服务一体化经营,加快成果转化。支持销售企业重组整合,压减销售企业数量,逐步淘汰经营规模小、安全投入保障不足的销售企业。

二是组织关键核心技术攻关,完善行业技术创新体系。鼓励发展工业机器人、井下小场混合生产技术和工业炸药生产线在线检测技术等智能制造技术,推进工业炸药制造和雷管装配人机隔离自动化生产工艺研究。此外,应鼓励开发用于连续自动化生产过程的小品种民用爆炸物。建立健全民爆行业智能制造标准体系,推广应用智能制造技术,不断提升行业智能制造水平和生产线基础安全水平。同时,积极推进产业技术创新平台和公共服务平台建设,鼓励利用落后生产线建设民爆产品和技术检测平台,完善民爆产业科技成果转化政策。

（五）建立数字化信息平台,通过智能化监控促进民爆行业节能减排

一是建立数字化信息平台,收集和分析民爆行业中与节能减排相关的数据,比如生产流程、能源消耗、废水废气排放等。通过分析数据,可以识别出能源消耗较高、排放较大的环节,为制定具体措施提供依据。利用物联网、云计算、人工智能等智能技术,实现对民爆设备和生产过程的实时监控和管理。通过智能化监控,可以优化设备使用效率,减少能源浪费和排放物

的排放。推广循环经济理念,在生产过程中注重废弃物的回收与再利用。例如,通过研发新技术,将爆炸废渣进行再处理,使其能够作为材料再利用,减少对自然资源的依赖。

二是推动民爆产品的绿色设计和生产,减少对环境的负面影响。例如,研发更加环保的爆破剂,优化生产工艺,降低能源消耗和废弃物的产生。同时,推动供应链优化,降低运输距离和能源消耗,并且鼓励使用绿色包装材料。推动资源共享和循环利用,建立民爆行业内的资源回收处理网络。例如,对废弃物进行分类回收和再利用,减少环境污染和资源浪费。

三是鼓励民爆行业的企业建立信息共享平台,促进行业内的信息共享与合作,共同研究和推动节能减排技术的发展和应用。

(六)扩大对外开放,加强国际交流合作

一是提高"走出去"能力水平。江西省民爆产业应该抓住"一带一路"机遇,积极开拓国际市场,参与国际市场竞争与经济技术合作实现新突破。江西省的一些龙头民爆集团应该积极响应国家"走出去"战略号召,致力于融入和参与全球民爆业务产业链,通过并购重组、投资服务来提升江西省民爆产业整体实力。积极推动民爆生产和爆破服务的一体化发展,拓展产业链,加强国际交流合作。逐步实现由生产型制造向服务型制造转型升级,由产品贸易向服务贸易转变。不断增强对外扩张能力,与矿山企业、工程建设企业等采取联合投标、共同开发的方式,积极开拓国际市场。同时,积极在国外进行投资,建设生产设施,并提供综合爆破作业服务。

二是引进国外先进技术和管理经验。江西省还应该积极把最先进的民爆技术"引进来",通过促进企业与全球顶尖民爆制造商和设备供应商达成合资合作协议,将国外先进技术成果、管理经验和商业理念引入国内市场。与国外民爆业相关的机构、企业、专家进行交流与合作,了解他们的先进技术和管理经验。可以组织双方进行技术交流、研讨会和培训活动,促进技术和管理经验的互相借鉴。学习国外民爆业的先进管理经验,包括生产管理、质量管理、安全管理等方面的经验。可以通过组织企业代表参观学习、请专家进行培训等方式,提升江西民爆业的管理水平。与国际接轨,建立符合国际标准的生产流程和质量管理体系。可以借鉴国外的标准与认证体系,促进江西民爆业的产品质量和安全标准的提升。

参考文献:

[1]任才清,傅光明,彭江平.新形势下我国民爆行业的创新与发展[J].采矿技术.2023(02):123-125.

[2]张旭辉.浅议民爆行业数字化转型[J].煤矿爆破.2023(01):27-30+34.

[3]郑冬冬.低碳经济与民爆行业发展的思考[J].中国新技术新产品.2016(05):169.

[4]龙明辉."一带一路"战略下民爆行业的发展机遇[J].中外企业家.2016(08):26-27.

[5]苏关,潘天洪,王艳平,等.加快推进民爆行业转型升级的对策研究[J].煤矿爆破.2016(05):1-5+21.

[6]李亮亮.民用爆破器材标准化发展阐述[J].化工管理.2021(07):66-67.

[7]邓华林.民爆行业自动化设备应用的安全问题探讨[J].装备制造技术.2020(06):240-242.

[8]郑德明,戴春阳.浅谈民爆行业市场化现状[J].爆破.2019(03):147-150.

[9]工业和信息化部关于推进民爆行业高质量发展的意见[J].中华人民共和国国务院公报.2019(05):60-64.